*Patricia Busch*
GOLDEN RETRIEVER

Patricia Busch

# Golden Retriever

Illustrationen
Mary Beattie Scott

**KYNOS VERLAG MÜRLENBACH**

© KYNOS VERLAG
Dr. Dieter Fleig GmbH
Am Remelsbach 30
D - 54570 Mürlenbach/Eifel
Telefon: 06594/653
Telefax: 06594/452
Internet: http://www.kynos-verlag.de

4. Auflage 2002

ISBN 3-924008-38-8

Titelbild: Ch. Westley Mabella & Westley Jacob, Foto: David Dalton
Vorsatz: Champion aus dem Westley Zwinger, Foto: David Dalton
Nachsatz:
links: Jagdaufseher Simon Munro mit »Nous« (1864 geboren)
rechts: The Hon. Mary Marjoribanks mit »Cowslip« oder »Primrose«
(Gemälde von Gourlay Steele 1871)
Umschlagseite hinten: Foto: Hans-Joachim Hahn

Gesamtherstellung: Druckerei Anders GmbH, D - 54595 Niederprüm

Das Werk einschließlich aller seiner Teile ist urheberrechtlich geschützt. Jede Verwertung außerhalb der engen Grenzen des Urheberrechtsgesetzes ist ohne schriftliche Zustimmung des Verlages unzulässig und strafbar. Das gilt insbesondere für Vervielfältigungen, Übersetzungen, Mikroverfilmungen und die Einspeicherung und Verarbeitung in elektronischen Systemen.

# Inhaltsverzeichnis

Vorwort Mrs. Joan Tudor . . . . . . . . . . . . . . . . . . . . . . 11
Zum Geleit . . . . . . . . . . . . . . . . . . . . . . . . . . . . . . . 12
Einführung . . . . . . . . . . . . . . . . . . . . . . . . . . . . . . . 14

**I.   Der Ursprung der Retriever-Rassen**
    1. Retriever . . . . . . . . . . . . . . . . . . . . . . . . . . . 18
    2. Die Neufundländer Hunde . . . . . . . . . . . . . . . . 20
    3. Der Wavy-coated Retriever . . . . . . . . . . . . . . . 23
    4. Die heutigen Retriever-Rassen . . . . . . . . . . . . . 24

**II.  Die Frühgeschichte des Golden Retrievers**
    1. Ursprung und Entwicklung . . . . . . . . . . . . . . . 26
    2. Die Geschichte der Russischen Zirkushunde . . . . 29
    3. „Nous" und „Belle" . . . . . . . . . . . . . . . . . . . . 38
    4. Die weitere Entwicklung . . . . . . . . . . . . . . . . . 43
    5. Der Golden Retriever entdeckt die Welt . . . . . . . 59
    6. Der Golden Retriever in Deutschland . . . . . . . . . 63
    7. Der Golden Retriever in den Niederlanden von
       Dr. A. W. van Luijk-Grevelink . . . . . . . . . . . . . 72

**III. Der Rasse-Standard des Golden Retrievers**
    1. Der Rasse-Standard . . . . . . . . . . . . . . . . . . . . 80
    2. Erläuterungen zum Rasse-Standard . . . . . . . . . . 92
    3. Das Wesen des Golden Retrievers . . . . . . . . . . . 100

**IV.  Überlegungen vor dem Kauf eines Golden Retrievers**
    1. Einigkeit über die Anschaffung eines Hundes . . . 107
    2. Genügend Zeit . . . . . . . . . . . . . . . . . . . . . . . 107
    3. Ausreichend Platz . . . . . . . . . . . . . . . . . . . . . 108
    4. Genug Geld . . . . . . . . . . . . . . . . . . . . . . . . . 109
    5. Wahl des Züchters . . . . . . . . . . . . . . . . . . . . . 112
    6. Welpen-Wahl . . . . . . . . . . . . . . . . . . . . . . . . 113

# Inhaltsverzeichnis

|      |     |                                                                      |     |
|------|-----|----------------------------------------------------------------------|-----|
|      | 7.  | Die Ausweisdokumente des Hundes                                      | 116 |
|      | 8.  | Futterplan und Fütterung                                             | 116 |
|      | 9.  | Stubenreinheit                                                       | 118 |
|      | 10. | Wie gewöhne ich den Hund an das Autofahren?                          | 118 |
|      | 11. | Bewegung                                                             | 121 |
|      | 12. | Fellpflege                                                           | 124 |
| V.   | **Die Ausbildung des Golden Retrievers von Heinz Gail**              |     |
|      | 1.  | Ausbildung?                                                          | 126 |
|      | 2.  | Wann fangen wir an?                                                  | 128 |
|      | 3.  | Wie fangen wir an?                                                   | 129 |
|      | 4.  | Die Hilfsmittel                                                      | 130 |
|      | 5.  | Die Kommandos                                                        | 130 |
|      | 6.  | Ausbildung                                                           | 134 |
|      | 7.  | Das Apportieren                                                      | 134 |
|      | 8.  | Mißerfolge                                                           | 137 |
|      | 9.  | „Fuß" – Leinenführigkeit                                             | 139 |
|      | 10. | Jagdliche Ausbildung                                                 | 140 |
| VI.  | **Jagen mit dem Golden Retriever von Dr. Christoph Engelhardt**      | 149 |
| VII. | **Der Golden Retriever als Blindenführhund**                         | 169 |
| VIII.| **Der Golden Retriever als Rettungshund**                            |     |
|      | 1.  | Der Rettungshund                                                     | 180 |
|      | 2.  | Der Lawinensuchhund                                                  | 181 |
| IX.  | **Die Zucht des Golden Retrievers**                                  |     |
|      | 1.  | Vorspann                                                             | 186 |
|      | 2.  | Der Züchter                                                          | 186 |
|      | 3.  | Die Verantwortung des Züchters                                       | 187 |
|      | 4.  | Die Zuchthündin                                                      | 188 |
|      | 5.  | Voraussetzung für eine Zuchtzulassung                                | 189 |

# Inhaltsverzeichnis

|  |  |  |
|---|---|---|
| | 6. Ankörung oder Zuchtzulassung in der Bundesrepublik | 190 |
| | 7. Der Aufbau einer Zucht | 190 |
| | 8. Der Deckrüde | 191 |
| | 9. Nichts ist vollkommen | 193 |
| | 10. Auf geht es zum Deckrüden! | 193 |
| | 11. Die tragende Hündin | 196 |
| | 12. Der Wurf fällt | 200 |
| | 13. Die Welpen | 210 |
| X. | **Die Hundeausstellung oder Zuchtschau** | |
| | 1. Die Bedeutung der Zuchtschau | 226 |
| | 2. Ausstellungstermine | 229 |
| | 3. Die Klasseneinteilung | 229 |
| | 4. Vorbereitung auf die Zuchtschau | 233 |
| XI. | **Der Veteran** | 245 |
| XII. | **Die anderen Retriever-Rassen** | 245 |
| | 1. Der Labrador Retriever — Mrs. Coulson | 250 |
| | 2. Der Flat-coated Retriever — The Hon. Mrs. Amelia Jessel | 256 |
| | 3. Der Curly-coated Retriever — Mrs. Audrey Nicholls | 261 |
| | 4. Der Chesapeake Bay Retriever — Mrs. Janet P. Horn, U.S.A. | 265 |
| | 5. Der Nova Scotia Duck Tolling Retriever — Zusammengestellt mit der Hilfe Mrs. Alison Strang, Kanada. | 269 |
| XIII. | **Gesundheit und Erste Hilfe** | 271 |
| XIV. | **Zum Geleit 1993** | 294 |
| XV. | **Literaturverzeichnis** | 299 |
| XVI. | **Wichtige Adressen** | 300 |
| XVII. | **Verzeichnis der Farbabbildungen** | 302 |

# Danksagung

Ohne die tatkräftige Hilfe vieler Freunde des Golden Retrievers wäre dieses Buch niemals entstanden. Ihnen allen bin ich zutiefst dankbar. Mein besonderer Dank gilt allen, die sich an diesem Buch beteiligt haben, zuerst Mary Beattie Scott, die die Zeichnungen am Kapitelbeginn ohne zu zögern erneut anfertigte, nachdem die ersten Zeichnungen auf dem Postweg vernichtet worden waren. Dann danke ich Mrs. D. H. Coulson für die Arbeit »Der Labrador Retriever«, The Hon. Mrs. Amelia Jessel »Der Flat-coated Retriever«, Mrs. Audrey Nicholls »Der Curly-coated Retriever«, Mrs. Daniel Horn »Der Chesapeake Bay Retriever« und Mrs. Alison Strang für ihre Hilfe mit dem »Nova Scotia Duck Tolling Retriever«.

Nur mit der großzügigen Hilfe von Dr. Keith Barnett, M.R.C.V.S. (Augenerkrankungen), Dr. med. vet. Stefan Hübner (Hüftgelenksdysplasie) und Dr. med. vet. Sigrid Winter-Hlubek (Erste Hilfe und andere Krankheiten) hat dieses Buch einen Veterinär-Medizinischen Teil erhalten. Herrn Heinz Gail habe ich für das Kapitel »Die Ausbildung des Golden Retrievers« und Dr. Christoph Engelhardt für das Kapitel »Jagen mit dem Golden Retriever« zu danken, beides Arbeiten, die den Kern des Buches bilden.

Für ihr Verständnis meinem Vorhaben gegenüber und ihre großzügige Hilfe danke ich Mrs. Rachel Page Elliott, die mir liebenswürdigerweise Photographien alter Bilder zur Verfügung gestellt hat, sowie Mrs. Gertrude Fischer und dem Howell Book House Inc. New York für die Erlaubnis, aus Mrs. Fischer's klassischem Buch »The Complete Golden Retriever« zu zitieren. Frau Hilary Vogel möchte ich besonders danken für die Zeichnungen zum Rassestandard, Frau Vreni Ommerli für ihre Hilfe mit dem Lawinensuchhund, Frau Ulla Tatsch für Information über den Rettungshund, Mr. Kevin Skinner für die Einzelheiten über den Blindenführhund, Mr. Brian Atkinson für interessante Auskunft und Bilder aus Guisachan, Mrs. Sally Bloechliger-Gray und Herrn Uwe Fischer für das Lesen eines Teiles des Manuskripts und für ihre konstruktiven Änderungsvorschläge. Dank auch an Mrs. Muriel Iles für ihre Anregung und das Leihen eines wertvollen Buches.

Herzlichen Dank auch an alle, die sich die Arbeit gemacht haben, Informationen über die Geschichte und Entwicklung des Golden Retrievers in ihrem Lande zu übermitteln: Mrs. Lizzie Bauder, Dänemark, Mrs. Norah Blütecher, Norwegen, Mrs. Barbara Kearney Brown, Neuseeland, Mr. Henric Fryckstrand, Schweden, Mw. Dr. A. W. van Luijk-Grevelink, Niederlande, Herrn R. E. Huybrechts, Belgien, Mrs. Ainslie Mills, Kanada, Mrs. Carol Nendick, Frankreich, Mme. Chantal Lefeivre, Schweiz.

Meinen Verlegern Dr. Dieter Fleig und Frau Helga Fleig danke ich herzlichst für ihre hilfreiche Einstellung und ihre Geduld. Sie ermöglichten mir in großzügiger Weise die Benutzung ihrer hervorragenden Bibliothek.

Besonderer Dank gilt auch allen, die mir Photographien ihrer Hunde zur Verfügung stellten.

Ganz zuletzt komme ich zu den Dreien ohne deren Hilfe nichts hätte entstehen können: erstens zu meinem Mann, der geduldig jedes Wort las, jede Passage überprüfte und sich noch mehr als sonst um unsere Golden kümmerte, und dann zu Wolfgang und Annedore Meyer, die gemeinsam den Text kritisch lasen, bevor Annedore ihn druckreif schrieb.

**Patricia Busch**

*Abb. 1: Zucht auf Schönheit und Leistung! Foto: H. Splittberger*

# Vorwort

Ein umfassendes Buch über den Golden Retriever in deutscher Sprache hat schon lange gefehlt.

Die Autorin dieses Buches, Pat Busch, kenne ich seit vielen Jahren, in denen ich beobachtete, wie sie ihren »of Mill Lane« Zwinger aufbaute. Hunde aus diesem Zwinger sind sowohl bei Zuchtschauen als auch bei Leistungsprüfungen erfolgreich gewesen. Pat Busch hat viel Zeit und Mühe aufgewandt, umfangreiche Kenntnisse über unsere liebenswerte Rasse zu sammeln und reiche Erfahrungen zu erwerben. Ich bin überzeugt, daß das Buch von großem Wert für alle Golden Retriever Liebhaber in deutschprachigen Ländern sein wird, nicht nur als Lehr- und Sachbuch, sondern auch als wertvolle Hilfe und fesselnder Bericht zur Geschichte dieser Rasse, ganz gleich, ob der Golden Retriever als Familienhund, Ausstellungshund oder Gebrauchshund gehalten wird.

Der Golden Retriever ist ein sehr anhänglicher, freundlicher und fröhlicher Hund, immer gut gelaunt und leicht zu halten. Er ist nicht nur eine Freude für das Auge, es ist auch eine wahre Freude, einen zu besitzen. Ich kann aus Erfahrung sprechen, denn im Laufe der letzten 40 Jahre sind zahlreiche Golden Retriever bei mir aufgewachsen.

**Joan Tudor,** Horley, England

# Zum Geleit

Beunruhigt – wie auch weltweit viele andere Freunde dieser Rasse – durch die Begleiterscheinungen des rasanten Aufstiegs des Golden Retrievers zum Gipfel der Beliebtheit, richtet die Autorin den Inhalt dieses Buches an all diejenigen, denen ernsthaft das Wohlergehen und die Erhaltung unserer Rasse am Herzen liegt.
Die Begleiterscheinungen dieser Beliebtheit sind teilweise erschreckend! Zu ihnen gehört das unkontrollierte »Vermehren« der Rasse auf Hundefarmen in *jedem* Land; zu ihnen gehört das Auffinden eines aus Irland stammenden Wurfes 6 bis 7 Wochen alter Welpen an einem kalten Februartag in einer Garage in Westdeutschland, wo sie auf Käufer warteten. Zu ihnen gehört die Begegnung bei einem Besuch in München mit einem völlig verängstigten Junghund, der kurz davor von einem Händler in Garching bei München gekauft worden war, wo zwei Geschwister noch auf Abnehmer warteten. Dieser Hund hatte eine handgeschriebene »Ahnentafel«, aus welcher der Weg bis nach Wales über eine Hundehandlung in Pendlebury bei Manchester zurück verfolgt werden konnte. Andere in Deutschland gekaufte Welpen stammten aus »Zuchtstätten«, wo zwar alle möglichen Rassen »vorrätig« waren, aber die Golden Retriever Mutterhündin beispielsweise nicht besichtigt werden konnte. Kein Wunder, denn die Welpen kamen aus Dänemark. Berichte über diese Massenzuchtstätten stehen immer wieder in der Tagespresse, meistens jedoch leider erst, wenn die Zustände dort derart schlecht geworden sind, daß die Aufmerksamkeit der Behörden endlich darauf gelenkt werden konnte. Wer einmal einen verlorenen Hund in diesen elenden Hundegefängnissen gesucht hat, vergißt diesen Eindruck nie.
Bei dieser Art der Vermehrung spielt nur der Gewinn eine Rolle. Hündinnen werden bei jeder Läufigkeit belegt, die Welpen an den Nächstbesten verkauft. Diese Gewinnsucht, sowohl bei den großen wie auch bei den kleinen Hundefarmen, hat eine Masse untypischer Golden Retriever zum Ergebnis, häufig durch mangelnde Zuwendung während der Aufzucht psychisch geschädigt, häufig durch mangelnde Pflege – sprich Ernährung, Entwurmung, Schutzimpfung – krank, gelegentlich durch das Zusammenkommen all dieser Faktoren so wesensschwach, daß sie aggressiv, manchmal sogar bissig werden.

Unter diesen Umständen geht auch die Entwicklung letzten Endes dahin, daß gerade diejenigen Wesensmerkmale, die den Golden Retriever so beliebt gemacht haben, durch die kommerziell orientierte Massenzucht zunichte gemacht werden. Sind wir einzelnen Menschen gegenüber einer solchen Entwicklung tatsächlich so machtlos? Wir sind nur machtlos, wenn wir überhaupt nichts unternehmen. Jeder von uns hat es in der Hand, durch seine eigene Handlungsweise dieser Entwicklung entgegen zu wirken. Für alle, die die Rasse lieben und schützen wollen, sollte die Devise stets lauten: kaufe Welpen nur von einem anerkannten Zwinger; züchte nur mit dem Besten vom Besten; gib Welpen nur an ausgesuchte Besitzer ab; halte Kontakt zu den neuen Besitzern; wirke beratend mit. Und an die Zuchtvereine und Clubs gerichtet: betreibt Aufklärung in der einschlägigen Fachpresse über den Golden Retriever, über den Kauf eines Welpen, Aufzucht und Haltung. Und letztlich sollte jeder Einzelne seinen Einfluss dahingehend einsetzen, die Tierschutzorganisationen seines Landes zu bewegen, nicht nur den Handel mit Hunden zu unterbinden, sondern auch noch sehr genau auf die artgerechte Haltung bei gewerbsmäßiger Massenzucht zu achten und gegebenenfalls durch Gerichtsbeschluss einzugreifen.

# Einführung

»Das beste am Menschen ist der Hund« – Maxime du Camp

Von den Kynologen, den Wissenschaftlern der Hundekunde, wissen wir, dem Hund kommt die Ehre zu, als erstes wild lebendes Tier vom Menschen domestiziert worden zu sein.

Diese Domestikation fand – laut den Historikern – zu verschiedenen Zeiten und an den unterschiedlichsten Orten vor mehr als 10 000 Jahren statt. Über die Art und Weise, wie sie zustande kam, gibt es fast so viele Hypothesen, wie es heute Hunderassen gibt; jedoch von welcher Warte man es auch immer betrachtet, eines steht fest: kein anderes Tier ist seit dem Beginn der historischen Zeit so eng mit dem Menschen verbunden.

Die Vermutung liegt nahe, daß der Wolf (Canis lupus), der Urahne des heutigen Hundes, dem jagenden Menschen folgte, um nach gelungener Jagd einen Anteil an der Beute zu haben. Der Mensch seinerseits mag den Urhund als nützlichen Abfallbeseitiger um seine Behausung herum erkannt und deshalb toleriert haben. Der Hund – wie auch der Mensch – ist ein sozial-orientiertes, gruppenbildendes Wesen, das instinktiv einem Leithund folgt. Hunde im Welpenalter entwickeln eine feste Bindung zum Menschen, den sie als Rudelführer anerkennen. So liegt auch noch die Vermutung nahe, daß gelegentlich verwaiste Welpen vom Menschen zu seiner Behausung gebracht wurden, wo sie – wie es auch heute sonst wild lebende Tiere tun, wenn sie von Hand aufgezogen werden – zahm aufgewachsen sind.
Der Hund wies offenbar von Urzeiten an eine außerordentliche Adaptionsfähigkeit auf und hat sich im Verlauf seiner Entwicklung so sehr an den Menschen gewöhnt, daß er, bis auf ganz wenige frei lebende Wildhundarten, von ihm völlig abhängig geworden ist.
So wie der Hund sich dem Menschen anpaßte, so verstand es andererseits der Mensch, vielfältigen Nutzen für sich aus der Mensch-Hund-Verbindung zu ziehen. Innerhalb des um die menschliche Behausung herum lebenden, schon domestizierten Rudels gab es Tiere, die besondere Eigenschaften aufwiesen. Die erste Entwicklung war wohl die des Jagdbegleiters, denn der Urmensch betrieb weder Ackerbau noch Viehzucht und lebte ausschließlich vom Sammeln von Früchten, Wurzeln, den wilden Getreidearten und vor allem von der Jagd. Erst als der Mensch nach und nach seßhaft wurde, begann er die anderen offenbar vorhandenen Eigenschaften des Hundes, die Wachsamkeit und den Hüteinstinkt für sich zu nutzen. Während der Entwicklung vom wild lebenden Vorfahren bis zum voll

domestizierten Tier ist der Hund zwei unterschiedlichen Einwirkungen ausgesetzt gewesen, erstens dem Einfluß seiner Umwelt und zweitens dem Einfluß des Menschen, der ihn für seine eigenen Zwecke zu formen versuchte. Die Umwelteinflüsse sind wohl anfangs von größerer Bedeutung gewesen, denn es ist unwahrscheinlich, daß er beim Urmenschen genügend Schutz vor Witterung und ausreichend Futter fand.

So mußte der Hund sich zwar dem Menschen anpassen, jedoch soweit selbständig bleiben, daß er sich zumindest teilweise ohne fremde Hilfe ernähren konnte.
Später begann der Mensch den Hund bewußt zu formen. Er benötigte als Hütehund, vor allem für Schafe, einen sehr intelligenten, gehorsamen Hund, der sich lenken ließ und die Schafe nicht tötete. Wachhunde mußten andererseits ganz andere Merkmale aufweisen, beispielsweise Härte, aggressives Aussehen und Mißtrauen gegenüber Fremden. Noch andere, immer ausgeprägtere Typen wurden für die Jagd notwendig, manche davon so schnell, daß sie die Beute einzuholen vermochten, andere um das Wild aufzustöbern oder anzuzeigen, und weitere, um erlegtes Wild zu apportieren. Der Wunsch nach Hunden mit feinerer Nase, größerer Lenkbarkeit, mehr Ausdauer stieg ständig, so entstand durch den Willen des Menschen eine fast unvorstellbare Vielzahl von Rassen.

Als Rasse bezeichnet man eine Gruppe von Tieren, die gemeinsame Merkmale aufweisen, sich im äußeren Erscheinungsbild ähneln und über spezifische Leistungseigenschaften verfügen. Es entstanden beim Hund im Verlaufe der Entwicklung zuerst an bestimmte Gegenden gebundene »Rassen«, deren Leistungsfähigkeit dem örtlichen Einsatz angepaßt war. Der Mensch entdeckte bald, daß der Nachwuchs den Elterntieren nicht nur ähnelte, sondern auch häufig in verstärktem Maß ihre Merkmale und Eigenschaften besaß. Man paarte Gleich mit Gleich und festigte dabei wahrscheinlich zuerst unbewußt gewisses Erbgut. Bewußt merzte man später das Unerwünschte aus, benutzte zur Zucht nur die Individuen, welche die benötigten Eigenschaften besaßen und gewann durch eine stetige Auslese die Tiere, die nicht nur führig und anhänglich waren, sondern auch andere nützliche spezifische Eigenschaften besaßen.

Dem Hund kommt nicht nur die Ehre zu, das erste von dem Menschen domestizierte Tier zu sein, sondern auch noch das meistbeschimpfte Wesen überhaupt. In einem Lexikon der Zitate fand ich ihn zweiundsechzig Mal meist unrühmlich erwähnt (Köter, Hundewetter, Schweinehund), der Teufel dagegen wurde darin nur fünfundfünfzig Mal zitiert!

Verschmäht, geschätzt, verstoßen, geliebt, alles trifft auf den Hund zu. Auch heute noch wird er zu Tausenden ausgesetzt, an Autobahnen angebunden, wenn die große Urlaubswelle zu rollen beginnt, auch heute noch gilt es fast als persönliche Beleidigung, Kritisches über den Hund eines anderen zu äußern.
Unzählige Bücher wurden und werden noch über ihn verfaßt, unzählige Geschichten sind über ihn entstanden und entstehen noch, und es entstehen noch immer neue Hunderassen!

In den folgenden Kapiteln wird der Versuch unternommen, ein Bild der Entwicklung einer dieser Rassen zu zeichnen.

# I. Der Ursprung der Retriever-Rassen

*Abb. 2: Ein Retriever. Holzschnitt Sir Edwin Landseer (1810/11)*

# 1. Retriever

In der ersten Hälfte des 19. Jahrhunderts kam es zu einer ausgesprochenen Blütezeit in der Entwicklung der verschiedenen Hunderassen, einschließlich der zur Jagd verwendeten Tiere. Der Jäger als praktischer Mensch war weniger an dem Typ des von ihm geführten Hundes interessiert als an seiner Leistung. Man hatte Stöber- und Vorstehhunde, Spaniel, Setter und Pointer, und man hatte auch Retriever. Es gab auch eine große Anzahl verschiedener Wasserhunde und Kreuzungen aller dieser »Rassen«. Das Wort »Retriever« wurde als Bezeichnung für die Arbeitsweise des Hundes verwendet und nicht für den Typus des Hundes selber. Jeder Hund, der erlegtem, verlorenem oder krankgeschossenem Wild nachsetzte und es apportierte, wurde Retriever genannt. Retriever entstanden aus den verschiedenen Kreuzungen und wiesen nicht nur verschiedene Farben, sondern auch verschiedene Haararten auf.

Fast überall jedoch war schon oder wurde bald ein kleiner Neufundländer, ein St. John's Hund mit den einheimischen Jagdhunden gekreuzt, denn wo immer er bekannt war, hatte er angefangen, bei den Leistungen der Retriever neue Akzente

*Abb. 3: »Water Spaniels«. Nach einem Farbstich von Henry Alken, 1820. Mit freundlicher Erlaubnis von Mrs. Rachel Page Elliott, U.S.A.*

zu setzen. Ganz allmählich kristallisierten sich zwei besondere Retriever-Typen heraus. Je nachdem, ob der St. John's Hund mit einem Wasser-Spaniel oder mit einem kräftigen Setter gekreuzt worden war, wurde das Fell entweder vorwiegend kraushaarig (lockig) oder wellhaarig. Die kraushaarigen Retriever waren meistens schwarz, gelegentlich leberfarben\*, die wellhaarigen fast immer pechschwarz mit einem mittellangen, glänzenden, leicht welligen Fell.

General W. N. Hutchinson schreibt in seinem 1847 erschienenen klassischen kynologischen Buch »Dog Breaking«: »Von der Abrichtung her gesehen, gibt es recht viele Retriever verschiedener Rassen, aber es wird allgemein bestätigt, daß der beste Apportierhund in der Regel aus einer Kreuzung zwischen einem Setter und einem Neufundländer oder zwischen dem kräftigen Spaniel und dem Neufundländer entstanden ist. Hiermit meine ich nicht den Neufundländer, der in Halifax und St. John's immer größer gezüchtet wird, um dem Geschmack seiner englischen Käufer zu entsprechen, sondern den viel kleineren Hund, der von den Siedlern an der Küste aufgezogen wird. Wahrscheinlich ergibt eine Kreuzung zwischen dem kräftigen Setter mit dem breiten Kopf (der – obwohl es ihm an Schnelligkeit fehlt –

---

\* Leberfarben (liver) wurde zur damaligen Zeit auch für gelb, goldfarben oder braun verwendet.

eine ausgezeichnete Nase besitzt) und dem echten Neufundländer den besten Apportierhund. Nase ist das erste Desideratum.«

Stonehenge* schreibt in seinem einige Jahre später herausgegebenen Buch »British Rural Sports«: »Der heutige Retriever ist fast immer eine Kreuzung zwischen dem Setter und dem Neufundländer (mit glattem oder welligem Fell), oder dem Wasserspaniel (im allgemeinen irischer Abkunft) mit dem gleichen Hund. Im letzteren Fall ist das Fell lockig . . . Ich persönlich neige dazu, dem Hund mit dem glatten, welligen Fell, das mehr den Settereinschlag als den Spaniel ausweist, den Vorzug zu geben. Meiner Meinung nach ist diese Kreuzung leichtführiger und besser auf den notwendigen absoluten Gehorsam abzurichten. Es ist wirklich lästig, mit einem angehalsten Retriever arbeiten zu müssen, aber bei den meisten Hunden mit lockigem Fell ist dies unvermeidlich. Beim Hund mit glattem Fell ist die Halsung nahezu überflüssig.«

Sowohl General Hutchinson als auch Stonehenge beschreiben die Neufundländerhunde und lassen keinen Zweifel daran, daß Kreuzungen zwischen dem Kleineren dieser beiden Typen und dem kräftigen Setter einerseits und dem Wasser-Spaniel andererseits ganz besonders gute Apportierhunde hervorbrachten. Aus Kreuzungen mit dem kräftigen Setter entstanden Hunde mit welligem oder glattem Fell, Hunde, die viele Jahre lang als »Wavy-coated Retriever« bekannt waren.

## 2. Die Neufundländer-Hunde

Als ein Vorfahre aller unserer heutigen Retriever gilt eine der beiden ursprünglich auf Neufundland beheimateten Rassen. Anfang des 19. Jahrhunderts bestand zwischen Poole Harbour im südlichen England und St. John's auf Neufundland ein reger Fischhandel, der auf den dort vorkommenden Kabeljaubeständen beruhte. Es gab einen lebhaften Schiffsverkehr zwischen den beiden Ländern, und, da die Seeleute sich des stürmischen Wetters wegen häufig eine Zeitlang auf Neufundland aufhalten mußten, blieb es nicht aus, daß sie die dortigen Hunderassen kennenlernten und bei der Arbeit beobachteten. Ihnen fielen besonders die außerordentlichen Fähigkeiten dieser Hunde beim Einsatz unter widrigsten Witterungsbedingungen auf. Es gab einen größeren Typ, der sich als Schlittenhund und im Wasser bewährte, und einen kleineren, der bei der Jagd und auch bei anderen Arbeiten Hervorragendes leistete. Dieser letztere Hund wurde auch bei eisigem Wetter und hohem Seegang dazu eingesetzt, die Bootsleinen schwimmend an Land zu bringen und Fische, die aus den Netzen gefallen waren, zu apportieren. Wenn er nicht am Wasser benötigt wurde, spannte man ihn auch vor den Schlitten, um Brennholz

---

* »Stonehenge« war das Pseudonym von Mr. J. H. Walsh, Redakteur der Zeitschrift »The Field« und bekannter Schriftsteller und Ausstellungsrichter.

*Abb. 4: »CAESAR«, ein Neufundland-Hund von Sir Edwin Landseer.*

und andere Vorräte zu ziehen. Es waren sehr geschickte Hunde notwendig, um im eiskalten Wasser, zwischen Felsen und auf dem unwegsamen Gelände zurecht zu kommen.
Die Seeleute waren von den Hunden beeindruckt, und so ergab es sich, daß über die Jahre mehrere Exemplare der beiden auf Neufundland vorhandenen Arten mit den Fischern nach England kamen.
In seinem Werk »On Shooting« (ca. 1820) hinterließ uns Colonel Peter Hawker eine recht genaue Beschreibung dieser beiden Hunderassen. Er schreibt:
»NEUFUNDLÄNDER Hunde. Hierüber herrscht allgemein eine ziemliche Unklarheit. Jedes Hundetier, das fast so groß ist wie ein Esel und behaart wie ein Bär, wird »großartiger Neufundländer Hund« genannt. Ganz anders jedoch sieht es mit der richtigen Labrador- oder St. John's-Rasse aus. Der erstgenannte Typ ist sehr groß mit wuchtigem Fell und wird in jenem Land als Schlittenhund eingesetzt. Durch seine große Kraft und Intelligenz ist er ebenfalls sehr nützlich bei Schiffs- und anderen Unglücken in stürmischem Wetter.

Der andere Typ, *bei weitem der beste für jede Art der Jagd,* ist meistens schwarz und kaum größer als der Pointer. Sein Kopf und Fang sind ziemlich lang; er hat eine tiefe Brust, kräftige Läufe, kurzes oder glattes Fell; er trägt die Rute nicht so hoch wie der andere und ist außerordentlich schnell und aktiv im Laufen, Schwimmen und Kämpfen. Für das Auffinden von krankgeschossenem Wild jeder Art gibt es keinen Besseren in der ganzen Hundewelt.«

Wie wir sehen, waren Anfang des 19. Jahrhunderts auf Neufundland zwei ganz verschiedene Hundearten vorhanden. Woher sie ursprünglich stammten, ist bis heute noch ungeklärt. Die Vermutung liegt jedoch nahe, daß, welcher Zufall sie auch immer nach Neufundland gebracht haben mag, sie zumindest teilweise durch die Umgebung, in der sie lebten und arbeiteten, geformt wurden. Nur Hunde mit einer dichten, wasserabstoßenden Unterwolle konnten in der eisigen Kälte des Meeres schwimmen und überleben. Nur der Hund, der bereitwillig für und mit seinem Herren arbeitete, wurde von den Einwohnern geduldet, ernährt und behalten. Es entstand ohne Zweifel eine recht starke, umweltbedingte Auslese. Die größere der beiden »Rassen« war der Vorfahr des heutigen Neufundländers, der zum Ziehen von Schlitten und auch für die Kraftarbeit in und um das Wasser eingesetzt wurde. Auch er weist eine dichte, wasserabstoßende Unterwolle auf, und er beherrscht eine hervorragende Schwimmtechnik. Die kleinere der beiden Arten wurde besonders von den Küstenbewohnern aufgezogen. Sie fand ihren Einsatz im Wasser und auch beim Schlittenziehen; sie wurde zum Apportieren bei der Jagd eingesetzt, und fiel durch Freude an der Mitarbeit mit dem Menschen besonders auf.

*Abb. 5: Thistle of Aldenham. Stich von R. H. Moore aus: HUNDERASSEN. H. Graf v. Bylandt 1904.*

*Abb. 6: St. John's Hund oder Labrador Hund Johnnie im Besitz von Dr. Bond Moore, Wolverhampton. Gemälde von G. Earl aus: HUNDERASSEN. H. Graf von Bylandt 1904.*

Da Verwechslungen durch die Bezeichnung »Neufundländer« damals häufig vorkamen, hat Colonel Hawker diese kleinere Rasse den »Kleinen Neufundländer« oder »St. John's Hund« genannt.
Aus Kreuzungen zwischen dem Kleinen Neufundländer oder St. John's Hund mit dem in England beheimateten kräftigen Setter entstand der Wavy-coated Retriever, der einen Grundstein für die Entwicklung des Golden Retriever bildete.

# 3. Der Wavy-coated Retriever

Über den Wavy-coated Retriever schrieb Hugh Dalziel 1887 in seinem Buch »British Dogs«:
»Ich kenne keine Hunderasse, die einen besseren Begleithund für Stadt oder Land darstellt, als den Wavy-coated Retriever. Er ist von mittlerer Größe, – nicht zu groß fürs Haus, jedoch groß genug, um eine würdige äußere Erscheinung zu haben und Schutz zu bieten, sollte dieser Dienst von ihm verlangt werden. Er ist

außerdem ein ungewöhnlich schöner Hund, hat die höchste »Hunde«-Intelligenz und fast ohne Ausnahme ein sehr freundliches Wesen. Mit einem solchen Hund lohnt sich die Mühe, ihm etwas beizubringen. Dieser Hund lernt sehr schnell, aus größeren Entfernungen zu apportieren, und die Verloren-Suche, – ganz gleich ob der Gegenstand wirklich verloren oder nur versteckt worden ist, – fällt ihm leicht, ist ihm wohl angeboren, und er bringt die gleichen, guten Leistungen sowohl im Felde als auch im Wasser, wo er sogar gelegentlich ganz untertaucht, um Gegenstände aus der Tiefe herauszuholen.«

In dem gleichen Artikel erwähnt Hugh Dalziel mehrere Deckrüden, die sich gut vererbt haben, er nennt die bekanntesten Züchter und schreibt auch etwas, was für uns von besonderer Bedeutung ist: »Die Wavy-coated Hündin ›Midnight‹ brachte in einem sonst schwarzen Wurf zwei prächtige leberfarbene Welpen.« »Midnight« fügte Mr. Dalziel hinzu, stammt sowohl von schwarzen Eltern als auch von schwarzen Großeltern ab.

Einige Jahre zuvor war in Südengland in einem ebenfalls schwarzen Wurf ein leberfarbener oder gelber Rüde geworfen worden. Dieser Rüde erhielt entweder dann oder auch später den Namen »Nous«* (das Wort stammt aus dem griechischen) und wir werden in diesem Buch mehr von ihm hören.

# 4. Die heutigen Retriever-Rassen

Bei der Fédération Cynologique Internationale (F.C.I.), dem Dachverband der nationalen kynologischen Verbände, sind die Rassestandards von sechs Retriever-Rassen hinterlegt. Diese sind: der Golden Retriever, der Labrador Retriever, der Flat-coated Retriever, der Curly-coated Retriever, der Chesapeake Bay Retriever und der Nova Scotia Duck Tolling Retriever. Die vier Erstgenannten haben ihren Ursprung in England oder Schottland, der Chesapeake Bay Retriever in den Vereinigten Staaten von Amerika und der Nova Scotia Duck Tolling Retriever in Kanada.

Dieses Buch ist dem Golden Retriever gewidmet. Am Ende des Buches ist jedoch eine eingehende, von Fachleuten verfaßte Beschreibung jeder der anderen fünf Retriever-Rassen, jeweils mit einer Abbildung beigefügt.

Alle diese Retriever-Rassen sind nicht nur im äußeren Erscheinungsbild recht verschieden, sie weisen auch zum Teil sehr verschiedene Wesenszüge auf. Wie es um den Golden Retriever bestellt ist, hoffe ich in den folgenden Seiten darzustellen.

---

* Anmerkung: Die deutsche Übersetzung des Wortes »Nous« wird in Cassels New English Dictionary als »Der Verstand« angegeben. Die deutsche Aussprache des Namens: »Nauß«.

# II. Die Frühgeschichte des Golden Retrievers

# 1. Ursprung und Entwicklung

Es ist keine Übertreibung, heute zu behaupten, daß der Golden Retriever weltweit zu den beliebtesten Rassehunden zählt. In vielen europäischen Ländern, in den Vereinigten Staaten von Amerika und in der südlichen Hemisphäre begegnet man Vertretern dieser Rasse überall auf dem Lande, in Vororten und in der Stadt. Sie begleiten Familien, Jäger, Blinde, Polizei- und Zollbeamte; sie arbeiten zusammen mit Rettungsmannschaften im Schnee und bei Katastrophen. Sie leben in Palästen, Villen, Reihenhäusern, Katen und nicht selten auch in Stadtwohnungen. Wo immer man sie sieht, beeindrucken sie durch ihre Freundlichkeit, ihre Ruhe, ihre stolze Haltung und nicht zuletzt durch ihre Schönheit. Auf Grund dieser Schönheit ist der Golden Retriever heute zu einer Werbefigur geworden. Auf Plakaten, im Fernsehen, auf Verpackungen, wirbt er für Hundefutter, Tiermedizin, Autos, Brillen, Bekleidung und vieles mehr. Eine Entwicklung, die wir nur bedauern können, denn eine derartige Werbung ist leider nicht zum Vorteil einer Rasse.
Der Ursprung des Golden Retrievers liegt wie bei so vielen reinrassigen Hunden im 19. Jahrhundert. Die Rasse ist zwar erst im Jahre 1913 als reinrassig beim englischen Kennel Club registriert worden, aber die Reinzucht begann bereits in der Mitte des vorigen Jahrhunderts auf dem Landsitz des Sir Dudley Coutts Marjoribanks, des späteren 1. Lord Tweedmouth. Dieser Landsitz Guisachan (Gälisch für »Place of the Firs« zu deutsch »Fichtenplatz«) liegt in der Grafschaft Inverness-shire in Schottland.

*Abb. 7: Guisachan House, vermutlich kurz vor dem 1. Weltkrieg. Der weltbekannte Tiermaler Sir Edwin Landseer wohnte als Gast der Familie im Giebelzimmer oben links. Mit freundlicher Genehmigung von Mr. Brian Atkinson.*

Wie wir gesehen haben, strebten die Jäger immer nach einem besseren, ja dem perfekten Jagdbegleiter. Es waren schon viele Typen geprägt worden, manche davon rein örtlich in abgelegenen Gegenden, wo man seit vielen Jahren ausgesuchte Tiere miteinander gepaart hatte, um besser geeignete Hunde für die in dem betreffenden Terrain vorherrschenden Bedingungen zu bekommen, beispielsweise für Wasser, Schilf, Felsen, Heideland, Hochland oder Waldgebiete und auch für die örtlich vorkommenden Wildarten.
Auf den großen Landsitzen begannen Großgrundbesitzer im 19. Jahrhundert verschiedene Rassen gezielt zu züchten. Die Bedingungen waren dafür sehr gut. Man hatte Platz, Zeit, Geld, das Interesse und den Bedarf, denn die Jagd spielte in der Gesellschaft der damaligen Zeit eine große Rolle. Überall bemühte man sich, die jagdliche Eignung und die Leistungsfähigkeit seiner Hunde zu steigern. Wahrscheinlich entstand eine Art Konkurrenz, und man war stolz, einen besonderen Jagdhundtyp zu besitzen, zu züchten und bei der Jagd zu führen.
Gute Hunde wurden untereinander ausgetauscht, verschenkt, eingekauft, Typ mit Typ gepaart oder, um die Jagdeignung zu verbessern, mit einer anderen »Rasse« gekreuzt. Manchmal schlugen diese Versuche fehl, manchmal waren sie erfolgreich, und es ist eine dieser Kreuzungen, die unseren Golden Retriever, wie wir ihn heute kennen, hervorgebracht hat.
Zu unserem großen Glück besteht kein Zweifel mehr über den Ursprung des Golden Retrievers. Wir haben es Mrs. Elma Stonex vom berühmten Dorcas Zwinger zu verdanken, daß wir mit Sicherheit wissen, wie die uns heute so

*Abb. 8: Die Heimat.*

bekannte Rasse entstanden ist. Zehn Jahre lang hat Mrs. Stonex daran gearbeitet, um alle Unklarheiten über den Ursprung des Golden Retrievers zu beseitigen. Ihre Recherchen haben es ermöglicht, die Abstammung aller unserer Hunde zurück bis zu ihren Vorfahren auf Guisachan, dem Landsitz des Sir Dudley Marjoribanks in Schottland, zu verfolgen.

Diese Behauptung klingt sehr einfach. Es hört sich so an, als wäre der Golden Retriever plötzlich über Nacht wie mit einem Federstrich in Guisachan entstanden. So war es natürlich nicht. Aus frühen Kupferstichen wird uns deutlich, daß es schon Anfang des vorigen Jahrhunderts Jagdhunde gab, die einem Golden Retriever entfernt ähnelten. So beispielsweise der altenglische Setter (Old English Setter) in dem Stich von J. Scott in Dalziels »Rural Sports«, herausgegeben im Jahr 1802. Auch Stonehenge erwähnt in seinem »Dogs of the British Isles«, 1867, einen goldfarbenen Irisch-Setter, einen sehr kräftig gebauten Hund mit schwerem Kopf. Mrs. Elma Stonex geht sogar noch sehr viel weiter zurück zu einem Van Dyck Porträt des späteren Charles II. von England aus seiner Kindheit. Der kleine Prinz streichelt den Hund, der neben ihm sitzt und das Gesicht des Kindes aufmerksam ansieht, so wie sich jeder Golden Retriever verhält. Der Fang des Hundes ist zu spitz, der Kopf zu lang und schmal. Deckt man jedoch diese Teile des Bildes ab, so sitzt dort ein Golden Retriever. Ein weiteres Beispiel aus späteren Jahren ist ein lithographischer Farbdruck von Edmund Walker nach einem Gemälde von Richard Ansdell, datiert 1854, mit dem Titel »The Gamekeeper«. Neben diesem Wildhüter sitzen zwei Hunde, ein schwarz-weißer und ein rotbrauner, retrieverähnlicher Hund mit etwas Weiß an der Brust.

Der beste Beweis dafür, daß es früher auch Hunde gab, die unserem heutigen Golden Retriever sehr ähnlich waren, findet sich jedoch in den Bildern des bekannten englischen Tiermalers, Sir Edwin Landseer R.A. (1802–1873). (Siehe Seite 18)

## 2. Die Geschichte der Russischen Zirkushunde

Bis zum Jahr 1959 stand in dem Zuchtschau-Katalog der bekannten Londoner Crufts Hundeausstellung eine fast märchenhaft anmutende Geschichte über den Ursprung des Golden Retrievers:
»Sir Dudley Coutts Marjoribanks habe bei einem Besuch im südenglischen Brighton eine Gruppe russischer Zirkushunde gesehen, die ihm so gut gefallen hätten, daß er einen davon erwerben wollte. Da man auf seinen Wunsch, einen Hund abzugeben, nicht einging, bot er an, die ganze Gruppe zu kaufen und dies sei ihm auch gelungen.«
Über die Anzahl der Hunde in dieser Gruppe schwanken die Angaben der verschiedenen Quellen zwischen 3 und 8. Aus diesem Crufts Katalog-Vorspann geht auch hervor, daß Sir Dudley diese Hunde nach Guisachan (immerhin eine

Entfernung von mehr als 1000 Kilometer) gebracht hatte, wo sie die Grundlage für seine gelbe Retriever-Zucht bildeten. Der beste dieser Gruppe wird als »Nous« angegeben.

Wie – muß man sich heute auch fragen – ist diese faszinierende und etwas exotische Geschichte entstanden?

Beim Durchblättern der Bücher älteren und neueren Datums findet man immer wieder Vermerke über den »Russischen Retriever«. Stonehenge beispielsweise beschreibt den russischen Hund als »seinem englischen Stammverwandten ähnlich, nur habe er ein längeres, dichteres Fell«. Mrs. W. M. Charlesworth (Noranby Zwinger) in ihren beiden Büchern »The Book of the Golden Retriever« (1932) und »Golden Retrievers« (1952) sowie in ihrem Artikel in Hutchinson's Dog Encyclopaedia (1935) bringt die Geschichte der Gruppe von acht in Brighton gekauften Zirkushunden und beschreibt sie wie folgt: Kräftige Hunde von einer sehr schönen äußeren Erscheinung, etwas lang im Rücken, kräftige Lendenpartie und Hinterhand, schöne Pfoten und Knochen. Augenlider, Nasenschwamm und Leftzen sehr dunkel wie auch die Haut. Die Fellfarbe hellgold oder creme, manchmal fast weiß. Das Fell lang und wellig, die Rute häufig über dem Rücken gebogen.

In diesem Zusammenhang tritt jetzt eine weitere Figur in Erscheinung, eine Figur, die sehr viel dazu beitrug, die Geschichte der Brighton Zirkushunde glaubhaft zu machen, nämlich Colonel The Honourable William le Poer Trench (St. Huberts Zwinger). Oberst le Poer Trench hatte im Jahr 1883 einen Nachkommen der ursprünglichen Guisachan Hunde von Lord Ilchester, dem Großneffen des 1. Lord Tweedmouth erhalten. Er nannte ihn »Sandy«, gründete mit ihm seinen St. Huberts Zwinger und war von Anfang an entschlossen, seinen Retriever-Schlag rein zu halten und keine Einkreuzungen anderer Rassen – wie es bei den Guisachan Hunden vorgenommen worden war – zu versuchen.

So überzeugt war er von ihrer russischen Abstammung, daß er entweder im Jahr 1911 oder 1912 nach Rußland reiste, in der Hoffnung, dort Hunde für eine Blutauffrischung bei seiner Zucht zu erhalten. In einem Artikel »Ursprung des gelben Retrievers« in der Zeitschrift »Country Life« vom 25. Juli 1952 schreibt Lord Ilchester, daß Oberst le Poer Trench um das Jahr 1911 in den Kaukasus reiste. Dort habe man ihm erzählt, die betreffenden Hunde seien soeben in den Bergen bei den Schafen, wenn er aber Geld hinterlassen wolle, so würde man ihm einen Hund herunterbringen. Er bezahlte das Geld, aber ein Hund sei ihm nicht gebracht worden. Mrs. Charlesworth schreibt 1925 in dem Buch »The Popular

*Abb. 9: Marquis of Carmarthen's Retriever. Farbstich 1832.*

*Abb. 10: Setter und Spaniels von Reinagle aus Daniel's Rural Sports 1802. Oben rechts: Altenglischer Setter. Unten links: Der Setter aus Featherstone Castle Zucht (nicht Irischer Setter). Mit freundlicher Genehmigung von Mrs. Rachel Page Elliot, U.S.A.*

Retrievers«, daß Oberst le Poer Trench im Jahre 1912 nach Rußland reiste, wo er mehrere Hunde kaufte. Diese seien jedoch aus einem improvisierten Zwinger ausgebrochen und entkommen und wären nicht mehr aufgefunden worden.

Es handelt sich hier in aller Wahrscheinlichkeit um ein und dieselbe Reise, und welche der beiden Auslegungen den tatsächlichen Gegebenheiten entspricht, bleibt dahingestellt. Für uns ist es heute nicht mehr so sehr wichtig, denn es wurden keine Hunde nach England gebracht. Die Reise – in welchem Jahr sie auch immer stattfand – muß jedoch für Oberst le Poer Trench eine große Enttäuschung bedeutet haben.

Im Jahre 1913, im gleichen Jahr, in dem der Kennel Club ein Zuchtbuch für goldene und gelbe Retriever einrichtete, veranlaßte auch Oberst Trench die Einrichtung eines Zuchtbuches für seine russischen Retriever (Gelb). Diese wurden beim Kennel Club unter der Zwingerbezeichnung St. Huberts geführt, bis zur letzten Eintragung im Jahre 1917.

Über die St. Huberts Hunde wissen wir etwas mehr durch das Buch von Mrs. Elma Stonex. Wie der Zufall es wollte, lebten ihr Großvater und Oberst Trench nur wenige Kilometer voneinander entfernt in der Grafschaft Buckinghamshire. In den Tagebüchern von Mrs. Stonex' Großvater wird Oberst Trench häufig erwähnt. Er kam des öfteren zur Jagd hinüber und brachte immer zwei seiner großen, goldfarbenen Retriever mit. Diese Hunde werden in dem Tagebuch als sehr gut erzogen und liebenswürdig beschrieben. Bedauerlicherweise erfahren wir jedoch nichts über ihre äußere Erscheinung oder ihre jagdlichen Leistungen.

Es ist sehr interessant, daß die Geschichte der russischen Zirkushunde solche leidenschaftlichen Verfechter hatte, denn sie fand auch bei den Wildhütern auf Guisachan Glauben. Drei Generationen der Familie MacLennan hatten auf diesem Landsitz den Jagdaufseher gestellt. Im Jahre 1932 wurden Briefe des letzten dieser drei, Mr. Duncan MacLennan, an den Geschäftsführer des Golden Retriever Clubs, Mr. L. Evers-Swindell, im Jahrbuch des Clubs veröffentlicht. Photographien der frühen Hunde begleiteten diese Briefe. Mr. MacLennan hob die Geschichte der russischen Zirkushunde hervor und beteuerte, daß alle Wildhüter, die um das Jahr 1860 auf Guisachan angestellt waren – einschließlich seines im Jahr 1844 geborenen Vaters – ihm versichert hätten, daß die ursprünglichen Hunde von einer in Brighton gastierenden Zirkus-Truppe stammten.

Damals – und vielleicht auch noch heute hie und da – hatte diese Theorie sowohl ihre Anhänger als auch ihre Gegner. Sie wurde sogar vom Golden Retriever Club und auch vom Kennel Club akzeptiert und erschien Jahr für Jahr im Golden Retriever Club Jahrbuch und in dem Katalog-Vorspann für diese Rasse bei der bekannten Londoner Hundeausstellung Crufts.

*Abb. 11: Gemälde von Sir Edwin Landseer, Stich von Samuel Cousins, veröffentlicht von F. G. Moon, 1839.*

*Abb. 12: Der Ausschnitt der unteren rechten Ecke des Landseer-Gemäldes zeigt einen Golden Retriever-ähnlichen Hund. Mit freundlicher Erlaubnis von Mrs. Rachel Page Elliott, U.S.A.*

Erst in den fünfziger Jahren kam Licht in diese rätselhafte Geschichte, als Lord Ilchester den schon erwähnten Artikel »Ursprung des gelben Retrievers« in der Zeitschrift »Country Life« vom 25. Juli 1952 veröffentlichte.

In diesem Artikel bringt der Autor Einzelheiten aus den sehr detaillierten Zwingeraufzeichnungen seines Großonkels, des 1. Lord Tweedmouth, der sämtliche Hunde in seinem Zwinger und die Würfe, die dort zwischen 1835 und 1890 fielen, genau eingetragen hatte. Durch ein eingehendes Studium dieses Zwingerbuches kam Lord Ilchester zu der Erkenntnis, daß die Geschichte der russischen Zirkushunde nicht stimmen konnte, denn nirgends wurden sie in diesem sonst in allen Einzelheiten dargelegten Eintragungen erwähnt. Vom Jahre 1835 an sind dort aufgeführt Setter, Pointer und Greyhounds, im Jahre 1838 kommen Beagles dazu, 1842 zum ersten Mal ein Retriever, offensichtlich schwarz, und der nächste Retriever erscheint erst im Jahre 1852. Irische Spaniels werden 1843 erwähnt und Deerhounds 1848.

Im Jahre 1854 kaufte Sir Dudley Coutts Marjoribanks, der spätere 1. Lord Tweedmouth, den Landsitz Guisachan und es wurden beträchtliche Erweiterungen an seinem Zwinger vorgenommen.

Retriever erscheinen jetzt immer häufiger in den Eintragungen. Ihre Farbe wird jedoch leider nicht erwähnt. Ab 1868 wissen wir aber durch die eingetragenen Namen, um welche Hunde es sich handelt. »Nous« erscheint zum ersten Mal im Jahre 1865. Die Eintragung für ihn lautet: »Aus der Zucht von Lord Chichester – Juni 1864 – in Brighton erworben«. Von »Nous« wird berichtet, daß er der einzige gelbe Welpe in einem Wurf schwarzer Retriever mit welligem Fell (Wavy-coated Retriever) war, und daß er von einem Wildhüter an einen Schuhmacher zur Begleichung seiner Schulden abgegeben worden war.

Nicht nur aus Lord Ilchesters Artikel in »Country Life« erfahren wir vom Kauf des schönen, gelben Retrievers in Brighton, diese Version bestätigt auch Mr. A. Croxton-Smith in seinem Buch »Dogs Since 1900«. Darin schreibt Mr. Croxton-Smith, daß er viele Jahre lang die ihm von Colonel le Poer Trench erzählte Geschichte der russischen Zirkushunde geglaubt habe. Erst als er Nachkommen aus dem Culham Zwinger Lord Harcourts gesehen hatte, kamen ihm Zweifel, denn diese Hunde erinnerten ihn stark an die ihm in seiner Jugend bekannten Flat- oder Wavy-Coated Retriever. Um mehr Gewißheit hierüber zu haben, setzte sich Mr. Croxton-Smith mit dem Enkel des 1. Lord Tweedmouth in Verbindung. Von ihm erfuhr er folgende Einzelheiten:

Als Schuljunge in einem Internat in der Nähe von Brighton machte eines Tages der Sohn des Sir Dudley Marjoribanks (des 1. Lord Tweedmouth) mit seinem Vater einen Spaziergang über die »Downs«, die Höhenrücken entlang der Küste. Unter-

*Abb. 13: Water Spaniel. Ölgemälde des schottischen Malers John Charlton, signiert mit Monogramm 1864. Den Experten zufolge handelt es sich hier um den Tweed Water-Spaniel. Mit freundlicher Erlaubnis von Mrs. Rachel Page Elliott, U.S.A.*

*Abb. 14: Ein »Ilchester« Retriever. Farbstich, signiert Maud Earl, 1906. Mit freundlicher Erlaubnis von Mrs. Rachel Page Elliott, U.S.A.*

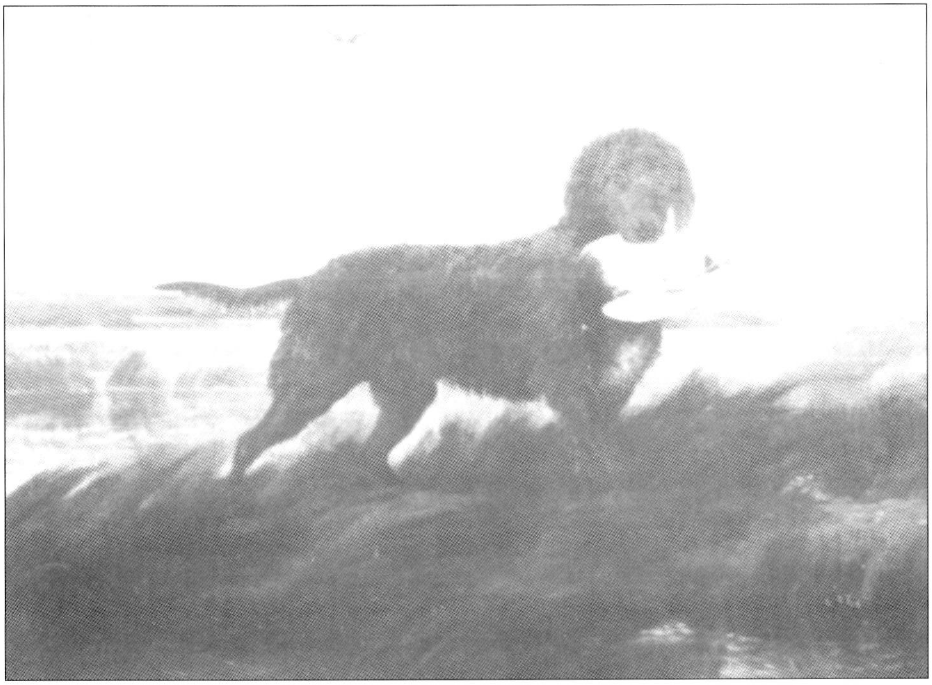

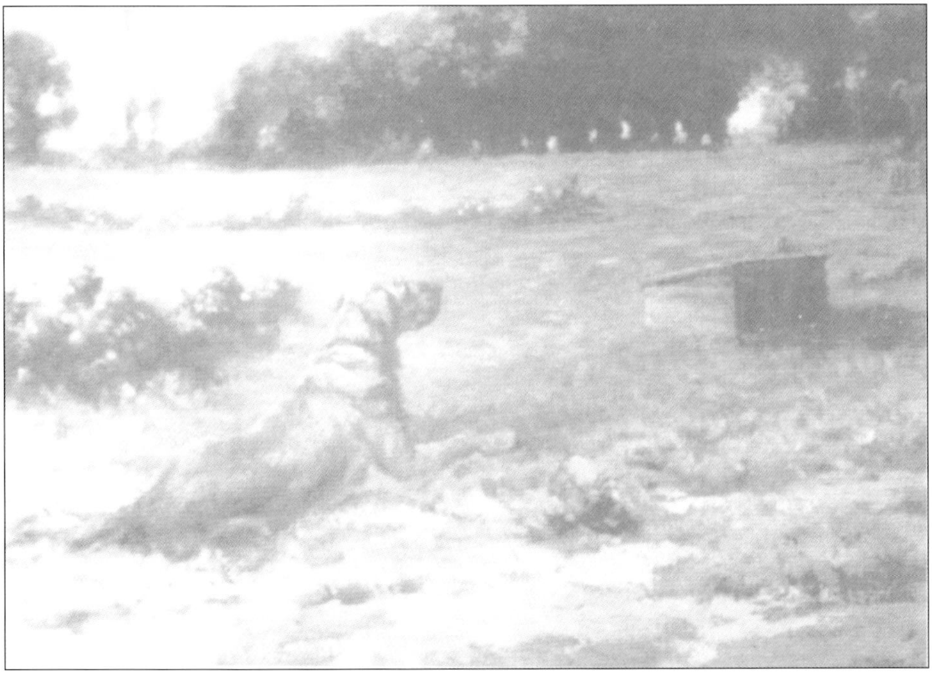

wegs begegneten die beiden einem Mann, der einen sehr schönen, jungen gelben Retriever mit sich führte. Wie sich herausstellte, handelte es sich um einen Schuhmacher, der den Hund von einem Wildhüter, Obed Miles, aus dem Dorf Stanmer bei Brighton, zur Begleichung seiner Schulden erhalten hatte. Sir Dudley kaufte den gelben Retriever von dem Schuhmacher.

Es mag dem Leser seltsam erscheinen, daß der Sohn einer im Norden Schottlands beheimateten Familie die Schule im Süden Englands besucht. Dieser Teil Südenglands galt jedoch schon immer als die Gegend der Britischen Inseln mit dem gesündesten Klima, sagen wir es deutlich, mit dem geringsten Niederschlag. An Orten der Südküste wie Brighton und Eastbourne siedelten sich im Verlauf der Zeit unzählige Internat-Schulen für Jungen und Mädchen an. Dorthin kamen – und kommen noch – Kinder aus allen Teilen Englands und aus Schottland.
Den Namen des Schuhmachers, der mit seinem Hund auf den »Downs« spazieren ging, wissen wir leider nicht. Der Wildhüter hieß Obed Miles und der Retriever, der dort den Besitzer wechselte war natürlich »Nous«.
Eine Photographie dieses kräftigen, gelben Rüden erschien in Hutchinson's Dog Encyclopaedia im Jahr 1934, wo er zusammen mit einem Guisachan Wildhüter, Simon Munro, abgebildet ist. Wir wissen heute, daß alle Golden Retriever »Nous« als ihren Stammvater anerkennen können. Als Ergebnis des Auffindens des Guisachan Zwingerbuches und als Erfolg der langwierigen und eingehenden Recherchen von Mrs. Elma Stonex lautet seit dem Jahr 1960 die Ursprungserläuterung des Golden Retrievers im Crufts Zuchtschau-Katalog wie folgt:
»Es besteht weniger Unklarheit über den Ursprung des Golden Retrievers als über den der meisten anderen Retriever-Rassen. Die Reinzucht dieser Rasse ist eindeutig im vergangenen Jahrhundert von Lord Tweedmouth eingeleitet worden, wie aus seinen sorgfältig geführten privaten Zwingerbüchern und Aufzeichnungen hervorgeht.
Aus diesen Dokumenten, die von Lord Tweedmouth's Großneffen, Lord Ilchester, im Jahre 1952 an die Öffentlichkeit gebracht wurden, geht Folgendes hervor: Im Jahre 1868 paarte Lord Tweedmouth einen gelben Retriever mit welligem Fell (wavy-coated) »Nous«, den er von einem Schuhmacher in Brighton gekauft hatte (aus der Zucht von Lord Chichester), mit einem Tweed Wasser-Spaniel »Belle« aus Ladykirk am Tweed. Der Tweed Wasser-Spaniel, der, außer in den Grenzgebieten zwischen Schottland und England, selten vorkam, wurde von den Kynologen der damaligen Zeit als ›ähnlich einem kleinen Retriever mit leberfarbenem, welligem Fell‹ beschrieben.

Eingeleitet durch diese Paarung betrieb Lord Tweedmouth zwischen 1868 und 1890 eine gute, durchdachte Linienzucht. Er benutzte einen zweiten Tweed Wasser-Spaniel und kreuzte zwei schwarze Retriever, einen Irischen Setter und einen sandfarbenen Bluthund ein. (Heute weiß man, daß die Abstammung sämtlicher Golden Retriever auf die Hunde eines am Anfang des Jahrhunderts einflußreichen Zwingers zurückgeht, den »Culham« Zwinger von Lord Harcourt. Dieser Zwinger wurde auf von Lord Tweedmouth gezüchteten Tieren aufgebaut).«

*Abb. 15: Guisachan House heute. Eine Ruine in einer schönen Landschaft.*

*Abb. 16: Guisachan House. Zwei Brände und der Zahn der Zeit haben eine Ruine hinterlassen. Foto: Stuart Grant*

## 3. »Nous« und »Belle«

Wie wir sehen, wurde »Nous« mit einer Tweed Wasser-Spaniel Hündin »Belle« gepaart. »Belle« stammte aus dem Zwinger von Lord Tweedmouth's Vetter Mr. David Robertson M.P. aus Ladykirk am Tweed. Sie war der zweite Hund dieser Rasse, den Lord Tweedmouth von Mr. Robertson erhalten hatte, der erste war bald gestorben. Für eine Beschreibung dieser Hunde müssen wir wieder auf die Schriften der frühen Hundekenner zurückgreifen. Eine recht genaue Beschreibung des Tweed Wasser-Spaniels bringt Richard Lawrence in seinem 1815 herausgegebenen Buch »The Complete Farrier and British Sportsman«:

Der Kopf ist ziemlich rund, der Fang kurz, die Ohren lang, breit und schwer; die Augen groß und aufmerksam; der Hals kräftig und kurz, die Schultern breit; die Läufe gerade, die Hinterhand rund und fest; der Mittelfuß kräftig und mit Wolfskrallen versehen, die Vorderpfoten lang, aber rund. Das Fell besteht aus kleinen dichten Löckchen.

Als Welpe zeigt dieser Hund einen starken Beschäftigungsdrang; er trägt alles gern umher, Schuhe, Stiefel, Staub- oder Kehrbesen, Holzpantinen usw. In diesem Alter sollte man ihn darauf abrichten, Stöcke oder andere Gegenstände, die er tragen kann, zu apportieren, und diese auch aus Gewässern jeder Art und jeder Tiefe zu bringen. Diese Rasse ist hauptsächlich an der Küste verbreitet.«

Lawrence fährt fort:

»Entlang der felsigen und zerklüfteten Küste, dort wo der Fluß Tweed in die See bei Berwick mündet, haben Wasserhunde durch die versuchsweise Einkreuzung eines Hundes aus Neufundland eine Auffrischung erhalten.«

Wir dürfen mit Sicherheit annehmen, daß der Hund, der hier eingekreuzt wurde, ein Kleiner oder St. John's Neufundländer war.

Dalziel erwähnt in seinem Buch »British Dogs« 1881 ebenfalls den Tweed Spaniel und beschreibt ihn als hell leberfarben mit dichtem, lockigem Fell.

Mrs. Stonex erfuhr in ihrer unermüdlichen Suche von Mr. Stanley O'Neill, einem bekannten Sachverständigen des Flat-coated Retrievers, daß er im Jahr 1903 an der Küste Northumbrias einen gelben Wasserhund gesehen hatte, der die Lachsfischer begleitete. Auf seine Frage hin antwortete man ihm, es sei ein Tweed Water-Spaniel aus Berwick. Mr. O'Neill beschrieb diesen Hund als einem kleinen Retriever ähnlich.

Über den Tweed Wasser-Spaniel erfahren wir eine besonders hübsche Geschichte von General Hutchinson, der uns von einem frühen »Blindenführhund« berichtet:

»Beim Lachsfischen am Oberlauf des Tweed begegnete ich hin und wieder einem völlig blinden Mann, der trotz seiner großen Behinderung weiterhin passioniert und erfolgreich Forellen angelte. Er war schon seit einigen Jahren ohne Sehvermögen und wurde von einem großen, braunen Tweed Spaniel, von dessen Intelligenz wunderbare Geschichten erzählt wurden, geführt. Dieser Mann kam viel herum, um die Fähigkeiten seines Hundes vorzuführen. Auf das Kommando (der Hund wurde an der losen Leine geführt) »Ab nach den Holms« oder »Ab nach Melrose«, ging der Hund ohne zu zögern in die gewünschte Richtung. Dieser Hund wurde

*Abb. 17: Ein Jagdaufseher auf Guisachan mit dem offenbar schon alten »Nous« (liegend).*

*Abb. 18: Gemälde von Gourlay Steele, 1871 von Mary Marjoribanks, eine Tochter des ersten Lord Tweedmouth. Die gelbe (golden) Retriever-Hündin stammt aus dem ersten, 1868 gefallenen Wurf von »Nous« und »Belle«, ist entweder »Cowslip« oder »Primrose«.*

nicht etwa mit mehr Verstand geboren als andere Tweed Spaniels, sondern er war der ständige Begleiter des Blinden, und hatte daher die besondere Fähigkeit entwickelt, seine Befehle zu verstehen, und zweifellos wollte er auch aus seiner großen Anhänglichkeit heraus seinen Herrn erfreuen.«

Aus der Paarung »Nous«, dem gelben Wavy-coated Retriever, geworfen in Sussex 1864, und »Belle« der leberfarbenen Tweed Wasser-Spaniel Hündin, geworfen in Ladykirk am Tweed 1863, entstammten vier gelbe Welpen, ein Rüde »Crocus« und drei Hündinnen »Cowslip«, »Primrose« und »Ada«. »Cowslip« und »Primrose« blieben auf Guisachan, »Crocus« ging an Lord Tweedmouths Sohn Edward Marjoribanks und »Ada« als Geschenk an Lord Ilchester.

Mit diesen gelben Retrievern betrieb Lord Tweedmouth, wie schon erwähnt, eine gut durchdachte Linienzucht. Er paarte sie und ihre Nachkommen gezielt untereinander, um Typ und Eignung zu festigen. Um nicht allzu eng zu züchten, mußte er aber hin und wieder versuchsweise eine Fremdkreuzung vornehmen. So wurden nach und nach ein weiterer Tweed Wasser-Spaniel, ein roter Setter, ein Flat- oder Wavy-coated Labrador oder labradorähnlicher Retriever eingekreuzt. Um eine noch bessere Nase zu erzielen, soll auch ein sandfarbener Bluthund eingekreuzt worden sein. Die Zwingernotizen über diese Einkreuzung lagen, auf einem losen Zettel geschrieben, zwischen den Blättern des Guisachan Zwingerbuches. Der Zettel ist bedauerlicherweise verloren gegangen.

Vom Jahr 1868 bis 1889 wurde das Guisachan Retriever Zwingerbuch recht detailliert geführt. Lord Tweedmouth starb im Jahr 1894, hatte aber offenbar in den letzten Jahren seines Lebens keine weiteren Eintragungen vorgenommen. Die letzten beiden in das Zuchtbuch eingetragenen Retriever waren »Prim« und »Rose« im Jahr 1889. Es entstand eine Lücke in dem Beweismaterial. In feinster Detektivarbeit gelang es Mrs. Elma Stonex, die letzten Steine dieses Mosaiks zusammenzufügen, die letzten Zweifel aus dem Weg zu räumen und die Lücke zu schließen. Unter den Familienpapieren der Lady Pentland, einer Enkelin des 1. Lord Tweedmouth, fand sie einen Brief, geschrieben von John MacLennan, Jagdaufseher auf Kerrow House, einem Nachbargut zu Guisachan. John MacLennan schreibt: »Lord Harcourt bekam von mir zwei Welpen, die die Stammhunde für seinen Culham Zwinger waren. Er kaufte sie von mir als ich in Kerrow House angestellt war. Die Mutter dieser Welpen war ›Lady‹, im Besitz von Archie Marjoribanks« (Lord Tweedmouth's jüngster Sohn).

Mrs. Stonex schreibt in ihrem Artikel »Ten Years Research into the Ancestry of the Golden Retriever«: »Lady ist vielleicht eine Tochter von Prim oder Rose, der letzten von Lord Tweedmouth in sein Zwingerbuch eingetragenen Welpen, aber hierüber werden wir jetzt niemals Gewißheit haben. Es ist jedoch offensichtlich, daß, wer auch immer die Elterntiere waren, sie in Guisachan von der ursprünglichen Nous und Tweed Wasser-Spaniel Paarung abstammten. Dieser Brief von John MacLennan ist der Schlüssel zur Abstammung der ganzen Rasse aus der von Lord Tweedmouth seinerzeit vorgenommenen Paarung.«

*Abb. 19: Der Retriever »Zelstone« im Besitz von Mr. G. Thorpe Bartram (1880).*
*Quelle: Hugh Dalziel, »British Dogs«. Vol. I, 1888.*

## Ahnentafel von „Prim" und „Rose" (geworfen 1889)
### siehe Urgroßvater Ch. Zelstone

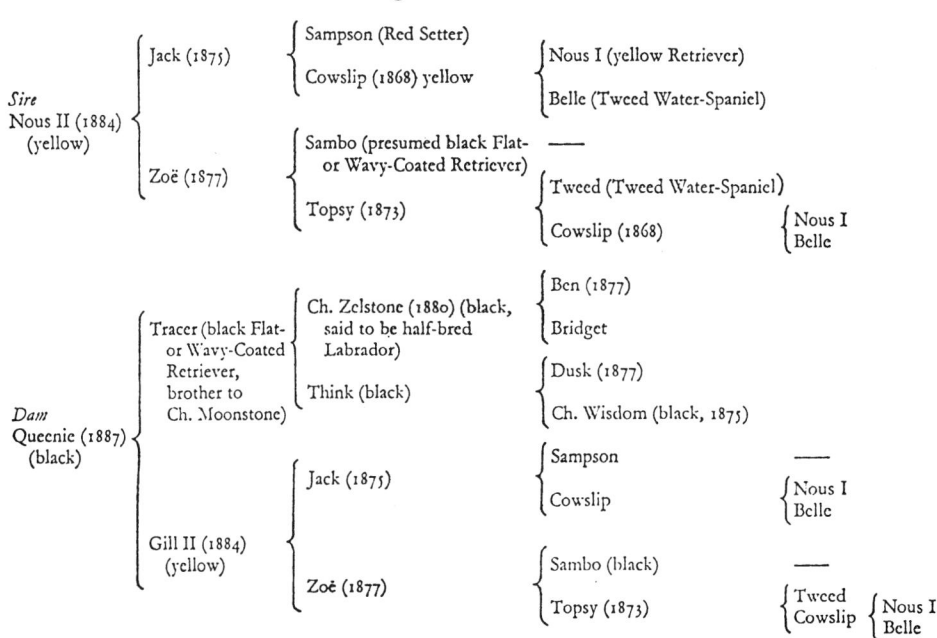

*Sire* Nous II (1884) (yellow)
- Jack (1875)
  - Sampson (Red Setter)
  - Cowslip (1868) yellow
    - Nous I (yellow Retriever)
    - Belle (Tweed Water-Spaniel)
- Zoë (1877)
  - Sambo (presumed black Flat- or Wavy-Coated Retriever)
  - Topsy (1873)
    - Tweed (Tweed Water-Spaniel)
    - Cowslip (1868)
      - Nous I
      - Belle

*Dam* Queenie (1887) (black)
- Tracer (black Flat- or Wavy-Coated Retriever, brother to Ch. Moonstone)
  - Ch. Zelstone (1880) (black, said to be half-bred Labrador)
    - Ben (1877)
    - Bridget
  - Think (black)
    - Dusk (1877)
    - Ch. Wisdom (black, 1875)
- Gill II (1884) (yellow)
  - Jack (1875)
    - Sampson
    - Cowslip
      - Nous I
      - Belle
  - Zoë (1877)
    - Sambo (black)
    - Topsy (1873)
      - Tweed
      - Cowslip
        - Nous I
        - Belle

Wie aus den Aufzeichnungen von Mrs. Stonex hervorgeht, stammen alle heutigen Golden Retriever von den Guisachan Hunden ab. Lady stellt wohl die Hauptverbindung dar. Sie wurde dort ums Jahr 1891 geworfen, und von ihr stammt »Culham Brass« aus dem Zwinger Lord Harcourts ab, der am Anfang aller frühen Ahnentafeln zu finden ist.

Lady ist jedoch nicht die einzige Verbindung nach Guisachan. Mrs. Stonex nennt noch dazu Proud Ben (1900), Canon und Rock, die alle auf die Guisachan Zucht zurückgehen und ebenfalls in späteren Ahnentafeln zu finden sind.

Der Golden Retriever hat somit seinen Ursprung in Schottland und an der Grenze zu England, als Lord Tweedmouth dort »Nous«, einen gelben Retriever mit welligem Fell unbekannter Abstammung, mit »Belle« der Tweed Wasser-Spaniel Hündin paarte, und daraus mit glücklicher Hand und sehr viel Einfühlungsvermögen die Grundsteine für die Entwicklung einer wunderbaren Hunderasse legte.

# 4. Die weitere Entwicklung

Der schwarze Retriever mit welligem Fell (der Flat- oder Wavy-coated Retriever) und der Labrador Retriever waren Anfang des 20. Jahrhunderts im ganzen Land weit verbreitet, der gelbe Retriever dagegen – über dessen Ursprung noch immer Unklarheit herrschte – war außer in den Tweedmouth und Ilchester Familien und in ihrem engsten Freundeskreis wenig bekannt.

Die starke Ausbreitung dieser Rasse in den folgenden Jahren und ihre ständig wachsende Beliebtheit waren damals überhaupt nicht vorauszusehen.

Wie schon im vorigen Kapitel erwähnt, erkannte der englische Kennel Club den Gelben oder Golden Retriever erst im Jahr 1913 als eigenständige Rasse an. Bis zu diesem Zeitpunkt wurde er als Retriever mit glattem oder welligem Fell (gelb) geführt. Im Kennel-Club-Zuchtbuch wurde er 1913 unter dem Namen »Retriever gelb oder golden« etabliert. 1920 wurde das Wort »gelb« gestrichen und der Golden Retriever erhielt endgültig den Namen, unter dem er heute weltweit so gut bekannt ist. Der Einfachheit halber werden in diesem Buch auch die frühen Hunde nur noch als »Golden Retriever« erwähnt.

Im Jahr 1913 ist auch der Golden Retriever Club in England gegründet worden. Maßgebend für diesen Schritt war Mrs. W. M. Charlesworth zusammen mit einigen wenigen anderen von dieser Rasse überzeugten Züchtern und Besitzern – darunter aller Wahrscheinlichkeit nach auch Lord Harcourt. In ihrem 1932 heraus-

*Abb. 20: Culham Brass beim Apportieren.*

gegebenen Buch »The Book of the Golden Retriever« schreibt Mrs. Charlesworth: »Zuerst hatten wir einen ganz kleinen – ideal kleinen – Vorstand von nur 4 Mitgliedern, und eine sehr geringe Anzahl von Clubmitgliedern. Wir stellten unsere Golden Retriever bei jeder Zuchtschau aus, zu der wir es uns leisten konnten, hinzufahren . . . wir setzten uns dem Spott und der Skepsis unserer Verwandten und Freunde aus . . . Es dauerte jedoch gar nicht lange, bevor ein oder zwei Golden Retriever bei Field Trials das sonst recht blinde Auge des Field Trial Richters auf sich zu lenken verstanden, denn die erstklassigen Leistungen dieser Hunde waren nicht mehr zu übersehen.«

Diese frühen Züchter hatten es nicht leicht, Anerkennung für den Golden Retriever zu gewinnen, denn – wie schon erwähnt – waren die anderen Retriever viel weiter verbreitet und sehr viel besser bekannt. Zu den ersten Golden Retrievern, die an Field Trials und Zuchtschauen teilnahmen, gehörten Culham Brass, Culham Copper und Culham Tip aus dem Zwinger Lord Harcourts. Waren diese vielleicht die Nachkommen von Lady? Mrs. Charlesworth, die in den folgenden nahezu fünfzig Jahren einen nachhaltigen Einfluß auf die Entwicklung der Rasse haben sollte, erwarb 1906 eine gelbe Retriever Hündin unbekannter Abstammung, die sie

»Normanby Beauty«* nannte. Diese Hündin wurde 1908 mit Culham Brass und 1910 mit Culham Copper gepaart. Ein weiterer sehr einflußreicher Zwinger wurde ebenfalls in jenen Jahren gegründet, der »Ingestre« Zwinger, geführt von Mr. Macdonald, Jagdaufseher bei Lord Shrewsbury. Culham und Ingestre sind Zwingernamen, die am Anfang jeder Golden Retriever Ahnenreihe stehen!
Diese Handvoll engagierter Hundefreunde hat nicht nur einen Club gegründet, Zuchtschauen besucht und an Field Trials teilgenommen, sondern sie hat auch den ersten Rassestandard für den Golden Retriever ausgearbeitet und beim Kennel Club hinterlegt. Dieser Standard hat bis in die heutige Zeit mit nur geringfügigen Änderungen seine Gültigkeit behalten.
Interessant an ihm ist, daß die einzelnen Teile des Hundes mit Punkten bewertet wurden, was heute nicht mehr praktiziert wird. Es wurden beispielsweise u. a. folgende Bewertungen festgelegt: Der Kopf 20 Punkte, das Fell 5, die Ohren 5, die Vorderläufe 10, die Rute 5, das Gebäude 25 usw. Gewicht und Größe der Hunde wurden nicht erfaßt und creme als erlaubte Farbe nicht aufgeführt. Die Anregung, die erwünschten Größen- und Gewichtsspannen in den Standard aufzunehmen, kam 1930 aus Kanada. Um diese zufriedenstellend festzulegen, wurden Gewicht und Größe der besten Rüden und Hündinnen im Land vom englischen Golden Retriever Club ermittelt und das Ergebnis in den Standard eingefügt. Weitere, kleinere Änderungen hierzu wurden im Jahre 1936 vorgenommen, und die Farbe wie folgt bestimmt: Alle Schattierungen von gold bis creme, aber weder rot noch braun (mahagoni). Eine Überarbeitung neueren Datums wurde 1986 vom Kennel Club vorgenommen (siehe Seite 80) und ist gemäß den Zuchtschaubestimmungen der Fédération Cynologique Internationale (FCI) heute bindend. In dieser neuen Überarbeitung wird erstmals näher auf das erwünschte Wesen eingegangen, weitere Punkte werden deutlicher definiert und die Gewichtsangaben entfallen.

Über die Farbe des Golden Retrievers erfahren wir aus den früheren Quellen, daß hellfarbene Hunde in den zwanziger Jahren keinen Gefallen fanden. Die damals bevorzugten Farben waren sehr dunkel, häufig sogar fast rot. In den dreißiger Jahren jedoch gewannen die helleren Schattierungen an Beliebtheit, und dies führte dazu, daß die Farbe creme schließlich in den Rassestandard aufgenommen wurde. Man knüpfte hiermit wohl auch an die Farbe der frühen Guisachan Hunde an, die als hellblond oder cremefarben bezeichnet wurden. Durch Setter-Einkreuzungen waren die Hunde im Verlauf der Zeit dunkler geworden.
In den Jahren des 1. Weltkrieges ruhte nahezu jede züchterische Tätigkeit, es gab keine Field Trials und ab 1917 auch keine Ausstellungen mehr. Die Golden Retriever Meldungen bei Crufts fielen von 70 im Jahr 1915 auf 26 im Jahr 1917. Nach Beendigung des Krieges scheint jedoch der Golden verhältnismäßig schnell an Beliebtheit gewonnen zu haben. Die Registrierungen bei dem Kennel Club zeigen es: 1921 lagen sie bei 120, 1925 bei 375 und 1938 waren sie schon auf 1073 gestiegen (1987 erreichten sie 11 290).

---

\* Mrs. Charlesworth verwendete in den ersten Jahren den Zwingernamen »Normanby«, den sie jedoch 1912 in »Noranby« änderte.

*Abb. 21: Culham Copper im Besitz von Lord Harcourt.*

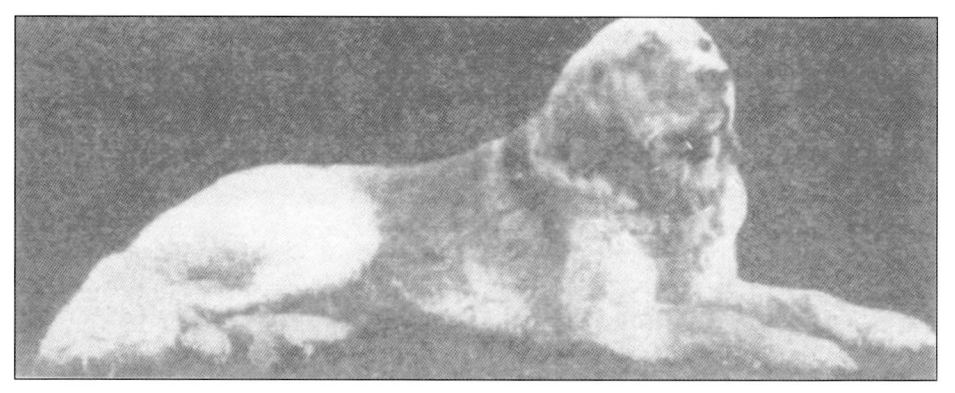

*Abb. 22: St. Huberts Peter aus dem Zwinger von Colonel W. le Poer Trench, der seine Hunde als »russische Retriever« bezeichnete.*

*Abb. 23: Ch. Michael of Morton, gew. 1921 (Rory of Bentley – Aurora). Foto: Thomas Fall*

*Abb. 24 + 25: Noranby Sandy, geworfen 1910. Dieser Rüde hatte viele Erfolge, sowohl bei Field Trails als auch auf Zuchtschauen.*

*Abb. 26: Ch. Noranby Jeptha, Suchensieger auf einem Field Trial in Nordirland. Diese Hündin, geworfen 1925, war eine der erfolgreichsten Golden Retriever auf Field Trials der Jahre 1927 bis 1931.*

*Abb. 27: Ch. Birling James of Somersby, geworfen 1926.*

*Abb. 28: Ch. Cubstone Bess, geworfen 1927.*

*Abb. 29: Es wird zu Tisch gepfiffen! Acht sieben Wochen alte Welpen aus dem Zwinger von Mrs. Charlesworth.*

*Abb. 30: Die bekannte Züchterin Mrs. Charlesworth mit »Noranby Curfew« 1926 bei Field Trials in Sussex.*

*Abb. 31 + 32: Golden Retriever aus Mrs. Charlesworths Noranby Zwinger. Interessant die Farbschattierungen auch in der damaligen Zeit.*

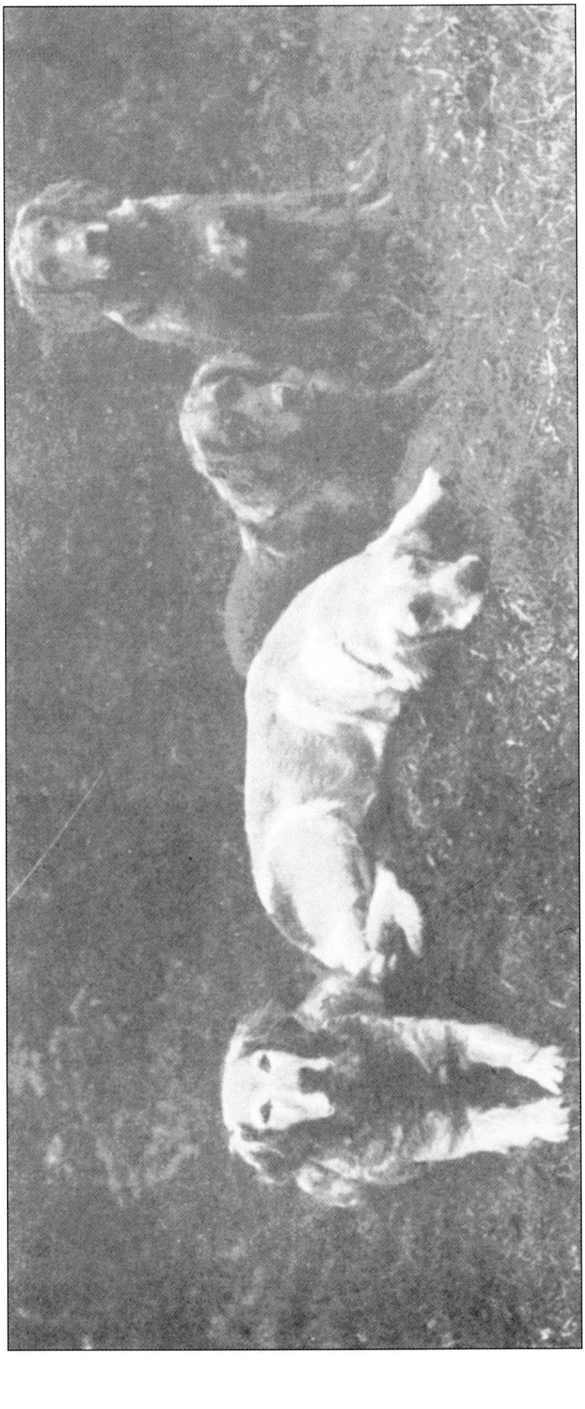

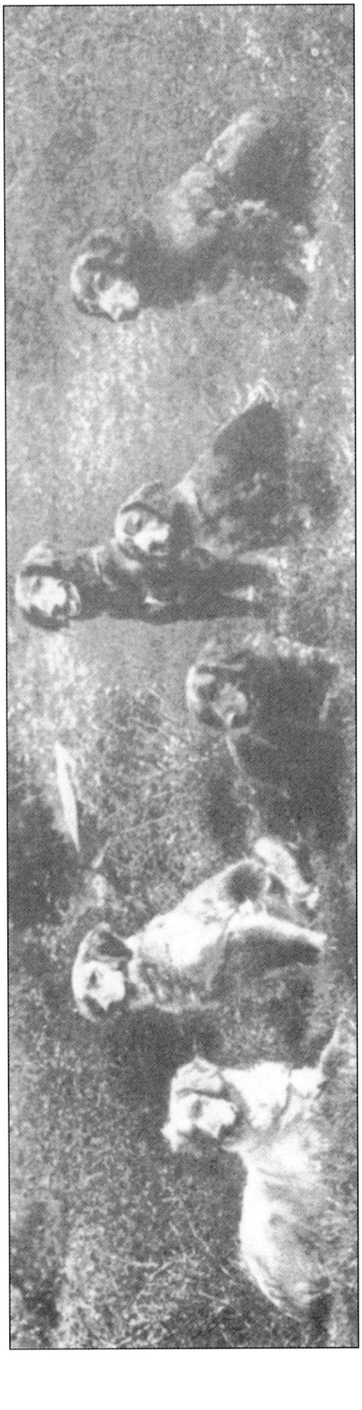

*Abb. 33 + 34: Ch. Noranby Diana (Ch. Michael of Moreton – Ch. Noranby Daydawn), geworfen 1929.*

*Abb. 35: Mrs. Cottingham, eine sehr bekannte Züchterin der zwanziger Jahre mit Golden Retrievern aus ihrem Wolley Zwinger.*

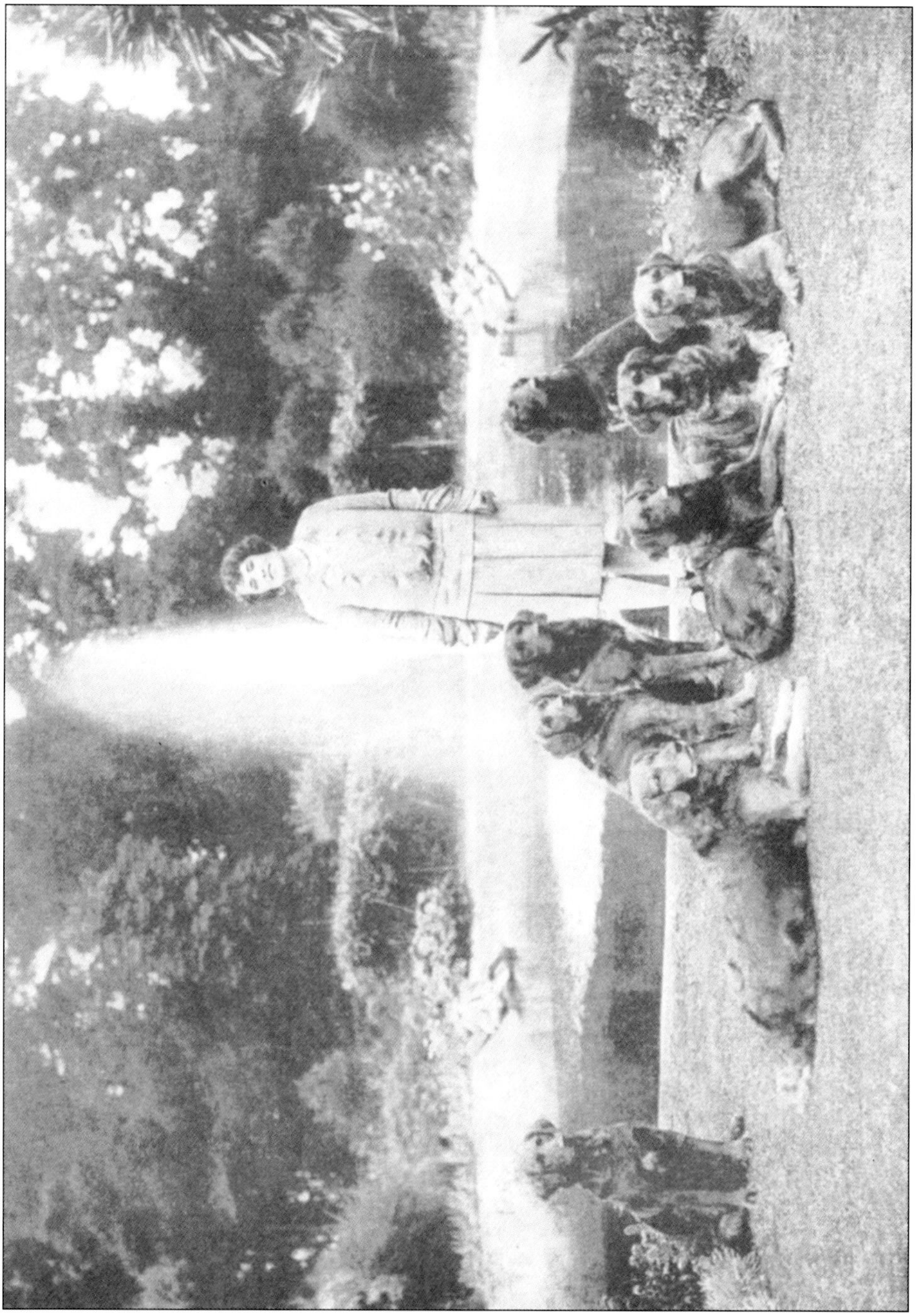

*Abb. 36: Ch. »Donkelve Jester« (1929).*

*Abb. 37: Diese beiden Rüden waren Söhne von Ch. Michael of Moreton.
Ch. Haulstone Marker*

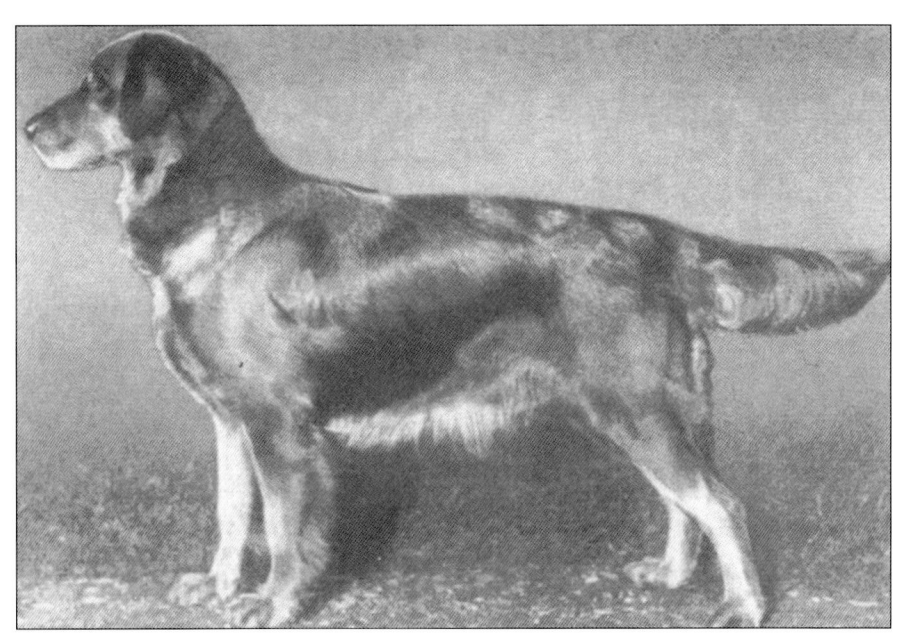

*Abb. 38: Eine Tochter von Ch. Diver of Woolley, geworfen März 1930.*
*Ch. Goldgleam of Aldgrove*

*Abb. 39: Geworfen 1929. Dieser Rüde war ein Sohn von Ch. Michael of Moreton.*
*Ch. Kelso of Aldgrove*

## AHNENTAFEL 1

Glory of Fyning
- Normanby Balfour
  - Culham Brass
    - Dust
    - Chlores
  - Normanby Beauty
    - Unknown Pedigree
    - ——
- Stella of Fyning
  - Astley Storm
    - Culham Coffee
    - Paddiford Duchess
  - Griff
    - Proud Ben
    - Red Queen

Stagden Cross Pamela
- Prior
  - Paxhill Brian
    - Crane Point
    - Inez
  - Culham Bronze
    - Culham Brass
    - Culham Rossa
- Stagden Cross Honey
  - Ingestre Ben
    - Ingestre Bunty
    - Toptwig
  - Rossa
    - Klip
    - Ingestre Rubina

## AHNENTAFEL 2

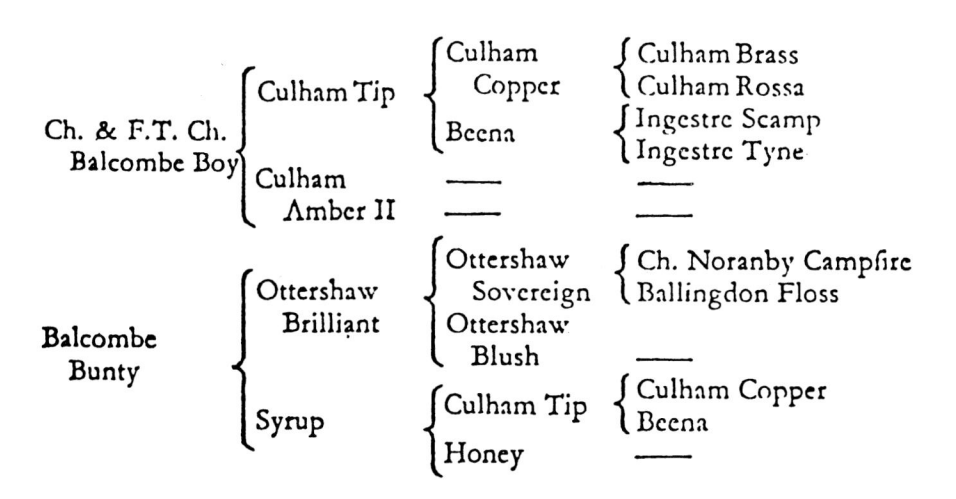

Ch. & F.T. Ch. Balcombe Boy
- Culham Tip
  - Culham Copper
    - Culham Brass
    - Culham Rossa
  - Beena
    - Ingestre Scamp
    - Ingestre Tyne
- Culham Amber II
  - ——
  - ——

Balcombe Bunty
- Ottershaw Brilliant
  - Ottershaw Sovereign
    - Ch. Noranby Campfire
    - Ballingdon Floss
  - Ottershaw Blush
    - ——
    - ——
- Syrup
  - Culham Tip
    - Culham Copper
    - Beena
  - Honey
    - ——
    - ——

## AHNENTAFEL 3

- Binks of Kentford
  - Ch. Noranby Campfire
    - Culham Copper
      - Culham Brass
      - Culham Rossa
    - Normanby Beauty
      - Unknown Pedigree
      - ——
  - Noranby Dandelion
    - Ingestre Dred
      - Ingestre Scamp
      - Ingestre Tyne
    - Ingestre Luna
      - Ingestre Scamp
      - Ingestre Tyne
- Balvaig
  - Rust
    - Rust Boy
      - Normanby Balfour
      - Scotter Prim
    - Glanduff Wanda
      - Normanby Balfour
      - Betty
  - Dinah
    - Normanby Sandy
      - Sandy of Wavertree
      - Yellow Nell
    - Bess Brass
      - ——

## AHNENTAFEL 4

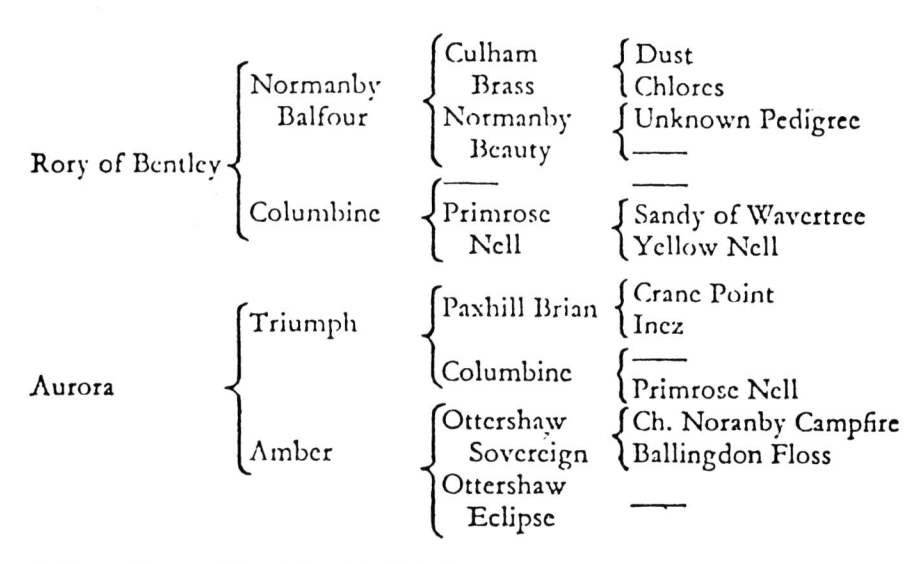

- Rory of Bentley
  - Normanby Balfour
    - Culham Brass
      - Dust
      - Chlores
    - Normanby Beauty
      - Unknown Pedigree
      - ——
  - Columbine
    - Primrose Nell
      - Sandy of Wavertree
      - Yellow Nell
    - ——
- Aurora
  - Triumph
    - Paxhill Brian
      - Crane Point
      - Inez
    - Columbine
      - Primrose Nell
  - Amber
    - Ottershaw Sovereign
      - Ch. Noranby Campfire
      - Ballingdon Floss
    - Ottershaw Eclipse
      - ——

Culham Rossa (Harold × Nellie). Ingestre Scamp (Sailor × Duchess). Ingestre Tyne (Wavertree Sam × Corrie II). Yellow Nell (Ingestre Scamp × Ingestre Tyne).

In den zwanziger Jahren fielen vier sehr einflußreiche Würfe, die die Rasse eindeutig prägten und den Typ festigten. Die Ahnentafeln dieser vier Paarungen, deren Ausarbeitung wir Mrs. Elma Stonex zu verdanken haben, führen sämtlich über die schon erwähnten Paarungen Culham Brass × Normanby Beauty, Culham Copper × Normanby Beauty auf die Culham und Ingestre Zwinger zurück. Von Mrs. Stonex erfahren wir auch, daß nahezu alle heutigen Golden Retriever einmal, in manchen Fällen auch mehrmals von diesen vier Paarungen abstammen. Es würde den Rahmen dieses Buches sprengen, die Namen aller bedeutenden Zuchthunde, die aus diesen Paarungen hervorgingen, aufzuzählen, aber die hier reproduzierten Bilder sollen dazu dienen, dem heutigen Golden Retriever Besitzer einen Eindruck der Rasse in den Jahren vor dem II. Weltkrieg zu vermitteln.

Wer diese Bilder genauer betrachtet, wird feststellen, daß dies wirklich substanzvolle Hunde waren, mit kräftigen Knochen, kräftigem Fang und recht guter Winkelung, vor allem was die Schulterpartie anbetrifft. Die breiten, gut geformten Köpfe mit dem aufmerksamen, freundlichen Ausdruck zeugen von dem typischen Golden Retriever Wesen. Von diesen Hunden erfahren wir, daß – obwohl sie nicht immer die schnellsten bei der Arbeit waren – sie dank ihrer Leichtführigkeit, ihrem Arbeitswillen und der guten Nase von den Jägern und Field Trial Führern sehr geschätzt wurden.

Uns allen dürfte bedeutungsvoll erscheinen, daß es sich bei diesen Hunden um wirkliche »Dual-Purpose« Golden Retriever handelte – Hunde, die sich sowohl auf der Zuchtschau als auch bei Leistungsprüfungen erfolgreich präsentierten.
Lag vor Beginn des II. Weltkrieges die Entwicklung hauptsächlich in den Händen von Freunden der Rasse, die durch gut durchdachte Paarungen den nach Rassestandard und Leistung idealen Golden Retriever züchten wollten, so führte die gegen Ende des Krieges stark ansteigende Nachfrage nach Welpen zu einem teilweise unkontrollierten Vermehren durch Menschen, die nur den finanziellen Vorteil im Auge hatten.

Es entstanden hierdurch häufig ganz untypische Golden Retriever mit morphologischen Schwächen. Der flache Stop, der spitze Fang, das helle Auge vermittelte manchmal sogar ein fuchsartiges Äußeres, das ganz anders aussah als der Golden Retriever mit seinem warmen, liebenswürdigen Blick aus dunklen Augen.
Zum Glück war diese Abweichung nicht überall von langer Dauer, und der heutige, von den maßgebenden Züchtern hervorgebrachte Golden Retriever, ist im Typ sehr gleichmäßig. Ausnahmen hierzu bilden jedoch weltweit immer noch die vielen Vermehrer-Menschen, die Hunde für den »Handel« produzieren, und hier, so meine ich, begegnet man immer noch den Nachkommen dieser fuchsähnlichen Hunde, die auch dem Wesen nach nicht dem Standard entsprechen.

Während der Golden in den vierziger und fünfziger Jahren in England schon recht bekannt und geschätzt war, gewann er auch in anderen Teilen der Welt zunehmend an Beliebtheit.

## 5. Der Golden Retriever entdeckt die Welt

Der erste Golden Retriever, der eine Reise nach Übersee antrat, war aller Wahrscheinlichkeit nach »Lady«, die im Besitz von the Hon. Mr. Archie Marjoribanks, dem jüngsten Sohn des 1. Lord Tweedmouth, in den neunziger Jahren des vorigen Jahrhunderts mit ihm nach Nordamerika reiste. Diese Reise ist recht gut dokumentiert, denn aus dieser Zeit existieren Photographien, aufgenommen auf der Rocking Chair Ranch des Archie Marjoribanks in Texas und auch im Familienkreis seiner Schwester, Lady Ishbel Aberdeen, in Ottawa. Dort diente sein Schwager, Lord Aberdeen, in den Jahren 1893 bis 1898 als General-Gouverneur von Kanada.
Es war auch in Kanada, wo die Entwicklung des Golden Retrievers in Nordamerika begann. Heute steht diese Rasse in den Vereinigten Staaten bei der Zunahmequote an erster Stelle aller Rassen, in Kanada an fünfter.
Im Jahre 1922 gründete Mr. Bart Armstrong seinen Gilnockie Zwinger in Winnipeg, und auf sein Betreiben hin erkannte der Kanadische Kennel Club im Jahre

*Abb. 40: »Lady« in Ottawa, 1894.*

*Abb. 41: Amerikanischer & Kanadischer Champion Speedwell Pluto, geworfen 1929, (Ch. Michael of Moreton – Ch. Speedwell Emerald).
Mit freundlicher Erlaubnis von Mrs. Ainslie Mills, Kanada.*

1927 den Golden Retriever als eigenständige Rasse an. Nach dem Tode von Mr. Armstrong im Jahre 1932 übernahm Colonel Magoffin, der bereits 1928 in Vancouver/Kanada seinen Rockhaven Zwinger gegründet hatte, auch den Zwingernamen Gilnockie und verwendete ihn fortan für seinen zweiten Zwinger in Colorado, U.S.A. Damit wurde der Grundstein für die engen züchterischen Verbindungen zwischen den Vereinigten Staaten und Kanada gelegt. 1930 importierte Colonel Magoffin den Rüden »Speedwell Pluto« (Ch. Michael of Moreton × Sh. Ch. Speedwell Emerald) aus England. Speedwell Pluto, der durch seinen Vater auf die Verbindung Rory of Bentley × Aurora (siehe Ahnentafel 4, Seite 57) zurückging, wurde sowohl Amerikanischer als auch Kanadischer Champion. Er gilt allgemein als einer der wichtigsten Gründerrüden der Rasse in Nordamerika.

In den dreißiger Jahren wurden immer mehr Golden Retriever aus England nach Nordamerika exportiert und verschiedenen Berichten zufolge gingen auch einige nach Südamerika, beispielsweise nach Uruguay und Argentinien.

Es läßt sich nicht feststellen, ob mit ihnen dort weitergezüchtet wurde, jedoch in den siebziger Jahren trafen wir dort zwei Hunde, deren Vorfahren sehr gut diese frühen Importe hätten sein können. Die beiden waren allerdings sehr dunkel, fast rostbraun, sie waren auch etwas hochbeiniger und schlanker als wir die Rasse normalerweise kennen, aber in ihrem Benehmen waren sie typisch, und bei näherem Betrachten hatten ihre Köpfe, trotz des spitzen Fanges, einen freundlichen und intelligenten Ausdruck. Sie begleiteten zwei Zollbeamte an dem Dreiländereck Argentinien-Paraguay-Brasilien. Drogenspürhunde? So sah es wenigstens aus.

In den zwanziger und dreißiger Jahren kamen die ersten Golden Retriever nicht nur nach Amerika, sondern auch nach Neuseeland und Australien. Dort gehören sie heute zu den weitverbreitetsten und beliebtesten Rassen. In Teilen Afrikas und in Indien wurden sie damals auch bekannt, vermutlich überall dort, wo englische Einwanderer oder Beamte der Kolonialverwaltung sich mit ihren Familien niedergelassen hatten.

In den dreißiger Jahren kamen Goldens auch über den Ärmelkanal nach Frankreich, Belgien und Holland. Vereinzelt waren sie schon vorher in einigen Ländern bekannt geworden, fast ausschließlich als Jagdhunde; in Holland erschienen sie sogar 1933 zum ersten Mal auf einer Ausstellung, aber der große Aufschwung kam erst nach dem II. Weltkrieg. In Holland, Schweden, Norwegen und Dänemark begannen Freunde der Rasse Ende der vierziger und in den fünfziger Jahren die Weichen für die heutige Entwicklung zu stellen. In diesen Ländern verzeichnet der Golden Retriever jedes Jahr recht hohe Registrierzahlen, und er steht meistens an der Spitze in der Liste der beliebtesten Hunde. Die Rasse ist auch in der Schweiz stark vertreten und dasselbe gilt für Belgien. In Frankreich beginnt sie Fortschritte zu machen, und in Österreich wird sie heute vom Verein zur Züchtung der Retriever-Rassen betreut. Die Entwicklung in den Niederlanden und in der Bundesrepublik wird eingehender im nächsten Kapitel beschrieben.

Bei der wachsenden Anzahl der Golden Retriever hängt ihre Qualität allgemein von der Einstellung der Züchter ab und ebenfalls häufig von den Aktivitäten des betreuenden Verbandes oder Clubs. Bei jeder Rasse, die »im Kommen« ist, besteht die Gefahr, daß rein finanzielle Beweggründe zu einer unüberlegten Welpenproduktion führen, die die Rasse stets schädigt. Es wird hierbei weder auf psychische und physische Gesundheit, noch auf Schönheit geachtet, von der Brauchbarkeit ganz zu schweigen. Stimmt die Kasse, so stimmt alles. Und was aus den in diesen Zuchtstätten produzierten Tieren wird, interessiert den Zuchtstättenbesitzer am allerwenigsten.

In vielen Teilen der Welt spiegelt sich die Einstellung der maßgebenden Züchter und Verbände in der Qualität der dort gezüchteten Hunde. Die auf Ausstellungen gezeigten Golden Retriever erfreuen nicht nur durch ihre Schönheit, sondern in diesen Ländern findet man auch ein reichhaltiges Angebot an Sportmöglichkeiten mit dem Hund, beispielsweise Field und Obedience (Gehorsam) Trials, Agility (Geschicklichkeit) und Leistungsprüfungen. So werden das einzigartige Wesen der Rasse und die guten angeborenen Veranlagungen erhalten und gefördert. Dies trifft jedoch leider nicht überall zu, und in manchen Ländern bleibt noch viel zu tun.

*Abb. 42: Golden Retriever, die in den 50er Jahren Einfluß auf die beginnende Zucht in Dänemark hatten. Von links nach rechts: Dk. Ch. Anbria Joriemour Lisbeth, Dk. Ch. Anbria Tarlatan, Dk. Ch. Camrose Quixote und Anbria Laurel.*
*Mit freundlicher Erlaubnis von Mrs. Lizzie Bauder.*

# 6. Der Golden Retriever in Deutschland

Es lag wohl an den Wirren der Nachkriegszeit, daß der Golden Retriever in der Bundesrepublik erst einige Jahre später bekannt wurde als in anderen Teilen des europäischen Festlands. Retriever waren in der Schweiz, in Skandinavien und in Holland in den fünfziger Jahren schon im Kommen, aber in Deutschland ließ diese Entwicklung verständlicherweise eine Weile auf sich warten.

Es ist durchaus möglich, sogar wahrscheinlich, daß einzelne Golden Retriever mit den Besatzungsmächten nach Deutschland gelangten, aber diese hatten keinen direkten Einfluß auf den Beginn der hiesigen Zucht.

Der erste Golden Retriever, der in Deutschland als Deckrüde eingesetzt werden sollte, kam am 11. April 1957 in einem zehnköpfigen, nicht registrierten Wurf zur Welt. Dies geschah in England in einem recht ländlichen Teil der Grafschaft Essex. Eine junge Deutsche, die sich gerade eine zeitlang in England aufhielt, verliebte sich in die Rasse und nahm einen kleinen Rüden zu sich, um ihn dann im gleichen Sommer mit nach Deutschland zu nehmen. Bezeichnend für die große Unerschrockenheit dieses kleinen Welpen ist es, daß die erste von ihm aufgenommene Photographie ihn mit etwa 9 Wochen auf dem Rücken eines Pferdes zeigt! Seelenruhig sitzt er da oben auf dem Sattel und schaut interessiert in die Welt. Sein Name: »Donald« (irrtümlicherweise bei der Registrierung beim Verband für das Deutsche Hundewesen in »Donard« verwandelt). Sein Rufname »Don«.

Die Ahnentafel (handgeschrieben) von »Don's« Eltern waren keineswegs mit Champions gespickt, es waren weder Schönheits-, noch Field-Trial-Champions in den jüngeren Generationen zu verzeichnen. Jedoch auf beiden Seiten gingen diese Welpen auf Namen zurück, die für die Entwicklung der ganzen Rasse in den Vorkriegsjahren von größter Bedeutung waren, beispielsweise auf den Noranby Zwinger von Mrs. Charlesworth mit Noranby Dauntless in der vierten Generation und Noranby Ranger, Noranby Dumpling und Noranby Rowdy in der fünften Generation. Auch die bekannten Zwinger Stenbury (Mrs. S. Minter) und Stubbings (Mrs. Nairn) sind je einmal in »Don's« Ahnentafel vertreten.

Zwei Jahre nach dem Wurftag von »Donald« ist in den Vereinigten Staaten von Amerika die Hündin geboren worden, die zusammen mit Don einen der Grundsteine für die Zuchtentwicklung in Deutschland setzen sollte. »Cragmount's Tessa« wurde am 24. 10. 1959 im Zwinger von Charles und Jane Engelhard, Cragwood Far Hills, New Jersey, geworfen und wurde von Mr. Engelhard seinem Vetter Dr. Wilhelm Heraeus in Hanau geschenkt. Im Alter von drei Monaten wurde Tessa per Flugzeug nach Deutschland versandt, eine Reise, die sie ohne irgendwelche Komplikationen überstand.

*Abb. 43: Donald, genannt »Don«, geworfen 11. 4. 1957, hier im Alter von 10 Jahren. Foto: Gunhild von Heimendahl*

*Abb. 44: »Cragmount's Tessa«, geworfen 24. 10. 1959. Mit freundlicher Erlaubnis von Frau Elsa Heraeus.*

Auch Tessa's Ahnentafel ist interessant, denn sie weist nicht nur mehrere amerikanische Champions auf, sondern auch bekannte englische Zwingernamen, die zum Teil heute noch in der Zucht maßgebend sind, beispielsweise Westley (Miss Joan Gill), Camrose (Mrs. Joan Tudor) und auch Dorcas (Mrs. Elma Stonex).

Wie fanden damals die Besitzer von zwei einzelnen Golden Retrievern in der Bundesrepublik zueinander? Dr. Heraeus und seine Frau hatten auf der Suche nach einem Deckrüden einige Abenteuer in der Schweiz und in Frankreich zu überstehen, bevor sie schließlich von einem Bekannten auf eine Anzeige in der Zeitschrift »Wild & Hund« aufmerksam gemacht wurden. Die Verbindung zu Don's Besitzer wurde hergestellt und nach geglücktem Decken begründeten diese beiden Golden Retriever am 11. Dezember 1962 mit einem wiederum zehnköpfigen Wurf den Zwinger von der Schwindefurt.

Aus den Unterlagen des damaligen Zuchtwarts, Frau Gudrun Goerz-Obendorfer, geht hervor, daß zu dieser Zeit laut VDH*- Zuchtbestimmungen nur 6 Welpen pro Wurf belassen werden durften. In diesem besonderen Fall ist es jedoch gelungen, eine Ausnahmegenehmigung für den Wurf zu erhalten, so daß alle zehn Welpen aufgezogen und registriert werden konnten.

In der Zwischenzeit war »Tessa's« Bruder »Cragmount's Peter« amerikanischer Champion geworden. Eine seiner Enkelinnen »Georgina of Darbrian« war ebenfalls bestimmt, eine Rolle in der deutschen Zucht zu spielen, denn Dr. Heraeus brachte sie im Jahre 1966 mit nach Deutschland und schenkte sie Frau Gudrun Goerz-Obendorfer (von den Türkischen Gärten).

## Das Sammelzuchtbuch des VDH

Der erste in das Sammelzuchtbuch des VDH eingetragene Wurf war allerdings nicht der A-Wurf von der Schwindefurt, sondern der acht Monate davor am 4. April 1962 gefallene A-Wurf »of Northern Light«. Die Mutterhündin war die von Mrs. M. Woodbridge in England gezüchtete »Linnet of Essendene«, die auf den Stubblesdown Zwinger von Mr. W. Hickmott zurückging, und der Vater der in Holland stehende Deckrüde »Bull of John v. d. Harstenhoek«, der Ch. Masterstroke of Yeo in seiner Ahnentafel hatte.

Nach und nach kamen weitere Golden Retriever aus dem Ausland – in der Hauptsache aus Dänemark – dazu, und es wurden neue Zwingernamen von der F.C.I. geschützt.

Es fielen in den folgenden Jahren 2 bis 4 Würfe pro Jahr, dabei wurden jeweils nur sechs Welpen pro Wurf belassen. Wenn man heute aus eigener Erfahrung weiß, wie leicht eine Golden Retriever Hündin wirft, und wie gut sie auch einen großen Wurf selbständig betreuen kann, ist man über das Welpentöten der damaligen Zeit bestürzt. Eine unserer Hündinnen säugte beispielsweise einen neunköpfigen Wurf ohne fremde Hilfe einundzwanzig Tage lang und alle Welpen und die Mutterhün-

---

* Verband für das Deutsche Hundewesen

*Abb. 45: Dr. Wilhelm Heraeus mit Axel von der Schwindefurt im Jahre 1969.*

*Abb. 46: Interessiert und aufmerksam! Foto: Martina Becher*

din waren dick, rund und zufrieden. Zehn Welpen sind für eine normale, gesunde Hündin überhaupt kein Problem, vorausgesetzt, sie wird richtig ernährt.

Noch heute stelle ich mir die Frage, wie man die zur »Ausmerzung« bestimmten Welpen damals ausgesucht hat, oder hat man dies vielleicht dem Tierarzt allein überlassen? Ging es eventuell nach Größe, nach dem Gewicht des Welpen? Die Kleinsten sind keineswegs immer die schlechtesten, so mancher vorzügliche Hund war der kleinste seines Wurfes. Einige Jahre später wurde – auf Grund eines neuen Tierschutzgesetzes – diese Beschränkung glücklicherweise aufgehoben.

## Gründung eines Retriever Clubs

Die beherzten Züchter der Anfangsjahre gründeten, genau wie fünfzig Jahre davor im Jahr 1913 in England, im Jahre 1963 einen ganz kleinen Club, den Deutschen Retriever Club e.V. mit Sitz in Stuttgart. Anders jedoch als der englische Golden Retriever Club, betreute der deutsche Club von Anfang an alle Retriever-Rassen, beispielsweise die Labrador-Retriever und die Flat-coated Retriever. In jüngster Zeit sind auch einige Chesapeake Bay Retriever und Curly-coated Retriever dazugekommen.

Die ersten Golden Retriever Züchter und Besitzer in Deutschland stellten ihre Hunde auf Ausstellungen aus und überall dort, wo die Möglichkeit bestand, wurden die Golden entweder jagdlich geführt oder bei Jagdgebrauchshundeprüfungen gemeldet. Der damalige Obmann für das Prüfungswesen im neugegründeten Club, Oberförster Karl Bernhard, bestätigt, daß ein namhafter Prozentsatz dieser wenigen Golden Retriever mit Erfolg an Jagdeignungs- und Jagdgebrauchshundeprüfungen teilgenommen hat.

Die Zahl der registrierten Golden Retriever stieg langsam, aber stetig und erreichte im Jahre 1970, sieben Jahre nach der Gründung des Clubs, die Hundertmarke. Der Bestand wäre natürlich etwas schneller gewachsen, wenn erstens alle Welpen hätten belassen werden können, und zweitens, wenn damals nicht die Zuchtbestimmungen einen Hund allein durch das Fehlen eines Prämolar 1 (P 1) von der Zucht ausgeschlossen hätten.

Der Gedanke, nur ganz gesunde Tiere mit vollständigem Gebiß zur Zucht zuzulassen, war an sich richtig, bei der sehr geringen Population wirkte er sich aber nachteilig aus. Es wurden einige sonst recht gute Golden Retriever nicht verwendet, gesunde Hunde mit gutem Wesen und guter jagdlicher Veranlagung, nur weil bei ihnen ein P 1 fehlte. Auch dies ist in späteren Jahren geändert worden, ohne viel Schaden anzurichten, denn der Golden Retriever hat nach wie vor häufiger den P 1 doppelt als einen fehlenden P 1.

Anfang der siebziger Jahre begann man mit Untersuchungen auf Hüftgelenkdysplasie und entdeckte ein Problem, das uns heute immer noch beschäftigt und wohl auch in Zukunft beschäftigen wird. Zuerst sah man sich gezwungen, mit Hunden mit mittlerer HD weiter zu züchten, denn bei dem derart kleinen Bestand wäre man sonst ganz ins Stocken geraten. Später wurde dies geändert, eine Änderung, die heute noch Gültigkeit hat: Die drei ersten Stufen der international anerkannten

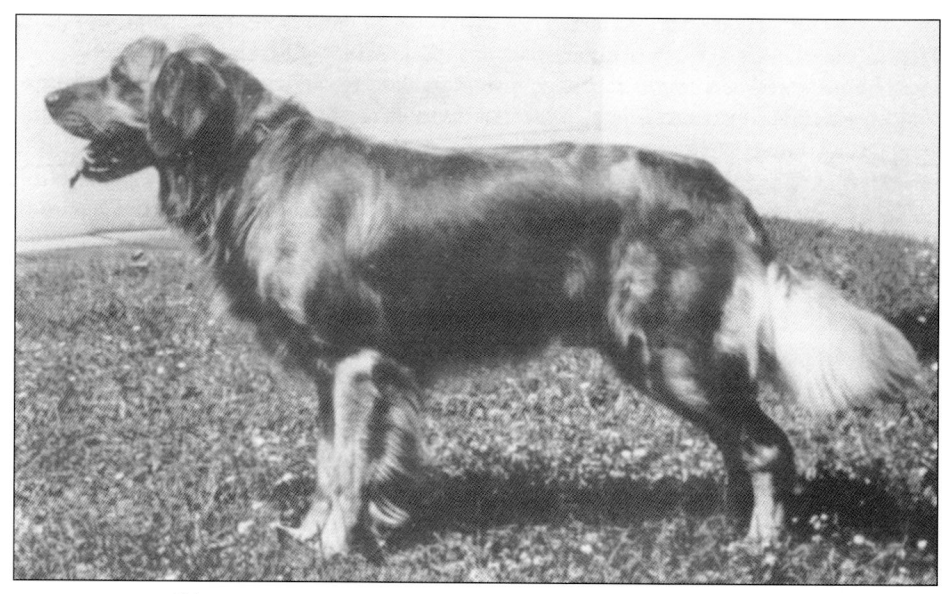

*Abb. 47: Axel von der Schwindefurt, geworfen 11. 12. 1962.
Mit freundlicher Erlaubnis von Frau Else Heraeus.*

*Abb. 48: Baltic Golden Gwendy (Dk. & Int. Ch. Lawnwoods Nimrod - Baltic Golden
Fillipa). Der beste in Deutschland gezüchtete und in Gebrauchshundeklassen gemeldete
Golden Retriever. Foto H. Rudolph*

*Abb. 49: Pennard Golden Mango, geworfen 30. 8. 1971 in England.
Er brachte gute jagdliche Eigenschaften mit nach Deutschland.
Foto: H. Vogel*

Skala erhalten Zuchterlaubnis. Diese sind: 0 = Kein Hinweis für HD, 1 = Übergangsform, 2 = Leichte HD. Hunde mit leichter HD erhalten die Auflage, daß sie nur mit Partnern mit HD-0 oder HD-1 gepaart werden dürfen. In der Tat hat es sich gezeigt, daß nur Hündinnen mit HD-leicht verwendet werden. Rüden mit leichter HD werden so gut wie gar nicht eingesetzt. Hunde mit mittlerer HD = HD 3 und schwerer HD = HD 4 werden von der Zucht ausgeschlossen.
Deutschland liegt sehr zentral, und es ist immer von großem Vorteil gewesen, daß die Zucht nicht durch Landesgrenzen eingeschränkt werden mußte. Es entwickelten sich bald gute Beziehungen zu den angrenzenden Ländern, in denen der Golden schon früher bekannt geworden war. Dort waren, dank engerer Beziehungen zu England, häufig auch bessere Welpen importiert worden. So standen über die Jahre hinweg Rüden aus bekannten englischen Zwingern wie Camrose, Yeo, Croucher's, Lacons, Westley, Melfricka, Nortonwood, Lawnwood, Catcombe, Styal, – um nur einige zu nennen, und in letzter Zeit aus Schottland Garbank zur Verfügung. Deutsche Züchter, die die Entfernung nicht scheuten, sind in die Schweiz, nach Holland, Dänemark und in jüngster Zeit auch nach Belgien und

Frankreich gefahren, um einen passenden Rüden für ihre Hündinnen zu sichern. Das Ergebnis liegt auf der Hand, denn, obwohl noch immer nicht ausgeglichen, in der Qualität der ausgestellten Golden Retriever ist eine ständige Besserung gegenüber den ersten Generationen zu verzeichnen. In den letzten Jahren kamen aus bekannten ausländischen Zwingern mehrere Welpen nach Deutschland, die für die hiesige Entwicklung der Rasse viel versprechen.

Bedauerlicherweise ist der Ausfall aufgrund nicht ausreichender HD-Befunde noch immer verhältnismäßig hoch.

Die bei den Zuchtschauen ständig steigenden Meldezahlen konnten auch in den letzten Jahren überraschen. Bei der Clubschau 1979 gab es für alle Retriever-Rassen knapp 50 Meldungen, ein Jahr später hatte sich die Zahl verdoppelt und 1987 verzeichneten die Golden allein eine Meldezahl von mehr als 150 Hunden.

Der Retriever Club veranstaltet jährlich eine Clubschau und, verteilt über das ganze Land, 4–5 Spezial-Zuchtschauen. Darüberhinaus werden bei sieben bis acht der internationalen Zuchtschauen Sonderschauen angegliedert. Bei all diesen Sonderschauen werden außer dem CACIB (Certificat d'Aptitude au Championat International de Beauté), auch das CAC (Certificat d'Aptitude au Championat) vergeben.

Einer der Gründe, weshalb die Zuchtschauen heute so gut besucht werden, ist die beträchtliche Anzahl ausländischer Richter, die die Einladung des Clubs, hier zu richten, annehmen, und die uns stets hilfsbereit mit Rat und Tat zur Seite stehen. Außerdem veranstaltet der Deutsche Retriever Club im Spätsommer und Herbst mehrere Leistungsprüfungen mit einer ständig steigenden Teilnehmerzahl (siehe Kapitel VI.).

Der Deutsche Retriever Club gliedert sich in sechs Landesgruppen, die wiederum in Regionalgruppen unterteilt sind. Alle diese Gruppen veranstalten gut besuchte Ausbildungstage, Wesensprüfungen, Zuchtzulassungen, Begleithundeprüfungen und Zuchtschauen.

## Deutscher Champion

Um den Titel Deutscher Champion zu erhalten, muß ein Golden drei CAC unter drei verschiedenen Spezialrichtern und den Nachweis einer bestandenen Leistungsprüfung aus dem Prüfungsprogramm des Clubs vorweisen können (siehe Tabelle).

## Internationaler Schönheits-Champion der FCI

Um diesen Titel in Deutschland zu erwerben, muß der Golden zwei bestätigte CACIB unter zwei verschiedenen Richtern, einmal in der Bundesrepublik Deutschland und einmal im Ausland erbringen, dazu den Nachweis einer bestandenen Leistungsprüfung aus dem Prüfungsprogramm des Deutschen Retriever Clubs. Die Golden Retriever, die bisher diesen Titel erhalten haben, siehe Tabelle. Field Trial Champions sind in der Bundesrepublik bisher nicht zu verzeichnen gewesen.

# DEUTSCHE CHAMPIONS

(Die ersten Anwartschaften auf diesen Titel wurden vom Deutschen Retriever Club im Jahre 1979 vergeben)

| NAME | ELTERN | ZÜCHTER | BESITZER | WURFTAG |
|---|---|---|---|---|
| Lacons Honey Lover | Ch. Sansue Tobias x Sh. Ch. Lacons Candy Floss | Mr. u. Mrs. J. W. Simister | K. Bech | 01.03.1976 |
| Biscuit of Mill Lane | Camrose Listrender x Camrose Mellowmist | Patricia Busch | P. Busch | 21.01.1979 |
| Barro von der Zehntscheuer | Int. DK. u. Dt. Ch. Lacons Honey Lover x Assi of Sun Village | J. Gutman | J. Gutmann | 17.04.1981 |
| Ann vom Syenvenn | Carlos Clareus x Antje of Sun Village | E. Thomassen | E. Thomassen | 29.08.1978 |
| Alice of Redpine | Int. Ch. Westland Sunshine x Birka | S. Sponholz | S. Sponholz | 06.05.1983 |
| Frederic vom Geesthang | Nor. Ch. Camillo x Tvistholm Peggy | F. Nörenberg | F. Nörenberg | 06.05.1983 |
| Donna vom Geesthang | Nor. Ch. Camillo x Tvistholm Peggy | F. Nörenberg | F. Nörenberg | 01.09.1982 |
| Inshallah of Roy Black Family | Dansk Jaye v. d. Drunenbourgh x Bryanstown Hilary | N. Ruys | F. u. I. Tiemann | 12.09.1984 |

# INTERNATIONALE CHAMPIONS

| NAME | ELTERN | ZÜCHTER | BESITZER | WURFTAG |
|---|---|---|---|---|
| Davis v. d. Türkischen Gärten | Adler v. Hüttental x Georgina of Darbrian | G. Goerz-Oberndorfer | F. Goerz | 02.08.1971 |
| Caddy v. Forsthaus Bethel | Garin of Rayhill x Bonny v. d. Türkischen Gärten | M. Ermshausen | J. Schmucker | 28.06.1972 |
| Master Melody | Int. DK. u. Schwed. Ch. Byxfield Cedar x DK. Ch. Glenavis Bellagirl | I. und O. Egendal | H. Vogel | 17.05.1975 |
| Biscuit of Mill Lane | Camrose Listrender x Camrose Mellowmist | Patricia Busch | P. Busch | 21.01.1979 |
| Barro von der Zehntscheuer | Int. DK. u. Dt. Ch. Lacons Honey Lover x Assi of Sun Village | J. Gutmann | J. Gutmann | 17.04.1981 |
| Aramis Royal von Stolpe | Int. DK. u. Dt. Ch. Lacons Honey Lover x Bustle of Mill Lane | A. und E. Schneider | C. u. H. Gail | 23.05.1981 |
| Alice of Redpine | Int. Ch. Westland Sunshine x Birka | S. Sponholz | S. Sponholz | 06.05.1983 |
| Frederic vom Geesthang | Nor. Ch. Camillo x Tvistholm Peggy | F. Nörenberg | F. Nörenberg | 06.05.1983 |
| Donna vom Geesthang | Nor. Ch. Camillo x Tvistholm Peggy | F. Nörenberg | F. Nörenberg | 01.09.1982 |
| Camillo von der Zehntscheuer | Int. DK. u. Dt. Ch. Lacons Honey Lover x Assi of Sun Village | J. Gutmann | U. Stockmann | 17.05.1985 |
| Inshallah of Roy Black Family | Dansk Jaye v. d. Drunenbourgh x Bryanstown Hilary | N. Ruys | F. u. I. Tiemann | 12.09.1984 |

## 7. Der Golden Retriever in den Niederlanden

Die ersten Golden Retriever gelangten in den dreißiger Jahren nach Holland. Sie stammten unter anderem aus den Noranby und Heydown Zwingern in England und wurden als Gebrauchshunde eingeführt. Obwohl sie selten auf Ausstellungen erschienen und kaum Nachkommen hatten, hinterließen sie mit ihren jagdlichen Eigenschaften einen ausgezeichneten Eindruck.

Im Jahre 1946 gründete Mw. van Schelle den Staverden Zwinger mit den beiden aus England importierten Wurfschwestern Pennard Golden Garland und Pennard Golden Genista, später bekam Mw. van Schelle den Rüden Masterstroke of Yeo aus Mrs. Lucille Sawtell's Yeo Zwinger. Masterstroke war der Wurfbruder des englischen Field Trial Champions Musicmaker of Yeo. Masterstroke of Yeo wurde nicht nur Niederländischer Champion, er bewies ebenfalls seine hervorragenden jagdlichen Eigenschaften und wurde als guter Deckrüde bekannt. In diesen Jahren importierte Mw. van Mourik eine tragende Hündin aus England. Dies war Melody Abess, die von Ch. Colin of Rosecott gedeckt worden war. Melody Abess wurde

*Abb. 50: NL Ch. Skidoos Brigitte (Int., Dk. & S. Ch. Byxfield Cedar – Sansue Aleta).
Foto: van der Breggen.*

*Abb. 51: NL Ch. Dansk d'Ilione van de Drunenborgh (Ponki's Brisco – Whispering van de
Drunenborgh). Foto mit freundlicher Erlaubnis von Mw. Th. Berts Gerbers.*

auch holländischer Champion. Es kamen damals außerdem einige Golden Retriever aus Frankreich nach Holland, größtenteils als Jagdgebrauchshunde, die dann bei der Zucht kaum Verwendung fanden.

Ganz allmählich begann die Rasse sich durchzusetzen und im Jahre 1956 wurde der Golden Retrieverclub Nederland (G.R.C.N.) gegründet. Maßgebend bei der Gründung des Clubs waren Baronin Snouckaert van Schauberg und Mw. van Crevel. Dieser sehr aktive Club hat heute mehr als 7000 Mitglieder und der Golden Retriever ist der zweitpopulärste Hund in Holland. 1986 wurden 5611 Golden Retriever registriert, 1987 waren es schon 6083, doch lediglich zirka 15% stammten aus den Zwingern der niederländischen Golden Retriever Club-Mitglieder. Infolge der Beliebtheit des Golden Retrievers findet eine starke unkontrollierte Vermehrung statt, ohne Rücksicht auf Vererbungsprobleme, untypisches Äußeres und untypischen Charakter. Eine sehr bedauerliche Entwicklung!

Der Golden Retrieverclub Nederland ist recht aktiv, sowohl in allen Fragen der Ausbildung als auch des Schauwesens. Er regt seine Mitglieder an, ihre Hunde auf Zuchtschauen vorzustellen und mit ihnen zu arbeiten; er bietet Rat und Hilfestellung bei Zucht und Haltung an, und er sorgt für die Vermittlung der Welpen in geeignete Hände.

Es werden jedes Jahr zwei Eignungsprüfungen (Tests) mit Dummies und mit totem Wild abgehalten, dazu zwei Leistungsprüfungen nur mit Dummies. Zusätzlich gibt es zwei Field Trials, 1987 organisierte der Club den ersten CAC-Field Trial. Durch die Gegebenheiten des Landes kommt bei Jagd und Prüfung stets viel Wasser im Terrain vor; die Hunde müssen daher im Wasser genau so gut sein wie auf dem Lande.

Der G.R.C.N. hat ein Zuchtberatungs-Komitee, das nicht nur für alle Zuchtfragen zuständig ist, sondern auch noch zweimal im Jahr »Familientage« abhält, bei denen die Züchter ihren etwa anderthalbjährigen Nachwuchs vorstellen können. Seit 1966 findet jährlich eine eigene Clubschau statt, bei der die Meldezahlen von anfangs einer kleinen Handvoll auf mehr als 500 angestiegen sind. Das auf dieser Zuchtschau und auch das auf der im Herbst stattfindenden Amsterdamer »Winner« Zuchtschau vergebene CAC zählt doppelt. Außerdem werden in Holland jedes Jahr 7 bis 8 Internationale Rassehundezuchtschauen durchgeführt, bei denen die Meldezahlen für den Golden Retriever ständig zunehmen.

Um den Titel »Niederländischer Champion» zuerkannt zu bekommen, benötigt ein Hund 4 CAC's, die unter drei verschiedenen Richtern vergeben werden müssen. Zumindest ein CAC muß nach dem Alter von 27 Monaten verliehen worden sein. Für den Titel »Niederländischer Champion« ist das Bestehen einer Leistungsprüfung nicht notwendig. Der Titel »Internationaler Champion« wird einem Hund zuerkannt, wenn er 3 CAC und 3 CACIB in drei verschiedenen Ländern erworben und einen ersten, zweiten oder dritten Platz bei einem CAC CACIT Field Trial

*Abb. 52: Int. und NL Ch. Chevanne Mighty Endeavour (Ch. Styal Scott of Glengilde – Orchis Crystal Clear of Chevanne. Foto: David Dalton*

*Abb. 53: NL Ch. Chessina of the Hellacious Acres (NL Ch. Westley Floyd – Danish Guinevere v. d. Drunenborgh). Foto: David Dalton*

erzielt hat. Der »Niederländische Field-Trial Champion« benötigt zwei CAC bei in Holland abgehaltenen CAC Field Trials. Die beiden CAC müssen mit einem Mindestabstand von sechs Monaten auseinander liegen und in zwei verschiedenen Jahren erzielt werden.

Es gibt in Holland außerdem einen Vereinigten Retriever Club (V.R.C.), der Field Trials für alle Retriever-Rassen veranstaltet, im Durchschnitt vier pro Jahr.

Der Golden Retrieverclub Nederland ist bestrebt, die Golden Retriever Rasse gesund zu halten. Dies bedeutet, daß alle beim Club eingetragenen Zuchttiere auf Hüftgelenkdysplasie (HD), Grauen Star (HC) und fortschreitenden Netzhautschwund (PRA) untersucht werden.

Ende der sechziger Jahre erfuhr die Zucht einen Aufschwung durch die Einfuhr einiger Golden Retriever aus dem Lindy's Zwinger in England, sowie einen zur Zucht viel verwendeten Deckrüden »Goldwis of Shiremoor«. In den frühen Siebziger Jahren kamen dazu Golden Retriever aus dem Skidoos Zwinger in Dänemark (Byxfield und Westley Abstammung).

Es wurden seitdem immer wieder Golden Retriever aus England eingeführt, aber nur wenige davon konnten in der Zucht verwendet werden. Häufig schieden sie wegen Hüftgelenkdysplasie aus.

Vor etwa fünf Jahren begannen einige Züchter in Zusammenarbeit erneut Hunde aus England einzuführen. Sie kamen in der Hauptsache aus den folgenden Zwingern: Westley, Noravon, Nortonwood, Melfricka, Chevanne, Crouchers, Bryanstown und Garthfield. Aus Dänemark kamen durch den Tallygold Zwinger Crouchers und Camrose- Linien hinein. Diese Blutauffrischungen haben dazu geführt, daß der Formwert der auf der Zuchtschau vorgeführten Hunde als zufriedenstellend bezeichnet werden kann, wenn auch Spitzenhunde immer noch verhältnismäßig selten sind.

## Niederländische Champions (Vergabe-Bedingungen siehe Seite 74)

1936 Brandy van het Clooster R
1949 Pennard Golden Garland H (imp. Eng.)
     Masterstroke of Yeo R (imp. Eng.)
1950 Melody Abbess H (imp. Eng.)
1954 Golden Cara van Staverden H
     Golden Chiquita van Staverden H
     Bosco Britt R (imp. Eng.)
1955 Actaeon van Askerkroon R
1956 Galesfield Misty H (imp. Eng.)
1958 Echo of Ulvin H (imp. Eng.)

1959 Happy Lass of Ulvin H (imp. Eng.)
1961 Bull of John van de Harstenhoek R
     Chieftain of Ulvin R (imp. Eng.)
1962 Alresford Lovely Lady H (imp. Eng.)
1964 Whamstead Gaye H (imp. Eng.)
1965 Weyland Curfew R (imp. Eng.)
1966 Anita van het Ketelmeer H
     Golden Denby van Staverden R
1969 Afke fan Ysbrechtumre Hemme H
     Argos fan Ysbrechtumre Hemme R
     Honeygolds Animato R
1970 Cinta van Sparrenrode H
1971 Urso van Sparrenrode R
1972 Garin of Rayhill R
     Katja van het Soerense Zand H
1973 Tollinga's Abe R
1975 Adnor R
     Skidoos Adonis R (imp. Den.)
     Skidoos Birgitta H (imp. Den.)
1976 Lindys Mary Rose H (imp. Eng.)
     Crumble van Sparrenrode R
1977 Andy van Sparrenrode H
     Cindy fan it Foksehoal H
     Skidoos Amanda H (imp. Den.)
     Eos van de Drunenborgh R
1978 Lindys Lysander R (imp. Eng.)
     Cedar of the Dogs Basket R
     Nelson van de Adnorstee R
1979 Ginny's Gardenia van de Drunenborgh H
1980 Stolford Crispin R (imp. Eng.)
     Noeri van het Klein Laar H
1981 Regina van de Drunenborgh H
1983 Ginny's Getty van de Drunenborgh H
1984 Illione van de Drunenborgh H
     Janacre Hesta H (imp. Eng.)
     Irmensul Blond Benno R
1985 Vixen van de Drunenborgh H
     Westley Beedee H (imp. Eng.)
1986 Dansk Cille Linde van de Drunenborgh H
     Westley Floyd R (imp. Eng.)
     Mannix from the Golden Rennet R
     Aradias Apricot Whirl H (imp. Eng.)
     Golden Elwin van Renje R
1987 Inishea of Roy Black Family R (imp. Belg.)
     Noravon Amos R (imp. Eng.)

Danish Aegir van de Drunenborgh R
Chevanne Mighty Endeavour R (imp. Eng.)

## Internationale Schönheits-Champions

1977 Cindy fan it Foksehoal H
1985 Stolford Crispin R (imp. Eng.)
1986 Golden Elwin van Renje R

## Field Trial Champions

1972 Andy van Sparrenrode H
1981 Duke van Hanka's Hof R
1982 Cindy van de Uilenburg H
1983 Golden Caya van Renje H
1987 Joan van de Uilenburg H

# III. Der Rasse-Standard des Golden Retrievers

**Golden Retriever**

# 1. Rassestandard

**FCI–Standard No. 111e** (24. Juni 1987)
Ursprungsland: Großbritannien

**Allgemeines Erscheinungsbild**
Symmetrisch, harmonisch, lebhaft, kraftvoll, ausgeglichene Bewegung; kernig bei freundlichem Ausdruck.

**Charakteristika**
Wille zum Gehorsam, intelligent mit natürlicher Anlage zu arbeiten.

**Wesen**
Freundlich, liebenswürdig und zutraulich.

**Kopf und Schädel**
Ausgeglichen und wohlgeformt, breiter Oberkopf, ohne grob zu sein, gut auf dem Hals sitzend, kräftiger, breiter und tiefer Fang. Fang von annähernd gleicher Länge wie der Schädel, ausgeprägter Stop. Nase schwarz.

**Augen**
Dunkelbraun, weit voneinander eingesetzt, dunkle Lidränder.

**Behang**
Mittelgroß, ungefähr in Höhe der Augen angesetzt.

**Gebiß**
Kräftige Kiefer mit einem perfekten, regelmäßigen und vollständigen Scherengebiß, wobei die obere Schneidezahnreihe ohne Zwischenraum über die untere greift und die Zähne senkrecht im Kiefer stehen.

**Hals**
Von guter Länge, trocken und muskulös.

**Vorhand**
Vorderläufe gerade mit kräftigen Knochen, Schultern gut zurückliegend, langes Schulterblatt bei gleicher Oberarmlänge, dadurch gut unter den Rumpf gestellt. Ellenbogen gut anliegend.

**Hinterhand**
Lende und Läufe kräftig und muskulös, Unterschenkel von guter Länge, gut gewinkelte Kniegelenke. Tiefe Sprunggelenke, die, von hinten betrachtet, gerade sind, nicht ein- oder ausdrehend. Kuhhessigkeit im höchsten Maße unerwünscht.

**Pfoten**
Rund, Katzenpfoten.

**Rute**
In Höhe der Rückenlinie angesetzt und getragen, bis zu den Sprunggelenken reichend. Ohne Biegung am Rutenende.

**Gangart/Bewegung**
Kraftvoll mit gutem Schub. Gerade und parallel in Vor- und Hinterhand. Vortritt ausgreifend und frei, dabei in der Vorhand ohne ein Zeichen des Steppens.

**Haarkleid**
Glatt oder wellig mit guter Befederung, dichte wasserabstoßende Unterwolle.

**Farbe**
Jede Schattierung von gold oder cremefarben, weder rot noch mahagoni. Einige wenige weiße Haare, allerdings nur an der Brust, sind zulässig.

**Größe**
Schulterhöhe: Rüden 56 bis 61 cm; Hündinnen 51 bis 56 cm.

**Fehler**
Jede Abweichung von den vorgenannten Punkten sollte als Fehler angesehen werden, dessen Bewertung in genauem Verhältnis zum Grad der Abweichung stehen sollte.

**Anmerkung**
Rüden sollten zwei offensichtlich normal entwickelte Hoden aufweisen, die sich vollständig im Skrotum befinden.

**Skelett eines Golden Retrievers**

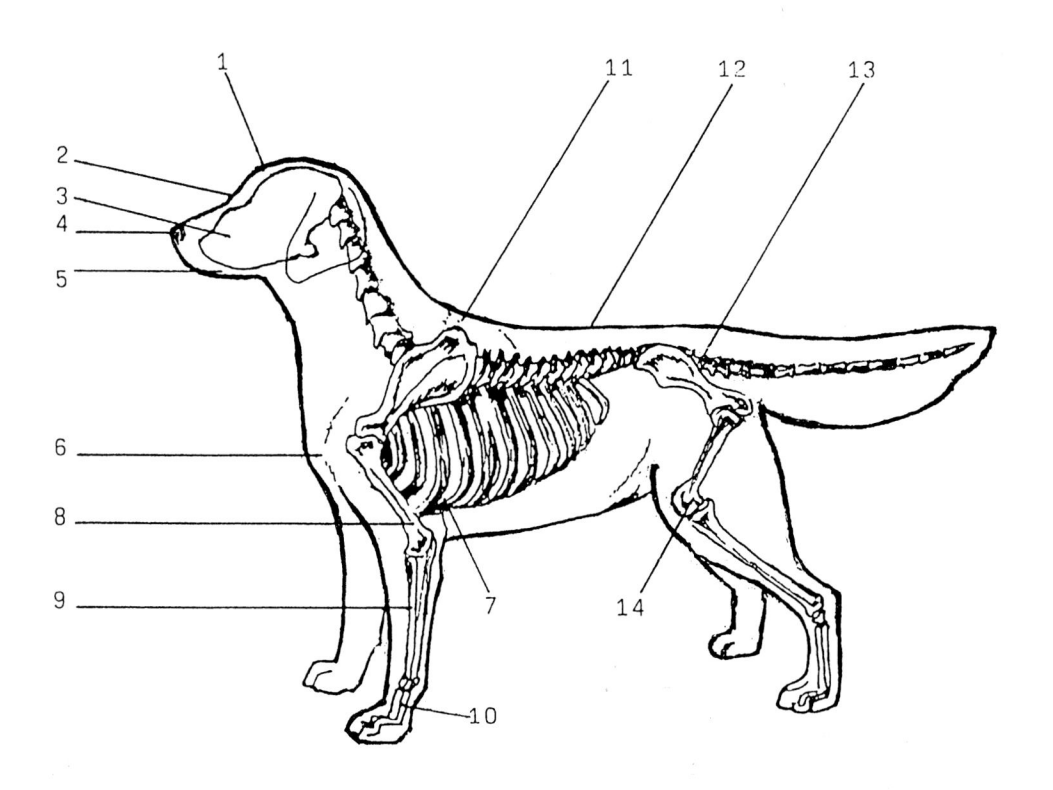

Zeichnung: H. Vogel

1. Oberkopf
2. Stop
3. Vorgesicht
4. Nasenschwamm
5. Unterkiefer
6. Vorderbrust
7. Unterbrust
8. Oberarm
9. Unterarm
10. Vordermittelfuß
11. Widerrist
12. Rückenlinie
13. Rutenansatz
14. Knie

# Beispiele hervorragender Hunde, welche die Rasse geprägt haben

Abb. 54: Ch. Dorcas Glorious of Slat, gew. 4. 7. 1943 (Dorcas Bruin – Stella of Slat). Foto: Thomas Fall

Abb. 55: Ch. Colin of Rosecott, gew. 12. 3. 1946 (Sh. Ch. Roger of Rosecott – Dawn of Rosecott). Mit freundlicher Erlaubnis von Mrs. Valerie Foss.

*Abb. 56: Field Trial Ch. Mazurka of Wynford, gew. 29. 4. 1952
(F. T. Ch. Westhyde Stubblesdown Major – F. T. Ch. Musicmaker of Yeo).
Mit freundlicher Erlaubnis von Mrs. Valerie Foss.*

*Abb. 57: F. T. Ch. Treunair Cala (R), gew. 11. 12. 1948 (Treunair Clabhach
oder Treunair Lunga – Gay Vandra).*

*Abb. 58: Ch. Alresford Advertiser, geb. 15. 4. 1951 (Ch. Alexander of Elsiville – Ch. Alresford Mall). Foto: Thomas Fall*

*Abb. 59: Ch. Boltby Skylon, gew. 3. 7. 1951 (Boltby Kymba – Boltby Sweet Melody). Foto: Thomas Fall*

*Abb. 60: Ch. Simon of Westley, geb. 23. 4. 1953 (Ch. Camrose Fantango – Westley Frolic of Yelme). Foto: Thomas Fall*

*Abb. 61: Ch. Camrose Nicolas of Westley, geb. 31. 10. 1957 (Ch. William of Westley – Ch. Camrose Jessica). Foto: Thomas Fall*

*Abb. 62: Int. Ch. Cabus Cadet, gew. 1. 12. 1959 (Beauchasse Jason – Brecklands Tamaris).
Foto: Thomas Fall*

*Abb. 63: Ch. Camrose Tallyrand of Anbria, gew. 20. 4. 1960 (Ch. Chamrose Fantango – Ch.
Jane of Anbria). Foto: Thomas Fall*

*Abb. 64: Ch. Chamrose Cabus Christopher, gew. 17. 9. 1967 (Ch. Camrose Tallyrand of Anbria – Cabus Boltby Charmer). Foto: Diane Pearce*

*Abb. 65: Ch. Camrose Wistura, gew. 28. 11. 1961 (Ch. Camrose Tallyrand of Anbria – Camrose Loretta). Foto: Thomas Fall*

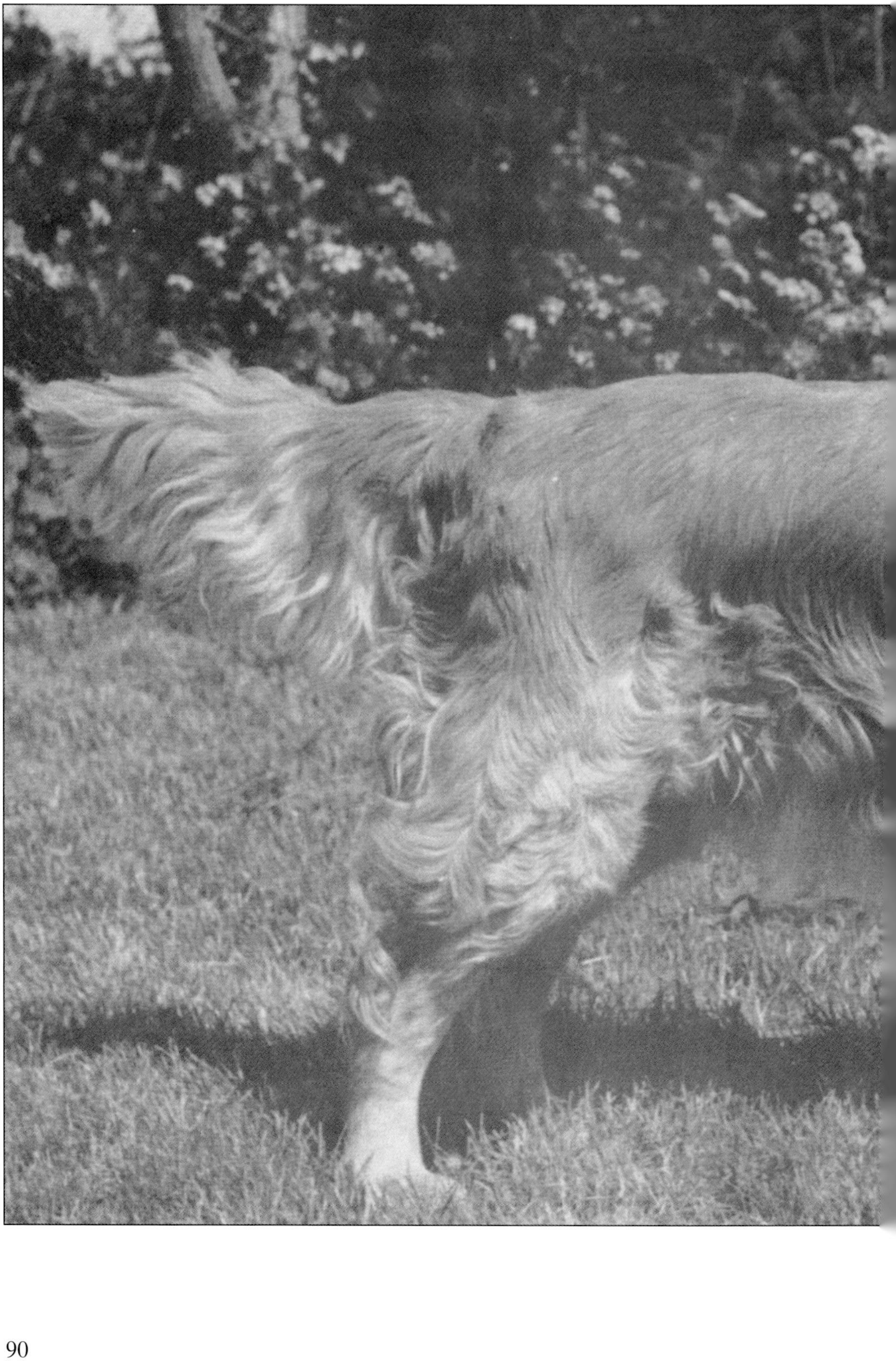

*Abb. 66: Ch. Stolford Happy Lad, gew. 14. 5. 1969 (Stolford Playboy – Prystina of Wymondham). Foto: Anne Cumbers*

## 2. Erläuterungen zum Rassestandard

**Charakteristika**
Wille zum Gehorsam, intelligent mit natürlicher Anlage zu arbeiten.
Der Wille zum Gehorsam des Golden Retrievers, gekoppelt mit seiner Intelligenz, machen ihn zu einem sehr vielseitigen Hund, der leicht auszubilden ist. Die natürliche Anlage zu arbeiten, sollte stets gefördert werden, um das volle Potential dieses Hundes auszuschöpfen.

**Wesen**
Stets freundlich, sowohl Menschen wie auch anderen Tieren gegenüber, liebenswürdig und zutraulich.

**Kopf und Schädel**
Ausgeglichen und wohlgeformt, breiter Oberkopf, ohne grob zu sein, gut auf dem Hals sitzend, kräftiger, breiter und tiefer Fang. Fang von annähernd gleicher Länge wie der Schädel, ausgeprägter Stop. Nase schwarz.
Obwohl breit, sollte der Kopf nicht klobig wirken. Die Länge und Breite des Schädels ungefähr übereinstimmend mit der Länge und Breite des Fangs, das heißt, die Entfernung vom Hinterhauptbein zum Stirnabsatz (Stop) gleicht in etwa der Entfernung vom Stirnabsatz zur Nasenspitze. Der Schädel sollte breit sein und ganz wenig gewölbt. Der Stirnabsatz gut ausgeprägt, jedoch auch hier nicht übertrieben. Der Nasenrücken gerade, weder abfallend (Ramsnase), noch eingebogen (hohllinig). Ein spitzer Fang ist ganz untypisch und ebenso eine runzlige Kopfhaut mit »Sorgenfalten«.

**Augen**
Dunkelbraun, weit voneinander eingesetzt, dunkle Lidränder.
Die dunklen Augen des Golden Retrievers drücken sein ganzes Wesen aus, manchmal blicken sie traurig in die Welt, manchmal lustig, dann wieder erwartungsvoll und freudig. Die Augen sollten weder stark hervortreten, noch zu tief liegen. Schräg gestellte oder mandelförmige Augen sind nicht typisch. Die Farbe der Augen ist mittel- bis dunkelbraun, aber keinesfalls gelb. Gelbe oder bernsteinfarbene Augen verleihen dem Hund einen harten Ausdruck (Raubvogelblick).

**Behang**
Mittelgroß, ungefähr in Höhe der Augen angesetzt.
Nach vorne gezogen, sollte die Behang- oder Ohrenspitze gerade bis zum inneren Augenwinkel reichen. Zu lange oder zu schwere Ohren liegen nicht richtig am Kopf und neigen auch gelegentlich dazu, sich in Falten zu legen.

**Gebiß**
Kräftige Kiefer mit einem perfekten, regelmäßigen und vollständigen Scherengebiß, wobei die obere Schneidezahnreihe ohne Zwischenraum über die untere greift und die Zähne senkrecht im Kiefer stehen.

**Hals**
Von guter Länge, trocken und muskulös.

*Abb. 67: Ch. Westley Samuel (Ch. Nortonwood Faunus – Ch. Westley Victoria).*
*Foto: David Dalton*

*Abb. 68: NL Ch. Norovan Amos (Ch. Westley Samuel – Noravon Mellissa).*
*Foto: David Dalton*

**Vorhand**
Vorderläufe gerade mit kräftigen Knochen, Schultern gut zurückliegend, langes Schulterblatt bei gleicher Oberarmlänge, dadurch gut unter den Rumpf gestellt. Ellenbogen gut anliegend.

Die Beschaffenheit des Halses und der Schulterpartie hängen eng miteinander zusammen. Da der Golden Retriever die Aufgabe hat, ein schweres Stück Wild über weite Entfernungen zu tragen, muß er einen kräftigen Hals haben. Der Hals sollte auch eine gute Länge aufweisen, muskulös sein und ohne Wamme (lose Kehlhaut). Einen zu kurzen Hals findet man oft in Verbindung mit einer steilen Schulter. Das Schulterblatt (scapula) sollte gut zurückliegen, der Oberarm (humerus) lang sein und diese beiden Knochen so gewinkelt, daß die Vorderläufe gut unter dem Körper stehen. Steile Schultern beeinträchtigen das Gangwerk, der Hund hebt die Vorderläufe hoch, um vorwärts zu kommen und verliert dabei die erwünschte Flüssigkeit der Bewegung.

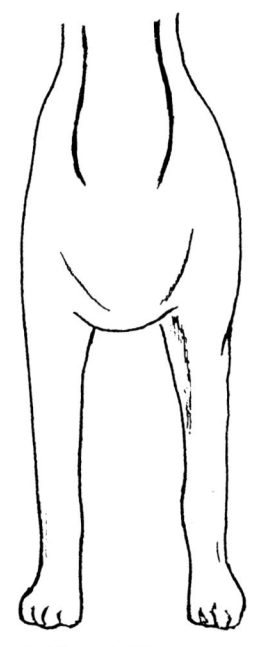

A. Normale Vorderlaufstellung
Brustform korrekt

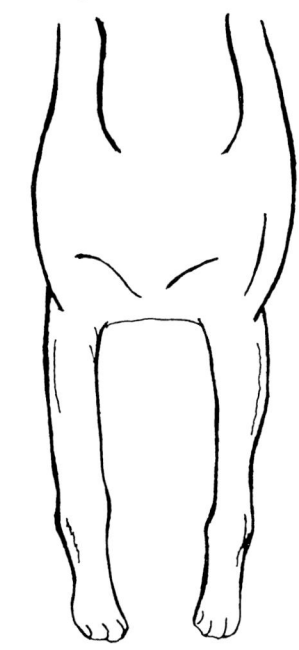

B. Brustform zu breit
Pfoten eingedreht

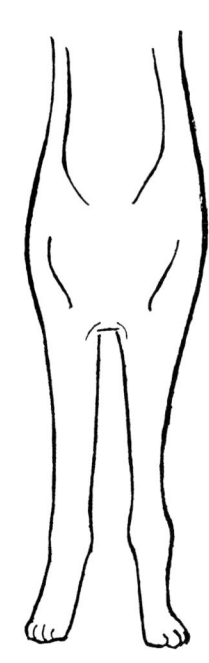

C. Brust zu schmal
Pfoten ausgedreht
(Französiche Stellung)

*Zeichnung:* H. Vogel

Von vorne gesehen, sollten die Vorderläufe und Ellenbogen gerade stehen, weder nach innen, noch nach außen gedreht. Die Vorderläufe sollten kräftige Knochen aufweisen, die das Gewicht des Hundes mit Leichtigkeit tragen.

Das Gebäude des Golden Retrievers sollte gut zusammengesetzt sein. Ein kompakter Hund, kurz in der Lendenpartie, das heißt, zwischen der letzten Rippe und dem Becken. Ein breiter, gut gewölbter Brustkorb von guter Tiefe läßt viel Platz für Lunge und innere Organe, eine unumgängliche Voraussetzung für einen Gebrauchshund.

Der Golden Retriever ist häufig ein Spätentwickler. Ein vielversprechender Welpe kann mit anderthalb Jahren recht unharmonisch erscheinen, überlang in den Läufen, wenig Tiefe und Breite im Brustkorb. Das Gebäude entwickelt sich jedoch weiter, meist bis zum dritten Lebensjahr. Der gleiche Hund, der mit einem Jahr so unharmonisch erschien, kann sich – es muß aber nicht immer der Fall sein – mit drei Jahren vorzüglich entwickelt haben.

Der Rücken des Golden Retrievers sollte eine gerade Linie vom Widerrist zum Rutenansatz bilden und weder abfallend noch hochgezogen sein. Eine abfallende Kruppe steht oft in Verbindung mit einer nicht korrekten Winkelung der Hinterhand.

**Hinterhand**

Lende und Läufe kräftig und muskulös. Unterschenkel von guter Länge, gut gewinkelte Kniegelenke. Tiefe Sprunggelenke, die von hinten betrachtet gerade sind, nicht ein- oder ausdrehend. Kuhhessigkeit ist im höchsten Maße unerwünscht.

Die kräftige Muskulatur der Lendenpartie geht in eine ebenso kräftige Hinterhand über. Der Oberschenkel ist sowohl breit wie auch muskulös, der Unterschenkel lang, der Knochen zwischen Sprunggelenk und Pfote (hinterer Mittelfuß) kurz. Das Ganze kräftig und gut gewinkelt. Genau wie bei den Vorderläufen von vorne gesehen, sollten die Hinterläufe von hinten gesehen gerade sein, das Sprunggelenk weder einwärts (kuhhessig), noch auswärts gestellt. Eine mangelnde Winkelung der Hinterhand (pelvis – femur – tibia) beeinträchtigt die Bewegung und der erwünschte Schub läßt dann meistens zu wünschen übrig.

**Pfoten**

Rund, Katzenpfoten.

Rund und gut geschlossen, nicht zu groß. Die Zehen nicht zu lang und gut gekrümmt, die Ballen gut ausgebildet und kräftig.

**Rute**

In Höhe der Rückenlinie angesetzt und getragen, bis zu den Sprunggelenken reichend. Ohne Biegung am Rutenende.

Der Rutenansatz verläuft in einer Linie mit dem Rücken. Die Rute wird gerade getragen, entweder in der Höhe des Rückens oder ein wenig darüber, aber weder hoch über dem Rücken gebogen, noch hinunterhängend zwischen den Hinterläufen. Sie sollte auf der Unterseite eine volle Befederung aufweisen.

**Gangart/Bewegung**

Kraftvoll mit gutem Schub. Gerade und parallel in Vor- und Hinterhand. Vortritt ausgreifend und frei, dabei in der Vorhand ohne ein Zeichen des Steppens.

In der Bewegung sollte der Golden Retriever ein flüssiges, raumgreifendes Gangwerk zeigen mit viel Schub aus der Hinterhand. Die Vorderläufe werden dabei nicht zu hochgehoben, die Pfoten und der Vordermittelfuß drehen sich weder ein- noch auswärts. Die Beine bewegen sich parallel.

*Abb. 69: Flüssiges, raumgreifendes Gangwerk. Foto: E. Serwotke*

**Haarkleid**
Glatt oder wellig mit guter Befederung, dichte wasserabstoßende Unterwolle.
Das Fell des Golden Retrievers ist ein besonderes Merkmal dieser Rasse. Er trägt am ganzen Körper ein mittellanges Fell und weist an den Vorderläufen, am Bauch und an der Rute eine gute Befederung auf. Der Rüde bekommt oft eine dichte Halskrause.
Da beim Golden Retriever das Fell so sehr zu seinem ganzen Erscheinungsbild beiträgt, ist das Ausstellen eines sich im Fellwechsel befindlichen Hundes wenig vorteilhaft.

**Farbe**
Jede Schattierung von gold oder cremefarben, weder rot noch mahagoni. Einige wenige weiße Haare, allerdings nur an der Brust, sind zulässig.
Es gibt keine »korrekte« Farbe für den Golden Retriever. Wie es im Standard heißt, sind alle Schattierungen von gold bis creme erlaubt. Die rötlichen Setterfarben und braun sind jedoch nicht erwünscht.

**Größe**
Schulterhöhe: Rüden 56 bis 61 cm; Hündinnen 51 bis 56 cm.

**Fehler**
Jede Abweichung von den genannten Punkten sollte als Fehler angesehen werden, dessen Bewertung in genauem Verhältnis zum Grad der Abweichung stehen sollte.

**Anmerkung**
Rüden sollten zwei offensichtlich normal entwickelte Hoden aufweisen, die sich vollständig im Skrotum befinden. Aufgrund der FCI/VDH-Bestimmungen dürfen monorchide bzw. kryptorchide Hunde weder zur Zucht, noch zu den Zuchtschauen zugelassen werden und können daher nicht bewertet werden.

Die in dem früheren Rassestandard angegebenen Gewichte entfallen im Rassestandard 1987.

A   Dieser Golden Retriever ist harmonisch gebaut und typisch in der Gesamterscheinung.

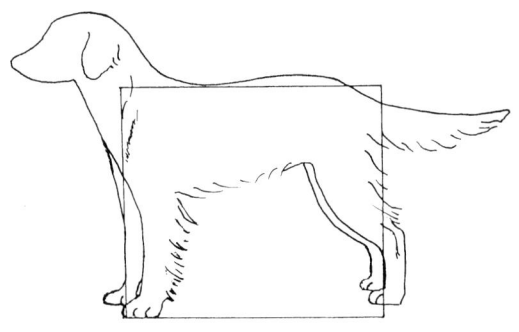

*Zeichnung:*                                                                 *H. Vogel*

B   Diese Zeichnung zeigt folgende Fehler, die der gewünschten Harmonie entgegenwirken:
Kopf und Schädel sind nicht ausgeglichen. Der Stop ist zu wenig ausgeprägt und der Fang zu spitz.
Der Hals könnte länger sein, die Schultern liegen nicht gut zurück, Schulterblatt und Oberarm sind zu kurz.
Die Rute ist zu lang und dünn, sowie zu tief angesetzt. Es mangelt an Brusttiefe. Die Lenden sind etwas hochgezogen und sollten kräftiger sein. Eine bessere Winkelung der Kniegelenke wäre wünschenswert.

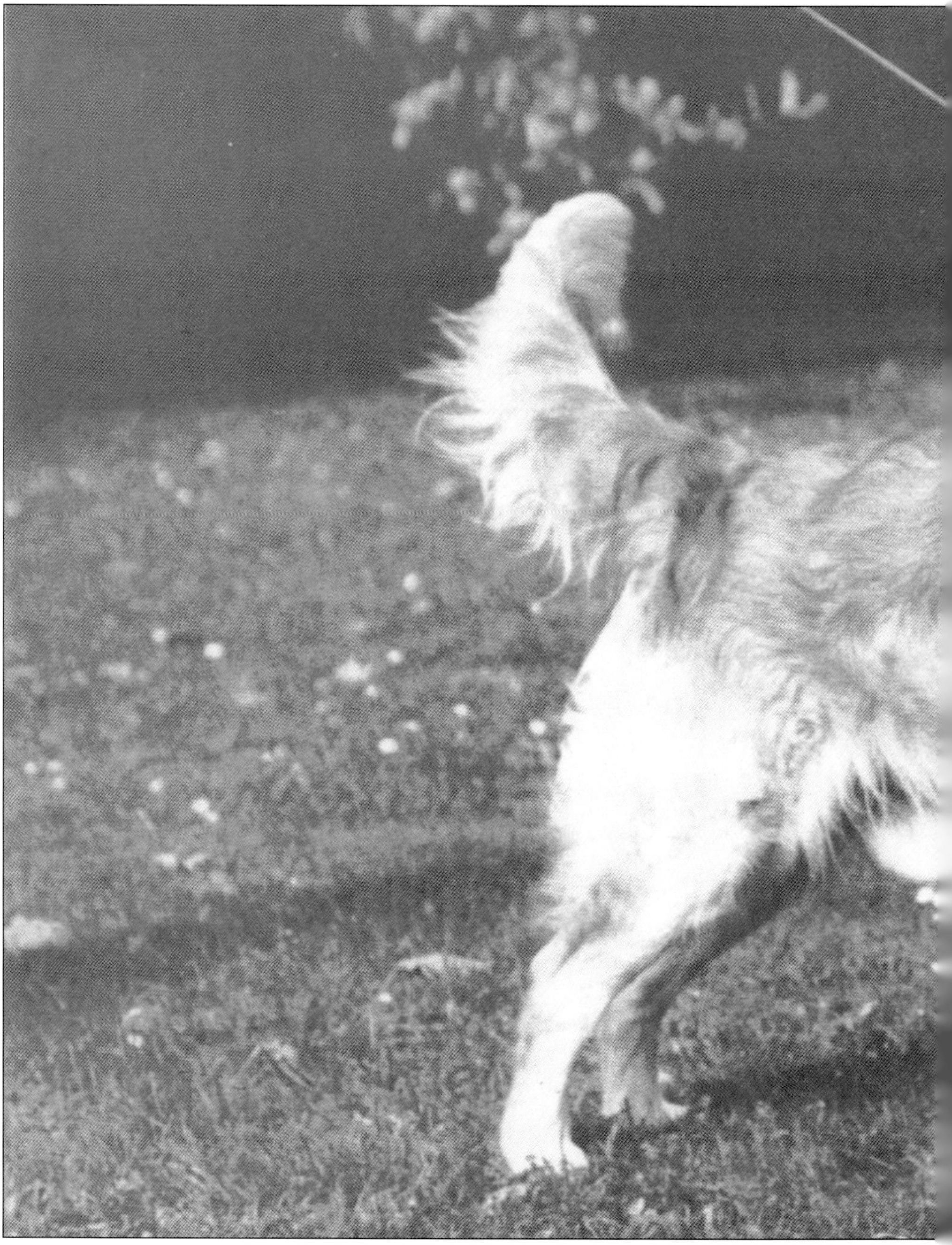

*Abb. 70: Dk. & Int. Ch. Lawnwoods Nimrod (Sh. Ch. Westley Munro of Nortonwood – Lawnwoods Careless Rapture). Foto: Torsting*

# 3. Das Wesen des Golden Retrievers

Vorspann:

Genau wie der Rassestandard das ideale, äußere Erscheinungsbild festlegt, so wird in den folgenden Seiten das ideale Wesen des Golden Retrievers beschrieben. Daß es sowohl im Äußeren, wie auch im Wesen Unterschiede gibt – und gewiß immer geben wird – liegt in der Natur der Dinge, denn wir haben es hier mit Lebewesen zu tun und nicht mit Maschinen. Oft hat auch der Mensch es in der Hand, durch gute oder schlechte Aufzucht und Haltung die vorhandenen Anlagen zu fördern oder verkümmern zu lassen, und hin und wieder bringen auch gut durchdachte Paarungen unvorhergesehene, unerwünschte Eigenschaften hervor.
Das Ziel jedoch ist stets das Idealwesen, gekoppelt mit der Idealen-Äußeren-Erscheinung.

## Das Wesen des Golden Retrievers

Zitat aus der Jagdzeitschrift »Shooting« aus dem Jahr 1886, Sir Ralph Payne-Gallwey über die Retriever:

». . . von dem Pointer kann man sagen, daß er jetzt schon von dem Retriever eingeholt und übertroffen worden ist. Dieser großartige Retriever ist, wie wir meinen, der König unter den Jagdhunden. Seine äußere Erscheinung ist würdig, sein Gehabe zeugt von hoher Intelligenz, und er ist ein freundlicher und liebenswürdiger Begleiter wie kein anderer Hund, der bei der Jagd eingesetzt wird.«
In der Zwischenzeit scheint sich nicht viel geändert zu haben!

Durch sein ganz besonderes Wesen eignet sich der Golden Retriever für viele der Aufgaben, die Hunde heute an der Seite des Menschen verrichten, mit Ausnahme der Funktion des Schutzhundes. Er begleitet den Jäger, spürt Drogen auf, sucht Sprengstoff, führt die Retter zu Verschütteten in Trümmern und Schnee, bringt den Sehbehinderten sicher durch die Straßen und nicht zuletzt beglückt er weltweit unzählige Familien durch sein Dasein. Denn obwohl der Golden Retriever seinen Ursprung als Jagdhund hat, nach wie vor zu den Jagdhunden gehört, und die Züchter überall bemüht sind, die guten jagdlichen Eigenschaften dieser Rasse intakt zu halten und zu fördern, gehen mit Sicherheit in jedem Lande die meisten Welpen an Käufer, die sich einen Familienhund wünschen. Man muß zugeben, daß es auch nur so sein kann, denn wo in unserer eingeschränkten Umwelt wäre noch Platz für das Abrichten von jährlich einigen Hunderten von Jagdhunden? Und wo, wenn sie abgerichtet worden sind, wäre noch Raum für ihren jagdlichen Einsatz?

## Anlage zu arbeiten

Mit seiner Leichtführigkeit, gekoppelt mit der natürlichen Anlage zu arbeiten, entwickelt sich der Golden Retriever am besten, wenn sein Besitzer sich viel mit ihm beschäftigt und ihm Aufgaben zuweist. In vielen Fällen ist – vielleicht auch gerade durch den Besitz eines Retrievers – ein sportliches Interesse für das Arbeiten mit dem Hund geweckt worden.

Es werden Jahr für Jahr immer mehr Golden Retriever zu den verschiedenen Leistungsprüfungen gemeldet, häufig auch von Besitzern, die anfangs den Golden als Familienhund haben wollten; ein Trend, der nur zu begrüßen ist. Der Golden ist für jede Aufgabe dankbar, er geht mit Freude an die ihm gestellten Anforderungen, blüht dabei auf und entwickelt sonst ungeahnte Fähigkeiten. Es bieten sich außerdem in vielen Ländern zusätzlich zu den Leistungsprüfungen andere sportliche Möglichkeiten, beispielsweise Obedience Training (Gehorsamsübungen), Agility (Geschicklichkeit), Übungen für Begleithunde, für Rettungshunde etcetera.

## Der Golden Retriever in der Familie

Der typische Golden zeichnet sich aus durch seine Freundlichkeit, sowohl den Menschen wie auch anderen Tieren gegenüber. Er lebt in Eintracht mit der ganzen Familie und mit anderen eventuell vorhandenen Haustieren. Er ist kein Ein-Mann-Hund, sondern bindet sich an die ganze Familie und deren ihm schon bekannten Freunde. Alle diese Menschen werden jedesmal mit einer kaum zu beschreibenden, stürmischen Freude begrüßt, auch wenn sie nur für ein paar Stunden fort gewesen sind. Zur Begrüßung bringt er gern ein Geschenk mit, einen Schuh, ein Stöckchen, oder wenn sich gerade nichts besseres bietet, einen Fetzen Papier. Schließt er sich jemandem besonders an, so ist es die Person, die mit ihm etwas unternimmt, die mit ihm spazieren geht, mit ihm spielt, ihn etwas apportieren läßt, kurz das Mitglied seiner Familie, das ihm die schönsten Stunden des Tages bereitet.

## Der Golden Retriever mit Kindern

Der Golden geht gut mit Kindern um, scheint sogar unterscheiden zu können zwischen Kindern, mit denen er ungestüm spielen kann und denjenigen, die kein ausgelassenes Tollen aushalten würden. Eine Familie mit einem gesunden und einem behinderten Kind war mehr als erstaunt, daß eine junge Hündin von Anfang an genau zu wissen schien, mit welchem Kind sie toben konnte und mit welchem es geboten war, vorsichtig umzugehen.

Dies trifft ebenfalls für Familien mit mehreren Kindern zu, denn dort kommt es selten vor, daß das Kleinste umgerissen wird. Ich habe selber gesehen, wie ein großer Rüde plötzlich in der Tür halt machte, weil ihm die einjährige Tochter des Hauses auf wackeligen Beinen entgegen kam.

Es läßt sich natürlich kaum verhindern, daß Kekse und Butterbrote entfremdet und aufgefressen werden. Es wird jedoch dabei nicht zugeschnappt, sondern die Brocken werden ganz sanft zwischen vorsichtigen Zähnen aus der kleinen Hand entwendet.

Der Golden ist sehr anhänglich. Er ist der geborene Begleiter, der stets die Nähe seiner Familie sucht, und es ist wahrscheinlich dieser Umstand, der ihn so lernfreudig macht. Er hat den Wunsch, seine Leute zu erfreuen, und dies macht es leicht, ihn auszubilden.

## Schutztrieb

Der typische Golden kann nicht als Wachhund angepriesen werden, doch dies soll nicht heißen, daß er teilnahmslos daliegt und weder fremdartige Geräusche, noch die Ankunft unerwarteten Besuchs wahrnimmt. Viele, wahrscheinlich die meisten Golden Retriever melden diese Geschehnisse, und von dem Ton des Lautes ist es für den Besitzer leicht festzustellen, ob es sich beim Besuch um bekannte oder fremde Personen handelt. Der typische Golden hat jedoch keinen stark entwickelten Schutztrieb und ist gegenüber Fremden niemals aggressiv. Sobald er merkt, daß alles in Ordnung ist, daß sein Besitzer den Fremden begrüßt, zeigt er sich ebenfalls von seiner gewohnten liebenswürdigen Seite.

## Gedächtnis

Der Golden hat sowohl für das Gute als auch für das Böse ein sehr gutes Gedächtnis, denn er vergißt lange Zeit nicht die guten Dinge seines Lebens und auch nicht die Stelle, wo ihm etwas Unangenehmes zugestoßen ist. Er vergißt auch jahrelang nicht die Menschen, die er gern hat.

Als wir im Jahre 1958 von England nach Deutschland übersiedelten, brachten wir unseren ersten Golden Retriever mit. Zwei Jahre nach dem Umzug kam meine Schwester aus England zum ersten Male zu Besuch zu uns. Ihre Ankunft werden wir nie vergessen, denn unser Golden schien, als wäre er verrückt geworden. Er sprang umher, führte einen Freudentanz auf und gab eine solche Vielzahl von Tönen (kein Bellen) von sich, daß ich heute noch bedaure, keinen Kassettenrekorder dabei gehabt zu haben. Damals waren wir erstaunt über das gute Gedächtnis des Hundes. Inzwischen haben wir erkannt, daß dies für einen Golden Retriever typisch ist.

## Kein Raufer

Der typische Golden ist kein Raufer, er sucht gern die Gesellschaft anderer Hunde, auch Hunde anderer Rassen und ist dabei weder ängstlich noch aggressiv. Dem Raufer geht er aus dem Weg, denn als Jagdhund gezüchtet, muß er sich bei der Jagd stets mit seinen Artgenossen gut vertragen.

*Abb. 71: Dk. & Int. Ch. Crouchers Xavier (Ch. Stradcot Simon of Crouchers – Anbria Selina) Foto: Søren Wesseltoft*

## Wesensmerkmale

Gutmütigkeit, Aufmerksamkeit, Leichtführigkeit, Freundlichkeit und Intelligenz, dies sind die Hauptmerkmale eines typischen Golden Retrievers. Sie sind auch wichtiger als ein möglichst vollkommenes äußeres Erscheinungsbild. Ein Golden mit einem nicht ganz perfekten Gebäude, mit einem nicht ganz einwandfreien Kopf mag noch immer typisch sein. Ein Golden mit einem fehlerhaften Wesen kann es nicht sein!

Wesensfehler sind vererbbar und Hunde, deren Wesen nicht oder auch nicht ganz einwandfrei in Ordnung ist, sollten niemals zur Zucht verwendet werden. Denn genau wie die äußeren Merkmale eines Hundes sich vererben, so vererben sich auch die Wesenszüge. Wird mit einem wesensschwachen Hund gezüchtet, können die Wesensschwächen – welcher Art auch immer – in den darauffolgenden Generationen stets erneut auftreten.

Das typische Wesen des Golden Retriever zu erhalten und zu fördern ist das erste Gebot für alle Züchter. Kleine Fehler im Äußeren dürfen hingenommen werden, der geringfügigste Fehler im Wesen darf niemals toleriert werden.

# IV. Überlegungen vor dem Kauf eines Golden Retrievers

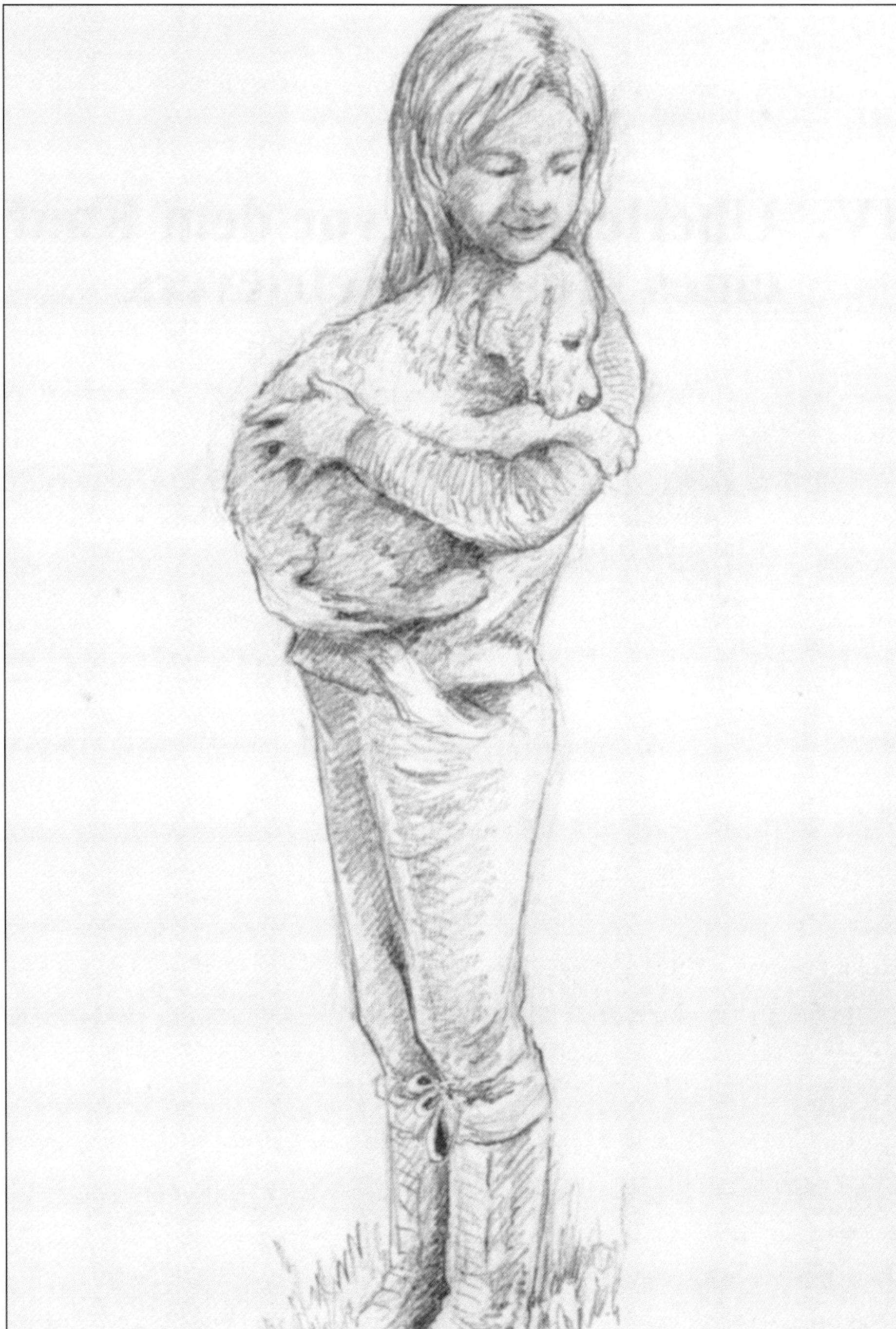

Die wichtigsten Vorbedingungen für die artgerechte Haltung eines Hundes können im Wesentlichen wie folgt zusammengefaßt werden:

1. Vollständige Einigkeit in der Familie über die Anschaffung eines Hundes
2. Genügend Zeit
3. Ausreichend Platz
4. Genug Geld

Sind Sie alleinstehend, dann liegt die Entscheidung ganz bei Ihnen, ob Sie sich einen Hund anschaffen wollen oder nicht. Oder, besser gesagt, bei Ihnen und Ihrem Gewissen, denn sind Sie alleinstehend, ist es anzunehmen, daß Sie auch berufstätig sind. Und was soll aus einem Hund in den langen Stunden Ihrer Abwesenheit werden?
Sie tun keinem Hund einen Gefallen, auch wenn Sie die modernste Zwingeranlage für ihn errichten lassen. Dem Golden Retriever schaden Sie! Darin allein gelassen stumpft er ab, sein normales, ausgeglichenes Wesen ändert sich, möglicherweise fängt er an, am Zaun oder an der Tür herumzubeißen, oder er bellt, bis sich die Nachbarn beschweren. Manche Hunderassen werden bei dieser Behandlung bissig. Der Golden Retriever leidet besonders unter jeder Art des Ausgeschlossenseins. Es wäre überraschend, wenn er jemals durch eine Zwingerhaltung bissig werden würde, aber er könnte niemals seine ihm angeborene, natürliche Fröhlichkeit und Intelligenz entwickeln. Er könnte sogar stumpfsinnig, eventuell auch noch starrköpfig werden. Der Golden muß mit dem Menschen leben. Er ist kein Zwingerhund. Auch wenn Sie sich entschließen, zwei Welpen zu kaufen und im Zwinger zu halten, wird sich bald zeigen, daß die beiden sich in Ihrer Abwesenheit so sehr aufeinander prägen, daß Ihre Person ihnen völlig gleichgültig wird. Das enge Verhältnis, das Sie sich mit Ihrem Hund gewünscht haben, geht so verloren.

**1. Einigkeit über die Anschaffung eines Hundes**

Wenn Sie Teil einer Familie sind, dann sollten alle Familienmitglieder mit der Anschaffung eines Hundes einverstanden sein. Dies trifft ganz besonders für die Frau des Hauses zu, die zumindest in der Anfangszeit stündlich mit dem Welpen zu tun haben wird.
Der Hund sollte niemals allein auf Wunsch eines Kindes ins Haus kommen. Kinder sind ganz besonders tierlieb, sie mögen vor allem Hunde und versprechen vorher hoch und heilig, selbständig für den Hund zu sorgen. Sie meinen das Füttern, die Fellpflege und die täglichen Spaziergänge übernehmen zu können.
Hierin sind Kinder jedoch überfordert; die Schule verlangt viel von ihnen und Hausaufgaben müssen erledigt werden. Es würde nur zu Enttäuschungen und nachfolgenden Zwistigkeiten führen, wenn ein Kind oder Kinder die Alleinverantwortung für einen Hund übernehmen.

**2. Genügend Zeit**

Ein Hund als Familienmitglied, ein Hund für die *ganze* Familie ist die glückliche Lösung. Als ausgewachsenes Tier begleitet er den Vater morgens früh beim

Jogging, nachmittags geht er mit der Mutter spazieren und mit den Kindern spielt und tollt er nach Belieben. Wenn genügend Zeit vorhanden ist, wird er nochmals von ihnen ausgeführt.

Für ein solches Leben in der Familie ist der Golden Retriever der ideale Hund, denn er schließt sich allen Familienmitgliedern an und – wenn man sich viel mit ihm beschäftigt – lebt er ganz besonders auf. Er entwickelt dann seine angeborenen guten Manieren, ist der aufmerksame Begleiter der Familie, der gern gesehene Besuch bei Freunden, der ausgelassene, tollende Spielkamerad für die Kinder und gelegentlich auch noch der Familien-Clown.

Der Golden Retriever ist sehr anpassungsfähig, jedoch ausgesprochen dankbar für eine gewisse Regelmäßigkeit in seinem Leben. Er weiß beispielsweise ganz genau, wann es Zeit ist, spazieren zu gehen oder wann seine Futterzeit herangekommen ist. Er gedeiht am besten, wenn diese Zeiten möglichst pünktlich eingehalten werden. Hier sollte ein Mitglied der Familie die alleinige Verantwortung übernehmen. In aller Wahrscheinlichkeit die Hausfrau, die ohnehin von der Anschaffung eines Hundes am meisten betroffen ist, denn er haart nicht nur zweimal im Jahr, er bringt auch noch seinen Anteil an Schmutz von draußen herein. Und als Welpe muß man in den ersten Wochen häufig mit dem Putzlappen hinter ihm herlaufen.

### 3. Ausreichend Platz

Alle sind sich einig, und Zeit für den Welpen und später für den ausgewachsenen Hund ist ausreichend vorhanden. Jetzt kommen wir zur Platzfrage. So sehr viel Platz in einem Haus oder in einer Wohnung benötigt ein mittelgroßer Hund wie der Golden Retriever nicht. Es ist gar nicht so wichtig, wie groß oder wie klein die Wohnung ist, wichtig ist nur, daß der Welpe und später der Hund seinen eigenen Platz in der Wohnung hat. Dies sollte von Anfang an ein Platz sein, auf den er sich zurückziehen kann, wenn er müde ist und schlafen will. Ein Platz, zu dem er seinen Knochen, seine Spielsachen hinschleppt, wo er sich zum Trocknen hinlegen kann, wenn er naß vom Spaziergang nach Hause kommt. Am besten geeignet ist eine Stelle eventuell in der Wohnküche, zugfrei und warm genug, ohne an der Heizung zu liegen, in einer Ecke, wo er sich geborgen fühlt, ohne vom Familiengeschehen ausgeschlossen zu sein. Wenn er als Welpe auf seinem Platz liegt und schläft, muß die Familie, müssen vor allem die Kinder, sein Bedürfnis nach Ruhe und Schlaf respektieren; sie dürfen ihn keinesfalls nochmals hervorlocken, um mit ihm zu spielen.

Als Welpe besteht sein Leben aus drei sich ergänzenden, gleichgewichtigen Faktoren: aus Fressen, Bewegung und Schlafen. Alle drei sind für sein Wohlergehen von großer Bedeutung.

Sehr viel Platz in der Wohnung, wie wir sehen, ist keine so große Notwendigkeit, aber Platz zum Auslauf ist umso wichtiger. Der Golden Retriever, der in einer engen oder auch geräumigen Stadtwohnung zu Hause ist, der zwei- oder dreimal täglich auf dem Bürgersteig um den Häuserblock geführt wird, wird nicht artgerecht gehalten. Dies bedeutet nicht, daß man einen Golden Retriever in der Großstadt nicht halten sollte, aber, wenn man dies tut, sollte man sich die Mühe

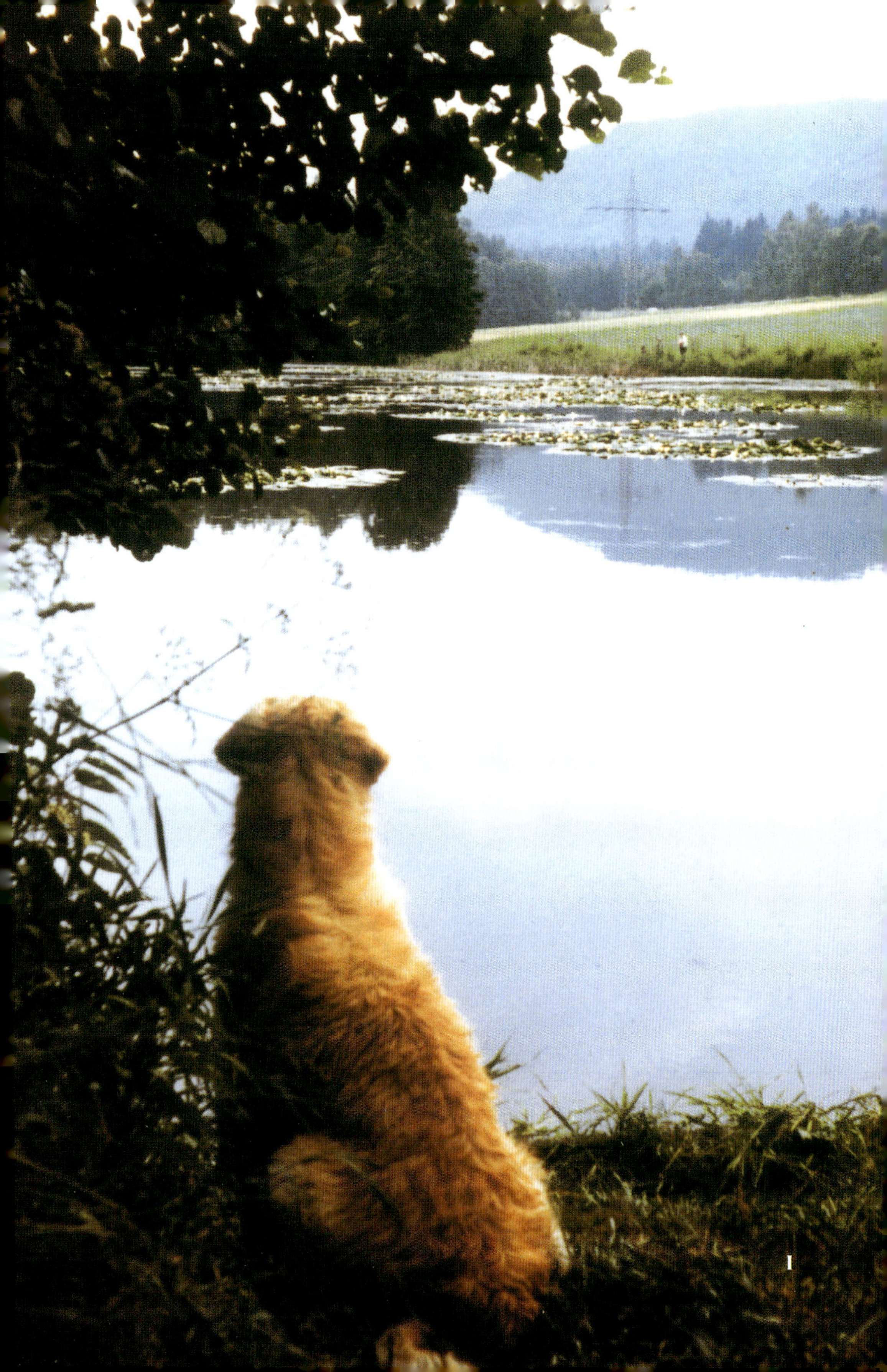

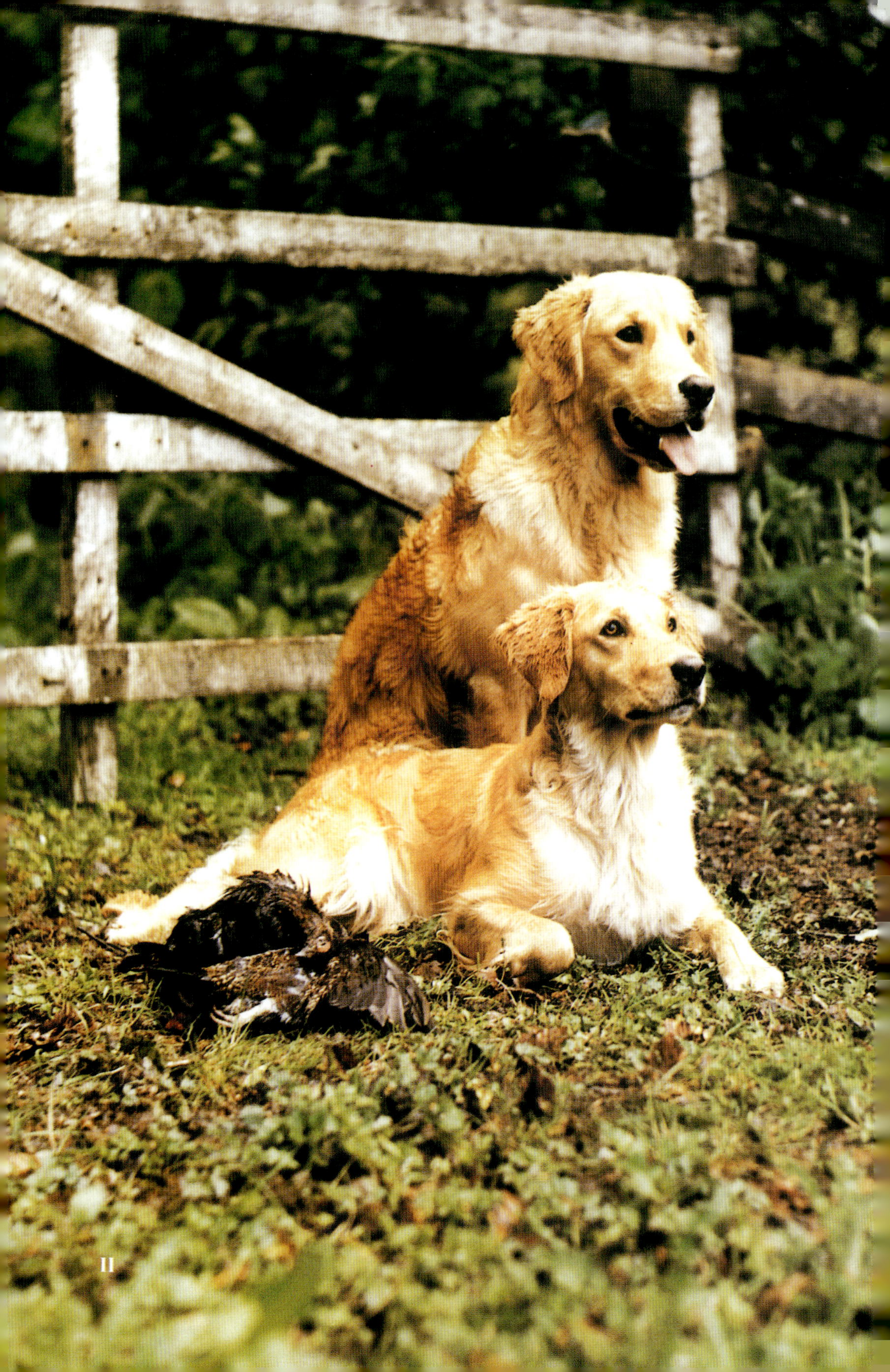

11

III

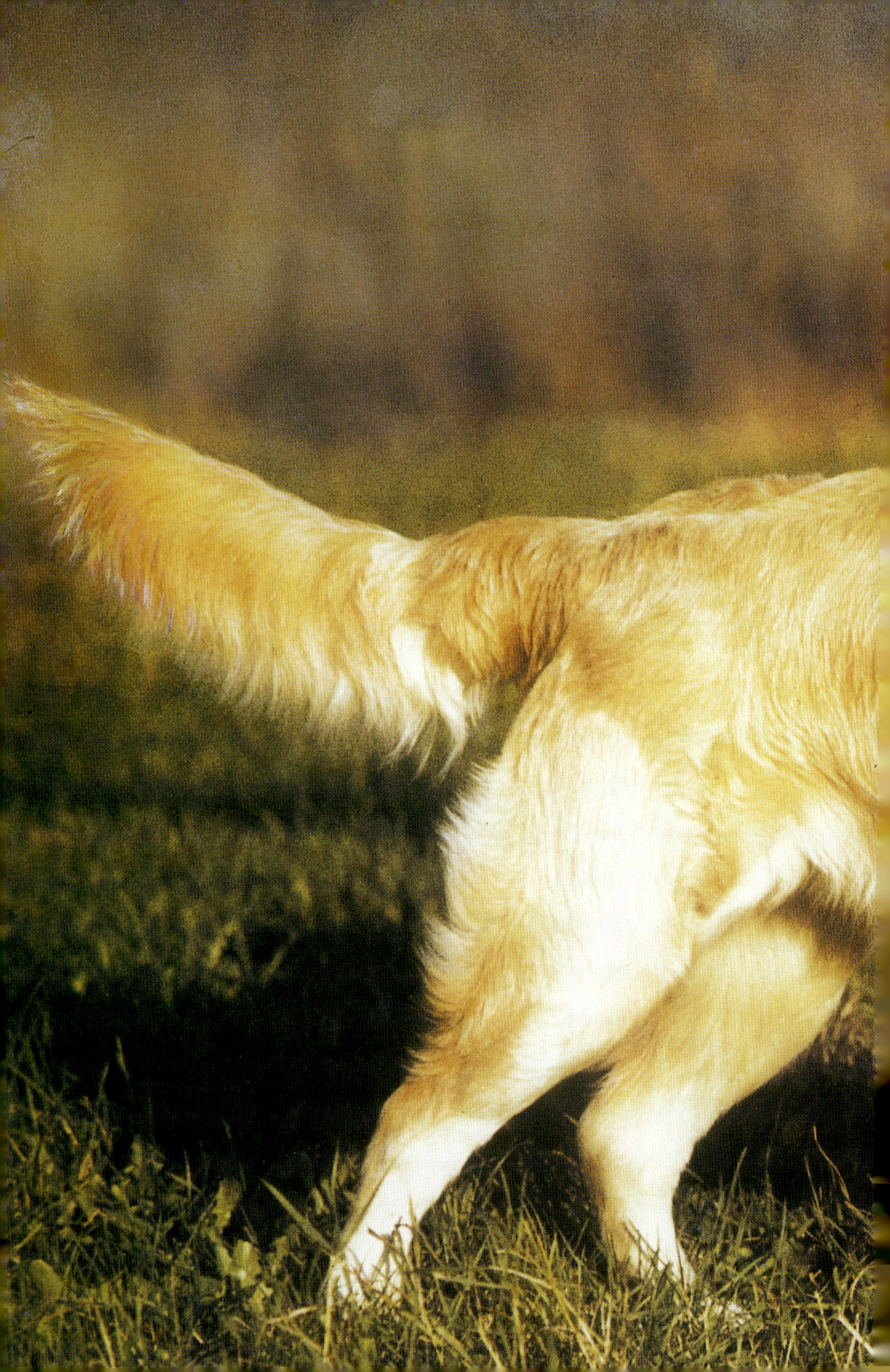

IV

V

VI

VII

VIII

K. Young

IX

X

machen, entweder täglich mit ihm zum Park zu laufen oder eventuell mit ihm dorthin zu fahren. Es gibt heute kaum eine Großstadt, die nicht Freilauf- Möglichkeiten für Hunde anbietet. Bei häufigen Besuchen in München haben wir feststellen können, wie glücklich unsere Landhunde im Englischen Garten waren, wo sie mit den vielen anderen dort freilaufenden Artgenossen Kontakte aufnehmen und spielen konnten. Hunde, die vom frühen Alter an frei laufen und mit anderen Hunden spielen dürfen, wachsen physisch und psychisch gesund auf. Sie sind – und dies trifft für fast alle Hunderassen zu – in den seltensten Fällen aggressiv. Der normale Golden Retriever geht dem unverbesserlichen Raufer sowieso aus dem Wege.

Wer am Stadtrand oder auf dem Lande lebt, hat es erheblich leichter. Er kann gleich zu Fuß aufs Feld oder in den Wald gelangen und darf dort, vorausgesetzt, er hat den Hund immer unter Kontrolle, ihn von der Leine lassen.
Wer jedoch recht einsam und abgelegen lebt, hat andere Probleme. Er sollte stets dafür Sorge tragen, daß sein Junghund ausreichend Gelegenheit bekommt, mit Artgenossen zu spielen. Er wächst sonst wie ein »Einsiedler« auf, kann sogar Angst vor anderen Hunden entwickeln und wird nie ganz das in allen Lebenslagen erwünschte harmonische Wesen entwickeln können.

## 4. Genug Geld

In der Bundesrepublik ist der Golden Retriever Welpe keineswegs billig. Er ist jedoch weder billiger, noch teurer als eine Reihe anderer verhältnismäßig seltener Hunderassen. Von dem marktwirtschaftlichen Standpunkt aus gesehen könnte man dies mit »Angebot und Nachfrage« erklären, aber dies ist nicht die ganze Geschichte. Nicht nur ist die Rasse heute immer noch verhältnismäßig selten, sondern der hervorragende Deckrüde ist auch Mangelware, und der Weg bis zu dem für die Hündin optimalen Partner ist oft recht weit. Es kommt nicht nur die Fahrerei, einige Übernachtungen und die Decktaxe zusammen, sondern die ganzen vorherigen Investitionen in die Zuchthündin: Kaufpreis, Aufzucht, Tierarzt, Ausstellungen, Prüfungen, um nur die Wichtigsten zu erwähnen.
Bei einem normal verlaufenden Wurf durchschnittlicher Größe deckt der Züchter im allgemeinen seine Unkosten und kann darüber hinaus etwas für schlechtere Tage zurücklegen. Wenn die Hündin jedoch leer bleibt, einen ganz kleinen Wurf bringt oder solche Schwierigkeiten beim Werfen hat, daß der Tierarzt eingreifen muß, es vielleicht auch noch zum Kaiserschnitt kommt, legt der Züchter zu. Wer schon mehrere Jahre züchtet, hat ohnehin einige Pensionäre zu versorgen.
Der Kaufpreis stellt jedoch nur einen Teil der Unkosten dar. In seinem ersten Lebensjahr sind die Ausgaben für den Welpen und Junghund voraussichtlich am höchsten. Er ist schon einmal beim Züchter in der 8. Woche gegen die gefährlichen Hundekrankheiten Staupe, Hepatitis, Leptospirose (S.H.L.), Parvorirose (P), auch möglicherweise gegen Zwingerhusten geimpft worden. Aber mit zwölf Wochen ist die erste Wiederholungsimpfung fällig, und sie macht einen Besuch beim Tierarzt notwendig. Bei diesem Besuch wird der Welpe gegen S.H.L. und P. zum

*Abb. 72: Im Gleichschritt . . . Marsch! Foto: W. Meyer*

*Abb. 73: Im Galopp! Foto: E. Regensburger*

zweiten Mal und zum ersten Mal gegen Tollwut geimpft. Eine Nachimpfung muß von jetzt an einmal jährlich wiederholt werden.

Vor der Impfung in der 12. Woche untersucht der Tierarzt den Hund sehr gründlich und gibt Ihnen Auskunft über seine körperliche Verfassung. Wenn es sich hier um einen Rüden handelt, sollte der Tierarzt vorsorglich nochmal den vollständigen Abstieg der Hoden in den Hodensack (Skrotum) überprüfen. Dieser Vorgang wird zwar in der 8. Lebenswoche bei der Wurfabnahme, die durch einen vom betreffenden Zuchtverband Beauftragten vorgenommen wird, sehr genau untersucht, aber mit 8 Wochen ist beim Golden Retriever der Hodenabstieg keinesfalls immer vollständig abgeschlossen. Daher ist eine Nachprüfung in der zwölften Woche sehr zu empfehlen.

Bei dem Welpen, dem Junghund und auch bei dem ausgewachsenen Hund müssen ebenfalls regelmäßige Wurmkuren durchgeführt werden. Dies sind die planmäßigen Termine beim Tierarzt; es kommen jedoch bedauerlicherweise immer wieder unvorhergesehene Besuche dazu, gelegentlich auch Not-Besuche. In unserer heute leider stark verschmutzten Umwelt ist es nicht auszuschließen, daß hin und wieder tierärztliche Hilfe bei Schnittwunden in Anspruch genommen werden muß. Überall dort, wo der Mensch seine Freizeit verbringt, bleiben heute Büchsen und Flaschen zurück, die häufig in die Flüsse gelangen und bei Hochwasser angeschwemmt werden. Viele Flaschen zerbrechen noch im Wasser und lassen schreckliche Fallen zurück. So mancher Badeausflug eines wasserfreudigen Hundes endete auf dem Operationstisch beim Tierarzt. Wie oft über die Jahre waren unsere Goldens Opfer solcher menschlichen Nachlässigkeiten! Wie oft mußten tief eingeschnittene Pfotenballen behandelt, ja sogar durchgeschnittene Sehnen vom Tierarzt operativ behandelt werden. Auch andere kostspielige medizinische Behandlungen oder Eingriffe können im Verlauf der Zeit notwendig werden.

Es kommen noch die täglichen Futterkosten dazu. Ein Golden Retriever wächst schnell. Von einem Durchschnittsgeburtsgewicht von zirka 480 Gramm erreicht er in einem halben Jahr ein Gewicht zwischen 25 und 30 kg und eine Schulterhöhe zwischen 50 und 58 cm. Wenn er kräftig sein soll, so muß von Anfang an für die richtige Nahrung gesorgt werden; anderenfalls stellen sich früher oder später Mangelerscheinungen ein, die dann auch noch vom Tierarzt behandelt werden müssen. Also lieber von vorne herein richtig füttern (siehe Futterplan).

In den meisten Ländern wird auch noch Hundesteuer erhoben und eine Haftpflichtversicherung ist gleich von Anfang an erforderlich. Sie liegt heute zwischen 70,- und 80,- DM pro Hund. Diese Haftpflichtversicherung ist – wenn sie auch nicht vorgeschrieben ist – zwingend notwendig. Vielleicht – und wir hoffen, daß es so ist – wird sie nur in Anspruch genommen, wenn der noch nicht sehr gehorsame Welpe einen Passanten oder einen Besucher freudig anspringt und ihm dabei mit seinen Pfoten den Anzug reinigungsreif beschmutzt. Hier hält sich der Schadenersatz noch im Rahmen. Die Höhe des Schadenersatzes wäre jedoch nicht auszudenken, wenn er plötzlich auf die Straße läuft und einen Unfall verursacht.

## 5. Wahl des Züchters

Nach reiflicher Überlegung haben Sie sich jetzt entschlossen, einen Golden Retriever Welpen zu kaufen und sind, falls es sich um den ersten eigenen Hund handelt, gar nicht sicher, an wen Sie sich wenden sollen. Treten Sie am besten mit dem in Ihrem Lande von der Fédération Cynologique Internationale anerkannten Zuchtverband in Verbindung und lassen Sie sich eine Liste der vom zuständigen Golden Retriever Club anerkannten Züchter schicken (siehe wichtige Adressen Seite 295). Steht auf dieser Liste der Name eines Züchters in Ihrer erreichbaren Nähe, vereinbaren Sie mit ihm einen Termin und fahren Sie hin, um sich seine Hunde anzusehen und sich eingehend über die Rasse zu informieren. Jeder Züchter berät Sie gern und gibt Ihnen – auch wenn er selber momentan keine Welpen in seinem Zwinger hat – unverbindliche Auskunft.

Um sich darüberhinaus noch gründlicher zu informieren, ist es ratsam, eine oder sogar mehrere Hunde-Ausstellungen zu besuchen, um dort die Golden Retriever zu beobachten und eventuell einige weitere Züchter kennenzulernen. Damit Sie auch eine stattliche Anzahl Golden Retriever zu sehen bekommen, empfiehlt sich der Besuch einer geschützten CACIB-Zuchtschau mit angegliederter Sonderschau für Retriever oder einer clubinternen Spezial- Zuchtschau nur für Retriever (siehe Kapitel »Die Hundeausstellung oder Zuchtschau« Seite 226). Welchen Weg Sie auch immer wählen, es muß hier betont werden, daß es kaum Züchter in der Bundesrepublik gibt, die laufend entweder Welpen »vorrätig« oder in Aussicht haben. Viele der bekannten und auch weniger bekannten Züchter haben stets eine recht umfangreiche Warteliste von Kaufinteressenten. Lassen Sie sich dadurch nicht abschrecken, und gehen Sie deshalb nicht zu einem Hundehändler. Beim Händler können Sie höchstwahrscheinlich in kürzester Zeit einen Golden Retriever oder auch einen Hund jeder anderen Rasse erhalten, können eventuell nicht nur das Geschlecht, sondern auch noch die Fellfarbe bestimmen. Bedenklich ist jedoch, daß dem Welpen, der aus einem rein kommerziellen Betrieb stammt, kaum die Zuwendung, kaum die Prägung zuteil wird, die bei einer guten Hobbyzucht zu erwarten ist. Und wie es dort mit den Elterntieren bestellt ist, werden Sie wohl nie erfahren. Ein Vielfaches des dort gesparten Kaufpreises tragen Sie in aller Wahrscheinlichkeit in den ersten Wochen und Monaten zum Tierarzt!

Bevor Sie ihre endgültige Entscheidung treffen, besuchen Sie einige oder mehrere Züchter, die auf der Liste des betreffenden Zuchtverbandes stehen, stellen Sie Vergleiche an. Für welchen Züchter Sie sich am Ende entschließen, hängt ganz davon ab, wofür Sie den Golden Retriever haben möchten. Falls Sie Jäger sind und Ihren Hund jagdlich führen möchten, suchen Sie einen jagd- orientierten Zwinger aus, bei dem die Hunde regelmäßig jagdlich abgerichtet und geführt werden. Möchten Sie mit Ihrem Hund später auf Ausstellungen gehen, so wählen Sie einen Zwinger, aus dem öfters gute Hunde hervorgegangen sind, Hunde die dem Rassestandard auf Zuchtschauen nahekommen. Und wenn Sie vorhaben, auch noch mit Ihrem Golden Retriever an Leistungsprüfungen teilzunehmen, dann suchen Sie dort, wo ernsthaft der Versuch gemacht wird, einen Golden Retriever

Typ zu züchten, der mit Aussicht auf Erfolg sowohl an Ausstellungen als auch Leistungsprüfungen teilnehmen kann.

Aus welcher Zucht er auch immer stammt, der Golden Retriever sollte stets ein liebenswürdiger, angenehmer Hausgenosse und Begleiter sein. Er wird vom Welpenalter bis an sein Lebensende einen Teil Ihrer Familie bilden. Er begleitet Sie fast überall hin. Er ist nicht nur mit von der Partie, wenn Sie spazierengehen, er ist mit dabei, wenn Sie Feste feiern, Autofahren, einen Besuch im Restaurant machen, wenn Sie fröhlich sind und auch wenn Sie trauern. Er mag noch so schön sein, die Schönheit ist nicht allein ausschlaggebend, er soll auch das typische, selbstsichere, freundliche Wesen dieser Rasse aufweisen.

Bei der Auswahl eines Welpen sehen Sie sich deshalb die Mutterhündin sehr genau an. Die Mutterhündin beeinflußt ihre Welpen in einigen der wichtigsten Lebenswochen. Die Welpen erben nicht nur, sie lernen auch von ihr, Erbgut und Lernvorgang tragen dazu bei, das Wesen für das ganze Leben zu bestimmen.
Die meisten Golden Retriever behalten auch als Mutterhündin in der Wurfkiste ihr ruhiges, freundliches Wesen auch Fremden gegenüber, und mir ist es oft dabei vorgekommen, als wäre die Hündin wirklich stolz auf ihre krabbelnden Winzlinge.

## 6. Welpen-Wahl

Sie haben sich für einen Züchter entschieden, haben vielleicht recht lange auf einen Wurf gewartet und jetzt geht es darum, einen Welpen auszusuchen. Es ist gar nicht leicht, den besten Welpen aus einem normalen, gleichmäßigen Wurf herauszufinden. Auch die »Experten« sind sich keinesfalls immer einig, welcher der kleinen Meute die besten Voraussetzungen für eine spätere vorzügliche Entwicklung besitzt. In diesem Stadium wäre es eine starke Übertreibung, unter den Welpen einen zukünftigen Champion vorauszusehen. Es ist immerhin ein sehr weiter Weg bis zu diesem hohen Gipfel; und auf dem Weg dorthin sind viele Klippen zu überwinden.

Hat man die Möglichkeit, in den ersten 8 Lebenswochen hin und wieder den Züchter aufzusuchen, so kann man die Unterschiede bei den Welpen besser beurteilen. Der Züchter jedoch ist derjenige, der täglich mehrere Stunden zusammen mit dem Wurf verbringt. Er kennt die Welpen in- und auswendig und hat sie seit dem Wurftag eingehend beobachtet. Er kennt auch die eigene Zucht, weiß, wie seine Hunde sich entwickeln und kann am besten beurteilen, welcher Welpe sich für Ihre besonderen Wünsche eignet. Wenn Sie es sich daher nicht ganz zutrauen, selbst die Wahl zu treffen, so lassen Sie sich von ihm beraten. Sie haben diesen Züchter ausgesucht, schenken Sie ihm auch Ihr Vertrauen.
Golden Retriever Welpen von 7 oder 8 Wochen sind freundliche, vergnügte Bündel, die keine Angst vor fremden Menschen zeigen, sondern im Gegenteil neugierig, ja sogar aufdringlich sind. Falls Sie es fertigbringen können, sich auf den Fußboden zu setzen, werden Sie im Nu die ganze Bande um sich herum haben. Die Welpen versuchen, Ihnen das Gesicht zu lecken, an Ihren Händen, an der

*Abb. 74: Ein vielversprechender Welpe! Foto: David Dalton*

*Abb. 75: Fototermin! Foto: R. Kaiser*

Kleidung zu knabbern und zu reißen und Ihre Schnürsenkel – falls vorhanden – aufzumachen. Es sind schwanzwedelnde, zutrauliche Tiere mit glänzenden dunklen Augen, dichtem wolligem Fell, kräftigen Knochen und dicken Pfoten. Wie soll man hier aussuchen?

Der gesunde Welpe ist aufmerksam, aufgeweckt, unternehmungslustig, zutraulich und verspielt. Er sollte niemals zu dick und natürlich nicht dünn sein. Dicke Welpen wirken gelegentlich träge und können später zu Skeletterkrankungen neigen. Die Haut des Welpen ist frei von Ekzem und Schuppen, das Fell dicht und, wenn man die Nase hineinsteckt, von einem durchaus angenehmen Welpengeruch. Die Knochen sind kräftig, die Pfoten groß, rund und geschlossen und ein dicker Schwanzansatz verjüngt sich allmählich zur Spitze.

Der Züchter stellt für Sie den Welpen im »Ausstellungsstand« auf einem Tisch auf. Hier kann man die Winkelungen der Vor- und Hinterhand, die Länge des Halses, des Oberarms, die Oberlinie und die möglichst kurze Verbindung zwischen dem Rippenkorb und dem Becken sehen. Der Kopf sollte einen ausgeprägten Stop aufweisen, der Fang kurz, tief und breit sein. Auch das Wesen der Welpen läßt sich bei diesem Manöver nochmal gut überprüfen. Ein ängstlicher Welpe läßt sich erst gar nicht im Stand aufstellen, sondern strebt vom Tisch zurück zu seinen Geschwistern auf den Fußboden. Wenn er jedoch neugierig die Tischplatte untersucht, auch noch mit dem Schwanz wedelt und kleine Leckerle, die Sie ihm anbieten, annimmt und genüßlich frißt, ist an seinem Wesen nichts auszusetzen.

Überprüfen sie auch sehr genau die Gebißstellung beim Welpen. Diese sollte eine nicht zu enge Schere bilden, denn der Unterkiefer des Junghundes wächst noch etwas mehr als der Oberkiefer. Eine ganz enge Stellung in diesem Alter könnte sich später zum Zangengebiß (siehe Seite 287 ff.) und gelegentlich auch – obwohl dies glücklicherweise recht selten vorkommt – zum Vorbiß entwickeln. Der Vorbiß schließt ganz von der Zucht aus, der Zangenbiß stellt eine Gratwanderung sowohl bei Zuchtvorhaben als auch bei Ausstellungen dar. Im Alter von 8 Wochen sollte reichlich Platz beim Welpen zwischen den oberen und den unteren Schneidezähnen vorhanden sein.

In fast jedem Wurf kommen Variationen in der Fellfarbe der Welpen vor. Welche Farbe bevorzugt wird ist jedoch eine reine Geschmackssache. Golden Retriever dunkeln von Fellwechsel zu Fellwechsel bis etwa zum dritten Lebensjahr nach und Welpen, die in der Wurfkiste sehr hell wirken, können später sogar dunkelblond werden. Der beste Wegweiser in diesem Stadium für die zukünftige Farbe des ausgewachsenen Hundes ist die Farbe der Ohren.

Welche Fellfarbe auch immer der Welpe hat, Nasenschwamm, Lefzen und Augenlider sollten schwarz sein, die Augen möglichst dunkel, und bei wirklich gutem Pigment sind die Krallen, die Ballen der Pfoten, der Bauch und der obere Gaumen ebenfalls schwarz. Manchmal hat ein Welpe, vor allem von dunklerer Farbe, einen kleinen weißen Fleck auf dem Oberkopf. Dieser verschwindet fast immer beim ausgewachsenen Hund. Schwarze Flecken dagegen, die sehr selten vorkommen, verschwinden nie.

### 7. Die Ausweisdokumente des Hundes

Zu jedem reinrassigen Hund gehören zwei wichtige Dokumente: Erstens ein Impfpaß (dieser dürfte auch beim nicht reinrassigen Hund nicht fehlen), und zweitens die Ahnentafel. Diese beiden Dokumente haben internationalen Character.

**Der Impfpaß**

Der Impfpaß entspricht den Vorschriften des Internationalen Tierseuchenamtes und den von Expertenkomitees der Weltgesundheitsorganisation und der Welternährungs- und Landwirtschaftsorganisation der Vereinten Nationen festgelegten Richtlinien.
Dieser gelbe Paß gehört zu jedem Hund, zu jedem Welpen. Der Impfschutz gegen Staupe, Hepatitis, Leptospirose (SHL) und Parvovirose (P) und nicht zuletzt gegen Tollwut muß während des ganzen Lebens des Hundes aufrechterhalten werden. Der Impfpaß muß bei jeder Zuchtschau, bei jeder Prüfung vorgezeigt werden und wird beim Einlaß der Hunde vom amtierenden Tierarzt überprüft. Er ist für den Grenzübergang nur gültig, wenn die letzte Tollwut- Schutzimpfung nicht älter als 1 Jahr und nicht jünger als 30 Tage ist.

**Die Ahnentafel**

Der Impfpaß ist eine Aussage über die Gesundheit Ihres Hundes. Die Ahnentafel dagegen gibt Ihnen Auskunft über die letzten drei Generationen seiner Vorfahren. Darin enthalten sind deren Namen und Zuchtbuchnummern, die Titel, die bei Zuchtschauen gewonnen und die Erfolge, die bei Leistungs- und anderen Prüfungen erzielt wurden. Die Ahnentafel gibt Ihnen außerdem teilweise Auskunft über die Gesundheit dieser Vorfahren mütterlicher- und väterlicherseits, beispielsweise über deren HD-Befunde (Befund der Untersuchung auf Hüftgelenksdysplasie).
Um international anerkannt zu werden, muß in der Bundesrepublik die Ahnentafel von einem vom Verband für das Deutsche Hundewesen (VDH) anerkannten Zuchtverein, der den Golden Retriever betreut, oder vom VDH selbst, ausgestellt werden.

### 8. Futterplan und Fütterung

**Anzahl der Mahlzeiten:**

Mit 8 Wochen 4 Mahlzeiten am Tag

Mit 3 Monaten 3 Mahlzeiten am Tag

Ab 7 Monaten 2 Mahlzeiten am Tag

**Wann wird gefüttert?** (Junghund und ausgewachsene Hunde)

Entgegengesetzt der Meinung, daß ein Hund nur einmal am Tage fressen sollte, haben wir über die Jahre festgestellt, daß unsere Golden Retriever am glücklichsten sind und am besten gedeihen, wenn sie zweimal am Tage zu fressen erhalten. Je nach den Verhältnissen im Hause, kann die Hauptmahlzeit entweder morgens oder abends verabreicht werden. Die zweite Mahlzeit, bestehend aus einem derben Hundekuchen oder einem großen Stück getrockneten Vollkorn- oder Graubrotes, erfolgt im anderen Teil des Tages. Es ist jedoch ratsam, die Spaziergänge so einzurichten, daß sie nicht gleich nach der Hauptmahlzeit stattfinden.

**Inhalt der Mahlzeiten für den Welpen mit 8 Wochen**

 8 Uhr – Welpenmilch oder Magerquark mit etwas Haferbrei
12 Uhr – Auslese 7 (Fertigfutter der Firma Royal Canin)
17 Uhr – Welpenbrei (Vipromil von der Firma Nagut)
21 Uhr – Auslese 7

Zur Abwechslung kann man füttern: Banane, geriebenen Apfel, Hüttenkäse, Nagut Multikorn-Flocken, Matzinger Bio-Flocken, Welpenpal, Grüner Pansen, Muskelfleisch
Zwischendurch als Leckerbissen: Latz Lieblingsknochen oder kleine Hundekuchen
In den ersten Tagen in der neuen Umgebung zeigen manche Welpen wenig Lust zum Fressen. Auf keinen Fall sollte der volle Freßnapf stehen bleiben. Das Futter wird entfernt, die nächste Mahlzeit erst zur gegebenen Zeit angeboten. Der Welpe nimmt meist eine Fleischmahlzeit gern an, aber man sollte deshalb die Fleischmenge nicht steigern. Es pendelt sich alles bald ein.

**Futtermengen für den Welpen:**
Mit 8 bis 9 Wochen beträgt die Menge pro Mahlzeit eine gute Kaffeetasse. Beispiel: 1 Tasse Welpenfutter angefeuchtet mit einer halben Tasse Wasser. Diese Menge steigert man allmählich. Der Junghund darf nicht dick werden, sollte natürlich auch nicht zu dünn sein. Kann man die Rippen fühlen, ist er richtig; kann man sie sehen, ist er zu mager; muß man mit den Fingerspitzen danach suchen, ist er zu dick. Es ist nicht leicht, genaue Mengen anzugeben, denn in der Futterverwertung verhalten sich die Welpen unterschiedlich, und auch der ausgewachsene Hund variiert stark in seinem Futterbedarf. Der gesunde Golden Retriever frißt jedoch für sein Leben gern, und – obwohl dies beim Rüden selten zutrifft – stellen sich bei Hündinnen häufig Gewichtsprobleme ein.

**Futterzusammensetzung für den Junghund und den ausgewachsenen Hund.**
VERMERK: Schweinefleisch und Knochen vom Schwein sind ganz zu meiden! Es besteht die Gefahr der Aujeszky'schen Krankheit, die immer tödlich verläuft!
*Fleisch:* Grüner Pansen, Blättermagen, Muskelfleisch, Herz, Leber (Vorsicht! Kann Durchfall verursachen), Dosenfleisch zur Abwechslung.
*Fisch:* gekocht
*Milchprodukte:* Magerquark, Hüttenkäse
*Getreideprodukte:* getrocknetes Brot, Hundekuchen, Haferflocken, Reis
*Obst und Gemüse:* Äpfel, Bananen, Möhren, Petersilie, Salat, Brennesselspitzen, Grünzeug quer durch den Garten! Beerenobst, Weintrauben, Mandarinen.
Das Futter wird vorbereitet mit Hilfe des Küchenmixers und gut untereinander

gerührt. So wird es stets angenommen. Viele Obstsorten sind für den Hund ein Leckerbissen.
*Anmerkung:* Der Bedarf des Hundes an Fleisch ist sehr viel geringer als allgemein angenommen. Ein gut ausgewogenes Futter enthält stets viel Gemüseanteile.

### 9. Die Stubenreinheit

Wie wird diese vom neuen Besitzer sehnlichst erwünschte Eigenschaft beim Welpen am schnellsten erreicht? Durch konsequente Unterstützung des natürlichen Bedürfnisses des Welpen nach Sauberkeit.
Der acht Wochen alte Welpe muß noch sehr oft sein »Pfützchen« machen und vier bis fünf Mal am Tag Kot absetzen. Schon bevor der Welpe beim Züchter abgeholt wird, bestimmt man den geeigneten »Löseplatz« für das neue Familienmitglied. Der Platz, am besten auf Gras, sollte weder zu weit weg von einer Haustür, noch über Treppen zu erreichen sein. Denn der Welpe muß jedesmal schnell dahinkommen können, und für ein Hintragen wird er bald zu schwer. Zu diesem Platz kommt der Welpe als erstes nach der Rückfahrt vom Züchter; hier wartet man mit ihm, bis er den Platz inspiziert, für gut befunden hat und dann sein Geschäftchen erledigt. Jetzt wird er mit sehr viel Lob bedacht und ins Haus gebracht.

Nach jeder Mahlzeit, nach dem Erwachen aus jedem Schlaf und immer, wenn man merkt, daß er mitten im Spielen mit der Nase am Boden zu suchen beginnt, trägt man ihn schnell hinaus zu seinem Platz. Wer recht spät schlafen geht und morgens ganz früh aufsteht, kann gelegentlich in wenigen Tagen oder Wochen das Ziel auch nachts erreicht haben. Aber »Pannen« kommen mit Sicherheit vor und Geduld ist häufig geboten. Bedenken Sie: auch das Kleinkind ist lange Zeit nicht »pannenfrei«. Erzieherisch wirkt hier nur eine vorausschauende Regelmäßigkeit beim Besitzer und viel Lob bei jedem gelungenen Ausflug. Mit Strafe erreichen Sie nichts! Der Kleinhund verbindet Strafe überhaupt nicht mit dem von ihm gerade auf dem Teppich produzierten Teichlein.
Die Nacht bereitet wohl am Anfang die größere Schwierigkeit, denn die Futteraufnahme beim Welpen ist groß, und er muß naturgemäß Blase und Darm häufig entleeren. Am einfachsten ist es, dort, wo er schläft, einen Teil des Fußbodens mit Zeitungspapier abzudecken. Diese Unterlage nimmt er gut und gern als »Klo« an. Machen Sie bitte niemals den Fehler, den Welpen für ein am falschen Platz hingesetztes Häufchen oder Pfützchen zu bestrafen. Sie schüchtern ihn nur ein, ohne irgendwelche Fortschritte zu erzielen!

### 10. Wie gewöhne ich den Hund an das Autofahren?

Es scheint oft als wäre der Hund genauso »Auto-versessen« wie sein menschlicher Partner. Eine erstaunliche Tatsache, wenn man bedenkt, wie lange die Entwicklung des Haushundes zurückliegt und welche verhältnismäßig kurze Zeitspanne das Auto zum Alltag gehört.
Der Golden Retriever bildet hier keine Ausnahme. Bleibt beispielsweise bei uns durch Zufall die Autotür nur einen Spalt offen, so sitzen in kurzer Zeit mehrere

*Abb. 76: Reise zu Dritt! Foto: H. Splittgerber*

Hunde auf Vorder- und Rücksitzen und warten gemütlich ab, daß die Fahrt beginnt.

Dasselbe gilt allerdings nicht unbedingt für die Welpen. Mancher Welpe hat scheinbar genauso große Schwierigkeiten, sich an diese Art der Fortbewegung zu gewöhnen, wie es bei Menschenkindern der Fall sein kann. Welpen übergeben sich leicht beim Autofahren, erstens weil die letzte Mahlzeit häufig gar nicht sehr lange zurückliegt, und zweitens, weil bei ihnen der Geruchssinn stärker durch Benzin- und Ölgestank gereizt wird.

Sobald der frisch ins Haus gekommene Welpe sich an die fremde Umgebung gewöhnt hat, gut frißt – Golden Retriever lassen äußerst selten eine Mahlzeit aus! – und den ganzen Garten mit Beschlag belegt hat, fangen Sie an, ihn an das Auto zu gewöhnen.

Setzen Sie sich zuerst mit ihm hinein, spielen Sie dort eine Weile, reden Sie ihm gut zu und steigen Sie wieder mit ihm aus. Falls Sie einen zweiten Hund besitzen, kommen meist überhaupt keine Probleme auf. Aber wenn er als Einzelhund gehalten wird, müssen Sie etwas mehr Zeit für die Gewöhnung aufbringen. Als zweiten Schritt fahren Sie mit ihm eine kurze Strecke, am besten zu zweit, damit die Begleitperson sich ganz auf ihn konzentrieren kann. Fahren Sie ganz langsam einige Minuten, bis Sie in der Nähe einer Wiese oder später eines Parks aussteigen, mit ihm spielen und ein wenig spazierengehen können.

Den meisten Welpen wird schlecht, einerseits durch die Erschütterungen beim Fahren und andererseits durch das Hinausblicken aus dem Fenster. Setzen Sie ihn daher entweder vorne auf den Fußboden beim Beifahrersitz oder in die Mitte des

Rücksitzes. Die Begleitperson lenkt ihn ab und verhindert dadurch, daß er hinausschaut. Machen Sie zuerst nicht einmal die kleinste Fahrt direkt nach einer Mahlzeit, und falls Sie eine größere Strecke mit ihm zurücklegen wollen, füttern Sie ihn am Vormittag vor der Fahrt überhaupt nicht, auch wenn er noch so sehr mit den Augen bettelt! Das Hungern bekommt ihm besser als im Auto alles wieder von sich geben zu müssen. Fahren Sie in diesem Anfangsstadium die Kurven langsam, bremsen und beschleunigen Sie, als lägen rohe Eier lose im Auto. Wiederholen Sie diese kurzen Ausflüge so oft Sie Zeit haben, denn in diesem Alter ist die Gewöhnung von primärer Bedeutung.

Der ausgewachsene Golden Retriever, der ungern Auto fährt, ist eine ausgesprochene Rarität, jedoch gibt es ihn. Hier hilft am Ende nur das Eingeben einer Reisekrankheits-Tablette am Morgen vor der Fahrt. Eine solche Tablette genügt fast immer, bei einer längeren Urlaubsreise sowohl für die Hinfahrt, als auch viel später für die Rückfahrt. Aber es ist bei solchen Hunden durchaus möglich, daß bei der nächsten Fahrt einige Wochen oder Monate später genau die gleiche Prozedur wiederholt werden muß.

Zum Glück fährt die Mehrzahl der Golden Retriever begeistert mit. Sobald man den Autoschlüssel in der Hand hat, stehen die Hunde vor dem Auto Schlange, in der Hoffnung, mitfahren zu dürfen. Der Golden Retriever scheint das Auto als zweites Zuhause zu betrachten, bleibt ruhig und gelassen darin sitzen, während man einkaufen geht und, wenn er einmal nicht mit ins Hotel darf, schläft er auch im Auto. Nur kann man hierbei manchmal Überraschendes erleben! Es passierte uns in der Schweiz. Wir hatten eine Ausstellung mit 4 Hunden besucht und übernachteten bei Bekannten. Das Haus war nicht geeignet, auch noch 4 Hunde aufzunehmen, denn man hatte schon 5 Gäste. So wurden unsere Hunde nach dem letzten Spaziergang ins Auto gebettet. Bis 4 Uhr morgens ging alles gut. Aber dann wachte ich von einem Heidenspektakel auf! Ein Hahn in seinem Stall direkt neben dem Auto hatte zu seiner morgendlichen Begrüßung angestimmt. Unsere Landhunde hatten in einer Gegend, wo der Hahn entweder ausgestorben oder verbannt ist, noch niemals einen Hahn krähen gehört. So schnell ich konnte, rannte ich hinunter und stieg zu ihnen ins Auto. Ich redete eine Weile mit ihnen. Die Hunde beruhigten sich, wurden still, und einer nach dem anderen rollte sich wieder zum Schlafen zusammen. Auch der Hahn hatte bald seine Schuldigkeit getan, ich konnte wieder schlafen gehen.

Ausflüge mit dem Auto bieten eine ausgezeichnete Möglichkeit, Welpen an Verkehrslärm, vorbeirauschende Lastkraftwagen und andere laute Geräusche zu gewöhnen. In der warmen, sicheren Welt des Autos fühlt sich der Welpe geborgen und empfindet meistens keine Angst. Nach einigen Übungen dieser Art ist der Sprung vom Autofahren zum Spaziergang durch die Fußgängerzone der Stadt gar nicht so groß, denn er kennt jetzt viele Geräusche und hat sowohl optische, als akustische Einwirkungen (Reize) – wenn auch aus einem anderen Winkel – schon erlebt.

Und noch ein Pluspunkt für das Auto: Verliert man seinen Hund in einer fremden Umgebung aus den Augen, kann man sicher sein, daß er der Erste ist, der zum Auto zurückfindet!

*Anmerkung:* Wenn Sie jedoch Ihren Hund im Auto irgendwo zurücklassen, vergessen Sie nicht für ausreichende Ventilation zu sorgen. Bedenken Sie ebenfalls, daß die Sonne sich bewegt, und der kühle schattige Platz sich erstaunlich schnell in einen Brutkasten verwandeln kann. Das könnte für Ihren Hund lebensbedrohend werden!

## 11. Bewegung

Außer dem wohl hauptsächlichen Motiv für das Anschaffen eines Hundes, ein vertrautes Tier um sich zu haben, spielt der Wunsch eine wesentliche Rolle, selbst mehr Bewegung zu haben, täglich spazieren zu gehen und am Wochenende mit der Familie Wanderungen zu unternehmen. Es gibt auch nichts, was dem Hund besser gefällt, was ihm auch besser bekommt, als sich frei zu bewegen.

Wenn jedoch der Golden Retriever Welpe mit 8 oder 9 Wochen ins Haus kommt, liegt all dies vorerst noch in weiter Zukunft. Geduld und nochmals Geduld ist geboten, bevor man dazu übergeht, mit ihm spazieren zu gehen. Der Welpe, wenn er nicht gerade frißt oder schläft, ist immer in Bewegung; er spielt, rauft mit seinen Geschwistern, untersucht den ganzen Auslauf, oder, wenn es ihm erlaubt wird, den ganzen Garten. Er gräbt Löcher, kaut an Pflanzen oder Stöckchen, und wenn er nichts anderes vorhat, jagt er den eigenen Schwanz. Kurz gesagt, er beschäftigt sich ausgiebig mit allem, was er findet. Er wird jedoch schnell müde und zieht sich dann prompt zum Schlafen zurück. Ist er noch bei seinen Geschwistern, geschieht dies wie durch eine telepathische Verabredung; legt sich der eine Welpe zum Ausruhen hin, so legen sich in kurzer Zeit entweder alle dazu oder in einer anderen Ecke zu zweit, zu dritt oder in einen Haufen.

Wer sich die Zeit nimmt, Welpen eingehend zu studieren, wird merken, daß deren Tagesablauf von einem natürlichen Rhythmus bestimmt wird, Fressen, Schlafen und Bewegung. Sie bewegen sich nach eigenen Bedürfnissen, aber der Bewegungsdrang ist instinktiv und darf ihnen nicht auferlegt werden.

In diesem Stadium und in den darauffolgenden Monaten, tut man dem Golden Retriever Welpen keinen Gefallen, wenn man ihn außerhalb dieses Rahmens zusätzlich zur Bewegung auffordert. Gehen Sie trotzdem mit ihm spazieren (und hier höre ich all die vielen Welpenbesitzer, die mir immer wieder sagen: »Aber er will ja unbedingt mitgehen«), treibt ihn das Bedürfnis bei Ihnen zu sein, Ihnen zu folgen, soweit, bis er sich verausgabt hat.

Bei einem so jungen Hund sind die Knochen noch sehr weich, die Sehnen, das Skelett noch gar nicht fest. Eine solche Strapaze ist für seine spätere Gesundheit durchaus schädlich.

Die Bewegung, wie schon früher in diesem Buch erwähnt, gehört zu den wichtigsten Bestandteilen der artgerechten Haltung eines Hundes. Die physische Entwicklung eines Junghundes, seine Gesundheit schlechthin, hängen von einem richtigen Maß an regelmäßiger Bewegung ab. Als ganz junger Welpe jedoch bewegt er sich innerhalb eines gewissen, seiner momentanen Entwicklung angepaßten Freiraumes. Er bewegt sich häufig recht wild, er rast, tollt, springt, saust im Kreis. Und wenn er genug getobt hat, fällt er flach auf den Bauch, hechelt eine

*Abb. 77: Auf der Lauer! Foto: K. Haemmerling*

*Abb. 78: Geschafft! Foto: K. Haemmerling*

Weile und ruht sich aus. Erlauben Sie ihm diese Freiheit, lassen Sie ihn rennen und spielen, wie er es will, aber vermeiden Sie es, ihn, wenn er sich offenbar ausruhen möchte, noch zu weiterer Bewegung zu ermuntern. Vermeiden Sie auch, ihn in der Wohnung auf glattem Fußboden solche Touren ausführen zu lassen. Er kann dabei ausrutschen und sich schwer verletzen. Auch sollte er in diesem Alter nicht auf den Hinterbeinen stehen. Ein Hund, auch ein Welpe, stellt sich gern auf, um aus dem Fenster oder über einen Zaun sehen zu können. Da beim Welpen die Knochen noch immer recht weich sind, kommt es dabei leicht zur Verformung. Es kann sich eine kuhhessige Stellung der Sprunggelenke entwickeln, oder es kommt zu einer nachteiligen Einwirkung auf die im Wachstum befindlichen Hüftgelenke.

Erst mit 4 bis 5 Monaten erweitert man das Bewegungsfeld von dem Rasen vor dem Haus oder der benachbarten Wiese und geht mit dem Welpen auf kleine Erkundungsausflüge. Diese zuerst zehn bis zwanzig Minuten dauernden Gänge sollten auch dazu dienen, den Junghund mit seiner Umwelt bekannt zu machen. Er ist vermutlich schon viel mit Ihnen im Auto unterwegs gewesen. Jetzt ist die Zeit herangekommen, ihn zuerst an Waldwege, Feldwege, Dorfstraßen und alles, was ihm dort begegnet, zu gewöhnen. Wenn ihm das alles vertraut geworden ist, kann man zum nächsten Schritt übergehen und ihn mit in die Stadt nehmen. Man fängt am besten mit einem Gang durch die Fußgängerzone an und steigert sich langsam, bis man schließlich einige Wochen später dem Bahnhof einen Besuch abstattet. Vielleicht bietet sich die Möglichkeit an, mit ihm im Aufzug zu fahren.

Überstürzen Sie nichts in diesen Wochen, bauen Sie die verschiedenen Eindrücke vorsichtig auf. Hat er sich bei irgendeiner Einwirkung erschreckt, lassen Sie eine Woche verstreichen, machen Sie etwas ganz anderes mit ihm, etwas, was er besonders gern hat, und wiederholen Sie den Gang, bei dem er sich erschreckt hat. Reden Sie ihm stets gut zu, streicheln Sie ihn, – bis auf ganz seltene Fälle – wird er sich von seinem Schrecken bald erholt haben.

Sie bauen in diesen wichtigen Lebensmonaten das Selbstbewußtsein, die Wesensfestigkeit Ihres Hundes für sein ganzes Leben auf. Machen Sie es Schritt für Schritt mit viel Zuspruch und viel Lob, und erweitern Sie gleichzeitig langsam das tägliche Pensum seiner Bewegung.

Zusammenfassend: Dem Golden Retriever läßt man anfangs ausreichend Zeit für seine körperliche Entwicklung. Später, nach dem 5. Lebensmonat, steigert man allmählich, aber gezielt, die täglichen Spaziergänge von anfangs zirka 15 Minuten, bis er mit acht oder neun Monaten schon ein bis zwei Stunden mit seinem Besitzer unterwegs sein kann. Durch teils Freilaufen auf offenem Feld und angeleint auf festem Untergrund, bietet man ihm die notwendigen Voraussetzungen für das Bilden einer kräftigen Bemuskelung.

Niemals sollte er jedoch in diesem Alter neben dem Fahrrad oder Pferd kilometerweit laufen müssen. Dies ist erst zulässig, wenn sein Wachstum vollständig abgeschlossen ist, und wenn er vom Tierarzt röntgenologisch auf Hüftgelenkdysplasie untersucht worden ist.

## 12. Die Fellpflege

Die tägliche Fellpflege beim Golden Retriever ist keine unbedingte Notwendigkeit. Sie trägt jedoch zum Wohlbefinden des Hundes bei, fördert die Durchblutung der Haut, entfernt die lockeren Haare und läßt das mittellange Haarkleid in seiner vollen Schönheit glänzen.

Der Golden Retriever genießt es ganz offensichtlich, wenn man sich mit ihm beschäftigt, und auch die Fellpflege kommt einer Beschäftigung gleich. Holt man das Werkzeug hervor, steht der Hund oder stehen die Hunde schon voller Erwartung aufgereiht.

Auf einen Tisch gestellt, läßt sich der Golden Retriever nicht nur am besten bürsten, sondern auch auf eventuelle Verletzungen oder Hautveränderungen untersuchen. Mit der sogenannten Pudelbürste, die auf der einen Seite mit Naturborsten und auf der anderen mit Stahlborsten ausgestattet ist, und mit einem guten Kamm geht man zu Werk.

Die Pflege beginnt beim Kopf, hier am besten mit den Naturborsten. Gleichzeitig werden Augen, Ohren und Zähne untersucht, – beim Junghund schon eine gute Vorbereitung für die spätere Ausstellung. Dann bürstet man, am Nacken angefangen, mit den Stahlborsten in kräftigen Zügen von vorne nach hinten, stets mit dem Strich des Fells, über Rücken, Hals, Schultern, Flanken und Oberschenkel. Bei Bauch, Läufen und Rute mit Vorsicht, denn diese sind die empfindlichen Teile des Hundes. Hinterher kämmt man ihn nochmal durch. Gerade in der Zeit des Fellwechsels – normalerweise zwei Mal im Jahr – ist das Bürsten nicht nur für den Hund, sondern auch für den Haushalt unerläßlich.

Wichtig ist nicht nur die Überprüfung der Augen, Ohren und Zähne, sondern auch die der Bauchgegend, der Pfoten und des Genitalbereichs der Tiere.

Zu bestimmten Jahreszeiten, vor allem im Sommer und Herbst, wird der Hund leicht von Ungeziefer befallen, in der Hauptsache von Flöhen und Zecken. Bei der täglichen Pflege läßt sich dies am besten feststellen, und diese lästigen Parasiten können dann sofort vernichtet werden (siehe Seite 282 ff.)

Der Golden Retriever hat eine Vorliebe fürs Wasser, und, wenn sich nichts besseres bietet, genügt ihm oft eine Pfütze. Er paddelt liebend gern in jedem Wässerchen herum, und es scheint ihm bedauerlicherweise nichts auszumachen, wenn die Pfütze, die er soeben gefunden hat, recht schmutzig ist. Nach einem solchen »geglückten« Spaziergang kann man die Beine und den Bauch des Hundes entweder lauwarm abduschen, mit dem Schlauch abspritzen oder Bein für Bein in einem Eimer Wasser reinigen. Auf jeden Fall muß der Golden hinterher recht gut trocken gerieben werden, und die Möglichkeit haben, sich an einem zugfreien Ort zum Trocknen hinzulegen. Andererseits hat das Fell des Golden Retrievers eine erstaunliche Fähigkeit zur Selbstreinigung. Der »schwarzbeinige« Golden Retriever ist, sobald er trocken geworden ist, wieder vollständig sauber. Die auf Bauch- und Beinbefederung haftende Erde fällt ganz von allein ab und verwandelt sich in Staub.

Auch beim Welpen fängt man früh mit der täglichen Fellpflege an. Er gewöhnt sich im jungen Alter am besten daran, lernt dabei auch still zu stehen und sich untersuchen zu lassen.

# V. Die Ausbildung des Golden Retrievers von Heinz Gail

## 1. Ausbildung?

Sie haben den Entschluß gefaßt, Ihren Golden Retriever auszubilden? Bravo! Sie werden erleben, wie Ihr Hund aufblüht, wie er »Persönlichkeit« entwickelt, wie er zu einem wirklich glücklichen Retriever wird, wenn Sie seinem Leben auf diese Weise einen Inhalt geben. Nach und nach lernen Sie sich beide besser kennen. Mit der Zeit werden Sie seine Sprache verstehen und er die Ihre. Die Beziehung wird nicht nur intensiver, sie wird inniger. Später genügt ein Blick, eine kaum wahrnehmbare Geste zur gegenseitigen Verständigung, wie zwischen uralten Kumpeln. Aber vielleicht sind Sie noch gar nicht entschlossen und erwarten, hier Argumente zu finden, die für oder gegen eine Ausbildung sprechen, oder solche, die es Ihrem inneren Schweinehund erlauben, die Entscheidung weiter auf die lange Bank zu schieben? Sie sollen nicht enttäuscht werden!
Fangen wir chronologisch an. Wie Sie wissen, stammen unsere Hunde von Wölfen ab. Etwa 12 000 Jahre ist es her, als die ersten Wölfe domestiziert und damit zu Hunden wurden. Dies geschah, weil Menschen den Wert der Wölfe als Helfer z.B. bei Nahrungsbeschaffung – also der Jagd – entdeckt hatten. Auch andere Verwendungsmöglichkeiten etwa als Schlitten- oder Hütehund wurden früh erkannt. Kurz, seit 12 000 Jahren – das dürfte ca. 4500 Caniden-Generationen entsprechen – züchtet der Mensch Hunde auf Gebrauchstüchtigkeit. So wurden sie nicht nur der

beste Freund des Menschen, sondern vor allem seine vielseitigsten Helfer. Begleithunde, oft auch respektlos Schoß- oder Sofahunde genannt, gibt es erst seit gut 100 Jahren. Wenn nun heute immer weniger Hunde ihren Bestimmungszweck erfüllen, immer weniger Hunde ausgebildet werden und sich die Sitte eingebürgert hat, einen Jagdhund als modisches Accessoir zu halten, können Sie sich ausmalen, was unsere Nachwelt von solchen Rassehunden in Zukunft zu erwarten haben wird. Beispiele, wie ehedem hervorragende Gebrauchshunderassen dem Publikumsgeschmack zuliebe verzüchtet wurden, gibt es en masse. Denken Sie nur an den Pudel.

Sie haben sich einen Jagdhund zugelegt. Seine Chance, jemals jagdlich eingesetzt zu werden, mögen Sie gering einschätzen, doch ist das kein Grund, ihn verkümmern zu lassen. Fordern und fördern Sie ihn! Stellen Sie ihm Aufgaben, lassen Sie ihn apportieren, zu Lande und zu Wasser, auf einer Spur oder nach einer freien Suche. Dazu wurde er gezüchtet. Gezüchtet wurde auch sein Wunsch, besser gesagt sein Drang, Ihnen gefällig zu sein, etwas zu tun, was Ihnen Freude macht. Vermenschlicht ausgedrückt: Er möchte Ihnen jeden Wunsch von den Augen ablesen. Sie halten das für übertrieben? Lassen Sie mich eine kurze Geschichte erzählen!

Vater Kaufmann fuhr nach Schottland, um für seinen Hof in Süddeutschland Galloway-Rinder zu kaufen. Außer den bei uns leider so seltenen Galloway's, deren Fleisch für seinen Wohlgeschmack und seine Zartheit berühmt ist, brachte er für seine Tochter eine Golden-Hündin mit. Nun haben Kaufmann's nicht nur Rinder, sondern auch Forellenteiche, die regelmäßig abgefischt werden müssen. Bei dieser mühevollen und schmutzigen Arbeit sah die heranwachsende Hündin häufig zu, bis sie eines Tages »von selbst« daran ging, die Fische in die Ecke des Teiches zu treiben, von der sie problemlos entnommen werden konnten. Forellen, die beim Ablassen des Wassers auf's Trockene zu liegen kamen, wurden per Nase in's Naß geschubst, gelegentlich auch getragen oder verbellt. Vater Kaufmann schwört, daß ihm der Hund bei dieser Tätigkeit zwei Mitarbeiter ersetzt. Wenn Sie 'mal nach Bad Berneck kommen, können Sie sich selbst überzeugen.
Neben moralischen sollen juristische Gründe für eine Ausbildung nicht unerwähnt bleiben. Erinnern Sie sich an Ihre Fahrschulzeit? An den § 1 der Straßenverkehrsordnung? Ein solcher § 1 regelt auch das Verhältnis unserer Vierbeiner zu ihrer Umwelt und zu Ihren Mitmenschen. Hier ist er: Jeder Hund hat sich sowohl zu Hause wie in der Öffentlichkeit so zu verhalten, daß er nicht störend, belästigend oder gefährdend wirkt, und daß man sich überall ohne Beanstandungen mit ihm bewegen kann.

Was mich bewog, mit Ausbildung zu beginnen, steht auf einem anderen Blatt: Kommt ein Hund ins Haus, reißen sich anfangs alle Familienmitglieder darum, mit ihm spazieren zu gehen. Das putzige kleine Kerlchen ist so niedlich und braucht ja seinen Auslauf. In Wahrheit geht es wohl mehr darum, die Zuneigung, die der Welpe unverhohlen zeigt, nicht mit anderen teilen zu müssen. Nach einem Jahr sieht es dann so aus – Vater: »Klaus, warst Du schon mit Hasso spazieren?« Klaus: »Ich bin gestern mit ihm gegangen, heute ist Christa an der Reihe.« Christa: »Heute muß sich 'mal jemand anderer opfern, ich gehe jetzt zur Tanzstunde.« Hundespaziergänge sind, nach Abflauen der ersten Begeisterung, die langweiligsten Geschichten der Welt. Um sie interessant zu gestalten, gibt es nichts Schöneres als . . . Ausbildung.

Über Hundeausbildung gibt es eine Menge Literatur. Eine Vielzahl von Methoden wird angepriesen und noch größer ist die Zahl von Biertischstrategen, die geradezu gierig Ihre Fragen erwarten und mit fachmännischen Antworten, Tips und Tricks nicht geizen. Vorsicht! Ein Golden Retriever ist ein Golden Retriever und mit keinem Artgenossen anderer Rassen vergleichbar. Seine Sensibilität, seine Feinfühligkeit wurde bewußt gezüchtet und stellt keineswegs, wie böse Zungen behaupten, eine Wesensschwäche dar. Das soll nicht heißen, die Ausbildung eines Golden sei besonders schwierig, im Gegenteil. Es bedeutet nur, daß bei zu grober oder harter Behandlung die Mißerfolge vorprogrammiert sind. Darum fragen Sie ganz beiläufig, wenn Sie auf einen solchen Alleswisser treffen: »Ach, Sie haben schon einen Golden mit Erfolg ausgebildet?«
Empfehlenswerte Bücher speziell über Golden-Ausbildung sind leider nur in englischer Sprache im Handel, doch bei der rasanten Zunahme dieser Rasse im deutschsprachigen Raum wird dem wohl bald abgeholfen. In zunehmendem Maße etablieren sich vielerorts Gruppen von gleichgesinnten Mitgliedern des Deutschen Retriever Clubs, die – meist unter Anleitung eines erfahrenen Retrieverbesitzers – zusammen »üben«. Gemeinsam macht es noch mehr Spaß.

## 2. Wann fangen wir an?

»Die Ausbildung eines Hundes beginnt, wenn er mindestens ein Jahr alt ist . . . , damit er seine Jugend genießen kann!« Dieser Blödsinn stammt aus einer Zeit, in der nach der Parforce-Methode »abgerichtet« wurde (franz.: par force = par – durch, force – Gewalt, Kraft, Stärke). Tatsächlich benötigt der Zögling bei dieser Art der Schulung eine gewisse Reife, wenn er an ihr nicht völlig zerbrechen soll. Der Grund für diese Jahrzehnte vorherrschende Einstellung liegt allerdings tiefer. Früher ging man davon aus, die Entwicklung des Gehirns eines Caniden verlaufe in etwa parallel zu der des Körpers. Obwohl es schon mehr als dreißig Jahre zurückliegt, als die amerikanischen Wissenschaftler Scott und Fuller (später auch Pfaffenberger und andere) beweisen konnten, daß die Entwicklung des Gehirns am 49sten Tag abgeschlossen ist, wird dieser für die Hundeausbildung revolutionären Erkenntnis auch heute nur von Profis Rechnung getragen. Mehr noch. Mit einem simplen Test zeigt uns die Verhaltensforschung, was nie jemand für möglich gehalten hätte. Vor der Geburt bestreicht man das Gesäuge der Mutter mit Anisöl. Sind die Welpen geboren, kriechen sie wie üblich zur »Milchbar«. Am nächsten Tag hält man den Kleinen einen in Anisöl getauchten Wattebausch vor die Näschen . . . und siehe da, sie krabbeln, eifrig suchend, hinter dem sich entfernenden Geruch her. Das Funktionieren des Geruchsinnes unmittelbar nach der

Geburt steht somit außer Zweifel. Viel wichtiger ist jedoch die Erkenntnis, daß auch in diesem frühen Stadium das Gedächtnis bereits arbeitet, daß es bereits Informationen – in diesem Fall die Verknüpfung Anisgeruch/Nahrung – über einen gewissen Zeitraum speichern kann. Im Klartext: Lernvorgänge beginnen mit dem ersten Lebenstag des Welpen! Und sein Leben lang wird er weiter lernen, anfangs viel, später weniger. So wie wir während unserer Schulzeit mehr lernen, als es etwa ein Rentner tut. Lernen wird er also, so oder so. Der Unterschied, ob er ausgebildet wird oder nicht, besteht nur darin, ob er oder Sie bestimmen, *was* er lernt. Warten Sie nicht, bis er seinen Schädel vollgestopft hat mit unnützem Zeug, wie Pfötchen geben und Türen öffnen, fangen Sie an sofort!

Wenn Ihr Golden schon dem Welpenalter entwachsen sein sollte, haben Sie ohnehin das Schönste und Wichtigste verpaßt, – nämlich daß er lernt zu lernen, von Ihnen zu lernen. Die Flinte brauchen Sie deshalb trotzdem nicht ins Korn zu werfen. Wir werden uns später darüber unterhalten, wie man anfängt, wenn man zu spät anfängt.

### 3. Wie fangen wir an?

Wölfe sind ausgesprochen soziale Lebewesen. Das befähigt sie, in Gesellschaften zusammenzuleben. Die seltenen Machtkämpfe innerhalb eines Rudels zur Änderung der Rangordnung verlaufen viel weniger blutig als gemeinhin angenommen wird. Man akzeptiert die bestehende Ordnung und respektiert das Alphatier. Bei Hunden ist es nicht anders. Wenn Sie es nicht schaffen, Ihrem niedlichen Kleinen klarzumachen, daß Sie der Boss, das Alphatier sind, wird jede Ausbildung nur Stückwerk bleiben.
Um sich nun als Meuteführer Respekt zu verschaffen, ist es keineswegs angezeigt, Ihren »Auszubildenden« zu strafen oder zu verprügeln. Das sind Verhaltensweisen, mit denen der Hund nichts anzufangen weiß und aus denen er mit Sicherheit nichts lernen wird. Welche Mittel und Wege stehen uns denn überhaupt zur Verfügung, um mit ihm zu »kommunizieren«, um uns mit ihm zu verständigen?

Der erste Schritt besteht darin, daß wir seine Sprache lernen. Unterschätzen Sie diesen Punkt nicht! Wenn Sie aufmerksam beobachten, werden Sie staunen, was er Ihnen alles mitzuteilen hat. Achten Sie nicht nur auf Haltung und Bewegung der Rute. Viel interessanter sind Ohren, Lefzen, Gesichtsausdruck und Körperhaltung. Erziehen Sie sich dazu, ihn genau zu fixieren. Fragen Sie sich, warum er tut, was er gerade tut. Schauen Sie genau hin, um zu erkennen, wie er es tut. Beim Spaziergang z.B. trifft er (freilaufend) auf einen ihm fremden Artgenossen. Wie reagiert er? Er könnte schutzsuchend oder auch beschützend Ihre Nähe suchen oder sich forsch auf den oder die Andere (das sieht er sofort) zubewegen, in friedlicher oder weniger friedlicher Absicht. Er könnte einen Teil der Strecke zurücklegen, sich dann drohend aufbauen, oder sich dann hinlegen, um mit leicht zurückliegenden Ohren, freudig hochgestrecktem Kopf und mit kurzen heftigen Rutenschlägen eine Einladung zum Spiel zu formulieren. Hier liegt Ihre Aufgabe für die nächsten Tage. Teilt Ihr(e) Partner(in) die Begeisterung für Ihren Golden,

wird es Gesprächsstoff ohne Ende geben. Vier Augen sehen mehr als zwei und in der gemeinsamen Erörterung kommt man dem Ziel schneller näher.
In der Prüfungspraxis zeigt sich oft, wie wenig der Führer seinen Hund versteht. Besonders bei Schweißprüfungen verführt der Anfänger in 80% der Fälle seinen Suchenpartner zu Fehlern – weil er seine Sprache nicht verstehen gelernt hat.
Hüten Sie sich bei der Interpretation hundlichen Verhaltens vor Vermenschlichungen. Der Vierbeiner kann weder logisch denken noch Schlüsse ziehen. Das müssen Sie für ihn übernehmen.

### 4. Die Hilfsmittel

Sie benötigen ein flaches Würgehalsband aus Leder. Keinen Endloswürger, mit dem sich ein Hund selbst erwürgen könnte, sondern einen begrenzten Würger mit einem eingearbeiteten Stoppring.
Eine stabile Leine aus Leder gehört auch zum Inventar. Alle Ledersachen werden von Zeit zu Zeit eingefettet, damit sie nicht spröde werden und geschmeidig bleiben.
Ein Dummy, das ist ein mit Sägemehl gefülltes Leinensäckchen, ist das wichtigste Utensil bei der Grundausstattung für jeden Retriever. Dummies gibt es in verschiedenen Größen und Farben, vom 200 Gramm Welpen-Dummy bis zum 2 kg schweren, mit dem der ausgewachsene Hund an das Tragen von großen Hasen oder Füchsen gewöhnt wird. Dummies sind keine Spielzeuge, sie sind zum Apportieren da und zu nichts anderem. Bewahren Sie diese Dinge an einem gemeinsamen Ort auf, zusammen mit den »Leckerli's«, die Sie zur Belohnung geben, damit Sie nichts vergessen, wenn Sie mit ihm losgehen. An den gleichen Ort gehört die Hundepfeife. Kaufen Sie eine Doppelpfeife, die an jedem Ende ein Mundstück hat, eins für den Triller- und eins für einen glatten Pfiff. Weil der Trillerpfiff ein wenig unangenehm klingt, benutzt man ihn für das Platz-Kommando. Der Pfiff selbst sollte kurz und knapp sein (Befehlston). Der glatte Pfiff, ob gleichmäßig langgezogen, ob als Melodie oder als Mehrfachpfiff in ganz kurzen Abständen entspricht dem »Komm« und soll genauso lockend wirken wie Ihre Stimme, wenn Sie ihn rufen. Den Triller beginnt man einzusetzen, sobald der Hund das Platz-Kommando »kapiert« hat und einigermaßen zuverlässig auf sprachlichen Befehl ausführt. Der Einsatz des Komm-Pfiffes erfolgt im Idealfall bereits im zarten Welpenalter; nämlich dann, wenn der Züchter anfängt, die Welpen zuzufüttern und sie per Pfeife zum Futter ruft.
Probieren Sie ihre Pfeife außer Hörweite Ihres Zöglings aus und legen Sie ein für allemal fest, wie Sie in Zukunft pfeifen werden – ein Hundeleben lang.
Sollten wir – Sie, Ihr Golden und ich – uns einmal begegnen und der Hals Ihres Prachtstückes von einem Stachelhalsband geschmückt sein, werden Sie von mir nur ein verächtliches Lächeln ernten. Stachelhalsungen bedeuten – von Ausnahmen abgesehen – die Bankrotterklärung des Ausbilders.

### 5. Die Kommandos

Der zweite Schritt (ebenso bedeutsam, doch für viele Hundeführer ungleich

schwieriger): Wie mache ich mich meinem »Auszubildenden« verständlich? Da wäre zunächst die Stimme bzw. Sprache. Es soll Leute geben, die einen Welpen nach Hause bringen, ihn auf die vorgesehene Stelle tragen und ganz erstaunt sind, wenn auf das Kommando »Platz« keine entsprechende Reaktion erfolgt. So etwas müßte doch angeboren sein, meinen sie.
Caniden verständigen sich kaum akustisch. Für sie nimmt die Körpersprache den Rang ein, den bei uns Sprache und Schrift innehaben. Ihr Freund hat bis zur Meisterprüfung nicht mehr als zehn Kommandos zu lernen. Jedes zusätzliche bedeutet unnötige Verschwendung. Halten Sie also keine langen Reden wie »Kommst du nun endlich her« oder »Bring dem Frauchen doch das Bällchen«. Welche Worte Sie für die einzelnen Kommandos benutzen, bleibt Ihnen überlassen; auch wenn Ihr Golden echt englischer Abstammung ist, können Sie chinesisch, russisch oder suaheli mit ihm reden. Halten Sie sich der Einfachheit halber an die gebräuchlichen Begriffe, – auch im Hinblick auf eine evtl. Prüfungskarriere später.
Bevor Ihr Retriever seine Vokabeln lernt, sollten Sie sie beherrschen! Einzuprägen hat er sich mit der Zeit: Als erstes natürlich seinen Namen (zweisilbig, möglichst mit zwei verschiedenen Vokalen, wie Arco, Moritz, Bella, Blücher), dann »Nein« (entspricht dem häßlichen »Pfui«), »Komm«, »Sitz«, »Apport«, »Such«, »Voran«, »Aus« (Abgeben nach dem Apportieren), »Fuß« und »Down« oder »Platz« (in Deutschland wird zwischen den beiden letzten Worten unterschieden, beim »Down« soll der Hund mit seinem Unterkiefer die Erde berühren. Das ist für einen Retriever unnötig und wenig sinnvoll).
Diese Worte nennt man Kommandos, wahrscheinlich werden sie deshalb von den meisten Führern ausschließlich im Kasernenhofton ausgesprochen, um nicht zu sagen geschrien.

Ihr Freund besitzt ein ausgezeichnetes Gehör. Wenn Sie sich angewöhnen, leise mit ihm zu sprechen, steigert das seine Aufmerksamkeit und lautere Töne bleiben eine Reserve für den Notfall.
Immens wichtig ist die Art der Aussprache. Nehmen wir z.B. das »Sitz«. Militärisch kurz und zackig ausgesprochen fährt es dem Hund durch Mark und Bein. Sprechen wir es leise und dehnen den Vokal, wirkt es fast beruhigend. Das Gleiche gilt für »Platz« und »Fuß«. Seinen Namen nennen wir, um seine Aufmerksamkeit zu erregen; wenn Sie schreien, schüchtern Sie ihn ein und erregen nur seine Fluchtbereitschaft.
Das »Nein« soll ruhig, gedehnt, jedoch bestimmt und mit leicht drohendem Unterton klingen. Das »Komm« immer ganz lockend; das »Such« und das »Voran« aufmunternd; das »Aus« ganz langgezogen. Lassen Sie sich viel Zeit, wenn Sie ihm ein Apportel aus dem Fang nehmen wollen.
Die Konversation zwischen Ihnen beiden soll natürlich nicht auf diese zehn Worte beschränkt bleiben. Beim Lob, mit dem Sie äußerst verschwenderisch umgehen müssen, sind Ihrer Phantasie keine Grenzen gesetzt. Ein »Ja! So ist es brav!« hat so begeistert zu klingen, daß ein blinder Zuhörer meint, der Hund hätte einen Tausendmarkschein gefunden und apportiert.

**Das »Komm«**
Der Hund soll *in jeder Situation sofort* und *freudig* auf das Komm-Kommando (durch Stimme, Pfiff oder Handzeichen) reagieren.
Eigentlich gibt es nur zwei Wege, dieses Ausbildungsziel zu erreichen. Der eine besteht darin, soviel Druck auf den Vierbeiner auszuüben, daß dieser garnicht wagt, etwas anderes zu tun als zu gehorchen. Von »freudigem Reagieren« kann natürlich keine Rede sein, wenn ein solcherart »ausgebildeter« Hund mit eingeklemmter Rute angekrochen kommt. Versetzen Sie sich einmal in seine Lage. Warum sollte er kommen, wenn er gerufen wird? Weil Sie der große Boss sind? Diese Tatsache hilft Ihnen ebenso wenig, wenn Sie eine attraktive Lady verführen möchten. Das Geheimnis heißt locken! Machen Sie sich interessant, dann werden Sie sowohl bei Ihrem vier-, wie bei ihrem zweibeinigen Liebling Erfolg haben. Locken – womit? Futter? Etwas phantasielos, aber o.k. Ihre Stimme ist der Dirigent und Sie sind das Orchester – Körpersprache ist gefragt . . .! Schickt sich der Welpe an, von selbst, d.h. unbeeinflußt auf Sie zuzukommen, rufen Sie seinen Namen und »Komm« in lockendem Tonfall. So lernt er beides zu verknüpfen. Später rufen Sie ihn, sofern er nicht durch interessantere Dinge abgelenkt ist: »Arco, komm«. Machen Sie sich klein dabei, am besten legen Sie sich flach auf den Boden. Hat es geklappt, folgt überschwengliche Begeisterung.
Erst wenn aus dem Welpen ein Junghund geworden ist, und er das Komm-Kommando verstanden hat, wird aus dem Locken ein Befehl. Nach und nach steigern wir den Schwierigkeitsgrad, indem wir Verleitungen einbauen.
Machen Sie sich keine Illusionen. Sie arbeiten ohne Netz und doppelten Boden. Keine andere Disziplin hat auch nur annähernd so erhebliche Bedeutung für Ihre Karriere als Ausbilder. Wenn Sie rufen und er nicht kommt, stehen Sie vollkommen hilflos da. Das darf einfach nicht passieren. Kommt es trotzdem einmal vor, gehen Sie ganz ruhig hin und leinen ihn an – ohne jeden Kommentar.
Die häufigsten Fehler:

- Das »Komm-Kommando« wird nicht lockend, sondern im Kasernenhofton gegeben.
- Das Kommando wird gegeben, obwohl kaum eine Chance besteht, daß der Hund es befolgen wird, weil Ablenkungen (z.B. andere Hunde, Vögel, auch fliegende Herbstblätter) vorhanden sind. Sie gewöhnen ihn daran, Ihre Kommandos zu ignorieren.
- Der Befehl wird wiederholt. Vorausgesetzt, er hat den ersten Befehl akustisch verstanden, aber nicht befolgt, so ist die Chance nach dem zweiten Kommando nur noch halb so groß.
- Der Führer rennt seinem Hund hinterher. (Der meint dann: Jetzt spielen wir nachlaufen.) Entfernen Sie sich zügig in die entgegengesetzte Richtung!
- Nachdem er gekommen ist, wird ihm kein Positiverlebnis vermittelt. Er wird z.B. kommentarlos angeleint. Der junge Hund kommt nicht zu Ihnen, weil Sie ihn gerufen haben, sondern weil sich etwas für ihn Positives anschließt.

Bei starken Verleitungen z.B. bei flüchtendem Wild sollte der herangewachsene

Hund zunächst Down gepfiffen werden und dann – nachdem er seine Aufmerksamkeit seinem Führer zugewendet hat – gerufen werden.

**»Nein!«**
Das Fundament jeglicher Ausbildung besteht aus Vertrauen. Das haben Sie in Ihrem Schützling aufzubauen. Stein für Stein, Tag für Tag. Wie man das macht? Beschäftigen Sie sich mit ihm, besonders während der prägenden Phase bis zur sechzehnten Woche. Nicht indem Sie ihn im Sessel sitzend über den Zeitungsrand gelegentlich beobachten. Wälzen Sie sich mit ihm auf dem Fußboden. Spielen Sie mit ihm, nicht wenn Sie gerade Lust haben, sondern wann immer er dazu bereit ist. Ein Hundeleben ist das! Kaum der Mutter, den Geschwistern, der vertrauten Umgebung entrissen versucht man mal den Teppich ein wenig anzuknabbern – schon fängt der Ärger an . . . Brüllen Sie nicht los, widerstehen Sie der Versuchung, ihn mit der zusammengerollten Zeitung zu bedrohen! Sprechen Sie seine Sprache: Fassen Sie ihn vorsichtig am Nackenfell (seine Mutter tat das auch) und schieben Sie ihn sanft etwas zurück. Ihr »Nein« klingt freundlich, aber bestimmt. Machen Sie nun den Weg zum Teppich frei. Geht er nicht gleich wieder dort hin, loben Sie ihn. Dann wenden Sie sich ab in der Hoffnung, er geht zum Teppich. Die Prozedur wiederholt sich. Kurz bevor Sie die Geduld verlieren, bekommt er ein Spielzeug, das ihn mehr interessiert als der Teppich.
Ohne ihn einzuschüchtern und das Vertrauen, das wir beginnen aufzubauen, zu zerstören, hat er zweierlei gelernt: Die Rolle seiner Mutter wurde von Ihnen übernommen, sie sind nun sein »Rudel-Chef«; und das Wörtchen »nein« prägt sich ein.

**Das »Sitz!«**
Hört (!) ein Hund, wie mit seiner Futterschüssel hantiert oder wie seine Leine vom Haken genommen wird, weiß er sofort, was ansteht. Die Verknüpfung Futter / Schüssel bzw. Spaziergang / Leine ist er also in der Lage, zeitlich vorzuverlegen. Diese seine Fähigkeit machen wir uns zunutze.
Setzt sich der Welpe von selbst hin, sagen wir »Sitz«. Wiederholt man es oft genug, bei jedem selbständigen Hinsetzen das Kommandowort zu benutzen, wird er mit der Zeit beides verknüpfen. Wie bei dem Schüssel- und Leinenbeispiel setzt er sich dann, obwohl das »Sitz!« dem Sichsetzen zeitlich vorgezogen wurde. (Er setzt sich natürlich nur, wenn er im Moment von nichts Interessanterem abgelenkt wird.)
Da wir so fleißig sein Vertrauen aufgebaut haben, können wir ihn schon nach ein paar Tagen bei der Ausführung des Sitzkommandos unterstützen. Nicht weil wir das Sitzen erzwingen wollen, sondern wir möchten es ihm erleichtern, uns zu verstehen. Dazu legen wir eine Hand auf seine Kruppe (= vor dem Rutenansatz), die andere unter seinen Kopf. Jetzt drücken wir gleichzeitig und ganz liebevoll die eine Hand in Richtung unten vorwärts und die andere nach oben rückwärts. Dabei wiederholen wir mehrmals in beruhigendem Ton »sitz«, »sitz«. Ist er 5 Sekunden sitzen geblieben, folgt überschwengliches Lob, ja deutlich sichtbare Begeisterung. Dem Welpen muß aus Ihrer Körpersprache und Ihrer Stimme ganz zweifelsfrei klar werden, hier habe er etwas Tolles geleistet.

Fangen Sie nichts anderes an. Üben Sie das »Sitz« – natürlich nicht fünf Mal hintereinander – in zeitlichen Abständen. Jedesmal wenn es klappt, bereiten Sie ihm ein Freudenfest. Mit der Zeit steigern Sie die Schwierigkeit: Sie liegen auf dem Teppich und spielen mit ihm: plötzlich wie aus heiterem Himmel geben Sie das Kommando!

Seien Sie konsequent: Wiederholen Sie das Kommandowort nie! Erzwingen Sie die Ausführung nach dem *ersten* Kommando.

Unterstützen Sie das verbale Kommando mit einem deutlichen Handzeichen. Sobald es funktioniert, rufen Sie nur noch seinen Namen. Schaut er Sie an, benutzen Sie das Handzeichen.

Als nächsten Schritt üben Sie das »Sitz auf Entfernung«. An einer leichten Leine (z.B. Kordel) beginnen Sie mit ca. 1,5 m Entfernung, die dann langsam gesteigert wird. Vergessen Sie das Handzeichen nicht.

## 6. Ausbildung

*Die schönsten Minuten im Tagesablauf Ihres Golden?*
Ein Prinzip der hier beschriebenen Ausbildungsart besteht darin, alles für den Hund Negative auszuschließen. Zum Negativen gehören nicht nur Prügel, Drohen, Anschreien, Ignorieren etc., dazu gehören auch Mißerfolge – womit nicht ausgeführte Kommandos gemeint sind. Vornehmstes Ziel aller unserer Bemühungen soll ein *freudig* arbeitender Partner sein, nicht einer, der mit eingeklemmter Rute und eng anliegenden Ohren geduckt durch die Landschaft schleicht. Zudem lernt und arbeitet es sich in positiver, freudvoller Grundstimmung besser und leichter. Halten Sie sich das immer vor Augen! Als Gedächtnisstütze noch ein Negativ-Beispiel: Sie sagen »Sitz«; er setzt sich nicht! Was passiert nun? Sie wiederholen das Kommando, wiederholen noch einmal. Jetzt ist Ihre Stimme schon lauter geworden. Beim nächsten Mal werden Sie schreien . . . Ein so guter Schauspieler kann kein Mensch sein – er weiß längst, daß Sie verärgert sind. Aber nehmen wir an, nach dem »Sitz«-Schrei setzt er sich tatsächlich. War Ihr Sitz-Kommando dann erfolgreich? Nein! Er setzte sich nicht, weil er Ihren Befehl verstand. Sie haben ihn verunsichert und er hat irgendetwas ausprobiert, um der bedrohlichen Lage zu entgehen, und das war zufällig sich hinzusetzen.

Ihre Qualität als Ausbilder wird nicht daran gemessen, ob Ihr Retriever später eine Prüfung besteht, sondern daran, wie er das Gelernte ausführt, freudig und begeistert oder mit gesenktem Kopf in Demutshaltung. Mißerfolge zu vermeiden ist etwas, was nicht Ihr Retriever zu lernen hat, sondern Sie – und zwar unbedingt! Also, gehen wir es an! Doch vorher wollen wir Ihrem Golden noch ein Kapitel widmen.

## 7. Das Apportieren

Sie wissen schon, daß ein Retriever, auch als Welpe, fast ständig etwas im Fang trägt, daß »to retrieve« apportieren bedeutet, und daß Retriever auf diese Tätigkeit gezüchtet werden. Vielleicht ahnen Sie auch, daß Beute- und Bringtrieb hierfür verantwortlich zeichnen. Bringtrieb bedeutet aber keineswegs, Ihnen die

*Abb. 79: Vorschriftsmäßiges Apportieren! Foto: H. Splittgerber*

Beute zu bringen, sondern sagt lediglich aus, Beute – oder anderes – von einem Ort zu einem anderen (meist »in Sicherheit«) zu bringen. Verzweifeln Sie also nicht an Ihrem Sprößling, wenn er mit dem, was er als Beute betrachtet, in entgegengesetzter Richtung verschwindet, anstatt es Ihnen zu Füßen zu legen. Nun zeigen Sie sich seiner würdig.

Experimentieren Sie nicht herum, sondern überlegen Sie genau, wie Sie vorgehen werden. Das Folgende spielt sich in einem Raum ab, in dem er Ihnen nicht entwischen kann, um seine Beute z.B. unter einem Sofa oder Schrank in Sicherheit zu bringen. Als Beute benutzen Sie etwas für ihn sehr begehrenswertes, etwa einen nicht zu kleinen Knochen. Weiter brauchen sie eine Delikatesse als Belohnung. Scheuen Sie sich auch nicht, ein Paar derbe Handschuhe anzuziehen, falls Sie befürchten, er könnte zubeißen.

Mit einer Hand reichen Sie ihm den Knochen, den Sie aber locker festhalten. Nach einigen Sekunden hält ihm die andere Hand die Belohnung unmittelbar vor die Nase, begleitet von Ihrem langgedehnten »Aus!«. Ein Kampf zwischen Ihnen beiden ist weder das Ziel noch der geeignete Weg zum Erfolg unserer Aktion. Unmittelbar nach dem »Aus!« müssen Sie sich in den Besitz der Beute bringen – kompromißlos! Das Tauschgeschäft Beute gegen Delikatesse wird mindestens fünfmal täglich geübt. Wenn Sie es nach einigen Tagen draußen versuchen, nehmen Sie ihn anfangs an die Leine.

Das umgekehrte Extrem – wenig Beutetrieb – bedeutet mehr Arbeit. Sie müssen versuchen, eine Beute zu finden, die ihn begeistert, auf die er ganz wild ist . . .
Familie Brand's Golden Rüde kam aus einer Welpenfabrik und seine Aufzucht war mit erheblichen medizinischen Schwierigkeiten verbunden. Mehrmals stand man vor der Frage, ihn evtl. einzuschläfern, was den beiden 11- und 13jährigen Töchtern nicht verborgen blieb. Als er, fast einjährig, mit seinem Golden-typischen Honig-Wesen zu unserer Ausbildungsgruppe stieß und von den übrigen Teilnehmern ob seiner Herkunft mitleidig belächelt wurde, empfand ich Mitleid, sowohl für die beiden Mädchen, die ihn führten, als auch für ihn. Er arbeitete super. In allen Fächern war er der Primus. Nur das Apportieren klappte nicht. Kein Beutetrieb! Alles habe ich versucht. Dummies über Nacht in Blättermagen gelegt. Haarwildfelle um Dummies genäht. Federn von allen möglichen Tieren um etwas gewickelt. Nichts half. Als ich die Hoffnung schon aufgegeben hatte, erzählten die Mädchen eines Tages, seine Lieblingsspeise sei das morgendliche Schmalzbrot. Ich besorgte mir einen Oberschenkelknochen vom Rind, ließ die Köpfe absägen, kochte ihn aus, entfernte das Knochenmark und füllte Schmalz an dessen Stelle. Dann bohrte ich noch viele kleine Löcher in die Knochenwand und stellte ihm dieses Produkt als Apportel vor. Sie werden es nicht glauben, aber ich kann jederzeit den Beweis antreten. Heute apportiert er Hasen, Kaninchen, Tauben, Fasanen, fast alles was Sie wollen.

Wenn Sie einmal etwas gefunden haben, das ihn interessiert, können Sie über den Spieltrieb alles erreichen.

Bei der jagdlichen Ausbildung werden wir uns noch näher damit befassen. Wichtig ist, seine Freude am Apportieren schon im Welpenalter zu wecken.

## 8. Mißerfolge

*Erst lernt der Ausbilder, dann der Hund*
Noch einmal: Die Schuld an einem Mißerfolg liegt immer beim Ausbilder – grundsätzlich!
»Arco, komm!« Arco ist fünf Monate alt, hat einmal pro Woche Gelegenheit, mit gleichaltrigen Retrievern zu toben und befindet sich gerade in einem Knäuel von sechs Welpen, zwanzig Meter von seinem Herrchen entfernt ... »Arco, komm!« ...
Sie werden es nicht glauben, aber es gibt eine Menge Leute, die solch fatalen Unsinn machen. Die Folge: Arco gewöhnt sich daran, die Kommandos seines Rudelführers zu ignorieren. Die Position des »Chefs« ist gefährdet – unnötig aufs Spiel gesetzt.

- Geben Sie ein Kommando nur dann, wenn Sie einigermaßen sicher sind, daß es auch ausgeführt wird. (Während der Lernphase – also bis zu dem Zeitpunkt, an dem er die Bedeutung eines Kommandos begriffen hat – nur an der Leine. So können Sie die Ausführung, falls nötig, mit sehr sanfter Gewalt herbeiführen.)
- Geben Sie nie ein Kommando, wenn damit zu rechnen ist, daß er es ignorieren könnte. (Spielt er z.B. mit anderen Hunden und Sie rufen »Komm« oder »Sitz«, wird er Sie selbstverständlich im Stich lassen.)
- Unterlassen Sie Kommandos, nach denen sich für den Hund nichts Positives oder gar Negatives anschließt (Anleinen unmittelbar nach dem Komm-Kommando).

Zurück zum Apportieren. Machen wir uns erst einmal bewußt, was unter sauberem Apportieren zu verstehen ist:
Ihr Freund sitzt in Grundstellung dicht an Ihrer linken Seite. Sie werfen das ihm bekannte Apportel in Ihrer beider Blickrichtung, und zwar so, daß er sowohl das Werfen wie auch das liegende Apportel sehen kann. Sie warten einen Moment, bevor Sie ihn mit dem Kommando »Apport« losschicken. Er rennt auf den Apportiergegenstand zu, nimmt diesen in den Fang, kommt auf kürzestem Wege zu Ihnen zurück, setzt sich auf leises Kommando oder Fingerzeig vor Sie und gibt seine Beute auf »Aus« bereitwillig ab.
Wir sehen, apportieren besteht aus vielen verschiedenen Einzelleistungen:

Losrennen auf Kommando (und nur auf Kommando!!!)
Apportel aufnehmen
Auf direktem Weg zurückkommen
Vorsitzen
Ausgeben

Um Mißerfolge auszuschließen, üben wir die Teilbereiche zunächst einzeln. Wir beginnen mit dem Ausgeben. Will er seine Beute nicht hergeben – ist also sein Beutetrieb gut entwickelt – schlagen Sie ihm ein Tauschgeschäft vor. »Dein Apportel gegen ein Stückchen Leberwurst.«

Wollen Sie nicht, daß er Ihnen das Apportel später immer vor die Füße wirft, müssen Sie in seiner frühen Jugend das »Festhalten« üben – spielerisch, mit einem Apportel, auf das er ganz wild ist. Seien Sie hierbei konsequent und geduldig, doch überschätzen Sie seine Konzentrationsphase nicht!

Das Vorsitzen beim Ausgeben bauen wir ein, sobald das Ausgeben einigermaßen klappt. Sollte er dazu neigen, seine Beute fallen zu lassen, bevor er sich setzt, gehen Sie mit einer Hand unter seinen Fang, bevor Sie »Sitz« sagen. Lassen Sie ihn seine Beute mehrere Sekunden sitzend im Fang halten.

Weiter auf unserem Weg zurück zum Apportieren. Ihr(e) Partner(in) hält Ihren Liebling fest. Sie entfernen sich einige Meter. Bevor Sie ihn zu sich rufen, gibt die Hilfsperson ihm das Apportel in den Fang: »Apport!«.

Später geht es ohne Helfer. Sie setzen ihn irgendwo hin, wo ihn keine Verleitungen ablenken, legen ihm das Apportel vor die Nase und entfernen sich; anfangs nur wenige Schritte, später hundert und mehr Meter »Arco . . . , Apport!«

Der schwierigste Teilbereich des Apportierens liegt für einen guten Retriever darin, nicht sofort loszurennen, wenn etwas durch die Luft fliegt. Machen Sie ihm klar, er darf nur apportieren, wenn er dazu aufgefordert wurde. Werfen Sie Dummies, oder was immer er gerne bringt, vor ihm durch die Gegend, ohne ihn apportieren zu lassen. Gewöhnen Sie ihn von Anfang an daran: Halten Sie ihn erst zwei Sekunden fest, bevor Sie ihm das Apport-Kommando geben und ihn loslassen. Die Beute wird dadurch noch begehrenswerter.

Was kann sonst noch schiefgehen?

- Er läuft nicht zum Apportel. Die Beute ist nicht interessant genug. Sie sollten bessere Ideen suchen. Hatten Sie Ablenkungen ausgeschaltet?
- Er nimmt das Apportel nicht auf: Versuchen Sie es über seinen Magen. Arbeiten Sie mit Apportel, die nach Futter duften und zwar dann, wenn er hungrig ist.
- Er spielt mit dem Apportel: Nehmen Sie ihn an die Leine und lassen ihn das Apportel tragen. Trainieren Sie auch zu Hause im Wohnzimmer. Dummies sind keine Spielzeuge.
- Er bringt das Apportel »in Sicherheit«: Machen Sie jetzt nichts falsch! Tun Sie nichts. Nicht rufen, nicht locken, nicht schimpfen, nichts – gehen Sie weg, in entgegengesetzter Richtung; möglichst dahin, wo keine Verleitungen auf ihn warten. Geduld steht auf dem Programm. Anstatt im Stillen zu denken »dieser blöde Köter«, sollten Sie froh darüber sein, ein Exemplar mit gesundem Instinktverhalten erwischt zu haben. Wenn Sie sich auf eine Wartezeit von mehreren Stunden eingerichtet haben, erleben Sie eine schöne Überraschung. Nach spätestens dreißig Minuten steht er vor Ihnen . . . »So ist brav . . . «. Kommt er ohne Dummy, gehen Sie ganz ruhig zurück, nehmen das Apportel auf und fangen sofort an, einen wilden Freudentanz aufzuführen . . . »Haha, das ist jetzt meine Beute . . .«
- Er läuft mit dem Apportel an Ihnen vorbei – »Versuche doch mal, mir meine Beute abzunehmen . . .«: Das nächste Mal nehmen Sie eine Zeitung mit. Das Dummy werfen Sie von einer Parkbank aus. Ist sein Beutetrieb stark ausgeprägt,

können Sie in Ruhe lesen, wenn nicht, versuchen Sie es mit Weglaufen in entgegengesetzter Richtung.
– Er läßt das Apportel drei Meter vor Ihnen fallen: Bleibt er beim Apportel stehen, will er wahrscheinlich spielen. Setzen Sie sich hin und warten Sie ab. Gespielt wird nach Ihren Regeln – nicht nach seinen. Kommt er ohne Apportel zu Ihnen, waren Sie in der Vergangenheit zu spendabel mit Leckerchen und nicht konsequent genug in allen Fächern. »Apport!!!«

### 9. »Fuß!« Leinenführigkeit und Frei-bei-Fuß-gehen

Der Welpe wird zuerst an eine leichte Leine gewöhnt, indem man ihn Richtung und Geschwindigkeit selbst bestimmen läßt und sich bemüht, stets auf richtiger Höhe an seiner rechten Seite zu gehen. Das Kommando »Fuß« wird zwecks Verknüpfung des öfteren wiederholt, wenn der quirlige Kleine zufällig mal in richtiger Position ist.

Irgendwann müssen Sie dazu übergehen, zunächst die Geschwindigkeit, dann die Richtung selbst zu bestimmen. Das geht nur durch einen kräftigen Leinenruck, der den noch sehr jungen Hund zwangsläufig einschüchtert. Nach jedem solchen Ruck haben Sie Ihren Liebling wieder aufzumuntern!
Machen Sie das An-der-Leine-gehen nicht zu einer Strafe für den jungen Hund, sondern zu einem Spiel: Gehen Sie nicht stur geradeaus und im gleichen Tempo, sondern laufen Sie in Schlangenlinie, machen Sie Kehrtwendungen und verändern Sie ständig die Geschwindigkeit. Bleiben Sie des öfteren stehen, mal um ihn zu loben, mal um seine Aufmerksamkeit auf sich zu lenken, mal um ihn zu ermuntern.

Die Übungen in diesem Fach sollten von extrem kurzer Dauer sein. Eine Minute ist meist schon zuviel – dafür aber sollten sie häufiger wiederholt werden.
Die Leine, die Sie in Ihrer linken Hand halten, sollte stets etwas durchhängen, so daß sie – wenn er korrekt neben Ihnen geht – fast den Boden berührt.
Läuft er zu weit seitlich von Ihnen, gehen Sie dicht an Häusern, Hecken oder Zäunen vorbei. Er wird dann zurückbleiben. Locken Sie ihn mit Futter auf Ihre Höhe, später mit Leinenruck.
Bleibt er ständig zurück, haben Sie wahrscheinlich zuviel Druck ausgeübt. Muntern Sie ihn auf, gehen Sie schneller, laufen Sie! Vermeiden Sie Langeweile, er braucht »action«.

Die meisten Hunde laufen zu weit vor. Nehmen Sie einen Zweig, nicht um ihn zu verprügeln, sondern fuchteln Sie vor seinem Kopf herum. Gehen Sie scharfe Linkskurven: Nach einem kurzen Ruck an der Leine wird Ihr rechtes Knie seinen Kopf treffen. Keine Angst, bevor er eine Gehirnerschütterung bekommt, haben Sie mehrere Blutergüsse. Bleiben Sie häufig unvermittelt stehen und bringen ihn per Leinenruck in die richtige Position.
Er schnuppert auf der Erde. Sie sind ein langweiliger Typ! Verzeihung – natürlich nur aus der Sicht Ihres Hundes.

*Abb. 80: Das Einweisen. Zwei, die aufmerksam beobachten.*
*Foto: E. Emanuelsen*

## 10. Jagdliche Ausbildung

Bisher beschäftigten wir uns mit der Grundausbildung. Falls Sie Ihrem Sohn ein Mathematikstudium spendieren wollen, wird er sein Ziel nur erreichen, sofern er zuvor das kleine und das große Einmaleins gelernt hat. Hier gilt das Gleiche. Eine solide Grundausbildung ist unabdingbare Voraussetzung für jagdliche Arbeit.

## Das Einweisen

Das schönste und spektakulärste aber auch schwierigste Fach auf unserem Ausbildungsplan heißt »Einweisen«. In diesem retrieverspezifischen Prüfungsteil wird verlangt, daß der Hund sich auch auf große Entfernung (bis hundert Meter) sicher lenken und dirigieren läßt. Sieht man Profis aus Großbritannien, Amerika oder Holland bei dieser Arbeit, hat man den Eindruck, der Hund sei ein Roboter, der sich ferngesteuert auf Feld oder Wasser bewegt.

Bevor wir das Einweisen in seine einzelnen Übungsteile zerlegen, sei nochmals mahnend der Zeigefinger erhoben. Absolut zuverlässiges Down (besser Sitz) auf jede Entfernung, auch unter stärksten Verleitungen, sowie sicheres Apportieren gelten als Vorbedingung.

Was geschieht beim Einweisen? Dem Retriever wird eine Richtung angegeben, in die er sich in gerader Linie entfernt. Auf Pfiff hält er inne, bleibt wie angewurzelt stehen oder setzt sich (legen sollte er sich nicht; befände er sich z.B. in einem Rübenfeld, könnte er seinen Lehrmeister nicht mehr sehen). Nun bekommt er eine neue – von vier möglichen – Richtungen angegeben: Entweder rechts oder links, zurück oder weiter geradeaus. Hat man ihn auf diese Weise in die Nähe des Punktes dirigiert, an den man zuvor ein Apportel geworfen (!) hatte, wird nun, ebenfalls per Pfeife, Suchkommando gegeben.

Was hat der Ärmste alles zu lernen?

- Möglichst präzise in die angegebene Richtung zu laufen
- Sich in geraden Linien zu bewegen
- Die vier Richtungsänderungen zu beherrschen
- Auf Suchkommando *in seiner Nähe* zu suchen

Der erste Schritt ist der wichtigste. Hier wird vom Ausbilder höchste Präzision verlangt. Machen wir darum erst mal eine »Trockenübung«. Stellen Sie sich vor einen großen Spiegel und tun Sie so, als würden Sie kegeln oder Bowling spielen – aber bitte mit dem linken Arm. Dabei bleiben die Finger ausgestreckt und weisen am Endpunkt der Bewegung in die gewünschte Richtung. Wählen Sie für Ihren Übungsspaziergang einen gerade verlaufenden Weg, der zu beiden Seiten durch Zäune, Mauern oder Getreidefelder Begrenzungen aufweist, um ein Ausbrechen des Lehrlings nach rechts oder links zu verhindern. Nehmen Sie ihn an die Leine. Werfen Sie ein Dummy vor sich mitten auf den Weg. Stellen Sie ihren Vierbeiner so an Ihre linke Seite, daß seine Rückenlinie exakt in Richtung des Apportels zeigt. Jetzt schicken Sie ihn mit der einstudierten, richtunggebenden Bewegung und mit einem nur für diese Übung reservierten Kommando, z.B. »voran«, los. Kein Problem? O.K.!

Legen Sie ihn auf dem Weg ab. Sie gehen weiter und werfen das Dummy erst, nachdem Sie sich zwanzig Schritte von ihm entfernt haben. Dann kommen Sie zurück, um ihn auf die geschilderte Art loszuschicken. Üben Sie das, sooft Sie können. Ihr Freund muß sich das Kommando und das Richtungssignal einprägen, bevor Sie zum nächsten Schwierigkeitsgrad übergehen.
Lassen Sie auf dem selben Weg das Apportel unauffällig fallen, so daß er es nicht wahrnimmt. Nach zwanzig Metern schicken Sie ihn zurück: »Voran!«. Klappt es nicht und er sucht kreuz und quer, rufen Sie ihn zu der Stelle zurück, von der aus Sie ihn losschickten, gehen zwei, drei Schritte auf das Apportel zu und schicken ihn erneut. Die nächsten zwanzig Male machen Sie es wieder so, daß er das Apportel sieht.
Das Zurückschicken auf der Führerfährte verführt ihn dazu, seine Nase zu gebrauchen und sollte deshalb möglichst selten geübt werden.
Dehnen Sie die Entfernung schrittweise bis auf 150 Meter aus. Üben Sie täglich, auch wenn es Ihnen langweilig erscheinen mag. Er muß sich an gerade Linien

gewöhnen und daran, daß die Richtungsbewegung immer zu einem Apportel führt. Als Ausgleich habe ich etwas weniger Stupides anzubieten. Sicher steht Ihnen ein Garten oder eine andere eingezäunte Fläche zur Verfügung. Setzen Sie ihn in die Mitte von einer Längsseite mit dem Rücken an den Zaun. Wenige Schritte vor ihm stehend werfen Sie ein Dummy an seine rechte Seite und eins an seine linke. Er hatte ja gelernt, nicht gleich loszurennen und sitzt noch brav auf seinem Platz – oder? Lassen Sie ihn zuerst das zuletzt geworfene Dummy bringen: Sie stehen ihm frontal gegenüber, die Bewegung Ihres Armes, der die Richtung angibt, entspricht der eines Verkehrspolizisten auf einer Straßenkreuzung. Rechter Arm wenn es nach rechts gehn soll, linker Arm nach links. Die Richtungsangabe wird durch einen Ausfallschritt in die entsprechende Richtung unterstrichen. Startet er in die falsche Richtung, pfeifen Sie ihn ab. Es ist auch eine gute Idee, das nicht zu bringende Dummy von einer Hilfsperson bewachen zu lassen, damit er nicht zu einem Erfolgserlebnis kommt, falls er das falsche Stück bringen will.

Für den nächsten Schritt brauchen wir einen Übungsweg mit einer rechtwinkligen Kreuzung. Setzen Sie ihn mitten auf diese Kreuzung. Gehen Sie einige Schritte zurück. Werfen Sie ein Dummy nach rechts, eins nach links und eins geradeaus über ihn hinweg – jeweils auf den Weg. Nachdem er das erste Dummy gebracht hat, wird er wieder auf den Scheitelpunkt der Kreuzung dirigiert und dort angehalten, bevor Sie ihm die Richtung für das zweite Dummy geben. Variieren Sie auch dabei die Abstände und die Reihenfolge der zu apportierenden Dummies. Erst wenn das alles hundertprozentig klappt, begeben wir uns in freies Gelände. Wählen Sie eine Fläche, auf der es keinerlei Verleitungen gibt; keine Wildgerüche, keine Hundeduftmarken, keine Feldmäuse etc. Wie wäre es mit einem Fußballplatz? Beginnen Sie mit ganz kurzen Distanzen. Bei den ersten Malen darf er die Dummies sehen, später gehen wir wieder zum Blindapport über, wobei auch mit kurzen Entfernungen begonnen wird.
Jedesmal, wenn er in die Nähe eines zu apportierenden Gegenstandes kam, haben Sie per Pfeife ein deutliches, unverwechselbares Suchkommando gegeben.
Haben Sie beide bisher konsequent und fleißig geübt, sollten sie jetzt soweit sein, in ein richtiges Feldrevier gehen zu können, wo vielfache Gerüche ihn von seiner

Inzwischen haben Sie einen zweiten und dritten Weg gefunden, der sich für unser Training eignet. Er hat gelernt, sich in gerader Linie zu entfernen, rechte und linke Richtungsangaben sind ihm nicht mehr fremd und das Zurückrufen, wenn er mal zu weit gelaufen ist, dürfte auch kein Problem sein. Bisher schickten wir ihn immer aus der Grundstellung voran. Wir müssen aber auch in der Lage sein, ihn voran zu schicken, nachdem er sich bereits von uns entfernt hat. Setzen Sie ihn in die Mitte des Übungsweges, Gesicht zu Ihnen. Gehen Sie zehn Schritte rückwärts. Werfen Sie das Dummy über ihn hinweg. Dann geben Sie ein deutliches Richtungszeichen mit beiden (!) Armen Richtung Apportel: »Voran!«.
Üben sie abwechselnd Voranschicken aus der Grundstellung und Voranschicken aus dem Vorsitzen. Variieren Sie die Entfernungen zwischen sich und dem Hund und zwischen ihm und dem Apportel.

Aufgabe ablenken. Die bedeutende Rolle, die der Wind bei jeder Sucharbeit des Hundes spielt, haben Sie beim Einweisen natürlich auch zu berücksichtigen.

Nahm an der Zweckentfremdung des Sportplatzes, auf dem Sie übten, bisher niemand Anstoß, sollten Sie diesen erneut aufsuchen, um nicht mehr mit Dummies, sondern mit Wild zu arbeiten. Erst danach dürfen Sie wirklich schwieriges Gelände, wie z.B. ein Zuckerrübenfeld, in Angriff nehmen.

Der unerfahrene Ausbilder wird in diesem Fach seine Probleme haben. Meist liegt der Grund darin, daß die Leute zu ungeduldig waren und den nächsten Übungsteil angingen, bevor der vorherige »saß«.

Analysieren Sie eventuelle Schwierigkeiten genau, um den entsprechenden Teilbereich separat zu trainieren. Es ist sinnlos, das Einweisen als Gesamtübung ständig zu wiederholen in der Hoffnung, mit der Zeit würden sich die Mängel von selbst aufheben.

## Wasserarbeit

Des Retrievers Element ist das Wasser. Dennoch stürzen sich die meisten jungen Golden nicht Hals über Kopf in die Fluten, wenn sie das erste Mal damit konfrontiert werden. Lassen Sie ihm Zeit, sich an das kühle Naß zu gewöhnen. Zwingen Sie ihn auf keinen Fall. Schicken Sie einen älteren Hund, zu dem er Vertrauen hat – vielleicht seine Mutter – zuerst ins Wasser. Oder versuchen Sie es über seinen Beutetrieb, indem Sie ein Apportel nicht zu weit hineinwerfen. Hilft alles nicht, müssen Sie die Badehose anziehen, um ihn hinein zu locken. Dabei ist allerdings Vorsicht geboten. In vielen Golden schlummert noch ein Rettungstrieb, der dazu führen kann, daß er Ihnen mit seinen Krallen erhebliche Schrammen beibringt.

Manche Welpen apportieren schon im Alter von wenigen Wochen bravourös aus dem Wasser. Von Beginn an sollte man so nahe wie möglich ans Ufer gehen, um das Apportel in Empfang zu nehmen, damit er gar nicht auf die Idee kommt, es fallen zu lassen und sich erst einmal zu schütteln.
Ein zweites Dummy, an eine Kordel gebunden, deren anderes Ende Sie in der Hand halten, werfen Sie seitlich vor ihm ins Wasser, während er Ihnen das erste schwimmend apportiert. Läßt er seine Beute los, um sich dem zweiten Dummy zuzuwenden, hört er Ihr scharfes »Nein!« während Sie mit einem kräftigen Ruck an der Kordel den Erfolg seines Planes verhindern. Mit Apport-Kommando zeigen Sie auf das erste Dummy. Er muß lernen, eine einmal gemachte Beute erst zu bringen, bevor er sich einer anderen widmet.
Haben Sie beim Einweisen den Downpfiff benutzt, um ihn zu stoppen, scheuen Sie sich nicht, dieses Signal auch am Wasser zu gebrauchen. Keine Angst, er wird nicht absaufen.

Läßt er sich zu Lande gut einweisen, wird ihm das zu Wasser ganz leicht fallen. Schicken Sie ihn aus der Grundstellung geradeaus ins Wasser. Nach ein paar Metern stoppen Sie ihn mit einem kurzen Pfiff. Sofort werfen Sie ganz kurz hintereinander ein Dummy an seine rechte und eins an seine linke Seite. Noch ein kurzes Signal um seine Aufmerksamkeit auf sich zu lenken und nun das Zeichen in die gewünschte Richtung mit Ihrem Arm. Später üben Sie mit drei Dummies: Rechts, links und geradeaus.
Suchen Sie ein Gewässer mit Bewuchs. Am schönsten wäre eine Schilfinsel oder zumindest -halbinsel. Lassen Sie ihn anfangs zusehen, wie Sie die Dummies ins Schilf werfen. Muntern Sie ihn auf, während er sucht. Es kommt nicht darauf an, daß er möglichst schnell findet, sondern daß er ausdauernd sucht.
Beim übernächsten Mal deponieren Sie die Dummies im Schilf, ohne daß er es wahrnimmt.
Nutzen Sie jedes für Sie erreichbare Gewässer, um ihn hineinzuschicken. Er muß auch mit Strömungen, Wellengang, Steilufern und Uferböschungen zurechtkommen.
In der Jagdpraxis fällt eine geschossene Ente oft nicht unmittelbar vor uns ins Wasser, sondern auf das gegenüberliegende Ufer. Auf dem Weg dorthin hat sich Ihr Golden strikt an die von Ihnen gegebene Richtung zu halten und nicht etwa den Landweg zu benutzen. Zurück lassen Sie ihm die freie Wahl.
Zeigen Sie ihm, wie er eine Ente zu transportieren hat, damit er nicht deren Kopf

im Fang trägt und mit den Vorderläufen über das herabhängende Tier stolpert. Verwenden Sie kein durchnäßtes Federwild. Es gibt kaum Geruch ab und schwimmt unter der Wasseroberfläche.

## Zur Jagd gehört das Wild, zur Jagd gehört das Schießen

»Benehmen vor Wild ist nur eine Frage des Gehorsams!« . . . könnte man meinen. Dem ist gewiß nicht so. Je größer seine Jagdpassion, umso wichtiger haben Sie Ihre Aufgabe zu nehmen, ihn an lebendes Wild zu gewöhnen. Besuchen Sie die Ausstellung des örtlichen Kaninchenzüchtervereins. Einem sympathischen Mitmenschen vertrauen Sie Ihr Anliegen an: Sie möchten Ihren Jagdhund in seinen Garten setzen – und zwar inmitten all seiner Kaninchen.
Ähnliches sollten Sie sich für Federwild einfallen lassen. Die Arbeit eines Retrievers beginnt nach dem Schuß. Lebendes Wild ist für ihn tabu!
Retriever sind Spätentwickler. Erst nach der Geschlechtsreife hat sich ihr Charakter richtig gefestigt. Es besteht auch kein Grund, ihn früher an Schüsse zu gewöhnen. Postieren Sie den Schützen 150 Meter von sich und dem Hund entfernt. Wählen Sie ein offenes Gelände. Halten Sie ihn keinesfalls an der Leine oder sonstwie fest. Bei den ersten Schüssen lenken Sie ihn durch Spielen ab. Reagiert er negativ, z.B. durch Flucht, Sich-ducken, Rute-einklemmen, Ohren anlegen etc., brechen wir sofort ab. Nach mindestens einer Woche Pause wird aus noch größerer Entfernung ein neuer Versuch gestartet.
Ist es gut gegangen, kommt der Schütze etwa dreißig Schritte näher und schießt noch einmal. Das reicht für's erste.
Beim nächsten Mal nehmen Sie ein Dummy mit. Bei jedem Schuß werfen Sie es und lassen ihn apportieren.
Anfangs muß der Schütze die Waffe senkrecht in die Luft halten und er darf nicht so stehen, daß der Wind das Geräusch direkt zu Ihnen trägt. Die Distanz zu der Geräuschquelle wird ganz langsam verringert. Mit Gewalt geht gar nichts . . .

## Die Verlorensuche

Ein Gelände mit dichtem Bewuchs bildet die ideale Voraussetzung. Keine Dornen und Stacheln, auch keine Disteln oder Brennessel – Farn wäre optimal. Sie werfen ein Dummy, für ihn deutlich sichtbar nicht zu weit hinein. Gehen Sie ein paar Schritte auf und ab mit ihm, damit er die Stelle, an der das Dummy liegt, nicht mehr genau im Kopf hat. An den Punkt, von dem aus Sie geworfen haben, zurückgekehrt, schicken Sie ihn mit Suchkommando los. Muntern Sie ihn auf, während er sucht, und bereiten Sie ihm ein Freudenfest, wenn er mit dem Apportel zurückkommt.
Bei den nächsten Versuchen wird er nicht mehr von der Wurfstelle aus geschickt, stattdessen von Punkten, die sich von dieser immer weiter entfernen.
Auch die Zeit zwischen Wurf und Losschicken wird schrittweise verlängert. Nach dem Wurf lenkt man ihn durch Spielen oder andere Übungen soweit ab, daß man meinen könnte, er habe das Apportel vergessen.

Neigt er dazu, nur vor Ihren Füßen zu suchen – also nicht weit genug weg zu gehen – werfen Sie das Apportel so weit Sie können. Bald kommt der Zeitpunkt, an dem Sie ihn schicken können, ohne daß er den Wurf wahrgenommen hat. Werfen Sie mehrere Dummies, wenn Sie es das erste Mal probieren, damit er zu einem Erfolgserlebnis kommt, bevor er die Lust verliert.

Nachdem Sie das Gelände häufig gewechselt haben, kann die Distanz zwischen Ansatzpunkt und Apportel schrittweise bis auf fünfzig Meter gesteigert werden. Mal üben Sie auf einfachem, lichtem Gelände, mal auf schwierigem mit dichtem Bewuchs. Auch ansteigende und abfallende Flächen gehören ins Programm.

Meiden sollten Sie Gelände mit spärlichem Bewuchs, weil ihn das dazu reizt, mit den Augen statt mit der Nase zu suchen.

Wollen Sie besonders geschickt sein, arbeiten Sie anfangs mit Gegenwind, später aber mit Rücken- und Seitenwind.

Lassen Sie es ihm zur Gewohnheit werden, immer zwei, manchmal auch drei Dummies zu suchen.

Wenn Sie dann auf Wild umsteigen (Kaninchen, Hasen, Fasanen, Rebhühner), wird Ihrem Golden die Suche erst richtig Spaß machen.

## Haar- und Federwildschleppen

Die Schleppe simuliert eine Jagdsituation, in der der Schütze das Wild an- oder krankgeschossen – also verletzt – hat, worauf dieses das Weite sucht, um nach einigen hundert Metern zu verenden. Schleppen werden im Lebensraum des betreffenden Wildes »gezogen«. Haarwildschleppen (Kaninchen, Hasen) vorwiegend im Wald, aber auch auf Feldern; Federwildschleppen (Fasan, Rebhuhn) nur auf Feldgelände. »Gezogen« deshalb, weil der Schleppenzieher das Stück an einer Kordel hinter sich her zieht.

Den Beginn der Schleppe, den man Anschuß nennt, kennzeichnet man deutlich mit einem Zweig o. ä. Dort rupft der Schleppenzieher dem zu schleppenden Wild einige Bauchhaare bzw. -federn aus, die er auf den Boden legt. Mit Rücken- oder Seitenwind wird nun das Schleppenwild, an dessen Hals (!) die Kordel befestigt wurde, gezogen. Mindestens die ersten fünfzig Meter der Schleppe verlaufen geradeaus. Dann folgt ein rechter Winkel, Haken genannt. Nach mindestens dreißig weiteren Metern folgt ein zweiter Haken. Das Ende der Schleppe ist je nach Prüfungsordnung 200 oder mehr Meter vom Anschuß entfernt. Hier legt der Schleppenzieher ein zweites Stück Wild der gleichen Art, das er getragen – also nicht geschleppt hat – unversteckt ab. Nachdem er noch zwanzig Meter in gerader Richtung weiterging, legt er das geschleppte Stück ab und versteckt sich so, daß er den arbeitenden Hund gut beobachten kann, ohne von diesem wahrgenommen zu werden. Welches der beiden Stücke der Hund bringt, spielt keine Rolle. Soweit die Prüfungspraxis. Packen wir's an!

Kaufen Sie einen großen Blumenstrauß oder die Lieblingspralinen Ihrer Gattin. Sie muß Ihnen ein Fach der Gefriertruhe abtreten. Dort bringen Sie einen nicht zu kleinen Vorrat an Wild unter. Saubere Kaninchen, ohne sichtbare Einschußverletzungen und ohne Blutspritzer, sowie Tauben, die Sie von ihrem Metzger in ein

147

Rollbratennetz einziehen lassen, eignen sich gut und sind preiswert. Wild, mit dem Sie gearbeitet haben, sollten Sie sofort säubern und trocknen und dick in Zeitungspapier eingepackt wieder einfrieren.

Im Aufspüren von geeigneten Übungsgeländen sind Sie inzwischen schon Profi. Wir brauchen eine Wiese, frei von Wild- und Hundedüften, von Maulwürfen und Wühlmäusen und von Leuten, die uns bei der Arbeit stören. Unsere Wiese muß einen Hügel aufweisen, mindestens drei, besser vier oder fünf Meter hoch.

Am Fuße des Hügels legen Sie Ihren Retriever ab. Zwei Schritte vor seiner Nase markieren Sie den Anschuß und gehen los; schleppen das Kaninchen über die Spitze des Hügels, auf der anderen Seite bergab, bis Sie außer Sicht sind. Nun kommt der Haken, der rechte Winkel. Es folgen noch vierzig oder fünfzig Schritte zu der Stelle, an der das Wild abgelegt wird – diesmal etwas versteckt, damit er es nicht gleich findet, wenn er mit den Augen sucht oder eine Verlorensuche anstrebt. (Sie brauchen keine zwei Kaninchen. Dieser Luxus bleibt den Prüfungen vorbehalten.) Sind Sie den Haken nach rechts gegangen, gehen Sie jetzt in einem sehr weiten Bogen nach links um den Hügel herum zu Ihrem Apporteur zurück. Begrüßen Sie ihn freundlich. Zeigen Sie ihm den Anschuß, indem Sie auf die ausgezupften Bauchhaare deuten. Lassen Sie sich sehr, sehr viel Zeit dabei. Erst wenn er ob des Kaninchenduftes in Verzückung gerät, gehen Sie mit ihm los. Den genauen Verlauf der Schleppe haben Sie sich gemerkt. Bedenken Sie aber, daß ein eventueller Seitenwind deren Geruch ein ganzes Stück seitlich versetzt. Bis zur Spitze des Hügels führen Sie ihn angeleint, wobei Sie fortwährend auf die Erde deuten und ihn zur »Suche« animieren.

Dort abgeleint gibt es verschiedene Möglichkeiten, wie er reagieren könnte. Bleibt er stehen, um seinen Führer ratsuchend anzuschauen, ist diesem vermutlich ein Fehler unterlaufen. Trotzdem sollte er die Schleppe mit dem Hund weiter abschreiten und ihn kurz vor der Beute erneut schnallen.

Rennt er wie wild los, um eine Verlorensuche zu veranstalten, lassen Sie ihn ruhig. Beim nächsten Mal ziehen Sie die Schleppe so lang, daß er auf diese Weise keinen Erfolg haben wird.

Kommt er leer zurück, setzen Sie ihn nochmal an und gehen bis zum Haken mit. Fordern Sie ihn energisch auf »Apport!«.

Schleppenarbeit stellt an sich für den gesunden Hund kein Problem dar. Wenn in diesem Prüfungsfach doch relativ viele Kandidaten versagen, liegt das an der Vorbereitung. Hat Ihr kleiner Freund einmal bewiesen, eine Schleppe arbeiten zu können, fangen Sie an, systematisch Schwierigkeiten einzubauen. Schleppen Sie im Zickzack, auch mal im Kreis. Heben Sie die Kordel mit dem Wild einige Schritte hoch, damit der Boden nicht berührt wird. Wechseln Sie häufig das Gelände, auch im extrem wildreichen muß er seine Fähigkeit beweisen.

Üben Sie Schleppen nicht zu oft, aber lassen Sie sich ständig etwas Neues einfallen. Auch die Länge der Schleppe muß ständig variieren. Federwildschleppen trainieren Sie auf allen möglichen Bewuchsformen. Nehmen Sie dann an einer Prüfung teil, werden Sie überrascht sein, was es alles für Schwierigkeiten gibt, die Sie noch nicht bedacht haben.

# VI. Jagen mit dem Golden Retriever von Christoph Engelhardt

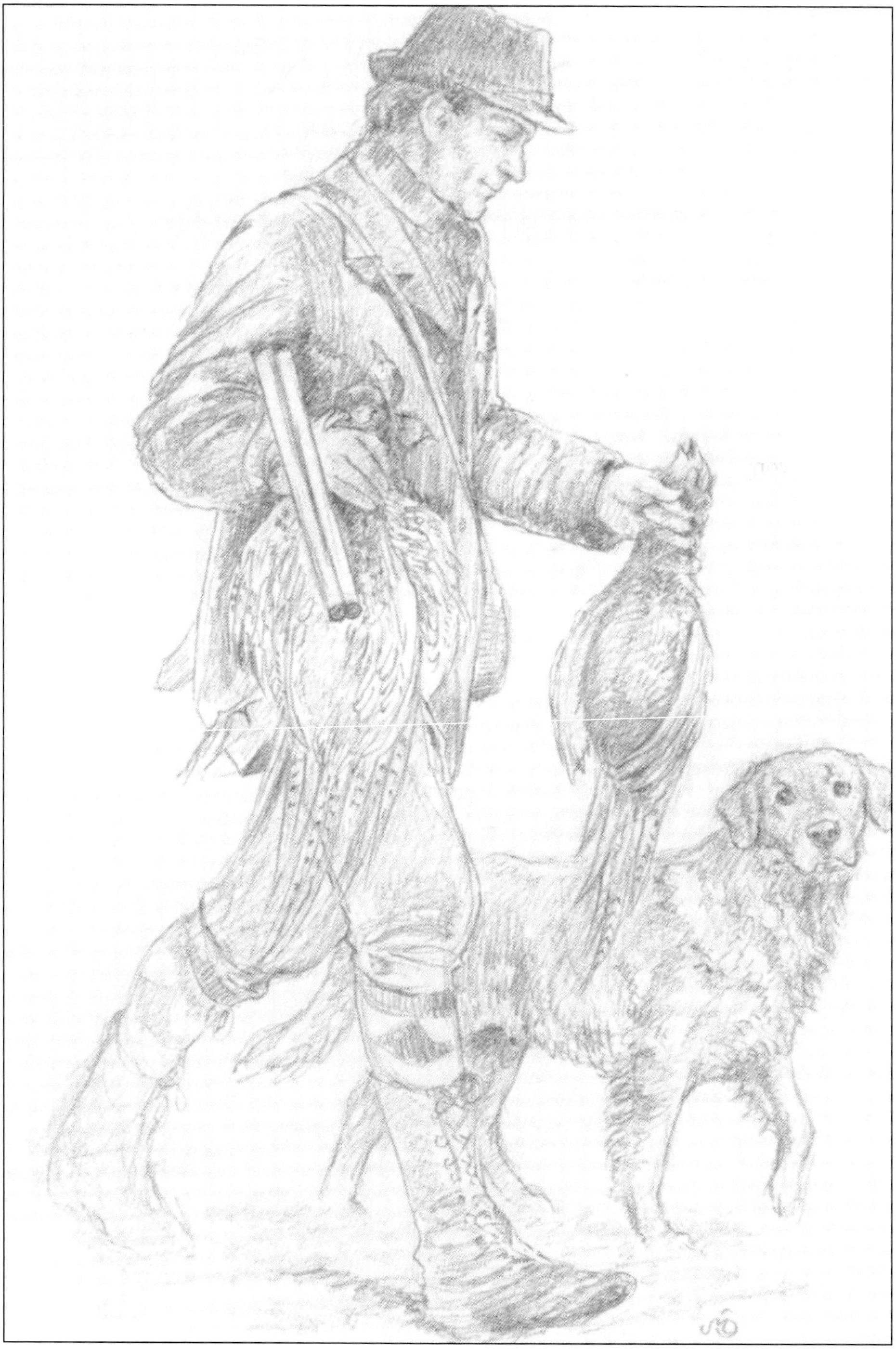

Es hatte den ganzen Tag geregnet, jetzt dämmerte es und der Regen ging in ein Schneetreiben über; nach einer wunderschönen Klüngeljagd im westlichen Münsterland freuten wir uns auf ein Bier, das große Bauernbrot mit westfälischem Schinken und die Wärme des offenen Kaminfeuers im Gasthof »Im Stern« bei Havixbeck. Das Lokal war erst halb gefüllt; am Kamin saß ein englischer Colonel in Uniform; doch nicht er, sondern ein wunderschöner goldfarbener Hund an seiner Seite erregte unsere Aufmerksamkeit. Die Farbe des Felles, das schwarze Nasenpigment, die dunklen Augen zogen uns ebenso in den Bann, wie das von aristokratischer Ruhe und Selbstsicherheit geprägte Wesen. Wir – mein Vater und ich – in Begleitung unseres Deutsch Kurzhaar, der trotz eines langen Jagdtages noch immer auf der Stelle galoppierte – schlüpften aus dem nassen Loden und nahmen neben dem Colonel vor dem lodernden Kamin Platz. Wie von selbst begann ein small talk mit dem Colonel, der ein großes Interesse für unseren »German short haired Pointer« zeigte; das Bier und das Schinkenbrot kamen, als meine im ungeübten Pennälerenglisch gestellte Frage nach der Rasse seines Hundes vom Colonel beantwortet wurde: »It is a ›Golden Retriever‹.« Leise sprach ich nach: »Golden Retriever«; ich spürte einen Schnalzer auf der Zunge, als ich meine zweite Frage formulierte: »Kann man mit dem Golden Retriever jagen?« Im perfekten Deutsch kam die prompte Antwort: »Er ist ein Jagdhund, sehr beliebt in England und Amerika!«

Die wenigen Kilometer nach Hause fuhr ich sehr langsam und in Höhe von Schloß Hülshoff wußte ich: Mein erster Jagdhund wird ein Golden Retriever!

Vierzehn Jahre später hatte ich mit Hilfe meiner Frau und 2 Söhnen Abstand zum Studentenleben gefunden, mich beruflich halbwegs etabliert und war – Diana war ich immer treu – Mitpächter eines Münsterland-Niederwildreviers, als der Traum handfeste Wirklichkeit wurde: der Golden Retriever »Baltic-Golden-Arno« wurde Mitglied meiner Familie.

Wie man einen Welpen und später den Jagdhund führt, wußte ich von den Hunden im Elternhaus; alles noch ein bißchen besser zu machen, ist nicht nur Faust'sches Prinzip; es war also ganz natürlich, daß ich mich auf dem Sektor Jagdhundeausbildung in Theorie und Praxis verbessern wollte. Mit der Literatur über Hunde läßt sich ja mittlerweile eine Pfarrkirchenbibliothek füllen. Die Bücher, die mir besonders gefallen haben, und die nach über 10 Jahren immer noch meine ungeteilte Zustimmung finden, möchte ich kurz aufzählen:

1. Most, K.: Die Abrichtung des Hundes
2. Hegendorf: Der Gebrauchshund
3. Frevert/Bergien: Die gerechte Führung des Schweißhundes
4. Moxon, P.R.A.: Die Führung von Jagdhunden nach englischer Methode
5. Rene März: Der Hundeführer-Lehrgang
6. Susan Scales: Retriever Training

Das sind nun immer noch 6 Bücher: wem das zuviel ist, der nehme nur den »Moxon« oder den »Hegendorf« oder beide: Mein ganz persönlicher Rat geht auf dem literarischen Sektor noch etwas weiter: von allen Veröffentlichungen, die ein intensives Welpentraining propagieren, sollte man sich sehr kritisch distanzieren. Zur Ausbildung meines Golden Retrievers für den praktischen Jagdbetrieb habe ich mich den Führerlehrgängen in der DJV- Kreisgruppe angeschlossen; dazu rate ich jedem – dem Anfänger, aber auch dem »alten Hasen« – man sieht mit zunehmender Erfahrung auf dem Ausbildungswesen die Fehler seines Hundes bald sehr deutlich; die eigenen Fehler übersieht man fast immer.

Mein Ziel in der Erziehung von »Baltic Golden Arno« war es, einen Jagdgebrauchshund entsprechend meinen jagdlichen Belangen zu erhalten. Dieses Ziel deckte sich prüfungsmäßig hervorragend mit dem Fächerkatalog der »Jagdgebrauchsprüfung für Retriever« (JGP/R).

Die Prüfungen, die ein Retriever in Deutschland ablegen kann, möchte ich einmal kurz vorstellen:

**1. Die Bringleistungsprüfung**

»Die BLP/R ist eine Zucht-, Anlagen- und Leistungsprüfung: Sinn und Aufgabe der Prüfung ist es, den jungen Retriever im Hinblick auf seine natürlichen Anlagen, auf seine Verwendung für die Arbeit nach dem Schuß, auf seinen Gehorsam ohne Wildberührung und auf seine allgemeine Wesensfestigkeit zu beurteilen. Die BLP/R wird möglichst im Herbst an einem Tag durchgeführt.« So lautet die vom Deutschen Retriever Club (DRC) aufgestellte Präambel dieser Prüfung; diese Prüfung ist zwar die relativ leichteste Prüfung im DRC, sie beinhaltet jedoch die wichtigsten Kriterien der jagdlichen Brauchbarkeit; das bedeutet, Retriever mit einer bestandenen BLP werden von den einzelnen Landesjagdverbänden als Jagdgebrauchshunde anerkannt, wenn sie noch einen zusätzlichen Nachweis für ihre Leistungen auf einer Schweißfährte bringen.

Die BLP/R bereitet in der Vorbereitung nicht ganz so viele Schwierigkeiten, da nur an kaltem (totem) Wild geprüft wird; zu ihr wird im DRC vorwiegend von den »Nicht-jagenden« Retrieverführern gemeldet, damit der Retriever nach Bestehen der BLP auf Ausstellungen in der Gebrauchshunde-Klasse gemeldet werden kann.

**2. Die Jagdgebrauchsprüfung**

Die JGP/R ist eine an die Verbandsgebrauchsprüfung (VGP) des Jagdgebrauchshunde-Verbandes (JGVH) angelehnte Leistungsprüfung der Retriever. Zweck der Prüfung ist die Feststellung der Brauchbarkeit für alle Arbeiten nach dem Schuß und der Eignung im Jagdbetrieb. Die Prüfung wird an zwei Tagen durchgeführt. Die Fächer werden entsprechend der jeweils gültigen Ordnung für Verbandsgebrauchsprüfungen und der neuen Prüfungsordnung für die JGP/R vom 11. 6. 1983 geprüft; die Laufzeit dieser Prüfungsordnung beträgt jeweils 4 Jahre.

**Waldarbeit** (§ 20 – 24, §§ 54 – 57):  FWZ

Min.-Punktzahl 24
Max.-Punktzahl 48

| | |
|---|---|
| Riemenarbeit | 5 |
| Hasen- oder Kaninschleppe (300 m) | 4 |
| Buschieren | 3 |
| zusätzlich: | |
| Totverbellen | (4) |
| Totverweisen | (3) |
| Fuchsschleppe | |

**Wasserarbeit** (§§ 58 – 61):

Min.-Punktzahl 18
Max.-Punktzahl 36

| | |
|---|---|
| Stöbern im Schilf ohne Ente | 3 |
| Stöbern im Schilf hinter Ente | 3 |
| Verlorensuche aus tiefem Schilfwasser | 3 |

**Feldarbeit** (§§ 64, 71 u. Anhang):

Min.-Punktzahl 28
Max.-Punktzahl 56

| | |
|---|---|
| Nase | 6 |
| Federwildschleppe (200 m) | 3 |
| Einweisen in eine Entfernung von 35 und 70 m | 5 |

**Gehorsam** (§§ 77 – 85):

Min.- Punktzahl 42
Max.- Punktzahl 84

| | |
|---|---|
| Gehorsam im Wald | 3 |
| Verhalten auf dem Stand | 2 |
| Folgen frei bei Fuß | 2 |
| Ablegen | 2 |
| Leinenführigkeit | 1 |
| Gehorsam bei der Wasserarbeit | 3 |
| Gehorsam im Feld | 3 |
| Schußruhe | 2 |
| Benehmen vor Wild | 3 |

**Bringen** (§§ 88 – 92):  FWZ

Min.-Punktzahl 8
Max.-Punktzahl 16

| | |
|---|---|
| Bringen von Hase/Kanin | 2 |
| Bringen von Federwild | |
| a) Ente | 1 |
| b) Huhn/Fasan | 1 |

zusätzlich: *(nicht obligat)*

Bringen von Fuchs auf der Schleppe
Fuchs über Hindernis (§ 91)

**Verlorensuche im Wald** (siehe Anhang):

Min.-Punktzahl 4
Max.-Punktzahl 16

| | |
|---|---|
| Haarnutzwild/Federwild | 4 |

**Arbeitsfreude** (§ 93 u. Anhang):

| | |
|---|---|
| Max.-Punktzahl 12 | 3 |

**Lenkbarkeit** (siehe Anhang):

| | |
|---|---|
| Max.-Punktzahl 12 | 3 |

Min.-Summe: 132
Max.-Summe: 280

FWZ = Fachwertziffer
    = Multiplikator für die Zensuren
    4 = sehr gut
    3 = gut
    2 = genügend
    1 = mangelhaft
    0 = ungenügend

Bei dieser Prüfung zählen nur die gezeigten Leistungen, nicht mehr die Anlagen; in Abweichung von der VGP fehlen die Vorsteh- Fächer und das Stöbern.

### 3. Die Dr. Heraeus Prüfung

Die Dr. Heraeus-Prüfung ist eine Leistungsprüfung des DRC mit hohen Anforderungen an die Lenkbarkeit, Spurwilligkeit und Apportierfähigkeit der Retriever. Sie trägt ihren Namen nach dem Ehrenpräsidenten des DRC: Dr. H. W. Heraeus. Zu dieser Prüfung werden nur Retriever mit bestandener BLP oder JGP/R zugelassen; die Prüfung wird möglichst im Herbst an einem Tag durchgeführt.

Es werden folgende Fächer im härtesten Ausschlußverfahren geprüft:

| | FWZ | | FWZ |
|---|---|---|---|
| 1) Haarwildschleppe 500 m, 4 Haken, 20 min. Stehzeit) | 4 | 4) Einweisen über ein Gewässer auf eine Schwimmspur | 4 |
| 2) Einweisen auf 2 Stück Federwild: Winkel 90°, 80 m Entfernung | 5 | 5) Bringen (Kanin, Fasan, Ente) | 2 |
| 3) Verlorensuche aus tiefem Schilfwasser (2 Enten) | 5 | 6) Lenkbarkeit | 3 |
| | | 7) Arbeitsfreude | 3 |

Die Dr. Heraeus-Prüfung, auch Spezial-Jagdgebrauchsprüfung (SpJGP/R) genannt, erscheint beim oberflächlichen Lesen recht einfach, sie steht jedoch an der Spitze der Retrieverprüfungen, da das Versagen in einem Prüfungsfach *immer* das Ausscheiden aus der Prüfung bedeutet. Bei den Richtern gilt das Prinzip, daß nur perfekte Leistungen bewertet werden und im Zweifelsfall gegen Hund und Führer entschieden wird.

Eine ausschließliche Anlagenprüfung für Retriever ähnlich der Jugendsuche bei den Vorstehhunden oder der Spurlautprüfung bei Stöberhunden gibt es nicht; etwaige Stöber- oder Spureigenschaften eines Jagdhundes kann ein versierter Wesensrichter überprüfen. Raubzeugschärfe wird vom Retriever nicht verlangt, und es ist im DRC nicht üblich, derartige Nachweise zu registrieren.

Nach den einfachen Gehorsams- und Grundübungen (1. Komm, 2. Sitz, 3. Anleinen) habe ich mit dem ca. 10 Monate alten Golden Retriever die eigentliche jagdliche Ausbildung begonnen; es ist bei einem sehr versierten Jagdhundeausbilder durchaus möglich, einen Jagdhund in ca. 5 bis 6 Monaten so auszubilden, daß er die JGP/R bzw. die Verbandsgebrauchsprüfung (bei Vorstehhunderassen) besteht.

Ob es für den Hund von Vorteil ist, im Schnellkurs ausgebildet zu werden, wage ich zu bestreiten; einem Anfänger im Jagdhundewesen und jedem Retrieverführer rate ich dazu, nach Ausbildungsbeginn beim 10 Monate alten Retriever erst im Herbst des folgenden Jahres zu einer Prüfung wie der JGP zu melden; das beinhaltet eine ca. 1½jährige Ausbildungszeit und die Meldung zur JGP/R mit etwa 2½ bis 3 Jahre alten Retrievern.

Die Ausbildung eines Retrievers zu einem Jagdhund von Format, der dann auch bei einem Field Trial der Begutachtung durch erfahrene englische Leistungsrichter standhält, ist noch wesentlich langwieriger und kann nur schrittweise durch das Sammeln von praktischer Erfahrung aufgebaut werden.

Da bei uns in Deutschland die Golden Retriever – aber auch die anderen Retrieverrassen – fast ausschließlich für den Eigenbedarf abgerichtet werden, empfehle ich noch einmal das sehr behutsame mehrjährige Aufbauen Ihres Hundes. Sie haben wenig Freude daran, wenn er im Alter von 2 Jahren alle jagdlichen Aufgaben mehr schlecht als recht absolvieren kann. Sie haben jedoch bei der stufenweisen Ausbildung die Chance, daß ihr Golden Retriever mit 5 Jahren auf dem großen Sektor »Arbeit nach dem Schuß« wirklich herausragend ist.

Ich möchte hier nicht über alle Einzelheiten der Ausbildung schreiben, das ist schon im Kapitel V »Die Ausbildung des Golden Retrievers« (H. Gail) ausführlich geschehen.

Die Ausbildung meines Golden Retrievers sah dann rein zeitlich gesehen so aus, daß *jeden* Tag ca. 10 bis 30 Minuten mit dem Hund geübt wurde.
Zwei Jahre lang wurde jeder morgendliche Lösegang, jeder Mittags- oder Abendspaziergang für die Ausbildung genutzt; in einer stets bei mir geführten Plastiktüte waren 1 Tennisball, zwei Dummies, ein Apportierbock und ein Stück Schleppwild (Kanin, Taube, Ente oder Fasan) allzeit bereite Abrichtehilfen; Umhängeleine und Doppelpfeife wurden zu Bestandteilen meiner Garderobe und der Ausbildungsplan von Baltic Golden Arno hing neben den Stundenplänen meiner Söhne. Die Orte für den Urlaub wurden so gewählt, daß die Ausbildung nicht unterbrochen wurde; alle Mitglieder der Familie waren perfekte Helfer bei den Schleppen, der Schweißarbeit und der freien Verlorensuche. Mein damals 6jähriger Sohn Matthias war ein Spezialist im Hakenlegen bei den Schleppen und beim Auswerfen von Wild für die freie Verlorensuche und beim Einweisen. Für den Stadtjäger, der ja leider nicht das Glück hat, im Revier zu wohnen, sind große Parkplätze, Grünanlagen, Sportplätze und der Garten häufig die einzige Möglichkeit täglich zu üben; Teile der Grundausbildung wie Leinenführigkeit, Folgen frei bei Fuß und Ablegen können, ja sogar sollen beim täglichen Spaziergang ebenso geübt werden wie das »Platz« auf Ruf, Trillerpfeife oder Handzeichen. Obwohl ich inmitten der »Millionenstadt« Ruhrgebiet wohne, hatte ich täglich die Möglichkeit, den Wildgehorsam des Retrievers zu festigen, sei es bei den Enten auf dem Schloßteich oder den Kaninchen im Stadtpark. Ablenkungen durch andere Hunde und Menschen sind in der Stadt wesentlich intensiver als im Jagdrevier. Ich hatte zudem das Glück, daß mein täglicher Spaziergang ein kleines Gewässer berührte, in dem ich bei jedem Wetter und jeder Jahreszeit Apportierübungen aus dem Wasser mit Baltic Golden Arno durchführen konnte, (es ist selbstverständlich, daß für all diese Hundearbeiten eine Erlaubnis eingeholt wurde).

*Abb. 81: Auf dem Land . . . Foto: David Dalton*

*Abb. 82: . . . wie im Wasser, – ein Dummy eignet sich vorzüglich für die Ausbildung.
Foto: H. J. Hahn*

Ich begann als B. G. »Arno« 10 Monate alt war mit dem Apportieren; in diesem Fach hatte ich mit dem Retriever überhaupt keine Schwierigkeiten, und doch habe ich bei der Ausbildung zwei Übungen unterlassen, die fast zur jagdlichen Untauglichkeit geführt hätten, aber der Reihe nach.

Beim Apportieren empfehle ich den Retrieverführern mit dem Dummy zu beginnen, danach aber sofort auch das Apportieren von kaltem Wild zu üben. Folgende »Wildfolge« hat sich bewährt:

1. Haarwild (erst das Kanin, dann den Hasen)
2. Federwild (erst die Ente, dann den Fasan, das Huhn, die Taube)
3. Raubwild-Raubzeug: Fuchs, Iltis etc.
4. dann frisch geschossenes Wild (Reihenfolge beliebig).

Das Aufnehmen, das korrekte Tragen und das Ausgeben des Apportierwildes bereitet dem Retriever fast nie Schwierigkeiten; er greift mit sanftem Gebißdruck (soft mouth) instinktiv immer am Schwerpunkt des zu apportierenden Wildes; »Knautschen« oder »Anschneiden« des Wildes sind bei den Retrievern selten. Das Tragen des Wildes nur im vorderen Gebißanteil oder Aufnehmen am Lauf, Hals, Kopf oder der Schwinge habe ich auch in der Ausbildung selten gesehen.

Das Apportieren muß mit jeder Wildart bis zur Perfektion geübt werden; man baut das Apportieren jedoch schon nach kurzer Zeit in andere Übungen ein oder nutzt die Übungen, bei denen Apportieren Grundvoraussetzung ist, (die Schleppe, die freie Verlorensuche, das Einweisen).

Zur Schleppe möchte ich Ihnen einige Erläuterungen geben.

Ohne daß der Retriever es sieht, wird von Ihnen oder einem Helfer ein Stück Wild an einer ca. 1,5 m langen Schnur von einem markierten Anfang (Anschuß) durch ein Wiesen-, Feld- oder Waldstück gezogen. Die Länge der Schleppe, die Anzahl der Haken und die Stehzeit werden langsam gesteigert und immer variiert. Am Ende der Schleppe wird das Apportierwild frei ausgelegt, der Schleppenzieher entfernt sich in Verlängerung der Schleppe und versteckt sich; der Führer geht im Fall, daß er die Schleppe selbst legt, in weitem Bogen zu seinem abgelegten Hund zurück (es ist jedoch besser, sich Schleppen von einem Helfer legen zu lassen).

Der Retriever wird nun zu dem »markierten« Anschuß geführt (»markiert« bedeutet, daß der Schleppenzieher mit dem Fuß eine leichte Bodenverletzung hervorgerufen hat und einige Haare/Federn oder Schweißtropfen oder Gewebepartikel des Wildes hineingelegt hat).

Für das Ausarbeiten der Schleppspur ist die Markierung mit Haaren, Federn oder Schweiß weniger von Bedeutung, es bedeutet nur ein intensives geruchliches Stimulans am Beginn der Spurarbeit. Der Wildgeruch ist nach wenigen Metern Schleppe über dem Erdboden nur noch sehr minimal.

Der Führer ruft das Interesse des ca. 1 Meter vor dem Anschuß abgelegten Retrievers hervor, indem er sich bückt, die Haare oder Federn aufnimmt, begut-

157

*Abb. 83: Golden Retriever beim Bringen des Fuchses. Foto: H. Rudolph*

*Abb. 84: Bei der Riemenarbeit. Foto: C. Engelhardt*

achtet und den Retriever Witterung nehmen läßt. Sobald der Retriever Interesse zeigt, nimmt der Führer die Hundeleine von der Halsung, führt eine ca. 3 bis 4 m lange Schnur durch die Halsung, läßt den Retriever nun aufstehen, Witterung am Anschuß direkt aufnehmen und gibt jetzt das Kommando »Voran Apport«. Fast alle Retriever nehmen die Schleppspur ohne Zögern an, arbeiten in vollem Galopp, direkt auf der Schleppspur; nur wenn der Retriever zögert, gehen Sie einige Meter (bis zu 30 m) der Schleppspur mit; die durch die Halsung geführte Leine wird beim Durchstarten des Retrievers an einem Ende gelöst, sie gleitet, ohne daß der Hund irritiert wird, durch die Halsung; gibt dem Hund aber das »Angeleintsein-Gefühl«.

Dieses Ritual beim Ansetzen auf die Schleppspur darf niemals lässig gehandhabt oder verkürzt werden; es ist die Basis für jede weitere Spurarbeit: sei es die Schwimmspur bei der Arbeit hinter der geflügelten Ente, sei es die künstliche oder die natürliche Schweißfährte, die allerdings nicht frei, sondern am Riemen gearbeitet wird, oder sei es die Verlorenbringerarbeit des Hasen oder des geflügelten Fasans.

Letztere Arbeit (der Engländer sagt »to retrieve the runner«) halte ich für die schwerste Arbeit nach dem Schuß überhaupt. Hier kann der Retriever zeigen, wozu er auf Grund seiner Rasse und Ausbildung befähigt ist.
Viele Hundeführer verderben sich auf den Prüfungen alle Chancen, weil sie beim Ansetzen auf die Spur Fehler machen. Bei der JGP/R haben sie folgende Spurarbeiten zu bestehen:

1. Riemenarbeit, künstliche Schweißfährte von 400 m Länge mit 2 Haken
2. Haarwildschleppe
3. Federwildschleppe
4. Stöbern hinter der geflügelten Ente.

Auf die jagdliche Praxis bezogen, berühren diese Prüfungsfächer folgende Arbeiten nach dem Schuß:

1. Schweißarbeit = Nachsuche nach waidwund getroffenem Schalenwild
2. Verlorenbringen des waidwunden Hasen oder Fuchses
3. Apportieren des geflügelten Fasans/Huhnes
4. Nachsuche nach einer Ente, die durch den Schuß die Flugfähigkeit, jedoch nicht die Schwimmfähigkeit verloren hat.

Bei der Apportiereinarbeitung meines Golden Retriever habe ich – wie schon angedeutet – zwei gravierende Fehler gemacht, die ich allen Retrieverführern ersparen möchte:

1. Ich habe versäumt, den Golden Retriever bei der Apportierarbeit resistent gegen Ablenkungen zu machen, die selten bei Prüfungen, aber auf jeder Jagd

vorkommen können: Verleitungen durch Menschen, Hunde, Schüsse, Wild. Die Folge war, daß auf einer meiner ersten Jagden mit Arno der Golden Retriever beim Apportieren eines frisch geschossenen Kanin das Bringen »vergaß«, als ein weiterer Schuß fiel, und sich mit dem Kanin im Fang in Richtung des Schützen bewegte.

Merke: Der Retriever wird so trainiert, daß er bei allen Arbeiten durch Schüsse nicht irritiert oder abgelenkt wird; gleiches gilt für Ablenkungen durch z.B. Spaziergänger oder Pilzsucher. Auch die Sucharbeit eines anderen Jagdhundes darf einen Retriever nicht verunsichern.

2. Der zweite Ausbildungsfehler kann vielleicht etwas eher verziehen werden, mir hat er jedoch einmal eine Jagd verdorben, und ich brauchte Jahre, bis ich in einem Retrieverführer-Kurs in England sah, wie er konsequent vermieden wird. Ich hatte mit meinem Golden gerade die JGP/R bestanden, als mich ein Jagdfreund zur Jagd auf Fasanen einlud; wir – das waren 8 Schützen, zwei Hunde (ein großer Münsterländer und mein Golden) – gingen gemächlich durch einen großen Rübenschlag, als »Arno« kurz verharrte, dann kleiner wurde und heftig rutewedelnd langsam mit hoher Nase anzog. Er war am Wild; der erste Fasanhahn ging hoch, und nur kurz darauf der zweite Hahn; die Piotti angebackt, mitgeschwungen und schon fiel der erste Hahn im Federstaub zu Boden und nachgeschwungen auf den zweiten Hahn gelang mir meine erste Doublette. Arno war auf den ersten Schuß eingesprungen, fand den Hahn und kam etwas langsamer mit dem Hahn im Fang zurück, als der zweite Hahn vor seinen Augen fiel. Nun versuchte er auch diesen zu bringen und ließ dabei den ersten Hahn fallen. Hahn 2 brachte Arno stolz, ich lobte mit halbem Herzen; der nur geflügelte erste Hahn, der »Runner« war jedoch weg. Wir benötigten eine halbe Stunde und zwei Durchgänge durch den Rübenschlag, bevor Arno den »Runner« fand und endlich brachte.

Bei der Ausbildung muß der apportierende Retriever auch durch andere Apportel abgelenkt werden, und es muß darauf geachtet werden, daß er die Apportierarbeit niemals unterbricht und *niemals* das getragene Stück fallen läßt. Man übe dies zunächst mit Dummies, später mit Wild.

Ausbildungsbeispiel nach der englischen Methode: der Retriever, der eine Ente aus dem tiefen Wasser apportiert, muß so perfekt ausgebildet und so wesensfest sein, daß er weder durch einen Schuß (aus der Deckung), noch durch eine sichtbar geworfene 2. Ente abgelenkt werden kann; er schwimmt schnurstracks an Land, läuft zu seinem Führer, sitzt und gibt die Ente aus. Auf ein Kommando hin bringt er dann die 2. Ente (während dieser Übungen sollte wiederholt in die Luft geschossen werden).

Zur Schweißarbeit möchte ich noch einige kurze Bemerkungen machen. Im Jagdgebiet der BRD werden pro Jahr ca. 700 000 Rehe, 500 000 Enten und 350 000 Fasane geschossen. Im wildreichsten Industriestaat der Welt ist das Rehwild in vielen Regionen der BRD Wild Nr. 1. Es ist leider jagdlicher Alltag, daß auch nicht sofort tötende, sondern nur verletzende Schüsse vorkommen. Die Jagdgesetze der Bundesländer verlangen deshalb in Erweiterung des Bundesjagdgesetzes, daß brauchbare Hunde bei der Jagd eingesetzt werden; ein Kriterium der Brauchbarkeit ist auch die Fähigkeit, waidwundes Schalenwild nachzusuchen.

Aufgrund dieser jagdlichen Verhältnisse in Deutschland und aufgrund der im Landesjagdgesetz aufgestellten Bedingungen wurde vom Deutschen Retriever Club die Schweißarbeit mit in das Prüfungsprogramm aufgenommen. Vorausgegangen waren etliche private und halb offizielle Versuche, um festzustellen, ob Retriever auf der mit Wildschweiß markierten Fährte suchen und das Stück finden.

Wir können heute mit Fug und Recht behaupten, daß die Arbeiten auf der künstlichen und der natürlichen Schweißfährte dem Retriever liegen. Bei einer sogenannten Schweißsichtung haben wir im DRC 1982 die Rassen Golden, Labrador und Flat-coated ohne jede vorherige Ausbildung Schweißfährten arbeiten lassen, und bei allen Retrieverschlägen waren eindrucksvolle Fährtenarbeiten und ein überzeugender Spurwille feststellbar.

Mit der Schweißarbeit ist es wie mit dem Feuerlöscher im Haus; die Wahrscheinlichkeit, jemals den Retriever, der im Fach »Riemenarbeit« ausgebildet wurde, in der Jagdpraxis bei einer Nachsuche einsetzen zu können, ist »Gott sei Dank« sehr gering; wenn man jedoch mit Hilfe seines Retrievers am langen Riemen das erlegte Schalenwild gefunden hat, erlebt man ein derartiges Glücksgefühl, daß die vielen Übungsstunden auf der künstlichen Fährte rasch vergessen sind; das hohe Ansehen der deutschen Jäger beruht zu einem großen Teil auf diesem Sektor der Waidgerechtigkeit und auf dieser Ausbildungsmethode ihrer Jagdhunde.

Der Retriever zieht beim Nachsuchen das waidwunde Schalenwild auch nach Aussage von Forstleuten, die ihn häufig einsetzen konnten, sicher zu Boden, versucht auch zu apportieren, das rabiat scharfe Abtun des waidwunden Stückes – wie bei einigen Vorstehhunderassen – ist nicht retrievertypisch; beim toten Stück angekommen, neigen die Retriever wie o.a. zum Versuch des Apportierens. Diese Neigung sollte man bei der Ausbildung nutzen; es lohnt sich, den Retriever zum Verweiser auszubilden. Nachdem er auf der Schweißfährte das verendete Schalenwild gefunden hat, läuft er zu seinem Führer zurück und gibt durch sein Verhalten zu erkennen, daß er es gefunden hat, und führt dann den Führer zum Stück.

Von den Rettungshunden wissen wir, daß Retriever recht gut »verbellen« können, sie sind dabei jedoch immer im engen Führerkontakt; beim Waidwerk entfernt sich der Retriever oft kilometerweit und für Stunden vom Führer, und ich kann aufgrund meiner Erfahrung mit Retrievern, die nur in Ausnahmefällen einen »losen Hals« haben und selten anhaltend »laut« geben, nicht zur Verbeller-Ausbildung, sondern nur zur »freien Verweiserarbeit« raten.

Der Verbeller bleibt beim toten Wild und bellt anhaltend so lange, bis sein Führer zu ihm gefunden hat (in der Praxis kann das viele Stunden dauern).

Das stark ausgeprägte Wesensmerkmal »Apportierfreudigkeit« läßt sich für die Verweiserarbeit sehr viel leichter formen, als die nur bei wenigen Retrievern vorhandene Neigung, Laut zu geben!

## Die Wasserarbeit

Die Vorbereitung für die Wasserfächer der JGP/R ist identisch mit der Einarbeitung für die Wasserjagd; folgende Leistungen werden vom Retriever bei der JGP/R verlangt:

1. Gehorsam bei der Wasserarbeit
2. Bringen der Ente
3. Stöbern im tiefen Schilfwasser ohne Ente
4. Stöbern im tiefen Schilfwasser mit Ente
5. Verlorenbringen aus tiefem Schilfwasser

Eine Domäne der Retriever sind ihre weltweit anerkannten Fähigkeiten bei der Wasserarbeit; wieviele dieser Fähigkeiten angewölft (angeboren) und wieviele Folge konsequenter Ausbildung sind, läßt sich niemals scharf trennen. Die Diskussion darüber überlasse ich gerne den kynologischen Literaten: der Praktiker, der mit seinem Hund gerne und erfolgreich jagen will, wird wissen, wie er die Wasserfreudigkeit seines Retrievers ausbauen kann und wird keine Minute für das Studium solcher jagdkynologischen Veröffentlichungen verschwenden. Voraussetzung für die Wasserarbeit ist das sichere Apportieren an Land, das auch durch Ablenkungen nicht mehr unterbrochen wird; gleichzeitig muß eine absolute Schußruhe und Schußfestigkeit gefordert werden. Das 3. Kriterium wird auch von den guten Jagdhundeführern häufig übersehen. Wasserarbeiten sind Schwerstarbeiten; eine gute körperliche Kondition ist für die Wasserarbeit unabdinglich!

*Abb. 85: Bringen der Ente. Foto: H. Splittgerber*

*Abb. 86: Bringen von Haarwild. Foto: H. Splittgerber*

Zwei Wesensmerkmale der Golden Retriever erleichtern den Einstieg in die Ausbildung für die Wasserjagd:

1. Die enge Bindung an seinen Führer: Der Retriever ist ohne große Dressur unangeleint dicht bei seinem Führer zu halten; er ist leicht ohne Halsung und Leine auf der linken Seite des Führers abzulegen. Aber auch bei diesem so einfach erscheinenden Fach muß bei der Ausbildung darauf geachtet werden, daß er alle möglichen Ablenkungen zwar wahrnimmt (Schüsse, andere Jäger mit ihren Hunden, eine fallende Ente etc.), aber niemals seinen Platz vergißt: auch jedes Apportieren geschieht erst nach Aufheben des Ablegens und nach Apportierbefehl.
2. Sein ruhiges Verhalten: Die Retriever sind von Rasse und Naturell her *sehr* ruhig: ruhig im wahrsten Sinne des Wortes. Die Retriever bellen, jaulen oder fiepen nicht auf dem Stand; jeder, der einmal einen Entenstrich an einem dämmrigen Septemberabend mitgemacht hat, weiß, wie störend lautgebende oder an der Leine zappelnde Hunde für die Jagd sind.

Gerne erinnere ich mich an eine meiner ersten Enten-Jagden mit dem damals 4jährigen Baltic Golden Arno. Wir standen zu vier Schützen hinter einem Schirm aus geflochtenem Schilf. Baltic Golden Arno lag neben mir, ein großer Schoof Enten flog auf unseren Schirm zu; und jeder der Schützen konnte Treffer vermelden; die Enten fielen z.T. in eine Brache vor uns, z.T. auf den hinter uns gelegenen Teich. Eine der erlegten Enten durchschlug jedoch die Schilfwand und fiel direkt in unseren Stand. Der Retriever hob den Kopf, die gesamte Muskulatur spannte sich, ich wiederholte nur leise das »Platz« und die Anspannung ließ nach; die erste Bewährungsprobe bei der Entenjagd war bestanden. An den anderen Ständen fingen die Hunde an zu bellen und jaulen; die Ruhe an unserem Stand garantierte uns die größte Strecke. An diesem Abend apportierte »Arno« 14 Enten, die meisten vom Land, jedoch einige, darunter eine geflügelte Ente, auf dem Teich; die anderen Hunde und gelegentlich noch fallende Schüsse konnten ihn nicht beeindrucken oder von seinem Apportierauftrag ablenken!

Für die Ausbildung Ihres Retrievers für die Wasserarbeit und speziell das Fach Stöbern im Schilf hinter der geflügelten Ente, brauchen Sie ein geeignetes Ausbildungsgewässer. Die meisten Kreisgruppen des DJV und auch die Landesgruppen des DRC bieten Wasserübungsmöglichkeiten an. Bei der Wasserarbeit sollten Sie niemals auf die Unterstützung durch erfahrene Jagdkynologen verzichten.
Das Wasserfach, das dem Golden Retriever von den aufgezählten Prüfungsgebieten am ehesten Schwierigkeiten macht, ist das Fach Stöbern im Schilf (ohne Ente). Von einem guten Stöberhund wird erwartet, daß er an Land oder im Wasser eine große Fläche sehr zügig nach Wild absucht. Der Golden Retriever bleibt vom Naturell her gerne in der Nähe des Führers; er jagt also meistens auf kurze Distanz und generell *stumm*.
Im Wasser ist das lautlose Jagen ohne Bedeutung, jedoch beim Stöbern im Wald ein echter Mangel; der Retriever wird nur durch Befehl sich auf weite Entfernun-

gen einweisen lassen, er wird nicht von einer ungezügelten Passion nach vorne getragen wie viele der deutschen Jagdgebrauchshunde. Bei der Einübung dieses Wasserfaches sollte man immer bedenken, daß die Fortbewegung im Wasser, und besonders im Morast oder Sumpf für die langhaarigen Golden Retriever Schwerstarbeit bedeutet. Aufgrund des Wassers im Fell, das nicht sofort abrinnt oder abgeschüttelt wird, erhöht sich das Körpergewicht des Retrievers auch um ein bis zwei Kilogramm.

Für die Wasserarbeit gilt wie für jedes andere Fach auch: »variatio delectat«; die Abwechslung verhindert Langeweile. Ich habe an jedem Teich in meiner Umgebung während der Sommermonate geübt, der einzige Teich mit einem guten Schilfgürtel war über 35 km entfernt. Der Besitzer, der einen Labrador besaß, hatte für mein Anliegen volles Verständnis, und so konnte ich in einem der schönsten Teichgüter Deutschlands einen Sommer lang jedes Wochenende meinen Arno ausbilden.

**1. Die »freie« Verlorensuche im Wald**

*Durchführung:* auf eine bewachsene Fläche, ca. 50 × 50 m groß, und für den Führer nicht begehbar, werden je ein Stück Haar- und ein Stück Federwild ausgeworfen. Es soll möglichst gegen den Wind und außer Sicht des Führers und des Hundes geschehen. Der Führer bringt den Hund an der Leine an die angewiesene Fläche und schnallt ihn zur Verlorensuche. Der Führer darf nach seinem Belieben Kommandos geben, die Fläche aber nicht betreten. Der Hund muß zeigen, daß er Verloren suchen und finden will; er soll die ausgelegten Stücke finden und bringen.

Zwei Fächer bei der JGP/R sind absolut retrieverspezifisch; d.h. sie gehören nicht zum Prüfungskatalog einer Verbandsprüfung (die VGPO des Jagdgebrauchshundeverbandes ist ja ausschließlich auf die Fähigkeiten des deutschen Jagdgebrauchshundes bei den Arbeiten vor und nach dem Schuß ausgerichtet). Diese Fächer »die freie Verlorensuche« und das »Einweisen« erweitern jedoch das Spektrum der Leistungen des Retrievers bedeutend.

*Bewertung:* z.B. für ein sehr gut als Bewertung der Leistung soll der Retriever 2 Stücke innerhalb von 3 Minuten bringen.
Die Durchführungsbeschreibung hat mich beim ersten Lesen kaum bewegt; ich hielt die Fläche für sehr klein und die Zeiten für sehr hoch angesetzt. Ich zweifelte auch am Bezug dieses Faches zum jagdlichen Alltag. Nachdem ich im Laufe meiner Richtertätigkeit über 100 Retriever in diesem Fach gesehen und beurteilt habe, weiß ich, wie schwer dieses Prüfungsfach, und wie jagdnah es zudem ist. Oft ist es mir passiert, daß nach einem Treiben bei einer Waldjagd ein abgestellter Schütze sagte, dort muß noch ein Fasan und dahinten noch ein Hase liegen. Das war meistens ein Richtungswinken mit dem Arm und die Entfernung ergab sich aus der Flintenschußweite. Ein zur planvollen Verlorensuche ausgebildeter Golden

findet und bringt meistens innerhalb von 1 Minute beide Stücke. Bei der Verlorensuche arbeitet er fast nur mit hoher Nase, und nimmt, wenn möglich, immer Hilfen seines Führers an. Einen sehr passionierten Vorstehhund oder einen Stöberhund kann man in einem wildreichen Gelände niemals so erfolgreich zur Verlorensuche einsetzen wie einen Retriever, da Jagdhunde mit dem o.a. Anlagen zu leicht abgelenkt werden. Das sage ich ohne jede Abschätzung oder vergleichende Wertung; der Retriever ist dafür bei der Arbeit vor dem Schuß nicht in der Lage, überzeugende Vorstehleistungen zu zeigen.

**2. Das Einweisen**

Diese Arbeit ist bei Nacken- oder Seitenwind im Feldgelände mit dichtem, ca. 20 bis 30 cm hohen Bewuchs unmittelbar nach Auswerfen des Suchenwildes auszuführen; in einfacher (35 m) und zweifacher (70 m) Flintenschußentfernung werden 1 Stück Haarwild und ein Stück Federwild ausgelegt. Der Führer bestimmt, welche Wildart in der oben angeführten Entfernung ausgelegt wird. Ein Richter wirft das Suchenwild von der dem Führer gegenüberliegenden Seite in die Felddeckung. Der zu prüfende Hund darf dies nicht wahrnehmen. Die genaue Richtung des ausgelegten Suchenwildes wird dem Führer mitgeteilt, die Reihenfolge der zu bringenden Stücke ist frei. Der Führer schnallt den Hund am Ausgangspunkt und bleibt dort während der Arbeit des Hundes stehen.

*Beurteilung:* Beurteilt wird die Lenkbarkeit und der Finde- und Bringwille der Retriever. Der Führer soll seinem Hund am Ausgangspunkt eine Richtung angeben und ihn durch akustische (Pfeife) und optische (Handzeichen) Signale lenken können. Dauernde laute Befehle und Richtungswürfe sind punktmindernd; ein Hund, der wahrgenommenes Wild nicht selbständig (ohne Einwirkung des Führers) bringt, scheidet aus der Prüfung aus.

*Bewertung:* z.B. sehr gute Leistung: 2 gebrachte Stücke in 5 Minuten

Das Angeben einer Richtung, das Einweisen, ist ebenfalls retrieverspezifisch. Nur sehr führige Hunde, die vorwiegend mit hoher Nase arbeiten und deren Passion im Finde- und Bringwillen, nicht im Stöbern oder der Spurarbeit besteht, kann man für die Einweisung verwenden. Zur Ausbildung beim Einweisen verweise ich auf das Kapitel V »Die Ausbildung des Golden Retrievers« des Herrn Gail. Die Prüfungsordnung zur JGP/R läßt beim Einweisen recht viele Möglichkeiten für die Durchführung zu. Dem Retrieverführer, der seinen Hund ausschließlich in seiner eigenen Jagd entsprechend seinen eigenen Jagdverhältnissen einsetzen will, empfehle ich für die Ausbildung, für die Durchführung in der JGP/R und auch in der Jagdpraxis folgende Methode:

1. Üben Sie zunächst bei reinem Nackenwind und bei kürzeren Entfernungen des ausgelegten Wildes.
2. Weisen Sie den Hund in genügendem Abstand seitlich am Wild vorbei bis ca. 25 bis 30 m über das entferntere Stück hinaus.

3. Pfeifen Sie den Hund dann zurück, und lenken Sie ihn beim Herankommen in die Linie der ausgelegten Stücke.

Von Ihnen als dem Einweiser verlangt man, daß Sie den Hund bis auf ca. 5 m an das Wild heranbringen können, den Rest sollte die Nase des Hundes alleine schaffen.

Der perfekte Einweiser hält seinen Retriever auf 100 m mit weniger als 10 Grad Abweichung nach rechts oder links. Bei diesem fortgeschrittenen Einweisen spielt der Wind nicht mehr so eine große Rolle, da der Retriever mit zunehmender Erfahrung immer »richtungstreuer« wird.

Das Einweisen erlernt man als Neuling (Führer und Hund) am leichtesten in den Einweiserkursen, die der DRC jährlich veranstaltet. Für die Jagdpraxis reicht die oben kurz beschriebene Methode, für die JGP/R reicht sie ebenfalls; bei der Dr. Heraeus Prüfung wird jedoch perfektes Einweisen verlangt.

An meiner Schwärmerei für die Golden Retriever hat sich auch nach sehr vielen Kontakten zu anderen Jagdhunderassen, die ich während meiner Verbandsrichtertätigkeit kennenlernte, nichts geändert.

Mein Baltic Golden Arno wird jetzt im Sommer 1988 11 Jahre alt; er ist noch immer in hervorragender Kondition und sieht blendend aus. Täglich gehe ich eine Stunde mit ihm aus, und auch jetzt mache ich 1 Schleppe oder 1 Schweißarbeit oder 1 freie Verlorensuche pro Woche mit ihm. Auf den vielen Jagden, die wir zusammen hier im Münsterland erlebt haben, konnten Baltic Golden Arno und ich immer mit überzeugenden Leistungen für die Golden Retriever werben, und wenn ich bei Feldjagden ihn mal nicht mit führte, so hörte ich sofort die Frage »was macht der Golden Retriever«.

Seine Spezialität wurde die Apportierarbeit am »Runner«; so kam es häufig vor, daß »Arno« und ich schon nach dem ersten Treiben uns der Verlorensuche nach einem geflügelten Fasan widmeten und die folgenden Treiben ohne uns stattfinden mußten; ich hatte das Glück, wiederholt schwierige Runnerarbeiten über mehrere 100 m Distanz erfolgreich abzuschließen. Solche Leistungen und diese Jagdtage sind unvergeßlich, und ich fühlte mich dann immer trotz »blanker Flintenläufe« wie der »Jagdkönig«.

Auch mit 11 Jahren zeigt der Golden Retriever noch eine sehr gefällige Galoppsuche unter der Flinte, er zeigt gute »Manieren« am lebenden Wild, auch ohne »vorzustehen«. Weder bei der Entenjagd noch beim Fasanentreiben oder beim Buschieren oder Frettieren ist mir jemals in der Ära des Golden Retrievers ein Stück verlorengegangen. Und wenn ich nach der Jagd im Gasthof »Im Stern« auf ein Bier einkehre, dann fragt niemand mehr nach der Rasse des Hundes, denn alle kennen den Golden Retriever.

**Buschieren:** Jagd im Wald, der Hund sucht in Flintenschußentfernung vor dem Führer; aufstehendes Wild darf nicht gehetzt werden.

**Frettieren:** Mit Hilfe von domestizierten Albino-Iltissen (Frettchen) werden im Januar und Februar Kaninchen aus den Röhren gesprengt und bejagt: diese Jagdart verlangt absolut gehorsame Jagdhunde, sehr reizvoll.

**Klüngeljagd:** Westfälische Eigenart der Jagd, kleine Jägergruppen (2 bis 6 Jäger) bejagen mit Hund die Büsche und Hecken des Reviers.

**BLP:** Bringleistungsprüfung
**JGP/R:** Jagdgebrauchsprüfung für Retriever
**DK:** Deutsch-Kurzhaar (Vorstehhund)
**GM:** Großer Münsterländer (Vorstehhund)

**Piotti:** F. Piotti/Gardone, Italien, Hersteller von feinen Doppelflinten

**Dummy:** Mit Segeltuch ummantelter, leichter, schwimmfähiger Apportiergegenstand (siehe Kapitel VI).

**Einweisen:** Einarbeitung für das Einweisen (siehe Kapitel V.).

# VII. Der Golden Retriever als Blindenführhund

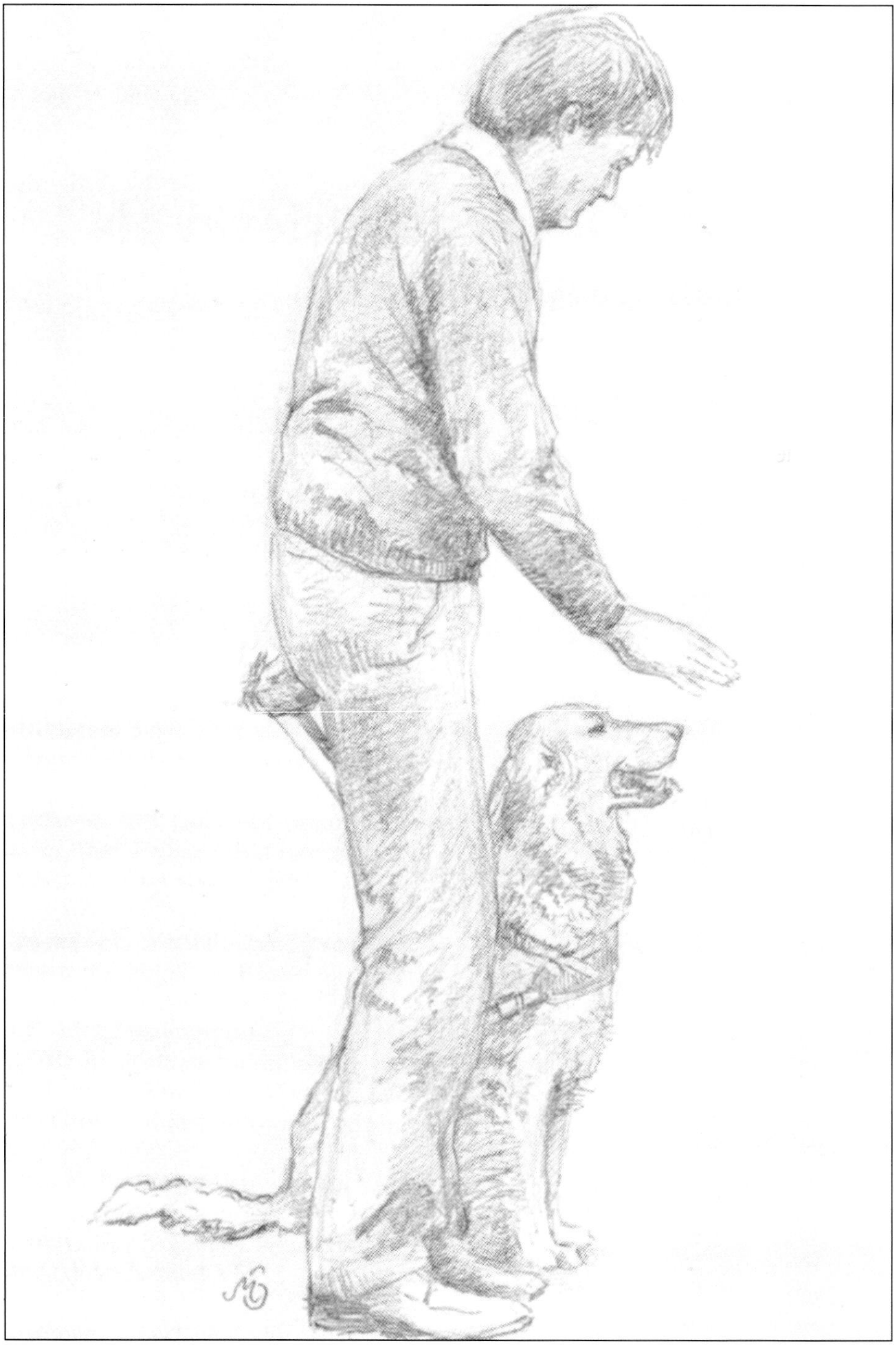

Beginnend in Deutschland in den Jahren nach dem 1. Weltkrieg hat sich eine einzigartige Zusammenarbeit zwischen dem sehbehinderten Menschen und dem Blindenführhund nach und nach in der ganzen Welt ausgebreitet. Blindenführhundeschulen bestehen heute schon lange in den meisten europäischen Ländern, beispielsweise in Großbritannien, Frankreich, Holland, Deutschland, Norwegen, Finnland, in der Schweiz und in Übersee, in den Vereinigten Staaten von Amerika, in Kanada und auch in Australien. Kurz, überall dort, wo die Lage es erlaubt, dem sehbehinderten Menschen durch einen Führhund zu helfen. Ständig werden neue Schulen gegründet.

Durch seine angeborene Bereitschaft, sich dem Menschen anzuschließen, sich auf ihn einzustellen und ein besonderes Vertrauensverhältnis zu ihm zu entwickeln, ist der Hund generell für eine solche Aufgabe geeignet. Bei einigen Rassen ist jedoch die Eignung noch ausgeprägter als bei anderen, und über die Jahre sind auf diesem Gebiet drei Rassen weltweit bekannt geworden. Dies sind der Labrador Retriever, der Golden Retriever und der Deutsche Schäferhund. Besonders der Labrador Retriever wird in manchen Ländern, beispielsweise in der Schweiz und in Finnland, von den dortigen Ausbildungs-Organisationen bevorzugt. In beiden Ländern bestehen seit geraumer Zeit eigene Zuchtstätten, deren Zuchtprogramme mit sorgfältig ausgewählten Tieren eine hohe Erfolgsrate verzeichnen.

In Deutschland hat verständlicherweise bisher der Deutsche Schäferhund den Vorrang. In England andererseits hat man erkannt, daß die besonderen Eigenschaften, die den Golden Retriever und den Labrador Retriever voneinander unterscheiden, sich gut ergänzen. Man ist deshalb dort dazu übergegangen, die beiden Rassen zu kreuzen. Es hat sich gezeigt, daß die 1. Generation (F1) dieser Kreuzung eine noch höhere Eignung zum Blindenführhund besitzt als der Labrador Retriever oder der Golden Retriever allein. Die Statistik der 1934 in England gegründeten »Guide Dogs for the Blind Association« macht es deutlich: Golden Retriever 78%, Labrador Retriever 79%, Golden Retriever × Labrador Retriever 85%, Deutscher Schäferhund 66%.

Warum, wird der Leser vielleicht jetzt fragen, eignet sich diese Labrador Retriever × Golden Retriever-Kreuzung besser als der »reinrassige« Hund? Zwei Wesensmerkmale schließen Hunde von vornherein von der Aufgabe des Blindenführhundes aus. Diese sind: Aggression und ein ausgeprägter »Schnüffeltrieb«. Besonders geeignet dagegen ist der Hund, der ein liebenswürdiges, ausgeglichenes Wesen besitzt, der nicht leicht aus der Ruhe zu bringen ist und eine hohe Toleranzschwelle aufweist, das heißt, nicht »sofort übelnimmt«. Dieses Wesen besitzt der Labrador Retriever in großem Maß. Er neigt jedoch häufig nicht nur zu einem ausgesprochenen »Schnüffeltrieb« einerseits, sondern gelegentlich auch noch zu einer starken Freßlust. Ein Hund, der ständig mit der Nase unten sucht und sich von der Arbeit durch Freßbares ablenken läßt, kann bei der Ausbildung Schwierigkeiten machen. (Bezeichnend ist es, daß ein gerade wegen dieses Schnüffeltriebes aus der Blindenführhundeschule in England ausgeschiedener Labrador anschließend zum »Top

*Abb. 87: POPPET. An der Blindenführerhundeschule der Blindenstudienanstalt Marburg/Lahn ausgebildeter Retriever. Foto: Kevin Skinner*

Dog« bei den Spürhunden wurde!). Der Golden Retriever wiederum ist ein sensibler Hund, der »Erlittenes« nicht so schnell vergißt. Vom Streß der Ausbildung wird er leichter beunruhigt, und in diesem Zustand wird er gelegentlich nicht nur starrsinnig, es kommt manchmal so weit, daß er sogar die Arbeit verweigert.

Die Kreuzung dieser beiden Rassen weist in der 1. Generation eine höhere Eignung auf als die einzelnen Rassen für sich. Der Labrador gleicht die mögliche Starrsinnigkeit des Golden aus, der Golden bringt eine höhere Sensibilität in die Kreuzung.

Weitere wichtige Voraussetzungen für die Eignung zum Führhund sind: die Größe des Hundes, die Art des Fells, Wille zum Gehorsam gepaart mit Intelligenz und einer natürlichen Anlage zu arbeiten.

Sowohl der Golden Retriever als auch der Labrador Retriever sind mittelgroße Hunde mit kräftigen Knochen und kompaktem Gebäude. Kräftig wie sie sind, wirken sie keinesfalls massig oder klobig. Ein zu großer Hund hätte Schwierigkeiten in unserer heutigen Zeit, in die verschiedenen öffentlichen Verkehrsmittel hineinzupassen. Er könnte sich nicht ohne Probleme zwischen den Hunderten von Menschenbeinen auf dem Gehweg zurechtfinden, und schließlich würde er in einer eventuell nicht sehr großen Wohnung bei der Familie des Sehbehinderten kaum Platz haben.

Was das Fell angeht, ist das des Labrador kurz und wirklich pflegeleicht, das des Golden Retrievers, obwohl mittellang, ist auch nicht schwieriger zu pflegen. Ein tägliches Bürsten sorgt für Sauberkeit und beschränkt, auch während des Fellwechsels, die Haarprobleme auf ein Minimum. Durch die dichte, wasserabstoßende Unterwolle ist der Retriever auch bei der ungünstigsten Witterung geschützt. Hier haben wir keinen Hund, der an naßkalten Tagen zitternd an der Haltestelle oder vor dem Geschäft sitzt. Es kann noch so kalt sein, noch so stark regnen, weder Kälte noch Nässe dringen, dank der Unterwolle, durch bis auf seine Haut. Es bleibt natürlich nicht aus, daß der Golden Retriever gelegentlich schmutzig wird. Wenn er in den schlechten Jahreszeiten durch Schlamm, Schmelzwasser oder Schneereste gelaufen ist, sieht die Befederung an seinem Bauch und an den Beinen eher schwarz als gold aus. Ein kurzes Abduschen und ein Abrubbeln mit dem Hundehandtuch genügen jedoch, um ihn wieder gesellschaftsfähig zu machen. Er kann auf seinem Platz in der Wohnung weiter trocknen.

Die Arbeit, die auf den Blindenführhund zukommt, bringt ihn in viele Situationen, die für einen Jagdhund nicht typisch sind. Trotzdem sind es mehrere, den Jagdhund auszeichnende Wesenszüge, die ihn für die Arbeit des Blindenführhundes geeignet machen. Es sind Lenkbarkeit, Aufmerksamkeit, Geduld, Ausdauer und darüber hinaus Freundlichkeit gegenüber Menschen und anderen Hunden. Als Blindenführhund kommen ihm all diese Eigenschaften zugute, und mit Generationen von schußfesten Ahnen hinter sich, fällt es ihm leicht, sich an den Lärm der

Großstadt, Fehlzündungen der Autos oder das Vorbeifahren von schweren Lastkraftwagen zu gewöhnen. Seine Freundlichkeit und Zuverlässigkeit den Menschen gegenüber erlauben es ihm, sich in der Stadt, auch in der Hauptverkehrszeit, sicher zu bewegen, oder – was immer wieder beim Blindenführhund vorkommt – sich von Fremden streicheln zu lassen. Die Ruhe, die er stets hierbei ausstrahlt, hilft auch seinem sehbehinderten Partner, ebenfalls ruhig und gelassen zu bleiben.
Die einzigartige Zusammenarbeit des Führhundes mit dem Sehbehinderten gehört zu einer der schwierigsten und gleichzeitig erfreulichsten Aufgaben, die der Hund heute mit dem Menschen verrichtet. Nur der gesunde Hund mit einem gesunden, sicheren Wesen kommt für diese Aufgabe in Frage. Diesem Leitsatz folgend erzielen die Hundeschulen eine recht beachtliche Erfolgsrate.

Die ersten eineinhalb Jahre des für die Ausbildung bestimmten Hundes verlaufen überall nach einem fast gleichen Programm. Auch diejenigen Welpen, die in einer schuleigenen Zucht geworfen werden, gehen mit 6 bis 10 Wochen an eine Patenfamilie. Diese ausgesuchten Patenfamilien übernehmen eine sehr verantwortungsvolle und zeitaufwendige Aufgabe, denn von ihnen hängt es ab, ob der Junghund in den nächsten zehn bis fünfzehn Monaten die Eignung für seine spätere Ausbildung in der Schule entwickelt. Eine solche Patenfamilie muß nicht nur Zeit, Idealismus und Liebe aufbringen, sie muß auch die Gewißheit ertragen können, daß zum Schluß doch noch Tränen vergossen werden, wenn sie sich von ihrem Schützling endgültig trennen muß.

Wieviel Verantwortung in dieser Aufgabe liegt, beweist nicht nur die Arbeit der Verhaltensforscher, sondern auch die der erfahrenen Fachleute in den Blindenhundeschulen. Diesen zufolge ist das Wesen des Hundes in starkem Maß von der Prägung in einem sehr frühen Alter abhängig. Gerade der für die Ausbildung bestimmte Welpe benötigt von der 7. Woche an – noch lange bevor er durch Impfung gegen Hundekrankheiten voll geschützt ist – einen intensiven Kontakt zu seiner Umwelt. Je intensiver die Sozialisierung in dieser Phase, desto sicherer scheint das Wesen des ausgewachsenen Hundes zu sein.

Bei der Aufzucht des Junghundes erhält die Patenfamilie wertvolle Unterstützung durch den Ausbilder. Schon bei der Übergabe des Welpen bekommt sie schriftliche Anweisungen und gut durchdachte Ratschläge für eine optimale Haltung des Hundes. Die Familien werden außerdem regelmäßig von Mitarbeitern der Schule aufgesucht, die die Entwicklung des Junghundes beobachten und überprüfen. Die Hauptaufgabe der Patenfamilie besteht darin, den Junghund auf die in der Zukunft auf ihn zukommende Umwelt vorzubereiten. Er soll sich an Straßenverkehr und Menschengedränge gewöhnen, soll hin und wieder im Bus, in der Bahn oder in der Straßenbahn mitfahren. Man gewöhnt ihn mit viel Lob und Zuspruch an all diese Dinge und, um sein Selbstbewußtsein zu stärken, gibt man ihm häufig Gelegenheit, mit seinen Artgenossen zu spielen. Von dieser Prägungszeit bei der Patenfamilie hängt es vielfach ab, ob der Hund später einen wirklich sicheren Partner für einen Sehbehinderten abgibt oder nicht.

*Abb. 88: Früh übt sich!*

Nach Ablauf einer zwischen zehn und achtzehn Monate dauernden Periode kommt der Junghund zur Ausbildung in die Schule. Er durchläuft jetzt eine intensive Probezeit von 3 bis 4 Wochen, um festzustellen, ob er die notwendige Wesensfestigkeit besitzt, den Streß des Lebens eines Führhundes zu ertragen. Dies ist für ihn eine verwirrende Zeit, denn der Wechsel von der Familie zur Zwingerhaltung in der Meute fällt keinem Hund leicht. Besteht er die Probe nicht, hat seine Patenfamilie die Möglichkeit, ihn zurückzubekommen. Wenn er sie jedoch besteht, fängt für ihn der Ernst des Lebens an. Er wird jetzt kastriert bzw. sterilisiert, nach der Erholung hiervon kann man mit der Ausbildung beginnen.

Voraussetzung für einen optimalen Abschluß dieses 6 bis 10 Monate dauernden Ausbildungsabschnitts sind die Fachkenntnisse des Ausbilders. Es liegt an ihm, das Lernen so spielerisch zu gestalten, daß der Junghund stets aufs Neue zum freudigen Mitmachen motiviert wird. Der Ausbilder muß über sehr viel Erfahrung verfügen, darf nie ungeduldig werden und muß vor allem eine große Zuneigung für Hunde im Allgemeinen haben. Die Arbeit muß für ihn eine inhaltsreiche und befriedigende Aufgabe sein, wenn sie zu einem wirklichen Erfolg führen soll.

Der Junghund ist mit seinem Ausbilder von nun an täglich sehr viel unterwegs.

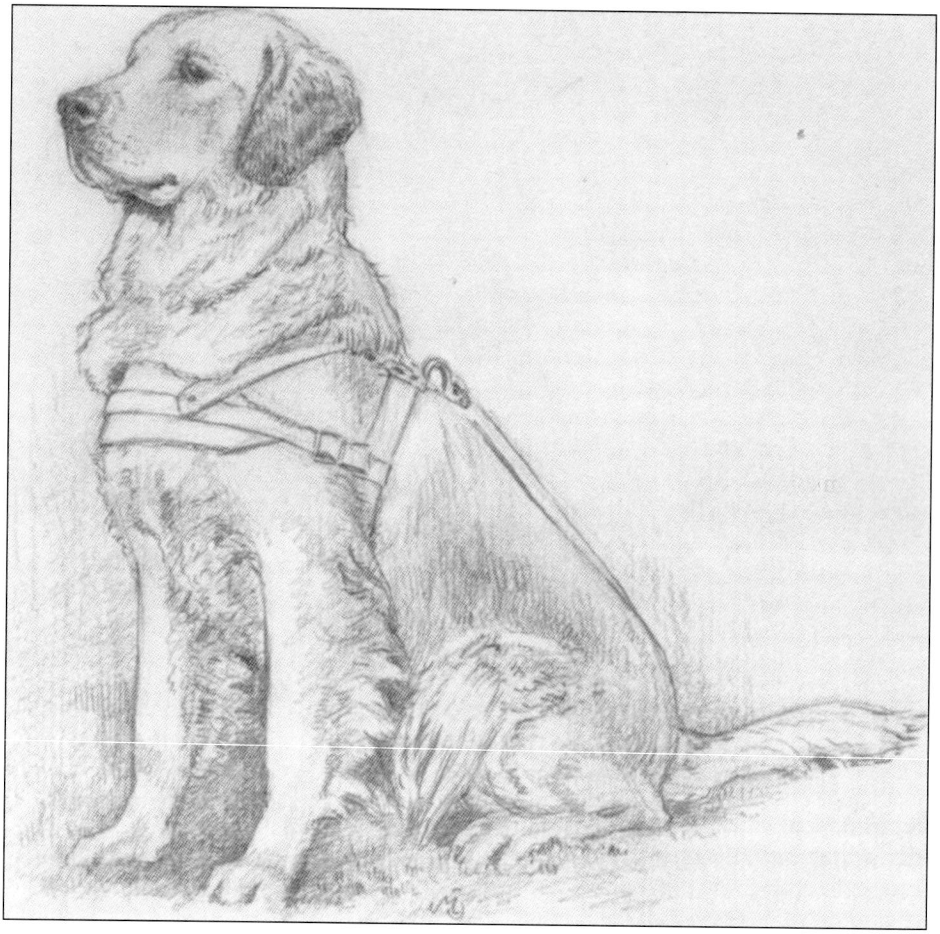

Durch ein systematisches, stufenweise aufgebautes Abrichten lernt er, sich zuverlässig auf Kommando zu bewegen.

Daß es Dinge gibt, die er nicht lernen kann, ist verständlich. Dazu gehört beispielsweise das »Lesen« einer Verkehrsampel. In einigen Ländern sind die Fußgängerampeln bei Grün mit einem Hörzeichen versehen. Dies erlaubt dem Sehbehinderten und seinem Hund, so sicher wie möglich über die Straße zu kommen. Aber auch Radfahrwege, die dicht am Bürgersteig liegen oder diesen kreuzen, sind für den Hund optisch nicht erkennbar und trotz seiner sonst erstaunlichen Fähigkeiten reicht beim Führhund die Intelligenz nicht aus, die volle Verantwortung beim heutigen Verkehrsaufkommen zu übernehmen.

Es ist nicht nur Sache des Ausbilders, den Führhund abzurichten, er muß auch dafür Sorge tragen, daß Führhund und Sehbehinderter sich möglichst gut ergänzen. Nicht jeder Hund paßt beispielsweise größenmäßig, kräftemäßig oder auch wesensmäßig zu jeder Person, und auch hierfür sind viele Fachkenntnisse und sehr viel Einfühlungsvermögen erforderlich.

Ist diese Wahl zufriedenstellend getroffen, kann die nächste Stufe, die gemeinsame Ausbildung des ausgesuchten Hundes mit dem Sehbehinderten, im Schulungszentrum beginnen. Hier wird vor allem das Selbstbewußtsein des Blinden und des Führhundes gestärkt, denn in sehr vielen Fällen handelt es sich um Menschen, die nie zuvor etwas mit Tieren zu tun gehabt haben. Außerdem hat sich beim Führhund durch die tägliche gemeinsame Arbeit eine recht starke Bindung an den Ausbilder entwickelt. Jetzt heißt es, diese Bindung, diese Anhänglichkeit von der Bezugsperson zu lösen und auf einen völlig fremden Menschen zu übertragen.

Der letzte Abschnitt dieses langen Weges vollzieht sich am Heimatort des Sehbehinderten, wo der Führhund intensiv auf die besonderen Verhältnisse im Alltag des neuen Besitzers eingestellt wird.

Auch nach der Übergabe des Führhundes leistet der Ausbilder weitere wertvolle Beraterdienste, und ist stets bereit, bei eventuell auftretenden Problemen zu helfen. Um die Sicherheit bei der Arbeit und das Wohlergehen des Führhundes zu überprüfen, besucht er auch in der Folgezeit den Sehbehinderten in regelmäßigen Abständen.

Ist zwischen Führhund und seinem sehbehinderten Besitzer nach intensiver Ausbildung ein festes Vertrauensverhältnis erreicht – und die Führhundeschulen überwachen dieses bei ihrer Beratung und Betreuung auch weiterhin – so bringt dieses Verhältnis dem Sehbehinderten unermeßliche Dienste; es gewährt ihm eine größere Unabhängigkeit und Bewegungsfreiheit, es beschafft ihm einen treuen Freund, und bietet andererseits dem Führhund nicht nur den ihm von seiner Natur aus gesuchten, ständigen Kontakt zum Menschen, sondern auch noch eine tägliche inhaltsreiche Aufgabe.

# VIII. Der Golden Retriever als Rettungshund

# 1. Der Rettungshund

Der Rettungshund (in der Schweiz Sanitätshund) wird vielfach dort eingesetzt, wo nach Erdbeben, Überschwemmungen oder Explosionen Menschen vermißt oder verschüttet sind.

Zumeist geht es darum, jemanden, der sich verirrt hat, oder ein vermißtes Kind zu finden. Manchmal handelt es sich um einen Großeinsatz bei einer Katastrophe, beispielsweise wie bei dem Erdbeben 1985 in Mexico City. Damals waren 4 von den 24 Staffeln des Deutschen Bundesverbandes für das Rettungshundewesen im Einsatz. Dort spürten die Hunde dieser Staffeln 27 noch Lebende und mehr als 100 unter den Trümmern liegende Tote auf, und dies in den Stunden und Tagen nach der Anspannung eines langen Fluges!

Hunde vieler Rassen eignen sich für die Ausbildung als Rettungshund, auch der Mischling sollte nicht ausgeschlossen werden. Lediglich zu große und zu kleine Hunde sind für diese Aufgabe nicht geeignet.

Es kommt auf den Charakter des Hundes an, denn von der von ihm geleisteten Arbeit hängt oft ein Menschenleben ab. Der nicht absolut wesensfeste Hund versagt schon in der Ausbildung bei den ihm gestellten Aufgaben. So entsteht bereits in diesem Stadium eine strenge Auslese.

Die Mehrzahl der heutigen Rettungshunde sind Deutsche Schäferhunde, aber sowohl der Labrador Retriever als auch der Golden Retriever haben dort, wo sie zur Ausbildung und zum Einsatz gekommen sind, gezeigt, daß sie Hervorragendes leisten können.

Voraussetzung für eine erfolgreiche Ausbildung eines Rettungshundes sind die folgenden Eigenschaften: eine gute Nase, Lauffreudigkeit, Ausdauer, Bringtrieb und dazu Lenkbarkeit, gekoppelt mit einer guten Portion Selbständigkeit. Die Aufgabe des Rettungshundes ist es, sich möglichst schnell in die ihm angegebene Richtung vorzuarbeiten, das heißt zu der Stelle, wo ein vermuteter Vermißter liegt, und durch Verbellen den Helfenden anzuzeigen, wo sie jetzt eingreifen müssen. Dem verschütteten Menschen kann nur geholfen werden, wenn der Einsatz schnell und zielstrebig durchgeführt wird. Ein Hund, der ständig hilfesuchend Ausschau nach seinem Führer hält, würde viel kostbare Zeit verschwenden. Das Ziel der Ausbildung ist es, einen Hund zu erhalten, der auf Kommando selbständig seinen Weg über Trümmerhaufen, durch Schutt und Erde verfolgt und in unübersichtlichem Gelände zielbewußt vorangeht und sucht.

Durch die spielerische Gestaltung der Ausbildung, durch viel Lob und Zuspruch, wird das Vertrauensverhältnis zwischen dem Hund und seinem Hundeführer gestärkt und gefördert. Druck wird nicht ausgeübt, denn auf den Hund, der unter

Druck arbeitet, ist kein Verlaß. Durch gezielte Erfolgserlebnisse wird der Hund stets aufs Neue zum freudigen Mitmachen bewegt.

Aus dem voll ausgebildeten Hund, der in enger Gemeinschaft mit seinem Führer lebt, entwickelt sich ein Tier, das beim Einsatz im Notfall schier Unglaubliches leisten kann.

Die Ausbildung verlangt sehr viel vom Hund, auch sehr viel, was ihm von seiner Natur her nicht gegeben ist, beispielsweise das Erklettern einer steilen Leiter, Balancieren auf einem wackeligen Balken, das Finden eines Weges durch den Wirrwarr einer Ruine. Ohne davor zurückzuschrecken muß er sich nahe an Feuer und durch dichten Rauch bewegen.

Es versteht sich von selbst, daß der Rettungshund stets eine sehr gute Kondition aufweisen muß. Schon bei der Prüfung wird das Zurücklegen von 10 km in 70 Minuten verlangt, ohne daß sich zum Schluß Anzeichen einer Übermüdung oder Erschöpfung bemerkbar machen. Die Dauer der Ausbildung beträgt ein bis zwei Jahre und alle Hunde und ihre Führer nehmen hinterher regelmäßig an Übungen teil. Die Rettungshund-Mannschaft muß stets einsatzbereit sein, sie kann sich nicht »schnell-vorher-fit-machen«.

Der Beitrag des Hundeführers bei dieser Arbeit ist ebenfalls beträchtlich. Auch er muß sich für seine Aufgabe qualifizieren: Kurse in Erster Hilfe für Mensch und Hund, Ausbildung im Kartenlesen und im Umgang mit Funkgeräten sind notwendig. Dazu muß der Hundeführer auch stets körperlich fit sein, denn der Einsatz kann sich über viele Stunden eines Tages oder auch über mehrere Tage ausdehnen. Die Arbeit mit dem Hund ist ehrenamtlich, vergleichbar in etwa mit dem Dienst bei der freiwilligen Feuerwehr oder der Lebensrettungsgesellschaft.

Jede Art der Zusammenarbeit zwischen Mensch und Hund kann sich zu einem beglückenden Hobby entwickeln. Wenn der Hundeführer mit seinem Hund auch dabei Menschen in Not helfen kann, wird aus dem Hobby eine höchst befriedigende Aufgabe. Schon das Kommando des Einsatzes macht es deutlich: »Such und Hilf!«

## 2. Der Lawinensuchhund

Der Aufbau eines Lawinensuchhundes verläuft nach dem gleichen vorher geschilderten Prinzip. Die angeborenen Eigenschaften des Hundes, die gute Nase, die Freude an der Arbeit, der Wille zum Gehorsam, werden durch viel Lob und Belohnung gezielt gefördert.

Da der Hund auch heute noch als das schnellste und zuverlässigste Mittel bei der Lawinenrettung angesehen wird, ist es vielleicht interessant, ein wenig auf die Ausbildung und die Arbeit des Lawinensuchhundes einzugehen.

Der Schweizerische Alpen Club (SAC) führt für seine Mitglieder Ausbildungskurse durch, an denen auch der »Sportlawineler« (ein Schweizer Ausdruck) mit seinem Hunde teilnehmen kann. Die Ausbildung bei den Sportlern ist in drei Stufen unterteilt; in jeder Stufe ist sowohl eine »Grobsuche« wie auch eine »Feinsuche« zu absolvieren.

Bei der Grobsuche wird ein bestimmtes Gebiet mit gelben Flaggen abgesteckt. In der höchsten Klasse, der Stufe III, beträgt es 9000 qm. In diesem, dem primären Lawinengebiet, muß der Hundeführer eine vom Prüfungsrichter gestellte Aufgabe lösen. Es sind, beispielsweise, drei Skifahrer an einer bestimmten Stelle oben in das Gebiet eingefahren, einer von ihnen war schon unten angelangt, als die Lawine losbrach, und seine beiden Freunde irgendwo im Schnee hinter ihm verschüttet. Im unterem Teil des Gebietes wird ein Ski gefunden. Die Einfahrtspur und der aufgefundene Gegenstand bestimmen das primäre Suchgebiet für die Grobsuche.

Die Feinsuche der Sport-Lawinenhunde verläuft auf einem quadratisch abgegrenzten Feld (Klasse I: 30 × 30 m, Klasse II: 40 × 40 m, Klasse III: 50 × 50 m). Der Suchhund muß das Gebiet systematisch absuchen. Er muß dabei Ausdauer, Suchfreude und Lenkbarkeit beweisen und einen vergrabenen Rucksack orten und anzeigen. Das Anzeigen wird ebenfalls bewertet; beurteilt wird sein Verhalten beim Graben: gräbt er von sich aus intensiv und zielbewußt, oder muß er vom Hundeführer aufgemuntert werden.

Bei der Feinsuche muß der Hund einen vergrabenen Rucksack auffinden, bei der Grobsuche besteht seine Aufgabe darin, zwei in mindestens zwei Meter Tiefe vergrabene Personen binnen fünf Minuten zu finden! Für jede weiteren 30 Sekunden wird jeweils ein Punkt abgezogen. Wie wir sehen, muß der Lawinenhund sehr schnell sein. Der mittlere Zeitbedarf eines ausgebildeten Hundes beim Absuchen eines ein Hektar großen Gebietes beträgt 30 Minuten, und das in tiefem Schnee!

Die Erfolgsquote, gemäß den Zahlen aus der Praxis, liegt bei 70%.

Wie wird ein Hund an diese Arbeit herangeführt?

Als erste Stufe geht der Hundeführer sichtbar für den Hund in eine vorher ausgeschaufelte Schneehöhle hinein. Der daraufhin losgelassene Hund folgt seinem Führer in das Schneeloch. Diese Übung wird so oft wiederholt, bis der Hund mit vollem Vertrauen in die Schneehöhle hineingeht.

In der zweiten Stufe wird ein wenig Schnee vor die Öffnung geschüttet, damit der Hund sich erst den Weg zu seinem Führer freigraben muß. Die allmähliche

*Abb. 89–91: BLOSSOM gräbt nach dem Rucksack.*

Vergrößerung der Schneemenge gipfelt schließlich darin, daß der Hund den Weg durch eine dickere Schneemauer hindurch graben muß.

In der dritten Stufe geht eine zweite Person mit dem Hundeführer zusammen in die Höhle und in der vierten Stufe geht nur noch die fremde Person hinein. Bei diesen beiden letzten Übungen wird, genau wie zu Beginn, zuerst nur wenig Schnee vor die Öffnung geschüttet und die Menge allmählich gesteigert, bis der Hund kräftig graben muß.

Die Motivation bei diesen Übungen besteht sowohl aus der Freude an der Nähe zum Menschen wie auch aus Lob und Belohnung.

Wie schnell die einzelnen Stufen dieser Ausbildung absolviert werden können, hängt ganz vom Wesen des betreffenden Hundes, beispielsweise von seiner Such- und Scharrfreude und natürlich auch von seinem Spürsinn ab.

Daß seine natürlichen Anlagen den Retriever für diese Aufgabe prädestinieren, steht außer Frage.

Zum Einsatz im Ernstfall kommen nicht allein die Hunde der SAC Führer, auch die Hunde der Sportlawineler stehen einsatzbereit, denn bei Lawinenunglücken ist die Schnelligkeit des Einsatzes von höchster Bedeutung und Hunde und Hundeführer, die in erreichbarer Nähe liegen, werden aufgerufen. Diese werden auf dem schnellsten Weg zum Ort des Unglücks befördert. Hinaus geht es mit Ski- oder Sessellift, gelegentlich auch in einer besonders für diesen Zweck entwickelten Tragevorrichtung unterhalb eines Hubschraubers, die das Absetzen von Mann und Hund erlaubt, ohne daß die Maschine landen muß. Der Lawinenhundeführer trägt eine umfangreiche Ausrüstung in seinem Rucksack bei sich, unter anderem heutzutage höchstwahrscheinlich auch das Vermißtensuchgerät »Barryvox«.

Seit Jahren nehmen mit Erfolg sowohl Golden als auch Labrador Retriever an den Schweizer Meisterschaften teil. So beispielsweise der Labrador Retriever-Rüde »Dirk v. Stieg«, der sich sechsmal hierfür qualifizieren konnte und 1983 Dritter wurde, und die Labrador-Hündin »Branka vom Bernholz«, die 1986 Schweizer Meisterin wurde. Die Golden Retriever-Hündin »Westland Blossom« konnte sich 1988, 10jährig, erneut für die Meisterschaften qualifizieren. Diese Hündin ist mit der Spezialmedaille der Schweizer Kynologischen Gesellschaft (SKG) für besondere Leistung ausgezeichnet worden, denn sie erzielte zweimal hintereinander mehr als 280 von 300 möglichen Punkten in der Klasse LawH III.

# IX. Die Zucht des Golden Retriever

**1. Vorspann**

In diesem Kapitel wird einiges über die Zucht gesagt. Ich weise jedoch darauf hin, daß das Folgende lediglich als Einweisung in die Materie, als Wegweiser für den Besitzer eines Golden Retrievers gedacht ist. Es ist auf keinen Fall als vollständige Unterlage für ein Zuchtvorhaben anzusehen.
Wer Züchter werden will, wird auf die diesbezügliche Fachliteratur hingewiesen (siehe Seite 294).

**2. Der Züchter**

Es gibt kaum eine von Menschen ausgeführte Tätigkeit, für die nicht ein offizieller Befähigungsnachweis verlangt wird. Für das Führen eines Fahrzeugs braucht man einen Führerschein, zum Jagen einen Jagdschein, der Koch, die Schneiderin, der Klempner, alle müssen ihre Kunst, ihr Handwerk gelernt haben. Es ist gleichfalls kaum anzunehmen, daß jemand eines Tages eine Rinder- oder Pferdezucht beginnt, ohne sich vorher eingehend mit allen Fragen der Tierzucht vertraut gemacht zu haben. Beim Hund scheint dies anders zu sein. Häufig gewinnt man sogar den Eindruck, daß zum Züchten lediglich der Besitz einer Rassehündin genügt.

Jeder, der Hunde miteinander paart, die von einem anerkannten Zuchtverband zur Zucht zugelassen sind, darf sich Züchter nennen. Auf Antrag erhält der angehende Züchter eine international anerkannte Zwingerschutzkarte, und mit dieser Karte in der Hand steht ihm nichts mehr im Wege, mit seinem ersten Wurf zu beginnen.

Warum wird man Züchter?
Wohl die wenigsten Privatpersonen kaufen sich einen Rassehund in der Absicht, mit ihm zu züchten. Ganz im Gegenteil, das Züchterleben beginnt in den meisten Fällen mit dem Besitz eines Rassehundes. Jemand, möglicherweise der Züchter des Hundes selbst oder ein Kenner, bemerkt, daß es sich hier um einen ausgezeichneten Hund handelt und schlägt vor, ihn auf einer Zuchtschau vorzuführen.
Gegen diesen Vorschlag ist nichts einzuwenden, denn auf einer Zuchtschau kann man Vergleiche ziehen. Dort läßt sich feststellen, ob der eigene Hund wirklich so viel verspricht wie erwartet. Bei diesem Anlaß kann man andere Hundebesitzer kennenlernen, sich generell informieren, nützliche Verbindungen anknüpfen. Zu guter letzt, wenn der Hund einigermaßen gut abschneidet, faßt man den Entschluß zum Züchten.

Sollten Sie jedoch bei dieser Gelegenheit feststellen, daß Ihr Hund den gesetzten Erwartungen nicht entspricht, keine gute Beurteilung erhält, von den anderen Hunden durch sein äußeres Erscheinungsbild oder – noch viel bedeutungsvoller – durch sein Wesen absticht, so lassen Sie am besten gleich den Gedanken an das Züchten fallen. Sie tun weder sich noch der Rasse einen Gefallen, mit einer mittelmäßigen Hündin zu züchten. Die Welpen aus einer solchen Verbindung, obwohl sie heutzutage in Deutschland noch immer Abnehmer finden, wären mit aller Wahrscheinlichkeit nicht die besten Vertreter der Rasse, und die Welpenkäufer – wenn sie auch zu 99% behaupten, weder ausstellen noch züchten zu wollen, wären am Ende doch enttäuscht bei der Feststellung, daß ihr Golden Retriever nicht gerade schön ist.

## 3. Die Verantwortung des Züchters

Es spielt keine Rolle, ob Sie durch Zufall oder mit Absicht »Züchter« geworden sind, durch Ihre Zuchthandlung übernehmen Sie die Verantwortung für Lebewesen! Nach acht Wochen entlassen Sie die Welpen bereits aus Ihrer Obhut, aber Sie sollten sich auch in den kommenden Jahren weiterhin für die Hunde verantwortlich fühlen, gleichgültig, ob sie in ein tierfreundliches, verständnisvolles Haus kommen oder – das kommt leider auch vor – in einer unfreundlichen Atmosphäre landen, die mit Vernachlässigung verbunden ist, woraus physische und psychische Schäden resultieren. Ich denke an stundenlanges Eingeschlossensein, Abgeschobenwerden und gelegentliche Mißhandlungen.
Sie werden fragen, wie so etwas möglich sein kann. Das süße Wollknäuel von 8 Wochen ist allerliebst, und manches wird ihm deshalb verziehen. Bald wächst es jedoch und kann sich – je nach Zuwendung – zum regelrechten Flegel entwickeln, der genau so viel Unerwartetes und Lästiges anstellen kann wie es Menschenkinder gelegentlich tun. Der Hund ist jedoch kein Mensch – dem Gesetz nach nur eine »Sache« – und wenn es soweit geht, daß er in der Wohnung angebunden oder in einen Kellerraum verbannt wird, und es keinem auffällt, ihm somit keiner in seiner Not helfen kann, ist eine Beeinflussung in diesem Stadium durch den Züchter nicht mehr möglich.

Die zuvor angesprochene Verantwortung für die späteren Jahre besteht darin, daß der Züchter die größtmögliche Sorgfalt und Menschenkenntnis bei der Auswahl der zukünftigen Welpenbesitzer walten läßt, die Entwicklung des Welpen beobachtend verfolgt und wenn nötig, beratend eingreift.
Wollen Sie mit Ihrer Hündin nur einmal einen Wurf Welpen aufziehen, oder über die nächsten vielen Jahre ernsthaft den Versuch machen, eine eigene Zucht von rassetypischen, gesunden Golden Retrievern aufzubauen, so bleiben Sie unmittelbar verantwortlich für die Welpen, die aus Ihrer Zucht entstanden sind.
Diese Ausführungen sind jedoch keineswegs die einzigen Überlegungen, die zu einem Zuchtvorhaben gehören. Die Aufzucht von Welpen erfordert viel Zeit, viel Platz, viel Geduld und auch noch gute Nerven. Golden Retriever bringen manchmal überraschend große Würfe zur Welt. Wenn kein Familienmitglied ganztags im Hause anwesend ist, sollte man niemals diesen Schritt wagen.

Es wird das Bemühen des seriösen Züchters sein, mit der Zeit eine eigene Linie, eine eigene Prägung zu entwickeln, so daß Kenner gleich beim Hinschauen sagen können: das ist bestimmt ein Golden aus dem Zwinger »X«. Der Weg dorthin ist allerdings recht weit, und es sind unterwegs viele Kenntnisse und Erfahrungen zu sammeln. Erfahrungen, die manchmal Mißerfolg, manchmal Umdenken, gelegentlich auch sogar Neubeginn bedeuten.
Wer sich nur Erfolge von diesem zeitaufwendigen, faszinierenden Hobby verspricht, wer nicht bereit ist, Enttäuschungen und Rückschläge – auch finanzieller Art – in Kauf zu nehmen, sollte niemals mit dem Hundezüchten beginnen, sondern sich als Hobby etwas wirklich Berechenbares aussuchen. Wer allerdings einmal die große Faszination der Hundezucht erlebt hat, kommt nicht mehr ganz so leicht davon los!

## 4. Die Zuchthündin

Der Golden Retriever-Enthusiast, der ernsthaft an eine Zucht denkt, geht bei der Auswahl seiner Zuchthündin mit größter Sorgfalt vor. Er muß den Standard der Rasse (siehe Seite 80) sehr genau kennen, bevor er seine Wahl trifft, und möglichst viele Zuchtschauen besuchen, um die ausgestellten Hunde zu sehen.
Der Rassestandard ist ein Maßstab für die Beurteilung des Hundes durch den Ausstellungsrichter. In diesem Rahmen werden unter anderem das äußere Erscheinungsbild, die Harmonie der Bewegung und auch das Wesen festgelegt.
Auf Zuchtschauen können Sie feststellen, aus welchen Zwingern gute Hunde hervorgehen und eventuell gleich mit einigen Züchtern Verbindung aufnehmen. Besuchen Sie die Zwinger, beobachten Sie dort die Zuchthündinnen und versuchen Sie bei dem Züchter Ihrer Wahl einen Welpen zu bestellen.
Für die Gründung einer Zucht ist die bestmögliche Hündin mit den bestmöglichen Vorfahren eine unumgängliche Voraussetzung. Versuchen Sie ausführliche Unterlagen über die Mutterhündin zu erhalten. Vergessen Sie auch deren Geschwister nicht. Nicht nur das äußere Erscheinungsbild ist wichtig, nicht nur die erreichten Titel, sondern viel mehr die Frage, was ist wo vererbt worden. Und nicht zuletzt,

da es sich beim Golden Retriever um einen Gebrauchshund handelt, welche Tiere haben mit Erfolg an Leistungsprüfungen teilgenommen, wurden jagdlich geführt oder hatten eine Ausbildung anderer Art.

Der Rassehund trägt vererbbare Fehler in sich, manche von dominanter, andere von rezessiver Art. Darum ist die Frage nach den Vorfahren und Geschwistern von großer Wichtigkeit. Vielleicht haben Sie es nicht immer leicht, an diese Informationen heranzukommen. Nicht jeder ist so aufrichtig wie die Züchterin meiner Stammhündin, Mrs. Joan Tudor vom Camrose Zwinger in England. Als ich derzeit etwas naiv fragte, ob bei ihren Hunden keine Erbfehler vorliegen, bekam ich die klare Antwort: »Der Züchter, der Ihnen erzählt, seine Hunde hätten überhaupt keine vererbbaren Fehler, nimmt es mit der Wahrheit nicht so genau!«

Der Züchter, der etwas auf sich hält, gibt Ihnen diese Auskunft nach seinem besten Wissen und Gewissen. Lassen Sie sich von ihm oder von dem betreffenden Zuchtverband informieren und halten Sie Abstand von der Gerüchteküche. Erfolgreiche Züchter haben meistens Neider, die jede Gelegenheit wahrnehmen, ihre Hunde schlecht zu machen. Der Zuchtberater oder die Zuchtwarte des Zuchtvereins werden Sie gern beraten.

In Deutschland ist für die Golden Retriever der Deutsche Retriever Club – DRC – zuständig. Dieser Club ist vom Verband für das Deutsche Hundewesen – VDH – als Zuchtverein anerkannt (siehe wichtige Adressen, Seite 295 f.).

Eine andere Art, eine Zucht anzufangen, wäre mit einer voll ausgewachsenen Zuchthündin aus einer guten Linienzucht zu beginnen, die schon auf Hüftgelenkdysplasie (HD) und erbliche Augenerkrankungen untersucht worden ist. Dies wäre ein idealer Anfang, aber die Erfahrungen haben gezeigt, daß ein solches Glück nur ganz Wenigen beschert ist. Bei anderen Rassen, auch bei anderen Retriever-Rassen, scheint es leichter zu sein, ausgewachsene Tiere aus dem Ausland zu importieren.

Ein Beispiel hierfür ist der Labrador Retriever. Zum ganz großen Glück dieser Rasse haben seriöse Züchter in der Bundesrepublik in den letzten Jahren von renommierten Züchtern in England hervorragend veranlagte Jungrüden und Hündinnen erhalten können. Bei dem Golden Retriever jedoch scheint dieser Weg bedauerlicherweise immer noch eine Seltenheit zu sein. Nur ganz wenige über das Welpenalter hinaus gewachsene Golden Retriever sind jemals nach Deutschland exportiert worden.

**5. Voraussetzungen für die Zuchtzulassung**

Die Voraussetzungen für eine Ankörung, also eine Zuchtzulassung des Golden Retrievers, sind in den Zuchtverbänden von Land zu Land verschieden. Beispielsweise besteht in England eine völlige züchterische Freiheit, denn dort ist von den Vereinen nichts vorgeschrieben. In manchen Ländern gibt es sogenannte »Kann«-Bestimmungen, die Empfehlungen gleichkommen, und in anderen Ländern wiederum ist jeder Schritt fest vorgeschrieben. Wie auf jedem Gebiet im menschlichen Leben gibt es Befürworter einer Richtung, die alle Bestimmungen, dort wo sie bestehen, abschaffen möchten, um volle züchterische Unabhängigkeit zu haben, und andere, die die schon bestehenden Bestimmungen noch straffer gestalten möchten. Welches der richtige Weg ist, erhitzt seit Jahren die Gemüter. Es wäre vielleicht vernünftig, hier festzustellen, daß die Bestimmungen in den einzelnen Ländern den landesüblichen Normen und Vorstellungen entsprechen und für die dort gegebenen Verhältnisse gelten. Unter welchen Bedingungen jedoch der engagierte Züchter seiner Arbeit nachgeht, ob eingeschränkt durch Bestimmungen oder in voller Freiheit, die Zielsetzung seines Handelns bleibt wohl immer die Gleiche. Maßgebende Züchter haben sich überall die gleichen Prioritäten gesetzt, nämlich das Wohl und Wehe der Rasse, sowie die Erhaltung des Wesens und des Standards. Es gibt selbstverständlich in jedem Land schwarze Schafe, aber auch hier läßt sich nicht alles schwarz-weiß abgrenzen, es liegen viele Nuancen dazwischen. Die Hundehaltung hat ebenso viele Facetten, wie es Unterschiede in der menschlichen Natur gibt. Es liegen Welten zwischen dem Hundefarmer, den es überall gibt, und dem verantwortungsvollen Züchter.

## 6. Ankörung oder Zuchtzulassung in der Bundesrepublik

In der Bundesrepublik Deutschland sind im Deutschen Retriever Club (DRC) folgende Voraussetzungen für die Zuchtzulassung von Rüde und Hündin festgesetzt:

1. Nachweis des Hüftgelenkdysplasie-Befundes (HD) (siehe Seite 278 ff.)
2. Nachweis einer rassetypischen äußeren Erscheinung mit einer »vorzüglichen« oder »sehr guten« Formwertbeurteilung, die auf einer DRC-Veranstaltung durch einen Spezialrichter erteilt wird.
3. Nachweis eines rassetypischen Wesens.

Entschließt sich ein deutscher Züchter, einen im Ausland stehenden Rüden einzusetzen, ist eine Genehmigung des betreffenden Zuchtwarts im DRC erforderlich.
Nachdem all die oben aufgeführten Formalitäten erfolgreich abgeschlossen sind, ist der Zeitpunkt gekommen, an die Zuchtplanung zu denken.

## 7. Der Aufbau einer Zucht

### Inzucht oder Inzestzucht

Inzucht und Inzestzucht ist die Paarung von eng und engst verwandten Tieren, beispielsweise Mutter/Sohn, Vater/Tochter oder Bruder/Schwester. Linienzucht ist die Paarung von entfernter verwandten Tieren, und bei Fremdzucht werden Tiere gepaart, die zumindest in den letzten drei Generationen keine Verwandtschaft miteinander aufweisen.
In der Fachliteratur wird eingehend über die Vor- und Nachteile, über die Gefahren und die erzielten Erfolge bei der Anwendung der In- und Inzestzucht geschrieben. Es wird auch dort auf die gelegentliche Notwendigkeit einer Fremdzucht-Paarung eingegangen. Bis jedoch der Jungzüchter so viel Erfahrung gesammelt und sich so viele Informationen angeeignet hat, daß er ohne größeres Risiko

eine dieser Methoden bei seiner Zucht anwenden kann, dauert es normalerweise einige Jahre.

Die Fachliteratur weist darauf hin, daß durch die Inzucht nichts Neues in die Zucht hereingebracht wird, aber das Vorhandene – die erwünschten und die nicht erwünschten Merkmale – werden hierbei fixiert. Inzucht stellt die Erbanlagen, auch die bis jetzt verborgenen Mängel, heraus. Nur der Züchter, der seine eigenen Hunde und deren Vorfahren sehr genau kennt, der sehr gut weiß, was in den verschiedenen, zurückliegenden Generationen vererbt worden war, wendet – ohne die Gefahr einer großen Überraschung – diese Zuchtmethode an. »Inzucht« – so entnehmen wir aus Dr. h.c. Räbers »Brevier Neuzeitlicher Hundezucht« – »in falscher Hand ist gefährlich, wie ein Rasiermesser in der Hand des Affen«.

**Fremdzucht**

Fremdzucht ist die Paarung zweier Hunde, die in den letzten Generationen keine gemeinsamen Vorfahren haben. Diese Zuchtmethode wird vom erfahrenen Züchter dann angewandt, wenn es darum geht, neues Blut in seine Linie zu bringen. Die Paarung zweier Hunde aus gut durchdachten, jedoch unverwandten Linien hat durchaus etwas Reizvolles, denn die Erbanlagen der Welpen erfahren eine beträchtliche Erweiterung. Der Versuch ist gelegentlich ein voller Erfolg, gelegentlich aber auch mit Mißerfolg verbunden.

**Linienzucht**

Dem beginnenden Züchter wird der mittlere Weg, die Linienzucht empfohlen. Hier ist schon für ihn von früheren Züchtern die Vorarbeit vielfach geleistet worden. Wenn er seine Zuchthündin aus einer gut durchdachten Zucht erworben hat, wenn sie einen oder mehrere der hervorragenden Golden Retriever der vergangenen Jahre unter ihren Ahnen aufzuweisen hat, darf der Züchter sozusagen weiterbauen. Gezielt paart er seine Hündin mit einem Rüden bester Qualität, der ebenfalls einen oder einige dieser Ahnen in seiner Ahnentafel hat, vielleicht bei ihm in der zweiten, bei ihr in der dritten Generation, und so geht es Stein auf Stein weiter.

**8. Der Deckrüde**

Ohne sich von kompetenter Seite beraten zu lassen, wird der Jungzüchter kaum die Auswahl des Deckrüden für seine Hündin treffen wollen. Wie schon früher erwähnt, haben die Zuchtberater der betreffenden Vereine nicht nur Kopien der Ahnentafeln der meisten in Europa stehenden Rüden zur Verfügung, sondern gleichzeitig auch eingehende Informationen über deren Ahnen, Geschwister und Nachkommen. Dies schließt natürlich nicht aus, daß man selbst den Versuch macht, sich so viele Rüden wie möglich anzusehen, um einerseits ein Urteil über das Wesen und andererseits über das äußere Erscheinungsbild der einzelnen Tiere zu gewinnen.

Nicht immer ist der neueste Sieger, der Star, der auf fast jeder Ausstellung Bester der Rasse wird, der geeignetste Deckrüde für Ihre Hündin. Nicht immer auch der

Deckrüde, der momentan »in« ist, zu dem jeder seine Hündin gerade hinbringt. Der Star ist vielleicht nur eine Zufallserscheinung, und sowohl bei ihm als auch bei dem »In-Hund« sollte man nicht vergessen, sich nach den Vorfahren und Geschwistern zu erkundigen. Auch der Deckrüde, der aus einer gut durchgezüchteten Linie stammt, der auf Ausstellungen von verschiedenen Richtern eine positive Beschreibung erhält, jedoch nie ganz vorne gestanden hat, könnte geeignet sein. Voraussetzung ist allerdings ein einwandfreies Wesen, gute Leistungen und der Beweis seiner Erbanlagen in Form von guten, gesunden Nachkommen. Dies vor allem, wenn er noch dazu, gepaart mit Intelligenz und Leichtführigkeit, das gewisse »Etwas« hat, das zu einem Golden Retriever gehört: die Ausstrahlung, der freundliche, schmelzende Blick, das sichere, selbstbewußte Wesen. Kurz gesagt, all jene Merkmale, die unsere Rasse ganz besonders kennzeichnen. Er sollte ebenfalls zumindest äußerlich gut zu der Hündin passen.

Aber auch hier sollte man die Ahnentafel sehr genau studieren und den Versuch machen, möglichst viel über die darin aufgereihten Tiere in Erfahrung zu bringen. Es geht hier nicht um eine Häufung von Champions oder Siegern, auch nicht allein um deren HD- Befunde, sondern um einen durch die Generationen gleichmäßig fortbestehenden Golden Retriever Charakter. Wo immer Anzeichen eines Raufers oder sonst untypischen Wesens vorliegen, lassen Sie die größte Vorsicht walten. Das Wesen schlägt genau so durch wie die erblichen Krankheiten. Der Charakter des Goldens ist jedoch so wichtig, daß, wenn sonst kleine Abstriche erlaubt sind, hier niemals Abweichungen zugelassen werden dürfen.

Auf der Suche nach Informationen über die Vorfahren und die Geschwister von in Frage kommenden Deckrüden, werden Sie immer wieder an »Hundekenner« geraten, die Ihnen gern sehr viel »Auskunft« geben. Es besteht gelegentlich eine starke Tendenz, übertriebene Äußerungen über Deckrüden zu machen. Der eine wird himmelhoch gepriesen, der andere vernichtend kritisiert. Nehmen Sie das alles mit einer Prise Salz; die Wahrheit liegt in aller Wahrscheinlichkeit irgendwo in der Mitte. Über Fehler wird viel berichtet. Hier ist jedoch zu bedenken, daß der völlig fehlerfreie Hund noch nicht geboren wurde, und, daß es viel leichter ist, bei einem Hund die Fehler herauszufinden, als die guten Seiten. Behalten Sie auf alle Fälle die kritischen Bemerkungen für sich. Hundebesitzer sind, was ihre Hunde anbetrifft, sehr empfindlich, denn sie sind stolz auf ihre Vierbeiner.

Auf Ihrer Umschau nach dem richtigen Deckrüden ist es eine große Hilfe, jede Gelegenheit wahrzunehmen, um Hunde zu sehen. Bei Ausstellungen können Sie sie im Vorführring in Gesellschaft mit anderen Rüden beobachten. Sie können sie in den Boxen aufsuchen, sie dort aus der Nähe betrachten. Studieren Sie das Benehmen der Rüden anderen Hunden und fremden Menschen gegenüber. Es ist leicht festzustellen, ob ein Hund das erwünschte Wesen des Golden Retriever hat, das typische, freundliche Entgegenkommen, die Ausstrahlung im Ausdruck. Finden Sie irgendwelche Anzeichen von Unsicherheit oder Unfreundlichkeit, läßt sich ein Hund beispielsweise nicht gern von Ihnen anfassen, knurrt er vorbeiziehende

Hunde oder gar Passanten an, so haben Sie Ihr Urteil schon gefällt. Ein solcher Rüde trägt nicht zur Erhaltung oder Förderung der Zuchtziele bei.

### 9. Nichts ist vollkommen

Der vollkommene Hund existiert nicht, irgendwo hat jeder einen kleinen, manchmal auch einen größeren Fehler. Niemals sollte man jedoch Fehler mit Fehler paaren. Eine steile Schulter gepaart mit einer steilen Schulter ergibt . . . ja, natürlich eine steile Schulter. Andererseits gewinnt man gar nichts durch die Paarung von Gegensätzen, beispielsweise eine etwas zu große Hündin mit einem zu kleinen Rüden, oder ein zu stark gewölbter Oberkopf mit einem zu flachen. Die Welpen werden nicht, wie Sie hoffen, alle eine normale Größe haben, oder alle mit normalen Köpfen ausgestattet sein. Sondern es werden in dem erstgenannten Fall einige zu große, einige zu kleine und einige normal große Tiere entstehen. Im zweiten Fall werden einige mit zu stark gewölbten, einige mit zu flachen und einige mit normalen Oberköpfen vorhanden sein. Der beste Rüde ist jeweils der, bei dem alles so gut wie möglich stimmt und nichts übertrieben ist. Wenn dies ebenfalls für die Hündin zutrifft und beide auch noch typenähnlich sind, dann können Sie schon auf einen gelungenen Wurf hoffen!

### 10. Auf geht es zum Deckrüden

Sobald der auserwählte Deckrüde feststeht, wird mit dem Besitzer Kontakt aufgenommen und angefragt, ob er bereit ist, die Hündin von seinem Rüden decken zu lassen. Um ihn zu informieren, werden Kopien der Ahnentafel, der HD- und Augen-Untersuchungsbefunde, sowie vorhandene Prüfungs- oder Ausstellungsergebnisse beigefügt.
Der Ruf eines Deckrüden steht und fällt mit der Qualität und dem Wesen seiner Nachkommenschaft. Verständlicherweise ist nicht jeder Deckrüdenbesitzer bereit, jede Hündin für seinen Rüden zu akzeptieren.
Der Züchter gibt den voraussichtlichen Zeitpunkt der nächsten Läufigkeit bekannt und erkundigt sich nach der Decktaxe. Ist die Hündin angenommen, informiert er den Rüdenbesitzer gleich am ersten Tag der Läufigkeit und hält ihn auch über die Entwicklung auf dem Laufenden. Die Vorstellung ist noch weit verbreitet, daß die Hündin lediglich zum Deckrüden gebracht werden muß, um neun Wochen später einen Wurf Welpen ins Haus zu bekommen. Leider ist die Wahrheit weit davon entfernt.

#### a) Der Sexualzyklus der Hündin

Der Sexualzyklus der Hündin spielt sich in der Regel in einem Rhythmus von sechs bis sieben Monaten ab. Dies trifft auch für den Golden Retriever zu. Es gibt jedoch einzelne Hündinnen, die längere Pausen zwischen den Läufigkeiten einlegen; Pausen, die gelegentlich bis zu zehn Monaten betragen können. Bei einer Hündin mit einem normalen Geschlechtszyklus wird der Züchter sie wahrscheinlich erst bei der dritten Läufigkeit belegen lassen. Der Golden Retriever ist ohnehin ein

Spätentwickler, der reichlich Zeit für seine körperliche Reife benötigt. In seinem Buch »Technik der Hundezucht« gliedert Dr. Dieter Fleig den Sexualzyklus der Hündin wie folgt auf:

I   Ruhepause (Anöstrus)
II  Vorbrunst (Proöstrus)
III Brunst (Östrus)
IV  Rückbildung (Metöstrus)

In der zirka zehn Tage dauernden Vorbrunst, die man als Vorbereitungszeit bezeichnen kann, ist die Vulva der Hündin angeschwollen, rosa gefärbt und ziemlich hart. Hält man mehrere Hündinnen, zeigen sie häufig während dieser Zeit und auch schon vorher Paarungsverhalten. Sie reiten gern aufeinander auf. Einen Rüden jedoch lassen sie nicht an sich heran. Möchte auch er aufreiten, so setzt sich die Hündin, dreht ab und manchmal schnappt sie auch nach ihm. Ein anderes Zeichen der bevorstehenden Läufigkeit ist ein vermehrtes Harnabsetzen beim Spazierengehen. Die Hündin markiert dabei die Gegend und gibt den Rüden hiermit bekannt, daß sie in ein interessantes Stadium eintritt. Damit der erste Tag der Läufigkeit nicht übersehen wird, streicht man jetzt morgens und abends mit einem weißen Tüchlein bei der Hündin über die Vulva. Sie hält sich sowieso in diesen Tagen durch wiederholtes Lecken so sauber, daß der Beginn der Blutung leicht übersehen wird. Das erste noch so schwache Anzeichen einer Verfärbung gilt als Tag Numero Eins.

In den Fachbüchern liest man häufig, daß die beste Zeit für einen Deckakt zwischen dem 11. und 14. Tag liegt. Viele Hündinnen sind tatsächlich gerade an diesen Tagen deckbereit, aber es gibt so viele Ausnahmen, daß man hier nur betonen kann, die Ausnahmen bestätigen die Regel. Eine unserer Hündinnen ließ sich schon am 9. Tag decken und brachte einen neunköpfigen Wurf zur Welt. Eine andere war erst am 19. Tag deckbereit und hatte danach einen Wurf von 11 Welpen!

Wenn bei der Hündin die Läufigkeit fortschreitet, schwillt die Vulva etwas ab und wird langsam weicher. Der Ausfluß, der anfangs stark oder mäßig stark und recht rot war, ist jetzt nur noch schwach verfärbt, oft schon fast klar. Sobald die Hündin bei der Berührung des Schwanzansatzes oder der Geschlechtsgegend die Rute teilweise oder ganz zur Seite dreht, ist dies ein ziemlich sicheres Zeichen, daß sie in das Stadium der vollen Paarungsbereitschaft kommt.

Da der Golden Retriever Deckrüde, den man sich für seine Hündin auserkoren hat, in den seltensten Fällen nebenan seinen Wohnort hat, möchte man möglichst zur richtigen Zeit und weder zu früh und vor allem nicht zu spät mit der Hündin bei ihm eintreffen. Ein viel zu frühes Losfahren führt häufig zu endlos erscheinenden Wartezeiten. Wie das »Warten auf Godot« gestaltet sich das Warten auf einen Deckakt. Wie oft wird diese Wartezeit für die beiden Hundebesitzer zu einer nervenaufreibenden Qual. Sie führt zur Gereiztheit und Nervosität, eine Stimmung, die sich vielleicht auch auf die Hunde überträgt, und die erhoffte Paarung bleibt womöglich ganz aus.

Eine gute Lösung ist es, die Hündin beim Deckrüdenbesitzer – falls er über eine entsprechende Zwingereinrichtung verfügt – so lange zu lassen, bis die Paarung stattgefunden hat. Eine weitere sehr gute Lösung, auf die wir in den letzten Jahren stets zurückgegriffen haben, ist eine Reihe Abstriche bei der Hündin vom Tierarzt machen zu lassen. Abstriche, die beginnend mit dem 5. Tag der Läufigkeit und jeden zweiten Tag fortgesetzt, den genauen Verlauf der Brunstzeit angeben können. Mit der Hilfe unseres Tierarztes ist es uns gelungen, mit einer Hündin die 800 Kilometer zum Deckrüden rechtzeitig für einen Deckakt am 9. Tag zurückzulegen, und mit einer anderen erst am 18. Tag für die am darauf folgenden Tag gelungene Paarung einzutreffen. Weitere Paarungen anderer Hündinnen gelangen genau wie von den Abstrichauswertungen angezeigt am 11. oder am 12. Tag. Empfehlenswert ist es stets, ausreichende Zeit, Geduld und gute Nerven auf diese Reisen mitzunehmen.

**b) Die Paarung**

Bevor der Züchter zum Wohnort des Deckrüdenbesitzers kommt, hält er an und geht mit der Hündin spazieren, damit sie ausreichende Gelegenheit hat, sich zu lösen. Die erste Begegnung mit dem Rüden findet am besten in einem eingezäunten Garten oder größeren Zwinger statt, wo die beiden Platz haben, sich kennen zu lernen. Das schöne Vorspiel, das sich häufig bei dieser Begegnung entwickelt, ist ein wichtiger Teil des Paarungsverhaltens, vergleichbar mit der Balz, mit dem Paarungsspiel vieler Vogelarten. Sie regt bei beiden Partnern die Paarungsbereitschaft an, und das oft praktizierte Festhalten der Hündin von Anfang an, damit der Rüde sie gleich bespringen kann, ohne jegliche vorherige gegenseitige Animierung, ist ein trauriger Eingriff in die Natur.

Gelegentlich zeigt sich die Hündin bei der ersten Begegnung zickig und schnappt nach ihrem Verehrer. Ist dies der Fall, trennt man die Hunde sofort und bringt sie am darauffolgenden Tag erneut zusammen. Das Wegbeißen eines unerfahrenen Jungrüden durch die Hündin kann in ihm Unsicherheit hervorrufen und eventuell zu Deckschwierigkeiten führen. Der junge, unerfahrene Deckrüde lernt sein Handwerk am besten, wenn die ersten Hündinnen, die zu ihm geführt werden, reifere Vertreterinnen ihres Geschlechts sind, für die das Erlebnis nichts Neues ist. Der erfahrene Rüde dagegen scheint genau zu wissen, wann der richtige Zeitpunkt für eine Paarung gekommen ist. Ist die Zeit noch nicht reif – oder auch leider manchmal schon vorüber – beschnuppert er die Hündin und zeigt ausgesprochenes Desinteresse. Der weitgereiste Hündinbesitzer verfolgt sein Benehmen mit Unruhe, häufig mit Zweifel. Wie oft hört man hierüber solche Bemerkungen wie: »Der Rüde deckt nicht!«.

Was uns Menschen jedoch durch Abstrich und Mikroskop verdeutlicht wird, sagt dem Rüden seine Nase. Ist die Entwicklung bei der Hündin so weit, »steht« sie, so fackelt er dann nicht lange und manche Hündin wird – noch bevor sie sich es anders überlegen kann – blitzschnell überrumpelt. Der Rüde bespringt die Hündin, umklammert sie mit den Vorderläufen und fährt seinen Penis in die Vagina ein. Durch eifriges Stoßen kommt es zur »Vorbereitungsejakulation«, wobei eine kleine Menge klarer Flüssigkeit den Weg für die zweite, die Spermien-Ejakulation, vorbereitet. Nach der ersten dieser Ejakulationen schwellen beim Rüden die Schwellkörper an der Peniswurzel an, und bei der Hündin schließt sich der Scheidenmuskel. Es kommt zum sogenannten »Hängen«, ein Stadium in dem sich Rüde und Hündin nicht voneinander trennen können, ohne sich eventuell gravierend zu verletzen. Die Hundebesitzer, die auf diesen Moment gewartet haben, greifen jetzt ein. Sie halten ihre Hunde, streicheln sie und reden ihnen gut zu. Gelegentlich versucht die Hündin sich loszureißen, oder sie sackt mit den Hinterläufen weg; daran muß sie unbedingt gehindert werden.

Der Rüde dreht sich jetzt, häufig ganz von allein, gelegentlich mit Hilfe seines Besitzers. Die beiden Vorderläufe werden auf eine Seite der Hündin heruntergebracht und, indem er sich wendet, bringt der Rüde ein Hinterbein über den Rücken der Hündin. Die beiden stehen jetzt, wie Dr. Fleig so hübsch in seinem Buch beschreibt, »Po an Po«. Diese Stellung, das Hängen, kann recht kurz oder auch ganz lange eingehalten werden, je nachdem wie lange es dauert, bis die Schließmuskulatur bei der Hündin wieder erschlafft. In dieser Zeit stehen, hocken oder – wenn sie Glück haben – sitzen die Besitzer bei ihren Tieren und wirken beruhigend auf sie ein.

Trennen sich die beiden – nach fünf oder auch nach fünfzig Minuten – bringt man die Hündin sofort und ohne daß sie zum Urinieren kommt, zum Auto, wo sie ein bis zwei Stunden ruhen sollte. Der Deckrüdenbesitzer bringt seinen Rüden ebenfalls an einen ruhigen Ort, wo er getrennt von anderen Hunden, sich eine Weile erholen kann.

### c) Paarungsschwierigkeiten

Daß es hin und wieder zu Deckschwierigkeiten kommt, liegt auf der Hand. Wie schon erwähnt kann einem unerfahrenen Rüden die Lust vergehen, wenn eine zu früh zu ihm geführte Hündin ihn zuerst wegbeißt. Es gibt auch ausgesprochene Antipathien zwischen Hunden, und eine unserer Hündinnen, die vorher und auch später sich anstandslos von anderen Rüden decken ließ, war einfach nicht bereit, einen bestimmten Rüden zu akzeptieren, weil er in der Vorbereitungsphase ständig bellte. Wir haben es, zu unserem Glück, bei unseren Hunden nicht mit Maschinen zu tun, und in allem, was wir mit ihnen machen, dürfen wir dies niemals vergessen. Behalten wir, auch bei allem Ehrgeiz, stets ein ausgeprägtes Einfühlungsvermögen für das Empfinden unserer Tiere.

## 11. Die tragende Hündin

In den ersten Tagen nach dem Decken ist die Deckbereitschaft der läufigen

Hündin keinesfalls immer abgeklungen. Sie sollte daher in dieser Zeit weiterhin gut überwacht werden, damit kein fremder Rüde sich zu ihr geselle!

**a) Anzeichen einer Trächtigkeit**

Anzeichen einer Trächtigkeit sind in den ersten Wochen nach dem Decken so gut wie niemals feststellbar. Gelegentlich muß man bis zur 5. oder 6. Woche warten, bevor mit Sicherheit gesagt werden kann, daß die Hündin wirklich aufgenommen hat. Für den Jungzüchter bedeutet dies häufig eine nervenaufreibende Wartezeit. Hündin ist jedoch niemals gleich Hündin, und für die Natur lassen sich vorläufig auch keine Computerregeln aufstellen. Bei vielen Hündinnen scheint die erste Veränderung ein erhöhtes Schlafbedürfnis zu sein. Bei sonnigem Wetter liegt sie draußen und genießt die Sonnenwärme, bei kühlem Wetter sucht sie sich einen bequemen Platz im Haus und schläft ganz tief. Mir kommt es immer so vor, als würde sie dabei nach innen horchen. Andere Hündinnen behalten ihre gewohnte Lebhaftigkeit bei und lassen sich überhaupt nichts anmerken. Der Züchter, geplagt von Hoffnung und Zweifel, sucht nach irgendeinem Anzeichen, das auf eine Trächtigkeit deuten könnte. Bei der jungen Hündin, die zum ersten Mal wirft, ist dies häufig leichter als bei der Hündin, die schon ein- oder mehrmals geworfen hat.

Bei der Junghündin schwellen nach zirka drei bis vier Wochen die Zitzen ein wenig an und verfärben sich rosa. Bei der älteren Hündin ist diese Feststellung schwieriger, da die Zitzen sich nie ganz zu ihrer ursprünglichen Form zurückbilden. Ein weiteres Anzeichen ist auch Übelkeit, die sich öfters in der dritten Woche einstellt. Die Hündin erbricht ein- oder mehrmals Schleim und scheint jegliche Freßlust verloren zu haben. Diese Appetitlosigkeit veranlaßt häufig den besorgten Züchter, nach lukullischen Leckerbissen für seine Hündin Ausschau zu halten, die sie dann wahrscheinlich auch noch verschmäht. Seine Sorgen sind jedoch unbegründet. Es geht zu dieser Zeit eine Stoffwechselumstellung in der Hündin vor, und innerhalb einiger Tage wird sich der normale Appetit wieder einstellen. Die meisten Golden Retriever Hündinnen sind in allen Lebenslagen recht gute Fresser, und das ist noch höflich ausgedrückt! Die trächtige Hündin bildet keine Ausnahme. Sobald die meist kurze Dauer der Übelkeit überwunden ist, stellt sich der Appetit wieder ein. Es scheint, als bilde sich die Hündin ein, sie müsse verhungern. Jetzt muß der Züchter konsequent sein und darf nicht nachgeben, denn die Hündin würde sich am liebsten mästen lassen.

**b) Der glasige Ausfluß**

Zu den ersten Anzeichen wie erhöhtes Schlafbedürfnis, Anschwellen der Zitzen und Erbrechen, kommt noch ein viertes dazu, wahrscheinlich auch das Zuverlässigste! Etwa nach der dritten Woche macht sich bei der Hündin leichter Ausfluß aus der Scheide bemerkbar. Es ist ein klares, glasiges und etwas zähflüssiges Sekret. Die Fachliteratur bezeichnet diesen, während der ganzen Schwangerschaft anhaltenden Ausfluß, als sicherstes Anzeichen einer Trächtigkeit, denn er kommt bei Scheinschwangerschaften n i c h t vor.

Das Breiterwerden der Hündin fällt dem Züchter zwischen der 4. und 5. Woche auf. Nicht etwa, wie man meinen müßte, am Bauch oder an den Flanken, sondern in der Lendenpartie des Rückens hinter den letzten Rippen. Bei einem größeren Wurf füllen sich dann später die Flanken allmählich auf und gegen Ende der 6. Woche beginnt auch die Bauchgegend langsam anzuschwellen.

#### c) Ernährung und Bewegung

Genau wie in ihrem normalen Leben sollte die trächtige Hündin weder zu dick noch zu dünn sein, das heißt, man sollte die Rippen fühlen können, wenn man leicht mit den Fingerspitzen über die Flanken streicht. Der dicke Hund, wie sein dicker menschlicher Partner, ist nicht gesund, und eine Hündin mit Übergewicht wird viel mehr Schwierigkeiten beim Werfen haben als eine, die richtig ernährt und richtig bewegt worden ist. Ernährung und Bewegung sind die entscheidenden Faktoren für die Gesundheit während der Trächtigkeit.

Eine gesunde Ernährung ist vor allem abwechslungsreich. Die Portionen bleiben in den ersten Wochen mengenmäßig unverändert, denn die Gewichtszunahme bei dem einzelnen Fötus ist anfangs völlig ohne Bedeutung. Der Züchter tut weder seiner Hündin noch den zu erwartenden Welpen einen Gefallen, wenn er erstens seine Hündin zu kräftig füttert und zweitens sie nicht ausreichend bewegt. Die Hündin mit einer gut ausgebildeten Muskulatur bringt ihre Welpen viel leichter zur Welt als die Hündin, die während der Tragezeit durch zu viel Futter und mangelnde Bewegung dick und schlaff geworden ist.

Zusammensetzung und Menge des Futters ändert man vorläufig nicht, es sei denn, die Hündin wurde einseitig ernährt, was nicht anzunehmen ist. Muskelfleisch, grüner Pansen, Futterflocken, gekochter Fisch, Obst, Gemüse, Quark und Hüttenkäse gehören jetzt alle ins Menü. Die Fütterungszeiten können auch anfangs unverändert bleiben; erst bei einem offensichtlich großen Wurf nach der 5. Woche, und bei einem kleineren Wurf nach der 6. Woche, teilt man am besten die Portionen in drei bis vier Mahlzeiten auf, denn jetzt hat die Hündin weniger Platz im Bauch und der volle Magen drückt und bereitet ihr Unbehagen.

Was Auslauf und Bewegung anbetrifft, so bleiben diese zuerst unverändert. Die täglichen Spaziergänge können genau wie immer fortgesetzt werden, bis man durch die Leibesfülle der Hündin merkt, daß ihr das Laufen beschwerlich wird. Von nun an geht man am besten mehrmals am Tage zirka 15 bis 20 Minuten lang. Mit unseren Hündinnen gehen wir stets zuletzt je zehn Minuten sechsmal am Tag, angeleint und oft gegen den Wunsch der Hündin, die jetzt instinktiv in der Nähe des Wurflagers bleiben will. In diesen letzten Wochen gehen die meisten Hündinnen mit sich selbst sehr vorsichtig um, sie wollen von den anderen Hunden nicht angerempelt werden, vermeiden es, irgendwo anzustoßen oder zu springen. Bei solchen Hündinnen hat es der Züchter leicht. Es gibt jedoch andere, die auch mit einem ganz dicken Bauch lebhaft herumspringen wollen, und hier muß der Züchter eingreifen und für Ruhe sorgen, denn ein schwerer Stoß in dieser Zeit könnte zum Absterben eines Welpen und zu unvorhergesehenen schweren Folgen führen.

**d) Die Wurfkiste**

Die zweckmäßige Größe der Wurfkiste für die Golden Retriever Hündin ist 120 cm × 90 cm. Die Seitenwände zirka 50 cm hoch. Ein 60 cm breiter Eingang in der Vorderwand, bestehend aus drei in Scharnieren übereinander eingefügten Leisten, erlaubt es der Hündin ein- und auszusteigen, ohne sich am Gesäuge zu verletzen.

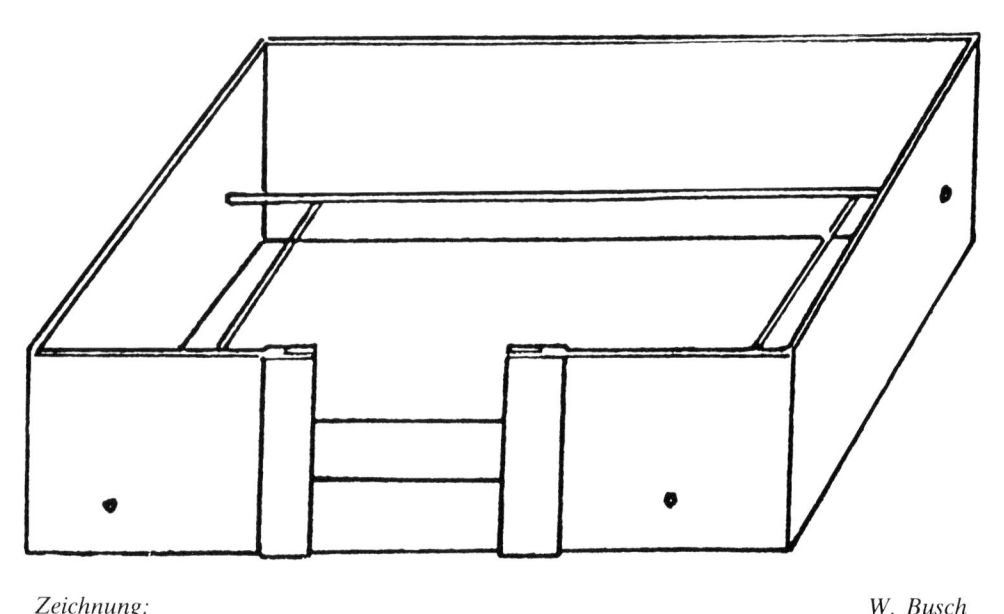

*Zeichnung:* W. Busch

Bevor die Welpen beginnen herumzukrabbeln, genügt es, zunächst eine Leiste einzuschieben, aber nach etwa 10 Tagen wird normalerweise eine zweite notwendig.
Abstandhalter an drei Seiten der Wurfkiste angebracht, (siehe Zeichnung) verhindern, daß Welpen, die sich hinter ihre Mutter verirrt haben, von ihr verletzt werden.

Die meisten Golden Retriever Hündinnen sind jedoch so geschickt, daß sie sich – auch bei einem recht großen Wurf – niemals auf ihre Welpen legen. Unsere Stammhündin hat mich stets mit einem leisen »Woof«, auch in der Nacht, gewarnt, wenn einer ihrer Welpen hinter sie geraten war. Trotzdem gibt es hin und wieder ein »Dummchen«, das sich ungeschickt anstellt, und für sie sind die Abstandhalter notwendig. Ein kleiner Hinweis: Besenstiele leisten hier sehr gute Dienste. Die hintere Schutzstange wird in 13 cm Höhe und mit zirka 10 cm Abstand von der

Rückwand angebracht, die Seitenstangen darunter. Alle Stangen müssen so befestigt sein, daß sie nicht durch Herausrutschen einen Welpen verletzen können. Sie müssen auch leicht herausnehmbar sein, denn beim Größerwerden der Welpen können sie sich in eine Falle verwandeln.

Für den »Selbsthersteller« empfiehlt sich, Holz guter Qualität, beispielsweise beidseitig beschichtete Spanplatten, zu verwenden. Die Wurfkiste sollte nicht zu schwer sein, so daß man sie ohne weiteres umquartieren kann. Unbeschichtete Spanplatten eignen sich nicht für diesen Zweck. Die fertige Wurfkiste muß anschließend so gut imprägniert sein, daß Feuchtigkeit in das Holz nicht eindringen kann. Wie leicht könnten sonst Bakterien in diesem recht warmen und auch gelegentlich feuchten Habitat zu einer Gefahr werden.

## 12. Der Wurf fällt

### Der Züchter bereitet sich vor

Mit Schwankungen, sowohl nach unten als auch nach oben, beträgt die normale Tragezeit der Hündin 63 Tage. Ein großer Wurf fällt meist etwas früher, beispielsweise am 60. oder 61. Tag, ganz kleine Würfe zögern sich häufig ein wenig hinaus. Wenn jedoch bei einer tragenden Hündin bis zum 65. Tag keine Anzeichen einer beginnenden Geburt sichtbar werden, sollte man den Tierarzt aufsuchen. Letzteres ist aber ein unbedingtes »Muß« bei Unwohlsein der Hündin, einem Ansteigen der Temperatur über 39° C, ungewöhnlicher Teilnahmslosigkeit oder eventuell einem verfärbten Ausfluß aus der Scheide.

Obwohl der Wurf normalerweise erst ab dem 60. Tag zu erwarten ist, sollten – damit keine Panik im letzten Moment entsteht – alle notwendigen Vorbereitungen bis zum 58. Tag beendet sein. Die Wurfkiste wird hervorgeholt, gut gesäubert, desinfiziert und zum Trocknen aufgestellt. Folgendes »Instrumentarium« legt man bereit: Einen Stapel alter Handtücher oder Bettlaken, Thermometer, Vaseline, Verbandsmull, Schere, Nähgarn, eine Schüssel zum Händewaschen, mildes Desinfektionsmittel, ein Heizkissen, einen großen Stapel Zeitungspapier, Notizblock und Kugelschreiber für das Wurfprotokoll, eine Baby- oder Küchenwaage und drei Vetbeds*, passend zur Größe der Wurfkiste. Dazu etwas Cognac und eine Pipette.

Wo man die Wurfkiste aufstellt, hängt ganz von den Überlegungen des Züchters und den örtlichen Verhältnissen ab. Nachdem wir einige Male einen Wurf in unserem festen, heizbaren Hundehaus erlebt hatten, gingen wir dazu über, die Wurfkiste in einem kleinen Nebenraum des Wohnzimmers aufzubauen. Die Hündin fühlt sich dort nicht nur geborgen, denn in diesen Räumen lebt sie auch sonst mit uns zusammen, sondern dort ist es auch für den Geburtshelfer bequemer. Das Zimmer ist geheizt und gut beleuchtet. Es hat Telefon und – fast am wichtigsten – eine Couch. Die Couch ermöglicht es dem Züchter, sich vor, während und nach

---

* »Vetbed« ist der Markenname für eine flauschige, feuchtigkeitsundurchlässige Welpenunterlage.

dem Werfen hin und wieder kurz auszuruhen und in den folgenden Tagen und Wochen durch seine Anwesenheit stets alles unter Kontrolle zu haben. In diesem kleinen, warmen, zugfreien Raum, vom Wohnzimmer nur durch einen Vorhang getrennt, leben Mutterhündin und Welpen hautnah bei der Familie. Dies hier beschriebene Verfahren hat sich für die Aufzucht unserer Welpen in ihren ersten Lebenswochen bestens bewährt. Sind all diese Vorbereitungen getroffen und der Tierarzt über das bevorstehende Ereignis informiert, kann man in aller Ruhe den Lauf der Dinge abwarten.

**Das Werfen**

Das Werfen findet in drei ineinander übergehenden Phasen statt: der Vorbereitungsphase, der Eröffnungsphase und der Austreibungsphase. Die Dauer der einzelnen Phasen variiert nicht nur von Hündin zu Hündin, sondern auch bei der gleichen Hündin von Wurf zu Wurf. Es ist deshalb gar nicht möglich, einen genauen Stundenplan für das Werfen aufzustellen. Einzig und allein die Beobachtungen des Züchters selber können feststellen, ob das Werfen einen normalen Verlauf nimmt oder Schwierigkeiten auftreten, die das Hinzuziehen eines Tierarztes erfordern. Vom Standpunkt des Züchters, und erst recht von dem der Mutterhündin, ist ein zu frühes Einschalten des Tierarztes sehr viel besser als ein zu spätes. Es obliegt uns allein, die Schmerzen und Mühen unserer Hündinnen beim Werfen so gering wie irgend möglich zu halten.

Golden Retriever gebären normalerweise recht leicht und scheinen keine großen Schwierigkeiten zu haben, ihre Welpen zur Welt zu bringen. Bei einem großen Wurf – die Durchschnittswurfstärke des Golden Retrievers liegt bei 8 Welpen – sind die Welpen häufig nicht so schwer wie bei einem kleineren Wurf. Im Durchschnitt bringt der neugeborene Golden Retriever Welpe 480 Gramm Gewicht auf die Waage, aber ganz leichte von 300 Gramm und ganz schwere von 600 Gramm sind nicht unbekannt. Die Hündin hat es jedoch sehr viel leichter, wenn die Welpen weniger schwer sind. Letzten Endes ist es auch viel besser für die Welpen, denn sie werden schneller durch den Geburtskanal geschleust und die Gefahr eines Sauerstoffmangels unterwegs ist sehr viel geringer.
In den letzten Tagen vor dem Werfen zeigt sich die Mutterhündin ganz besonders anhänglich, denn sie ist beunruhigt und – dies trifft vor allem bei Junghündinnen zu – weiß scheinbar gar nicht, was mit ihr geschieht. Behalten Sie sie deshalb in dieser Zeit in Ihrer Nähe.

**a) Vorbereitungsphase**

Allgemein wird gesagt und geschrieben, daß Temperaturmessungen das bevorstehende Werfen anzeigen. Die normale Temperatur des Hundes beträgt zirka 38,6° C und liegt, wie man sieht, höher als die des Menschen. In den letzten beiden Tagen vor dem Werfen sinkt die Temperatur langsam ab. Es ist kein regelmäßiger, stetiger Rückgang, sondern mehr ein Abwärtsschwanken. Die

Temperatur sinkt, steigt, sinkt wieder, um dann nochmal zu steigen. In diesen Auf- und Abbewegungen ist jedoch ein deutlicher Abwärtstrend erkennbar, der sich schließlich bei 37° C oder etwas darunter einpendelt, um dann langsam wieder anzusteigen. In der Regel ist dies der Zeitpunkt für den Beginn des Werfens. Hieraus ergibt sich jedoch, daß eine exakte Temperaturkontrolle notwendig ist (mindestens 3 bis 4 Messungen am Tage).

Die Temperatur wird gemessen, indem man das leicht mit Vaseline eingeriebene Thermometer rektal bei der Hündin tief einführt und dort zirka 1½ Minuten festhält. Dieser Vorgang scheint die meisten Hündinnen nicht zu beunruhigen, vor allem nicht, wenn man sie dabei streichelt, tröstet und ihnen gut zuredet.
Manche Hündinnen gehen in den Tagen vor dem Werfen einem Urinstinkt nach und buddeln große Löcher im Garten. Eine unserer Hündinnen hob an einem Hang unter den Wurzeln eines Baumes eine Höhle aus, die ausgereicht hätte, sie selbst mit ihrem ganzen Wurf zu beherbergen. Kurz vor dem Werfen wird meistens auch noch der Versuch gemacht, in der Ecke des Zimmers zu buddeln oder den Inhalt der bereitstehenden Wurfkiste heftig durcheinander zu wirbeln. Einige Male haben wir jedoch genau das Gegenteil erlebt; die Hündin kam vom kleinen Spaziergang nach Hause, stieg unaufgefordert in die Wurfkiste und begann sofort mit dem Werfen. Von einer weiteren Hündin wissen wir, daß sie – ohne irgendwelche vorherigen Anzeichen einer Wurfvorbereitung – abends spät aufstand, zur Tür ging und in den Garten wollte. Sie blieb auch eine Weile fort, kam dann durch die offene Tür zurück und trug etwas im Fang. Man vermutete zuerst eine Ratte, bis sie das Getragene vor die Füße ihres Besitzers ablegte und es zu lecken begann. Es war das Erstgeborene dieser Hündin, und es war schon fein säuberlich abgenabelt und gereinigt. In der gleichen Nacht brachte die Hündin weitere 11 gesunde Welpen zur Welt. Alle 12 konnten aufgezogen werden.

In den letzten 24 Stunden vor dem Werfen wird häufig kein Futter mehr angenommen, aber bei Golden Retriever Hündinnen, die normalerweise keine Freßgelegenheit auslassen, trifft dies nicht immer zu.
Aus dem hier Geschilderten geht hervor, daß auf die oben erwähnten Anzeichen nicht immer unbedingter Verlaß ist.

**b) Eröffnungsphase**

Ein ganz sicheres Zeichen jedoch, daß das Werfen kurz bevorsteht, ist der Beginn des Hechelns. Die Hündin zeigt vermehrte Unruhe, steht auf, geht umher, legt sich wieder hin, leckt sich wiederholt an der Vulva und hechelt. Der Blick ihrer Augen wird in diesem Stadium merklich abwesend, sie schaut an einem vorbei wie in die Ferne, sie kratzt gelegentlich in der Wurfkiste und hechelt immer stärker. Die Hündin befindet sich jetzt in der Eröffnungsphase der Geburt. Durch Hormone gesteuert erschlaffen und erweitern sich die Geburtswege und bereiten die letzte, die Austreibungsphase, vor. Unruhe, Hecheln und eine vermehrte weißliche

Schleimabsonderung aus der Vagina kennzeichnen diese Phase, die einige Zeit anhalten kann.

**c) Austreibungsphase**

Durch die in der Austreibungsphase einsetzenden Preßwehen, die regelmäßigen Zusammenziehungen und Entspannungen der Gebärmutter, wird der erste Welpe auf den Weg geleitet. Er wird aus der Gebärmutter durch den Engpaß des Beckens und aus der Vagina getrieben. Der Fötus ist während der Entwicklung in der Gebärmutter von zwei mit Fruchtwasser gefüllten Hüllen umgeben. Die innere Hülle wird Amnion genannt, und in dieser Hülle wird der Welpe gewöhnlich geboren. Die äußere Hülle, Chorion, platzt meist durch den starken Druck im Geburtskanal, und das freigegebene, oft grünlich gefärbte Fruchtwasser wirkt jetzt als Gleitmittel für den Welpen auf der letzten Etappe seines Weges in unsere Welt. Diese Austreibungsphase ist für jeden leicht erkennbar, da die Wehen in regelmäßigen Abständen kommen. Sie sind nicht nur zu fühlen, sondern auch zu hören, denn wenn eine Wehe einsetzt, preßt die Hündin und grunzt dabei; ein völlig unverkennbares Geräusch.

Der erste Welpe hat es am schwersten, denn er muß vorangehen und den noch sehr engen Geburtskanal für seine Geschwister erweitern. Häufig stellt sich auch später heraus, daß er der Größte im Wurf war!
Ein eindeutiges Anzeichen, daß ein Welpe gerade den Beckenraum passiert, ist die Rutenhaltung bei der Hündin. Die Rutenwurzel wird während der Preßwehe steil nach oben gehalten, die Rute selbst hängt in der Verlängerung leicht nach unten gebogen. Es scheint als würde durch diese Rutenhaltung der Beckenraum etwas erweitert.

Das erste Anzeichen des bevorstehenden Austritts eines Welpen aus der Vagina ist meistens als kleine Blase am Ausgang erkennbar. Die Blase verschwindet manchmal wieder, um bei der nächsten kräftigen Wehe nochmal zu erscheinen. Bei einer ganz normalen Geburt schlüpft der Welpe kurz danach, begleitet von einem Schwall Fruchtwasser, hinaus. Ihm folgt die Plazenta, die Nachgeburt. Die instinktsichere Mutterhündin nimmt sich des Welpen umgehend an, sie beißt die Hülle auf, frißt Plazenta und Hülle und durchtrennt mit geschickten Kaubewegungen die Nabelschnur einige Zentimeter von der Bauchdecke des Welpen. Durch kräftiges Lecken regt sie bei ihm die Atmung und den Kreislauf an.

Manchmal wird es einem Angst und Bange, wenn man sieht, wie sie mit ihm umgeht. Sie stößt ihn mit der Nase hin und her, dreht ihn um, leckt ihn an allen Ecken und Enden. Der Welpe schreit, seine Kräfte erwachen und mit wunderbarer Zielsicherheit gerät er mit schwimmartigen Bewegungen an die Zitzen. Es ist immer wieder erstaunlich zu sehen, wie schnell und instinktsicher Welpen den Weg zur Milchquelle finden und, einmal dort angelangt, wie eifrig sie sich festsaugen. Es kommt gelegentlich vor, daß die Hündin entweder den Welpen gar nicht abnabelt oder so abnabelt, daß er aus der Nabelschnur blutet. In diesem Fall muß

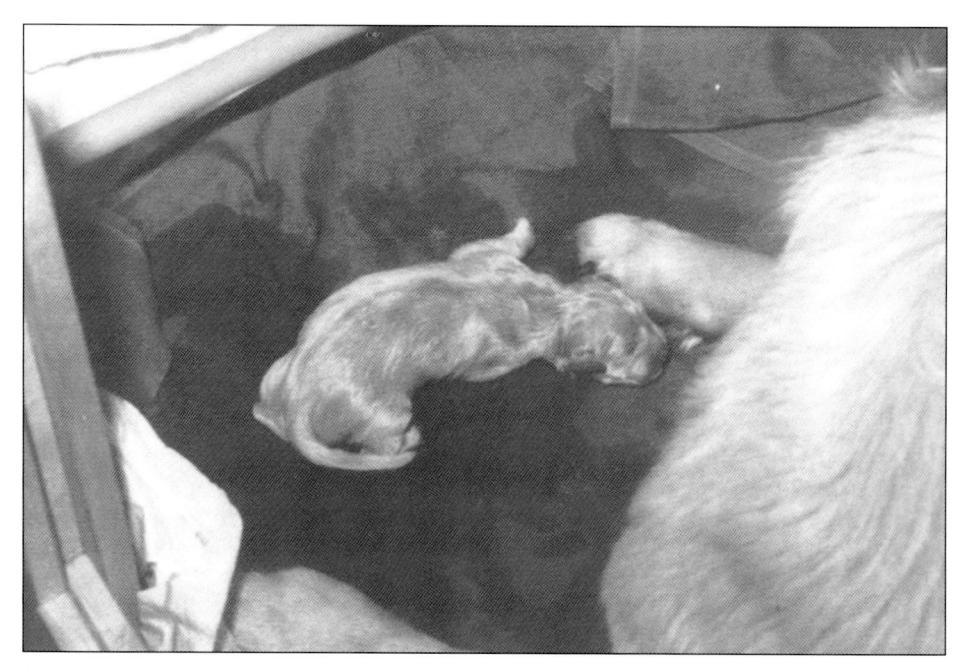

*Abb. 92: Gerade geboren! Foto: U. Klatt*

*Abb. 93: Das tut gut! Foto: U. Klatt*

XI

XII

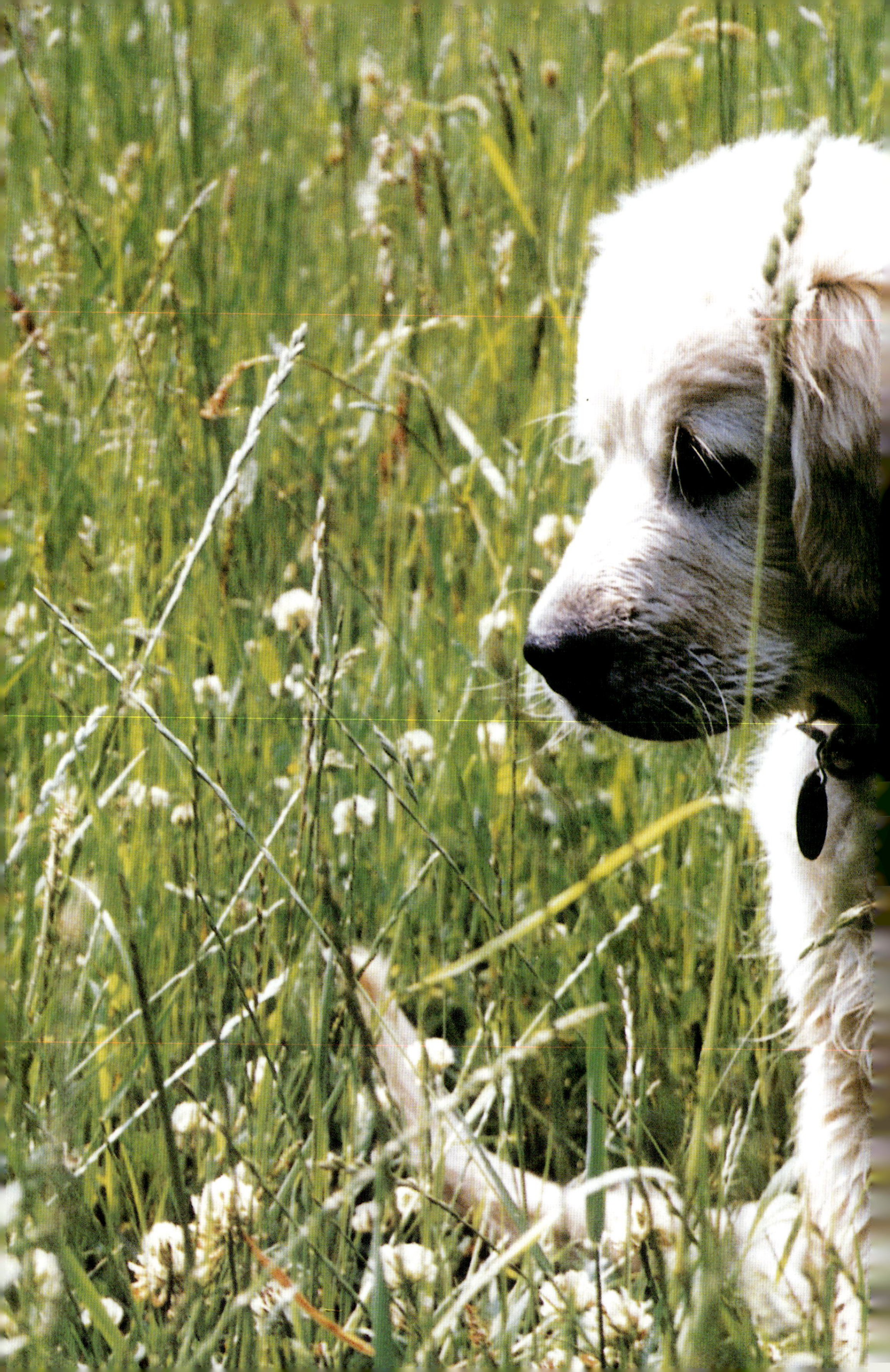

XIII

XIV

XV

XVI

XVII

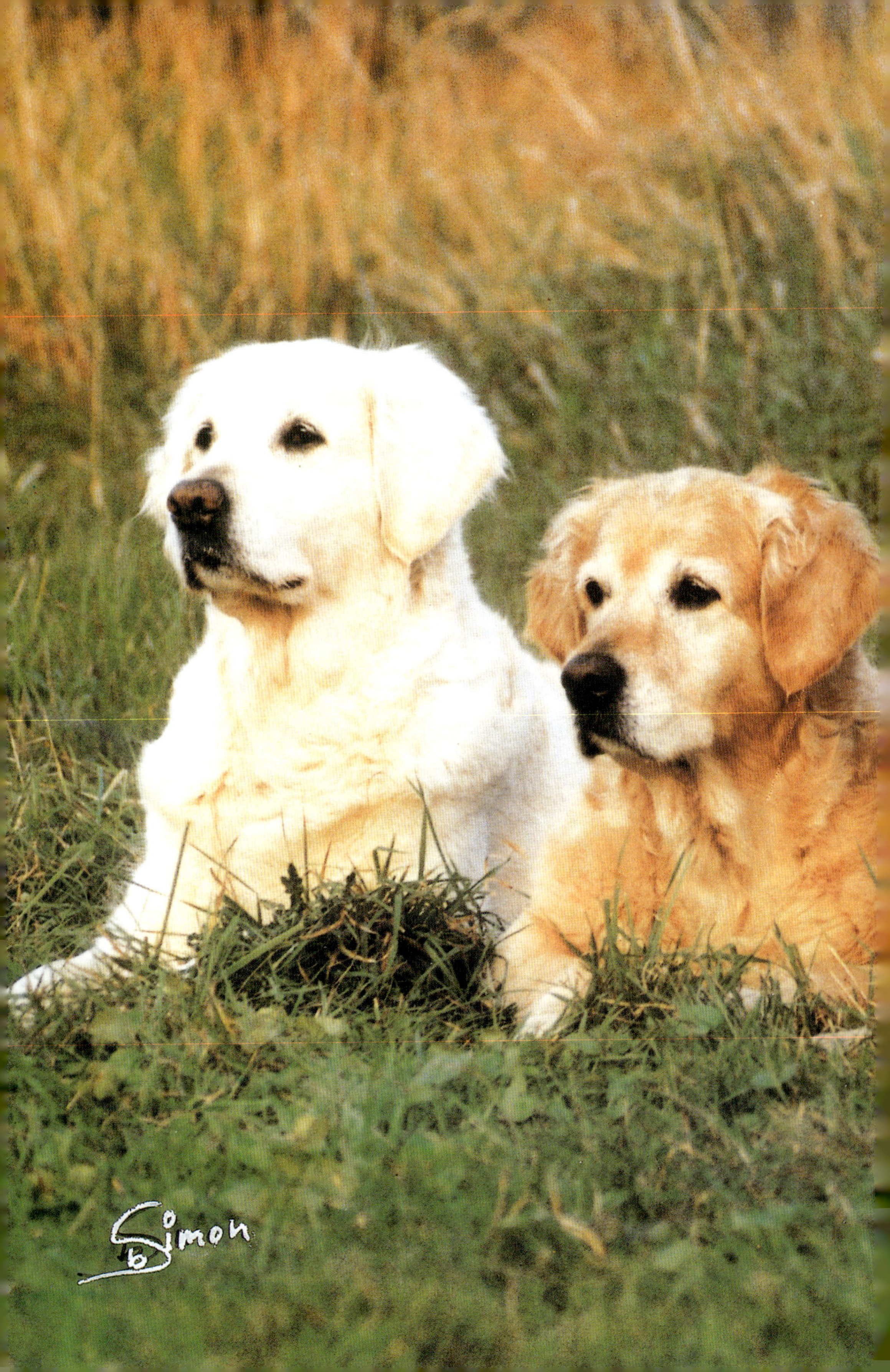
Simon

XVIII

XIX

XX

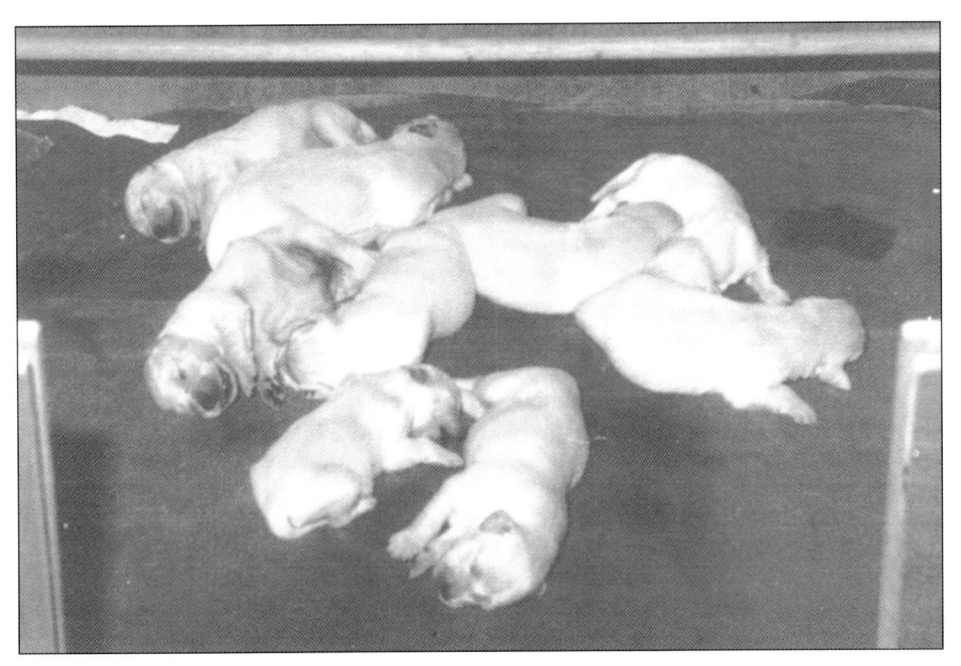

*Abb. 94: Eine stolze Leistung! Foto: U. Klatt*

*Abb. 95: Satt und warm! Foto: U. Klatt*

man sofort eingreifen. Zwischen Finger und Daumen der linken Hand klemmt man die Nabelschnur etwa 4 cm von der Bauchdecke des Welpen ab und streicht mit Finger und Daumen der rechten Hand das in der Nabelschnur verbliebene Blut vorsichtig gegen den Bauch des Welpen. Als nächstes klemmt man mit Finger und Daumen der rechten Hand die Schnur zirka 2 cm von der Bauchdecke des Welpen fest ab. In dem die linke Hand ganz ruhig bleibt, wird vorsichtig mit der rechten Hand die Schnur in Richtung Welpen abgerissen. Bei anhaltender Blutung bindet man die Schnur mit sterilem Nähgarn ab.

Die Welpen werden normalerweise verhältnismäßig schnell, jedoch in unregelmäßigen Abständen, geboren. Zwanzig Minuten, eine halbe Stunde, zwei ganz dicht aufeinander Geborene und dann eine Ruhepause von einer Stunde oder mehr, das ist völlig normal. Gelegentlich scheint es dem nervösen Züchter, als wolle es gar nicht weitergehen, die Hündin preßt und preßt ohne sichtbaren Erfolg. Jetzt ist ein kurzer Gang durch den Garten angebracht. Die Hündin verläßt die Wurfkiste und die schon geborenen, dort liegenden Welpen recht ungern: Nur angeleint und mit Bestimmtheit ist sie zu diesem Schritt zu bringen. Die Bewegung, der fünf oder zehn Minuten dauernde Gang ist jedoch für den Fortgang der Geburt förderlich.

Die Hündin ist auch vielleicht erleichtert, urinieren zu können, und strebt danach mit ihrer ganzen Kraft zurück zur Wurfkiste. Auf jeden Gang in den Garten – bei einer langsam voranschreitenden Geburt kann dies mehrmals notwendig sein – nimmt man unbedingt ein erwärmtes Handtuch und bei Dunkelheit eine Taschenlampe mit, denn nicht selten hockt die Hündin sich im Garten hin und bringt den Welpen, der in der Liegeposition in der Wurfkiste einfach nicht weiter wollte, zur Welt. Sofort in das warme Tuch aufgenommen und mit der Hündin zurück zur Wurfkiste gebracht, nimmt er durch die Art seiner Ankunft keinen Schaden. Seine Mutter versorgt ihn genau wie sie es bei den anderen getan hat, und das Werfen kann weitergehen.

Hin und wieder bietet man der Hündin etwas Wasser mit Traubenzucker an, das sie meist gern nimmt.

Falls ein zweiter Geburtshelfer bereitsteht, benutzt er die Abwesenheit der Hündin, die Wurfkiste zu säubern. Die verschmutzten Tücher werden ausgetauscht, und das darunter liegende Zeitungspapier wird, soweit wie möglich, erneuert. Die Welpen sind in dieser Zeit entweder in einem angewärmten Karton untergebracht oder liegen in der Wurfkiste auf dem mit einem dicken Handtuch zugedeckten Heizkissen. Am besten deckt man sie mit einem zweiten Tuch leicht zu, damit sie beim Aufgehen der Tür keine Zugluft abbekommen.

Wenn die Preßwehen weiterhin in regelmäßigen Abständen kommen und weder der Gang durch den Garten noch die Anstrengungen der Hündin innerhalb zwei bis zweieinhalb Stunden zum Erfolg führen, sollte man unbedingt einen Tierarzt verständigen.

### d) Die Rolle des Züchters

Es kann nicht oft genug betont werden, daß der Züchter die Hündin in den Tagen vor dem Werfen in seiner Nähe behalten und während des ganzen Geburtsvorgangs bei ihr bleiben sollte. Nicht etwa weil unsere Golden Retriever Hündinnen so verweichlicht, so »überzüchtet« sind, daß sie diesen naturgegebenen Vorgang nicht mehr allein meistern können, sondern weil unsere Hündinnen in dieser Zeit ganz besonders anhänglich sind. Sie suchen unsere Nähe, spüren eine innere Unruhe und, wenn es sich um eine Junghündin handelt, die zum ersten Mal wirft, weiß sie scheinbar gar nicht, was in ihr vorgeht. Der Züchter ist für sie der ruhende Pol vor und während der ganzen Geburt.

Manchmal, in seinem Wunsch der Hündin möglichst viel zu helfen, greift er jedoch zu schnell ein oder verursacht große Unruhe. Er redet viel mit den anderen Familienmitgliedern, läuft hin und her, photographiert, womöglich auch noch mit Blitzlicht und reißt den frisch geborenen Welpen sofort zur Untersuchung und zum Wiegen hoch. Manchmal nimmt er auch der Hündin jedesmal, wenn sich eine Neugeburt ankündigt, alle Welpen weg und legt sie getrennt in einen Karton – ein Vorgang, der auch teilweise in der Fachliteratur vertreten wird. Wir haben es jedoch nur einmal versucht und mußten uns von der Hündin eines Besseren belehren lassen, denn sie stand prompt auf, ging zu dem Karton, nahm den ersten Welpen in den Fang und holte ihn wieder zu sich in die Wurfkiste. Unsere Hündinnen wurden immer unruhig, winselten und waren aufgeregt, wenn die Welpen, aus welchem Grund auch immer, getrennt gelegt wurden. So sind wir dazu übergegangen, ein Heizkissen in die vordere Mitte der Wurfkiste zu legen, wo die Welpen, falls es notwendig erscheint, vorübergehend untergebracht werden können. Die meisten Hündinnen sind jedoch so geschickt, daß die Welpen, die schon saugen, bei einer Neugeburt kaum gestört werden.

So übertrieben aktiv sollte der Züchter also nicht sein, aber ganz passiv natürlich auch nicht!

Die Hündin wird am wenigsten von dem natürlichen Geburtsvorgang abgelenkt, wenn man zwar dabei bleibt, jedoch nur dann eingreift, wenn es unbedingt erforderlich erscheint, die Hündin wirklich Hilfe braucht. Bei einer Erstwerfenden kann es vorkommen, daß sie hilflos das Neugeborene anschaut, weil es, noch in der Fruchthülle eingepackt, sich weder bewegt noch schreit, und die Hündin nicht weiß, was sie mit ihm anfangen soll. Der Welpe erhält jetzt durch die Plazenta, die sich von ihrer Stellung an der Gebärmutterschleimhaut gelöst hat, keinen Sauerstoff mehr und droht zu ersticken.

Hier muß der Züchter eingreifen; er hebt den Welpen auf und hält ihn mit dem Kopf schräg nach unten, reißt mit Finger und Daumen die Hülle vor der Nase des Welpen auf und läßt das Fruchtwasser abfließen. Das Mäulchen des Welpen öffnet er mit dem Finger und befreit es von Schleim. Nun hält er den Welpen der Hündin hin und läßt sie daran riechen und lecken. Die meisten Welpen fangen mit den ersten Atemzügen an zu piepsen oder zu schreien, Geräusche, die bei der Hündin die Mutterinstinkte sofort wecken. Sie fängt an, den Welpen zu versorgen.

Der Züchter muß ebenfalls eingreifen, wenn zwei Welpen so rasch hintereinander geboren werden, daß die Hündin noch mit dem einen vollauf zu tun hat, während der Zweite bereits vom Erstickungstod bedroht wird. Mithelfen muß der Züchter auch, wenn ein Welpe am Scheidenausgang hängenbleibt. Gelegentlich ist die innere Fruchthülle auch schon im Geburtskanal geplatzt und der Welpe kommt ungeschützt auf die Welt. Hängt er Kopf voran am Ausgang der Vagina, reinigt man am besten gleich sein Mäulchen und, obwohl er stark unter Druck steht, schreit er manchmal jetzt schon auf. Mit frisch gewaschenen Händen und einem Läppchen sterilem Verbandsmull um den greifbaren Teil des schlüpfrigen Welpen gelegt versucht der Züchter sorgfältig mitzuwirken. Bei der nächsten Preßwehe zieht er vorsichtig und langsam mit. Der Zug wird nach unten angesetzt in Richtung der Hinterläufe der Hündin. Durch etwas Seitwärtsdrehen des Welpenkopfes gelingt es dem Züchter meistens, zunächst eine Schulter und ein Vorderbein zu befreien. Ist dies geschafft, kann man leicht die zweite Schulter und das andere Beinchen herausholen, und der Welpe, jetzt um die Schultern herum gehalten, wird bei der nächsten Wehe herausgezogen.

Bei Kopflage des Welpen bereitet eine solche Geburt kaum Schwierigkeiten. Bei einer Steißgeburt jedoch sehen die Dinge anders aus. Hier kommt der Welpe mit der Hinterhand zuerst zur Welt, ein völlig natürlicher, sehr häufig vorkommender Vorgang beim Hund, der normalerweise zu keinen Schwierigkeiten bei dem Golden Retriever führt. Ist jedoch die innere Fruchthülle schon vorher geplatzt, so wird bei dem starken Druck der Preßwehen Fruchtwasser in die Atemwege des Welpen getrieben und er droht, wenn wir nicht schnell handeln, dort im halbgeborenen Zustand zu ersticken. Genau wie schon beschrieben, mit frisch gewaschenen Händen und einem Läppchen Verbandmull ausgerüstet, faßt man, was man zu fassen bekommt, auch wenn es tatsächlich nur ein Hinterbein ist. Denn wenn das Ganze wieder ins Innere der Hündin verschwindet, kann es für den Welpen tödlich sein. Ein Welpe ist erstaunlich kräftig, er hält sehr viel aus, aber an einem Beinchen darf man wirklich nicht allzu fest ziehen. Festhalten sollte man ihn jedoch und den Versuch machen, das zweite Bein herauszuangeln. Ist dies gelungen, wird der Welpe meist bei der nächsten Wehe geboren.

Jetzt bedarf er allerdings erst recht unserer Hilfe, denn er erstickt, wenn wir ihn nicht binnen Kürze zum Atmen bringen. Wir halten ihn mit dem Kopf nach unten und reiben ihn mit ziemlich kräftigen Zügen mit dem angewärmten Handtuch den Rücken auf und ab, entfernen so viel Schleim aus dem Mäulchen, wie wir können. Sollte er sich gar nicht regen, gehen wir zur Pendelbewegung über. In dem Handtuch gehalten, den Rücken in der Handfläche, den Kopf auf zwei Finger gestützt, schwenken wir den Welpen wie das Pendel einer Uhr, schwingen ihn jedoch dabei auf jede Seite so hoch, daß der Kopf nach oben steht. Eine weitere Möglichkeit, ihn hiernach zum Atmen anzuregen, ist ein Tröpfchen Cognac mit einer Pipette auf die Zunge geträufelt. Ganz vorsichtig kann man ebenfalls eine Mund-zu-Mund Beatmung versuchen. Auch mit einem Wechselbad ist es uns einmal gelungen, einen Welpen (er ist auch völlig gesund aufgewachsen) über diese Geburtsschwierigkeiten hinweg zu bringen.

Hin und wieder kommt es natürlich vor, daß ein Welpe entweder tot zur Welt kommt oder nicht mehr gerettet werden kann. Es ist immer ein trauriger Anblick, ein trauriger Moment, das vollkommen ausgebildete, jedoch leblose Wesen beiseite legen zu müssen.

### e) Wann ist das Werfen beendet?

Genau wie jede Hündin ein Einzelwesen ist, gestaltet sich auch jeder Wurfvorgang verschieden, vergleichbar zwar mit anderen, aber niemals derselbe. Im Allgemeinen kann man mit an Sicherheit grenzender Wahrscheinlichkeit sagen, das Werfen ist beendet, wenn die Hündin sich in der Wurfkiste lang ausgestreckt hinlegt und ihrer kleinen Familie die Möglichkeit bietet, sich an der Milchquelle zu laben. Welch friedliches Bild bei einem gut abgelaufenen Werfen! Sieben, acht oder neun kleine goldene Wesen, aufgereiht und eifrig saugend, schmatzend und mit den hochgestellten Vorderpfoten gegen den Bauch der Mutter wie in einem kleinen Tanz tretend. Die erschöpfte Mutterhündin schläft, und nach einer Weile schlafen auch die Welpen. Man läßt sie auch ruhig schlafen, wechselt sorgfältig herum die verschmutzten Unterlagen aus und vertagt das Großreinemachen auf eine spätere Zeit.

Nicht jedesmal beruhigt sich die Hündin jedoch so schnell. Häufig hechelt sie noch recht lange, scheint geplagt von Schmerzen zu sein, hat scheinbar noch Wehen. Auch dies ist ganz natürlich, denn die Gebärmutter zieht sich nach dem Werfen langsam wieder zusammen und die Hündin hat mehr oder weniger starke Nachwehen. Wenn man das Werfen gut kontrolliert hat und mit Gewißheit sagen kann, daß alle Plazentas mit geboren sind, braucht man sich nicht zu beunruhigen. Wir lassen allerdings sicherheitshalber unsere Hündinnen am nächsten Tag stets vom Tierarzt untersuchen.

### f) Das Kennzeichnen der Welpen nach der Geburt

Im Durchschnitt bringt die Golden Retriever Hündin 8,1 Welpen pro Wurf zur Welt. Beträchtliche Abweichungen können sowohl nach unten als auch nach oben vorkommen. Hin und wieder sitzt der Züchter bei der Geburt vor der Wurfkiste und denkt: »Jetzt könntest Du aufhören! Jetzt sind es genug!« Würfe von zehn Welpen sind häufig, elf und zwölf auch nicht selten. Je größer der Wurf ist, desto niedriger ist im allgemeinen das Geburtsgewicht. Es spielt jedoch keine Rolle, ob die Welpen bei der Geburt viel oder wenig wiegen. Das Wichtigste dabei ist nur ihre regelmäßige Gewichtskontrolle. Die Welpen sollen gleichmäßig zunehmen. Der geübte Züchter kann mit dem bloßen Auge meistens erkennen, wie weit alles in Ordnung ist. Die Dicken, die Kleinen, die Dünnen fallen schnell auf. Ob großer

Wurf oder kleiner, ob die Welpen rund oder schlank aussehen, nur eine regelmäßige Überwachung des Gewichts kann die Gewißheit geben, daß jeder Welpe ständig zunimmt.

Golden Retriever Welpen variieren oft in der Farbe. Es können in einem Wurf ganz hell goldene und auch ganz dunkel goldene Tiere vorhanden sein. Gelegentlich sind einige besser pigmentiert als andere, oder es ergeben sich auch andere Unterschiede. Bei einem solchen Wurf kann man die Welpen häufig gut unterscheiden, aber wie ist es mit einem größeren, ganz gleichmäßigen Wurf bestellt?

Als bei uns elf Welpen fielen, stellte ich mir selbst diese Frage und wandte mich umgehend an andere Züchter, die schon vorher mit größeren Würfen ihre Erfahrungen gemacht hatten. Mir wurde einerseits ein Kennzeichnen mit Nagellack, andererseits mit Schleifchen empfohlen. Ich entschied mich für die Schleifchen. Es dauerte einige Zeit, bis alle Bändchen angefertigt und umgebunden waren. Jeder Welpe hatte jetzt schon seine Nummer, von 1 bis 11 waren sie gekennzeichnet. Ich ging schlafen. Ans Schlafen war jedoch gar nicht zu denken. Ich stellte mir vor, wie der erste Welpe die Pfote durch die eigene Schleife schob, wie der Zweite mit seiner Pfote durch die Schleife eines Dritten geriet. Angsterfüllt stand ich auf, nahm eine Schere, schnitt sämtliche Bänder ab und warf sie in den Papierkorb. Am nächsten Tag wurden in einem Spielwarengeschäft kindersichere, nicht-giftige Bienenwachsfarben besorgt, die kurz über eine Kerze gehalten und auf den Welpen getupft, für eine sehr haltbare Kennzeichnung des ganzen Wurfes sorgten. Ein weiterer sehr nützlicher Rat: führen Sie eine Tabelle, die nicht nur die Entwicklung des Wurfes aufzeigt, sondern auch die Kontrolle bis zur Abgabe in der 8. Woche erleichtert. In dieser Tabelle werden folgende Einzelheiten eingetragen:

Uhrzeit der Geburt
Geschlecht
Geburtsgewicht
Tägliche Gewichtszunahme
Wöchentliche Gewichtszunahme ab der 2. Woche
Wurmkuren
Krallenschneiden
Impfungen
Sonstiges.

### 13. Die Welpen

#### a) Wärmequellen

In den ersten Tagen seines Lebens besitzt der Welpe keinen Mechanismus zur Regulierung der Körpertemperatur. Er kann sich weder bei großer Hitze abkühlen, noch eigene Körperwärme erzeugen. Er ist voll und ganz auf die Wärme der Mutterhündin und künstliche Wärmequellen angewiesen. Viele Jahre lang wurde die Rotlichtlampe als bestes Mittel verwendet, später noch die gleiche Lampe mit Dunkelstrahler. Beobachtungen haben jedoch gezeigt, daß nicht nur die ständige Helligkeit, sondern auch die trockene Luft und die unausweichliche Wärme für die Hündin, die die Wurfkiste instinktiv nicht verlassen will, störend wirken. Ein Heizkissen hat sich bei weitem als die beste Lösung erwiesen. In der Mitte der vorderen Längsseite der Wurfkiste unter dem Vetbed plaziert und auf Stufe 1 geschaltet, bietet es eine ideale konstante »Unterbodenheizung«. Die Hündin wird durch die dort erzeugte Wärme nicht beeinträchtigt, die Welpen jedoch, wenn sie nicht gerade saugen, werden wie von einem Magnet dorthin gezogen.

Die Temperatur im Wurfzimmer sollte unbedingt gleichbleibend sein, aber wichtiger noch als eine hohe Temperatur ist die Zugfreiheit. Eine Temperatur von 19° bis 20° Celsius ist für die Welpen bei Vetbed und untergelegtem Heizkissen ausreichend. Die vorzügliche flauschige Welpenunterlage mit dem Markennamen »Vetbed« ist nicht nur für die kleinen Welpenpfoten »griffig«, sondern auch noch feuchtigkeitsdurchlässig. Die Nässe sickert durch und wird von dem darunterliegenden Zeitungspapier aufgesaugt. Um eine optimale Sauberkeit zu gewährleisten, wird die Unterlage anfangs zweimal, später dreimal täglich ausgewechselt. Die Decke läßt sich bei 60° C in der Waschmaschine waschen und ist verhältnismäßig schnell trocken. Welpen mögen diese Art des Bettes. Es ist immer interessant zu sehen, wie sicher sie sich darauf fortbewegen können und wie sehr es für sie eine Art »Zuhause« wird. Auch unsere Stammhunde schlafen am liebsten auf den ausrangierten, etwas verwaschenen Vetbeds.

**b) Aufzucht der Welpen**

Das Werfen ist beendet. Die Hündin ruht mit ihrer kleinen Familie, und man holt selbst tief Luft, schaut zurück über die aufregenden Stunden und langsam wird einem gewahr, daß man soeben ein Wunder der Natur erlebt hat.

Wenn die Hündin ein bis zwei Stunden geschlafen hat, führt man sie zum Lösen in den Garten hinaus. Hierzu wird sie nötigenfalls wieder angeleint und mit einigen freundlichen Worten zum Mitgehen bewegt. In ihrer Abwesenheit wird von einem Helfer die Wurfkiste vollständig ausgeräumt, sauber gemacht und desinfiziert. Eine milde Sagrotanlösung eignet sich gut hierfür. Die vorher ausquartierten Welpen liegen derweil in einem mit einem Heizkissen angewärmten Karton. Wenn die Kiste nicht schnell genug austrocknet, kann man mit dem Föhn etwas nachhelfen. Sie wird anschließend mit einer dicken Schicht Zeitungspapier ausgelegt und das erste der drei Vetbeds kann seinen Dienst aufnehmen.

Bevor die Mutterhündin zu ihren Welpen wieder zurückkehrt, versucht man sie, so gut es geht, hinten zu säubern. Durch die Geburt sind die Befederung der Rute und die schönen »Höschen« stark in Mitleidenschaft gezogen; sie sind von Fruchtwasser und Blut teilweise grünlich rot verfärbt und wahrscheinlich auch noch feucht. Durch vorsichtiges Abwaschen mit lauwarmem Wasser kann man einen Teil dieser Verfärbung wegspülen, aber gelegentlich ist die Beschmutzung so

# Protokoll eines durchschnittlichen Wurfvorganges

| Geschlecht Uhrzeit/Farbe | Geburts-gewicht | 1. Tag | 2. Tag | 3. Tag | 4. Tag | 4. Tag | 6. Tag | 7. Tag | 11. Tag |
|---|---|---|---|---|---|---|---|---|---|
| Rüde 14.²⁰ dunkel | 540 | 560 | 600 | 660 | 720 | 790 | 850 | 960 | |
| Rüde (Steiß) 15.⁰⁰ hell | 470 | 510 | 570 | 650 | 730 | 790 | 870 | 940 | |
| Hündin 15.¹⁰ mittel | 450 | 510 | 580 | 640 | 700 | 770 | 840 | 910 | |
| Rüde 15.⁴⁰ hell | 450 | 470 | 520 | 570 | 640 | 700 | 770 | 820 | |
| Hündin (Steiß) 16.²⁰ mittel | 520 | 550 | 610 | 660 | 710 | 790 | 850 | 970 | |
| Rüde 17.¹⁵ hell | 490 | 530 | 590 | 650 | 740 | 800 | 880 | 980 | |
| Hündin 18.²⁰ dunkel | 510 | 540 | 600 | 660 | 730 | 790 | 870 | 980 | 1. Wurmkur |
| Hündin (Steiß) 19.¹⁰ dunkel | 410 | 460 | 520 | 580 | 650 | 710 | 780 | 870 | |
| | | | | | | | | Krallen schneiden | |

# mit Welpengewichtstabelle, Wurmkur- und Impfterminen.

| 2. Woche | 3. Woche | 22. Tag | 4. Woche | 33. Tag | 5. Woche | 6. Woche | 44. Tag | 7. Woche | | 8. Woche |
|---|---|---|---|---|---|---|---|---|---|---|
| 1420 | 1910 | | 2650 | | 3300 | 4000 | | 4900 | | 5900 |
| 1340 | 2000 | | 2900 | | 3500 | 4200 | | 5100 | | 6100 |
| 1320 | 1830 | | 2500 | | 3100 | 3800 | | 4700 | | 5800 |
| 1200 | 1750 | | 2450 | | 3000 | 3700 | | 4600 | Schutzimpfung gegen S.H.L. + P. | 5600 |
| 1380 | 1950 | | 2600 | | 3200 | 3950 | | 4850 | | 5900 |
| 1220 | 1800 | | 2450 | | 3050 | 3900 | | 4700 | | 5500 |
| 1230 | 1810 | 2. Wurmkur | 2500 | 3. Wurmkur | 3100 | 3850 | 4. Wurmkur | 4600 | | 5400 |
| 1140 | 1750 | | 2400 | | 3050 | 3800 | | 4700 | | 5600 |
| Krallen schneiden | Krallen schneiden | | Krallen schneiden | | Krallen schneiden | | | | | |

hartnäckig, daß nur das Abschneiden der betroffenen Behaarung hilft. So traurig, wie das erscheinen mag, ist es allerdings nicht, denn in den nächsten Wochen und Monaten nach der Geburt haart die Hündin stets vollständig ab, sie verliert die Unterwolle, fast das ganze Deckhaar und alle Befederungen an den Läufen und an der Rute. Sie sieht dann fast wie eine kurzhaarige Hündin aus. Keine Sorge, das schöne, dichte Fell wächst später wieder zu seiner früheren Schönheit nach.
Nach der Säuberung wird die Hündin so gut wie möglich abgetrocknet. Eine klammfeuchte Hündin kann sich leicht erkälten, und die Nässe ist auch für die Welpen nicht bekömmlich. Die Hündin wird jetzt wieder Wasser mit etwas Traubenzucker gern annehmen. Milch erhält sie in diesem Stadium nicht, denn sie hat die Fruchthüllen und Plazenta gefressen – eine instinktive Handlung, die zweierlei Wirkung hat: sie hält einerseits beim Wildhund das Wurflager sauber und regt andererseits durch die darin enthaltenen Hormone die Milcherzeugung an. Die Hündin hat oft in den Tagen nach dem Werfen etwas Durchfall. Milch würde diesen Zustand nur noch verschlimmern.

In dieser Zeit hat sie auch gewöhnlich eine erhöhte Temperatur, meistens etwas über 39° C; auch dies ist ganz normal und gibt keinen Grund zur Besorgnis, es sei denn, die Temperatur steigt höher!
Die Hündin erhält anfangs am besten Diätkost, bekommt Rinder- oder Hühnerbrühe – ohne Fett –, mageres, gekochtes Rindfleisch mit Reis etc., Kamillentee zum Trinken, wenn sie ihn annimmt. Alle zwei Stunden eine Tablette Nux Vomica D 6 auf die Zunge geben, – ein homöopathisches Mittel, das auch bei Welpen mit guter Wirkung gegen Durchfall eingesetzt werden kann.

Noch muß die Hündin keine große Milchleistung bringen, und sie sollte deshalb nicht zu kräftig gefüttert werden. Erst nach und nach, wenn die Welpen rasch heranwachsen, steigert man die Quantität und die Anzahl der Mahlzeiten. Wir haben stets das Gefühl, daß unsere Golden Retriever Hündinnen sehr gern Mutter sind, vielleicht auch, weil dies die einzige Zeit in ihrem Erwachsenen-Leben ist, in der sie sich gründlich satt fressen dürfen. Wenn sie einen großen Wurf aufzuziehen hat, erhält die Hündin vier Mahlzeiten am Tage, und ihr Menü wird abwechslungsreich und schmackhaft gestaltet.

In den ersten beiden Wochen hat es der Züchter recht leicht, wenn alles normal verläuft. Die Hündin macht die ganze Arbeit selbständig. Sie ist mit geringen Pausen Tag und Nacht im Einsatz und putzt die Kleinen ständig. Die Welpen saugen und schlafen; die Mutter hält reihum sauber und massiert sie mit ihrer Zunge. Sie geht auch jetzt gar nicht sanft mit ihnen um, sondern dreht sie, putzt sie, wendet sie mit der Nase und schiebt sie dorthin, wo sie sie haben will. Durch die Zungenmassage regt sie beim Welpen das Absetzen von Kot und Urin an, den sie auch sofort entfernt. Sie hält die Wurfkiste derart sauber, daß man gelegentlich das Gefühl bekommen kann, die Welpen wären verstopft. Wenn die Welpen jedoch ruhig sind, ist dies niemals der Fall. Verstopfte Welpen schreien ganz kläglich.

Das Gesäuge der Hündin muß stets gut kontrolliert und ohnehin nach jedem Ausgang gereinigt werden. Mit einem weichen, feuchten Tuch wischt man es vorsichtig und trocknet es mit einem ebenfalls recht weichen Handtuch sorgfältig ab. Bei dieser Gelegenheit wird genau geprüft, ob irgendwo eine Verhärtung oder eine Wundstelle im Entstehen ist. Wenn hier nicht prompt gehandelt wird, hat man womöglich nicht nur eine recht kranke Hündin, sondern eine ganze Anzahl von »Flaschenkindern« zu versorgen.
Beim geringsten Anzeichen von Schwierigkeiten am Gesäuge ist der Tierarzt unbedingt sofort hinzuzuziehen.

**c) Krallenpflege bei den Welpen**

In diesem Zusammenhang ist es wichtig, eine regelmäßige Krallenpflege bei den Welpen durchzuführen. Die nadelscharfen, gebogenen Krallenspitzen zerkratzen beim Milchtritt sonst das Gesäuge der Mutterhündin und können leicht eine Entzündung verursachen. Ganz vorsichtig wird n u r die Spitze der Kralle zurückgeschnitten, eine Pflege, die einmal wöchentlich wiederholt wird, bis der Welpe durch das Herumlaufen auf festem Untergrund von selbst seine Krallen kurz hält.

**d) Die Zufütterung**

Neugeborene Welpen sind nicht nur blind, sie sind auch gehörlos. Die Ohren beginnen sich am vierten oder fünften Tag zu öffnen, zwischen dem elften und vierzehnten Tag öffnen sich die Augen. Dieser langsame Vorgang fängt mit einem kleinen Schlitz am inneren Augenwinkel an. Es dauert dann zwei bis drei Tage, bis die Augen vollständig offen sind. In dieser Zeit ist darauf zu achten, daß kein starker Sonnenschein oder direktes, grelles Licht auf die Welpen fällt.

Von jetzt ab werden sie immer unternehmungslustiger, untersuchen die Wurfkiste und zeigen beginnende Neugierde und manchmal schon Spielverhalten. Sie reagieren jetzt nicht mehr allein auf Wärme- und Milchquellen, sondern auch schon auf äußere Einwirkungen. Beim Streicheln hinterm Ohr wedelt jetzt der eine oder andere Welpe mit dem Schwanz. Am vierzehnten Tag – bei einem sehr großen Wurf schon früher – fängt man an, die Hündin zu entlasten. Die normale, tüchtige Golden Retriever Hündin hat einem schon so viel Arbeit erspart, daß man jetzt mit Freude daran gehen kann, auch ihr zu helfen.

Es gibt auf dem Markt eine ganze Reihe von Spezialprodukten für die Aufzucht von Welpen, die sich alle gut für die kommenden Wochen eignen. Wichtig hierbei ist, jeweils die Anweisungen des Herstellers dieser Trockenmilchpräparate ganz genau zu befolgen. Eine unsachgemäße Verdünnung könnte bei den Welpen Durchfall erzeugen, die ganze Arbeit der letzten Wochen in Frage stellen. Alle Gefäße müssen vor der Benutzung sorgfältig ausgekocht werden. Die vorbereitete Welpenmilch füllt man zweckmäßigerweise in zwei Babyflaschen und stellt sie aufrecht in einen Topf warmen Wassers. Mit mindestens einem Handtuch bewappnet – diese Übung kann recht feucht werden – nimmt man den ersten Welpen hoch,

*Abb. 96: Mund abputzen! Foto: M. Glaser*

*Abb. 97: Besetzt! Foto: U. Klatt*

setzt ihn auf den Schoß und hält ihm die kleine Schale Milch vor die Nase. Es gibt unter den Welpen geborene Profis, die von Anfang an verstehen, worum es geht, und andere, die sich denkbar ungeschickt anstellen, die Nase tief hineinstecken, sich verschlucken, prusten und die Milch in die falsche Kehle bekommen. Wie geschickt oder ungeschickt sie sich anstellen, ist größtenteils eine Frage des Alters. Muß man bei einem großen Wurf schon am 12. Tag mit der Zufütterung anfangen, sind die Schwierigkeiten größer als beispielsweise der Trinkversuch einige Tage später.

Lernen tun sie es alle. Zuerst, indem sie die Milch von den Schnauzen ihrer Geschwister ablecken. Es dauert gewöhnlich keine zwei bis drei Tage, bis alle den Profistatus erreicht haben. Bald werden sie auch auf die Geräusche aufmerksam, die der Fütterung vorausgehen und begrüßen diese aufgeregt mit Lauten. Sobald es bei allen gut klappt, setzt man sie gemeinsam zum Trinken auf den Fußboden. Ausgebreitete Handtücher sorgen für Sauberkeit und nehmen auch die unvermeidlichen Milchspritzer auf.
Wir füttern gern in getrennten Schalen, je fünf auf einem runden Tablett. Die ideale Schale in diesem Stadium ist zirka 7 cm hoch und hat einen oberen Durchmesser von 11 bis 12 cm. Jeder Welpe bekommt seine eigene Portion, und, mit dem Köpfchen gut in der Schale, läßt er sich von gierigeren Nachbarn kaum vertreiben. So weiß man, daß jeder die ihm zugedachte Menge aufgenommen hat. Später, wenn alle gleichmäßig gute Fresser sind, kann man größere flache Schalen für je zwei bis drei Welpen nehmen. Es besteht jedoch bei mehreren Welpen an einem Futternapf immer die Gefahr, daß die Kräftigeren die Schwächeren verdrängen. Es kann auch manchmal bei der Fütterung so viel Streß aufkommen, daß man entweder wieder zu einzelnen Schüsseln oder jeweils auf nur zwei Welpen zu einer Schüssel zurückgreift.

Sobald sich die Welpen an die Zufütterung gewöhnt haben und kräftig zulangen, kann man abwechselnd Welpenmilch und Welpenbrei füttern.
Wie oben schon erwähnt gibt es auf dem Markt auch eine große Anzahl Welpenaufzucht-Futtersorten, die für den darin enthaltenen hohen Proteingehalt angepriesen werden. Welpen und Junghunde aller mittelgroßen und großen Rassen wachsen schnell, manchmal zu schnell; verbunden mit diesem schnellen Wachstum treten gelegentlich Skeletterkrankungen auf. Züchter sind in den letzten Jahren auf diese Probleme aufmerksam geworden und raten auf diesem Gebiet zur Vorsicht. Gerade der schwere, dicke Welpe, der mit einem stark proteinhaltigen Kraftfutter ernährte Junghund, scheint besonders gefährdet zu sein. Immer mehr Züchter greifen zum Mittelweg und versuchen gezielt das Gewicht der Welpen zu steuern. Bewährt haben sich in dieser Hinsicht bei uns ab der 3. Lebenswoche Vipromil von der Firma Nagut und danach ab der 5. Woche Auslese 7 der Firma Royal Canin.

Die Zufütterung wird allmählich gesteigert, bis die Welpen vier Mahlzeiten am Tage erhalten. Bewährt hat sich – wie oben erwähnt – abwechselnd eine Milch- und eine Breimahlzeit, bis man in der 5. Woche mit »derberer« Kost beginnt (siehe Futterplan Seite 117).

**e) Nach zwei bis drei Wochen**

Hat der Züchter in den ersten zwei bis drei Wochen hauptsächlich für Sauberkeit in der Wurfkiste, für ausreichend Wärme und für das Wohlergehen der Mutterhündin zu sorgen, so häuft sich in den darauffolgenden Wochen die Arbeit. Die Zeit, die er für die Welpen von jetzt ab aufbringen muß, steigert sich von Tag zu Tag. Hier möchte ich noch einmal betonen: wer nicht bereit ist, sehr viel Zeit aufzuwenden oder nicht ausreichende Zeit zur Verfügung hat, sollte gar nicht erst mit einem solchen Unterfangen beginnen.

Der Wurf von acht Wochen alten Welpen, den ich vor einigen Jahren in einem Heizungskeller ohne Tageslicht vorfand, soll als Beispiel dienen. Die Welpen waren ruhig, sie waren nicht ängstlich, jedoch kaum verspielt, denn für die sieben Tiere standen ganze vier Quadratmeter Platz zur Verfügung. Anderen Auslauf hatten sie nie gehabt, denn draußen fror es Stein und Bein. Vom Gewicht her waren sie alle ungewöhnlich leicht. Die Mutterhündin weigerte sich angeblich, ab der 6. Woche zu ihren Kindern in den Keller zu gehen. Ich bezweifle, ob jemand in der Familie viel Zeit, außer zum Füttern, dort verbrachte. Ich habe dann später die Entwicklung dieser Welpen mit sorgenvollem Interesse verfolgt; dem »Züchter« hatte ich unmißverständlich meine Meinung gesagt. Bei den meisten Tieren schien alles gut zu gehen, sie entwickelten sich normal, erreichten auch eine normale Größe. Die Nachricht, daß einer der Rüden nicht ganz zuverlässig sei, daß er mit zirka zwei Jahren den Sohn der Familie gebissen hatte, hat mich jedoch kaum überrascht.

**f) Die Prägung der Welpen durch den Züchter**

Schon in der Wurfkiste erhalten Welpen eine Grundausrüstung für das ganze Leben. Nicht nur artgerechte Nahrung, ausreichende Wärme, gründliche Hygiene sind für diese Lebenswochen wichtig. Genau so wichtig – wenn nicht noch wichtiger – ist die Prägung der Welpen durch die Mutterhündin einerseits, durch den Züchter andererseits.
Eine ruhige ausgeglichene Mutterhündin mit freundlichem Wesen ist die erste Voraussetzung für das gleiche freundliche, sichere Wesen bei den Welpen; die zweite Voraussetzung ist die Zeit, die der Züchter – und eventuell auch seine Familie – zusammen mit den Welpen verbringt.

Jede Berührung durch die Hand des Menschen, jeder Griff in die Wurfkiste, sollte von Anfang an den Welpen willkommen sein. Werden sie beispielsweise zum Wiegen hochgenommen, sorgt man gut dafür, daß sie auf einer wackeligen Waageeinrichtung nicht vor Schreck erstarren. Der Welpe wird viel gestreichelt. Es ist immer erstaunlich zu erleben, wie schnell er sich an das sanfte Kraulen hinter dem Ohr gewöhnt, wie sehr er dieser Berührung entgegenstrebt, sobald er begonnen hat, seine Umgebung mit Augen und Ohren wahrzunehmen. Knien Sie vor der Kiste und halten die Hände hinein, kommen alle Welpen neugierig zu Ihnen und untersuchen Ihre Finger. Man nimmt sie jetzt gelegentlich aus der Wurfkiste heraus, hält sie auf dem Schoß, setzt sie kurz ab auf eine Decke, läßt sie krabbeln. Die Welpen werden oft auf den Arm genommen, häufig gestreichelt. Man redet viel mit ihnen, und später setzt man sich selber in die Wurfkiste und erlebt, wie die ganze kleine Schar sich stürmisch auf einen stürzt, alles Erreichbare anknabbert und mit Nase und Zunge neugierig erforscht. Es ist für den Züchter jedesmal ein wundervoller Augenblick, wenn die Welpen beginnen, ihn anzusehen.

Das Vertrauen der Hund-Mensch-Beziehung beginnt hier in der Wurfkiste. Wer beispielsweise einmal beim Auswechseln der Unterlagen oder bei der Reinigung des Welpenhauses die Geduld verliert, den sich am Besen festbeißenden Welpen einen unfreundlichen Schubs verpaßt, oder die kleinen Kerle sonst absichtlich erschreckt, darf sich nicht wundern, wenn diese Welpen in Zukunft schon beim Anblick des Besens erschrecken und sich in eine Ecke verkriechen. Der Züchter hat einen Teil des Vertrauens zum Menschen, zu der Umwelt jetzt schon gestört. Dr. h.c. Hans Räber erfaßt in seinem »Brevier neuzeitlicher Hundezucht« dies in wenigen Sätzen. Ich kann nichts Besseres tun, als ihn hier zu zitieren: »Ein ganzer Wurf gesunder, kraftstrotzender Junghunde, die keine Scheu vor dem Menschen haben, ihren Pfleger jeweils stürmisch begrüßen, mit ihm spielen möchten, und ihm volles Vertrauen entgegenbringen, das ist der schönste Lohn für die Mühen und die große Arbeit. Ein besseres »Befähigungszeugnis« als Züchter kann man sich nicht wünschen.«

### g) Auslauf für die Welpen

Sobald die Welpen der Wurfkiste entwachsen sind, benötigen sie Auslauf. Zunächst genügen ein bis zwei Quadratmeter, jedoch so eingerichtet, daß sie die Wurfkiste zum Absetzen von Kot und Urin verlassen können, denn dies entspricht ihrem natürlichen Verhalten. Unsere Welpen erhalten in diesem Stadium einen Teil der Wohnküche. Sie sind durch eine niedrige Trennwand an ihre Hälfte gebunden, erleben aber in den nächsten Wochen viele optische und akustische Einwirkungen. Die Waschmaschine läuft, die Schleuder schwirrt, der Abwasch klirrt und gelegentlich fällt ein Topfdeckel mit Geklapper auf die Fliesen. Das Radio spielt und das Telephon klingelt. Für die Welpen hat die Prägung der Umwelt begonnen. Sie erhalten jetzt Spielsachen, etwas zum Zerreißen, Buntes, Rollendes, Bewegliches. Ein gelbes Staubtuch, an einer Schnur über die Wurfkiste aufgehängt, ist ein sehr beliebtes Spielzeug, eine kleine Ziegenglocke, ebenfalls aufgehängt, wirkt auch stets als große Attraktion.
Die Hälfte der Küche reicht jedoch nur für kurze Zeit aus, denn der Bewegungsdrang der Welpen wächst von Tag zu Tag. Jetzt bietet sich ein festes, beheizbares, zugfreies Hundehaus an, entweder mit gut imprägniertem Holzfußboden, oder einem anderen waschbaren, isolierenden Bodenbelag. Die Wurfkiste, noch mit der flauschigen Unterlage, wird mitsamt dem Wurf dorthin umquartiert.

Manche Züchter verwenden jetzt zum Abdecken des Fußbodens Zeitungpapier, andere Sägespäne. Auch wir haben früher recht oft einen Wurf mit Sägespänen großgezogen, merkten jedoch ein- oder zweimal, daß diese Einstreu den Welpen nicht so gut bekam, vermutlich weil das Nutzholz heute mit so viel Chemikalien behandelt wird. Seit einigen Jahren verwenden wir Kleintierstreu, mit der wir die besten Erfahrungen gemacht haben. Die Welpen sind stets sauber und trocken; der abgesetzte Kot und Urin wird von der Streu aufgenommen, der Kot läßt sich mit einer kleinen Schaufel leicht entfernen. Einmal täglich wird das Häuschen ausgeräumt, ausgeschrubbt, desinfiziert und frisch eingestreut. Wohin mit der alten Streu? Sie läßt sich tatsächlich verkompostieren!

Mittlerweile sind unsere Golden Retriever Welpen größer geworden. Sie bekommen einen eigenen Auslauf, denn nur so, in einem Gehege, ist ihre Sicherheit in diesem Alter gewährleistet. Wie das Kleinkind rennt der Welpe, wo immer er kann, in die Gefahr hinein. Er leckt, knabbert und, wenn er es schafft, frißt er einfach alles, was er findet. Elektrische Kabel locken ihn an wie das Gold die Goldgräber, und er kennt keinen Unterschied zwischen bekömmlichen und nicht bekömmlichen Pflanzenarten. In seinem Auslauf – der zweckmäßigerweise teils aus Platten, teils aus Gras bestehen sollte – neben dem schützenden Häuschen ist er gut aufgehoben. Vielleicht baut man ihm eine schöne, stets beliebte Höhle. Und man deckt ihn immer wieder mit neuen Spielsachen ein, denn wie einem Kind wird ihm alles bald langweilig. Ein Karton, etwas zum Zerfleddern, die Schwinge eines Fasans, dieses sind sehr begehrte Dinge. Genau wie zuvor besteht das Welpenleben aus Schlafen, Fressen und Bewegung. Die Bewegung verläuft meistens in der Form von Spiel. Spiel mit den Geschwistern, Spiel mit dem Spielzeug, Spiel mit einem Zweig und, wenn sich nichts Besseres bietet, mit dem eigenen Schwanz. Und noch etwas: das Buddeln ist dem Golden Retriever angeboren! Jedes Mauseloch, jeder Maulwurfhaufen zieht ihn magnetisch an, und diese Leidenschaft entdecken jetzt auch die Welpen. Gesunde Welpen sind recht unternehmungslustig. Ihre Ausflüge dehnen sich von Tag zu Tag immer weiter aus und, damit sie nicht immer nur dasselbe erleben, sollte man sie öfters unter Aufsicht in den Rest des Gartens lassen. Hin und wieder kann man sie auch in die Wohnküche zurückbringen. Der Spieltrieb scheint abends vor dem Schlafengehen besonders aufzuleben. Eine ausgiebige Spielstunde vor dem »Lichtaus« ist dann für beide Seiten eine besondere Freude.

In diesem jungen Alter vermeidet man es unbedingt, daß die Welpen Treppen steigen oder irgendwo auf und ab springen. Sie sind unglaublich unvorsichtig. Auch wenn sie sich bei ihren Eskapaden scheinbar niemals weh tun, so ist das Springen und Klettern eine recht starke Belastung für Gelenke, Knochen und Bänder.

Der Züchter hat es jetzt in der Hand, seine Welpen nicht nur zu prägen, sondern auch noch die ersten Schritte zur Erziehung einzuleiten. Hierfür zwei Beispiele: er kann zu jeder Fütterung mit der Hundepfeife »zu Tisch« pfeifen. Erstaunlich, wie schnell die Welpen dies begreifen! Sie sind später bei jedem Pfiff sofort zur Stelle, auch wenn sie nicht gerade gemeint waren. Hierfür trägt man von jetzt ab stets ganz kleine Leckerbissen in der Tasche. Der Züchter kann auch nach jeder Fütterung zum Löseplatz gehen und die Welpen zu sich rufen, er lockt sie heran, gibt aufmunternde, kleine Kommandos und sobald sie sich gelöst haben, lobt er sie ausgiebig. »So ist es brav«, »So ist es gut«.

Hierzu unterstützt er den angeborenen Drang zur Reinhaltung der eigenen Höhle, des eigenen Lagers, in diesem Fall des Hundehauses.

Regelmäßigkeit, Sauberkeit, enger Mensch-Welpen und Hund-Welpen Kontakt dienen in diesen wichtigsten Prägewochen zur Aufzucht von Hunden, die später im Leben dem Streß der lärmenden, hastenden Umwelt gewachsen sind.

**h) Die Wurmkur**

Die Zuchthündin wird vorsorglich drei bis vier Wochen vor Beginn der Läufigkeit entwurmt. Für sie wird ein Breitband-Wurmmittel, beispielsweise »Talmin«, angewendet. Trotzdem werden fast alle Welpen schon im Mutterleib mit Spulwürmern (Toxocara canis) infiziert.

Die erste Wurmkur bei den Welpen findet am besten zwischen dem 12. und 14. Tag statt und zwar mit Banminth-Paste, hergestellt von der Firma Pfizer. Genau nach Anweisung wird die Paste entsprechend des Welpengewichtes mit dem Zeigefinger ins Mäulchen gestrichen. Der Welpe hat keine Schwierigkeiten, die Paste herunterzuschlucken. In den darauffolgenden Stunden gehen vorhandene Würmer im Kot weg, der sofort sorgfältig entfernt werden muß, da sich die Welpen sonst sofort wieder infizieren.
Die Wurmkur wiederholt man, je nach Befall, alle 11 bis 12 Tage bis zur Abgabe der Welpen und, damit der neue Besitzer nicht so leicht die nächste fällige Wurmkur vergißt, gibt man dem einzelnen Welpen eine Tube Banminth-Paste mit auf den Weg.

Die Wurmfreiheit des Welpen ist sowohl für ihn selbst, als auch für seinen Besitzer, – vor allem dort, wo Kinder in der Familie sind – eine absolute Notwendigkeit. Bis zu einem Jahr werden Junghunde vierteljährlich entwurmt, danach reicht normalerweise eine jährliche Wiederholung. Treten jedoch Verdachtsmomente auf, hat der Hund Verdauungsschwierigkeiten, neigt zu Durchfall, sieht schlecht aus, dann bringt man sicherheitshalber eine Kotprobe zur Untersuchung zum Tierarzt.

Die Kuren bis zum 6. Monat können mit Banminth-Paste durchgeführt werden; für spätere Kuren setzt man ein vom Tierarzt verschriebenes Breitband-Wurmmittel ein, denn unsere Hunde werden nicht nur mit Spulwürmern infiziert, sie werden gelegentlich auch von Haken- oder Bandwürmern befallen.

Der Löseplatz des Hundes ist stets sauber zu halten. Gerade nach einer Wurmkur muß der abgesetzte Kot sofort entfernt werden, denn sonst bleiben Wurmeier dort in der Erde, die eine erneute Infizierung verursachen können.

### i) Die Mutterhündin und ihre Welpen

Ist die Mutterhündin anfangs kaum zu bewegen, die Wurfkiste zu verlassen, ändert sich ihr Verhalten nach und nach mit dem Heranwachsen der Welpen, wenn diese nicht mehr allein auf sie angewiesen sind. Zunächst verläßt sie – etwa in der zweiten Woche – die Kiste zeitweise für eine Stunde ein oder mehrmals am Tage, – sie sollte unbedingt jetzt auch zu einem nicht zu langen Spaziergang ausgeführt werden. Aber nachts schläft sie nach wie vor bei den Welpen und ist ständig mit Zungenmassage und Saubermachen beschäftigt. In der dritten Woche steigt sie meist nachts stundenweise aus der Kiste heraus und legt sich davor zum Schlafen nieder. In der vierten Woche geht sie in der Nacht nur noch alle paar Stunden in die Kiste hinein, wenn sie offensichtlich spürt, daß die Milch staut und sie sie loswerden muß. Sie läßt die Welpen saugen, säubert sie und steigt dann wieder heraus. Wichtig ist es jetzt, die Futterration der säugenden Hündin allmählich zu reduzieren, denn bis die Welpen abgegeben werden, muß der Milchfluß versiegt sein. Ab der sechsten Woche tränkt sie ihr Welpen nur noch zwei- bis dreimal am Tage. Sie sind jetzt sehr groß und kräftig und hängen sich wie die Kletten ans Gesäuge. Ist es ein großer Wurf, hält sie dies nur mit großer Mühe aus. Morgens früh geht sie gern mit zum Hundehaus und läßt die Kleinen saugen. Im übrigen aber ist es ratsam, die Hündin erst nach der Fütterung der Welpen zu ihnen zu lassen. Vor dem Schlafengehen ist ebenfalls ein Umtrunk und eine Spielzeit fällig.

Viele Hündinnen würgen in dieser Zeit ihr halbverdautes Futter den Welpen vor. Ein völlig natürliches Verhalten, bei dem nur zu beachten ist, daß die Hündin mit Futter versorgt wird, das die Welpen auch vertragen, und daß sie hinterher wieder eine Portion für sich bekommt.

### j) Vorbereitungen für die Abgabe der Welpen

Der bestmögliche Zeitpunkt für die Abgabe der Welpen an ihre neuen Besitzer liegt in der 8. Lebenswoche. In diesem Alter sind die kleinen Golden Retriever nicht nur ganz besonders anpassungsfähig, sie sind auch noch besonders aufnahmebereit. Bei den in der 8. Woche abgegebenen Welpen entstehen bei der Umstellung auf die neue Umgebung in der Regel weniger Schwierigkeiten als bei späterer Abgabe. Der Golden Retriever entwickelt von frühen Tagen an eine ausgeprägte Bindung an »seine« Menschen, und diese Entwicklung scheint in der Zeit der Trennung von der Meute am stärksten zu sein.
In Deutschland wird der Retriever-Wurf von einem Beauftragten des betreffenden Vereins, des Deutschen Retriever Clubs, abgenommen. Das heißt, daß die Welpen von einem hierfür ausgebildeten Clubmitglied sehr genau auf Mängel und Fehler untersucht werden. Außerdem erfolgt die Tätowierung mit der laufenden Registriernummer. Unter anderem werden Zwingeranlage, die Unterbringung, die

*Abb. 98: Aus dem vom Züchter erworbenen »Rohmaterial« macht der Käufer den ganzen Hund! Foto: H. Vogel*

Gesundheit der Welpen, deren Zahnstellung, Augenlider und bei den Rüden der Abstieg der Hoden in den Hodensack überprüft. Das Ergebnis wird in einem Bericht zusammengefaßt. Ist alles in Ordnung, kann der Züchter die Ausstellung der Ahnentafel für die Welpen beim Verein beantragen. Bis zum Zeitpunkt der Wurfabnahme müssen die Welpen vom Tierarzt gegen Staupe, Hepatitis, Leptospirose (SHL) und Parvovirose (P) geimpft worden sein, so daß die Impfpässe bei der Wurfabnahme vorliegen.

Vor der Abgabe unserer Welpen senden wir ihren neuen Besitzern Photographien der beiden Elterntiere, Kopien der Ahnentafeln, Kopien der HD- und Augenuntersuchungsbefunde und die Kopien eventueller Erfolge bei Ausstellungen und/ oder Leistungsprüfungen. Wenn möglich werden Aufnahmen vom Wurf in den verschiedenen Wachstumsstadien beigefügt. Zu diesem Zeitpunkt geht auch ein sehr genauer Futterplan an die Welpenkäufer, damit sie sich rechtzeitig vorbereiten und alles vorrätig haben, wenn der große Tag des Welpenabholens herankommt. Generell besuchen uns die Besitzer mindestens einmal, um den Wurf zu sehen. Wohnen sie sehr weit weg, bleibt es meistens bei diesem einen Besuch, näher Wohnende kommen dafür desto häufiger. Ein enger Kontakt in dieser Zeit dient als Vorbereitung auf das Kommende, besonders bei Käufern, die noch nie einen Hund gehabt haben.

Bei der Abgabe selbst ist es ratsam, den Welpen so früh am Morgen wie möglich abzuholen. Er darf auch keinesfalls vor der Fahrt gefüttert werden, denn was auch immer er zu Fressen bekommt, gibt er in aller Wahrscheinlichkeit im Auto wieder von sich. Es kann einem Welpen beim Autofahren ganz schlecht ergehen, und erst wenn sich sein kleiner Magen vollständig entleert hat, findet er wieder Ruhe. Im allgemeinen ist ihm hinterher das Autofahren eine Zeit lang verleidet. Es ist daher klüger, ihm diese Qual zu ersparen, indem man ihn etwas hungern läßt. Ein normaler Welpe von sieben bis acht Wochen ist sowieso gut ernährt, kräftig und durchaus in der Lage, eine mehrstündige Fahrt ohne Nahrung durchzustehen. Bei sehr heißem Sommerwetter ist dieser Frühstart unbedingt notwendig, denn auch die Mittagshitze macht dem kleinen Kerl zu schaffen. Bei einer längeren Reise legt der neue Besitzer hin und wieder eine Pause ein, läßt den Welpen – an einer leichten Leine geführt – sich auf einer Wiese lösen und bietet ihm etwas frisches Wasser an.

Zum »Gepäck« des den Besitz wechselnden Welpen gehören folgende Einzelteile: der Impfpaß, noch einmal der Futterplan, vier bis fünf Tagesrationen der dem Welpen gewohnten Futtersorten, ein Teil der Decke, auf der die kleine Familie zuletzt geschlafen hat, – sie riecht tröstend nach Mutter und Geschwistern in seiner kommenden Einsamkeit – eine Tube Banminthpaste für die nächste Wurmkur, eine Hundepfeife und ganz genaue Anweisungen für den nächsten Impftermin.
Viele Züchter geben dem neuen Welpenbesitzer auch Anweisungen für die Haltung und Aufzucht des Golden Retrievers. Die häufigen Fehler, die in Ermangelung guter Beratung gemacht werden, hat letzten Endes nur der kleine Hund auszubaden. In den ersten Wochen bei dem neuen Besitzer kommt es hauptsächlich darauf an, Fehler, sei es bei der Fütterung, sei es bei der Erziehung, so weit wie möglich auszuschalten. Es ist auch eine Selbstverständlichkeit, daß der Züchter dem Käufer jederzeit mit Rat und Tat zur Verfügung steht.

Der für den passionierten Züchter stets traurige Moment der Abgabe wandelt sich nach und nach in Freude, wenn die ersten Berichte von gut überstandener Heimfahrt, gutem Einleben, Lernfreudigkeit und vielem Erfreulichen mehr eintreffen. Hin und wieder ist ein Tropfen Wehmut darin enthalten, denn nicht immer läuft alles glatt. Manchmal gibt es Familienprobleme, manchmal entwickelt sich bei einem Welpen eine unvorhergesehene Erbkrankheit.
Auch dies gehört zum Züchten.

# X. Die Hundeausstellung oder Zuchtschau

Die Hundeausstellung oder Zuchtschau ist aus dem heutigen kynologischen Geschehen nicht mehr wegzudenken. Sie ist nicht nur Treffpunkt der Züchter, der Hundeinteressenten und der Freunde des Hundesports, sie ist gleichzeitig das Schaufenster der Kynologie und, bei den größeren Schauen, auch eine vielseitige Warenmesse.

Der Beginn dieser Entwicklung liegt, wie auch der Beginn der Reinzucht vieler Rassen, in der Mitte des vorigen Jahrhunderts. Als »offizielle« erste Ausstellung gilt eine Hundeschau, die im Jahr 1859 in Newcastle-on-Tyne im Nordosten Englands abgehalten wurde. Jedoch schon einige Jahre davor hatte in einer Londoner Gastwirtschaft eine Zusammenkunft verschiedener Züchter mit ihren Hunden stattgefunden, von der sogar ein Bild überliefert ist. 1860 nahmen Retriever an einer in Birmingham abgehaltenen Hundeschau teil, und 1866 war es schon notwendig geworden, die verschiedenen Retrievertypen – erstmals der Farbe nach – in getrennten Klassen zu erfassen. Im Jahre 1891 organisierte Charles Cruft die erste der Hundeausstellungen, die heute unter dem Namen »Cruft's Dog Show« zu einem weltweiten Begriff geworden ist.

Mittlerweile wurden schon Hundeschauen auch in vielen anderen europäischen Ländern abgehalten, beispielsweise 1863 erstmals in Österreich und in Hamburg, 1869 in Altona und 1876 nochmals in Hamburg. Hand in Hand mit dieser Entwicklung ging die Gründung der verschiedenen Dachorganisationen für das Hundewesen, zunächst für die Rasseclubs und Hundevereine auf nationaler Ebene: in England 1873 der Kennel Club, in Hannover 1879 die »Delegierten-Commission«, 1902 in Holland de »Raad v. Beheer op kynologisch gebied in Nederland« und im Jahre 1911 entstand die internationale Dachorganisation »Fédération Cynologique Internationale« (FCI) mit Sitz in Thuin, Belgien (siehe Seite 295. Die heutige Dachorganisation in Deutschland ist der Verband für das Deutsche Hundewesen (VDH) mit Sitz in Dortmund. Diesen Dachverbänden sind die einzelnen deutschen Rassehundevereine und Clubs angeschlossen.

Die Rassehundeclubs und Vereine haben es sich zur Aufgabe gemacht, die Zucht der jeweiligen Rassen zu fördern. So ist es beispielsweise in den Satzungen der Retriever-Vereine festgelegt, »die Zucht der Retriever-Rassen auf Gebrauchstüchtigkeit und Schönheit zu fördern«, und weiter noch: »Gebrauchsprüfungen, Zuchtschauen und Ausstellungen zu veranstalten«. Die Leistungsprüfungen für Retriever wurden im Kapitel VI eingehend behandelt; somit kommen wir zur Zuchtschau.

## 1. Die Bedeutung der Zuchtschau

Was hat die Zuchtschau für eine Bedeutung? In erster Linie stellt der Züchter seine Hunde dort aus, um seine Zuchtziele von international anerkannten Richtern

*Abb. 99: Auf der Clubschau des Deutschen Retriever Clubs geht es meist etwas lockerer zu . . . Foto: S. Flügge*

*Abb. 100: . . . als auf einer internationalen Ausstellung. Foto: A. Kruse*

bestätigt zu erhalten. Was, mag man jetzt fragen, sind denn diese Zuchtziele? Das Ziel des guten Züchters ist es, Jahr für Jahr Hunde vorzustellen, die dem äußeren Erscheinungsbild und dem Wesen nach, dem Rassestandard (siehe Kapitel III) so nah wie möglich kommen. Darüber hinaus möchte er wohl auch hin und wieder einen Champion herausbringen.

Der Züchter sieht es gern, wenn Hunde aus seiner Zucht ebenfalls ausgestellt werden. Er hält im allgemeinen den Kontakt zu seinen Welpenkäufern aufrecht, bei einem gut ausgefallenen Wurf regt er dann oft den Besuch einer Ausstellung an. Er ist auch stets bereit, bei den notwendigen Formalitäten, dem Ring-Training und bei der Vorbereitung des Golden Retrievers (Trimmen u.a.) Hilfe zu leisten. Eine weitere Gruppe Aussteller, die heute immer häufiger auf Zuchtschauen anzutreffen ist, sind Freunde des Hundesports, die gern ihre Hunde ausstellen, aber nicht unbedingt züchterische Ambitionen haben. Es handelt sich hier hauptsächlich um reise- und kontaktfreudige Menschen, die Spaß an dieser Art Konkurrenz haben und die Zuchtschau als einen anregenden Treffpunkt mit Gleichgesinnten betrachten.

Die letzte Gruppe, die Ausstellungen besucht, sind Welpeninteressenten, die sich eingehend über die Vor- und Nachteile der einzelnen Rassen informieren wollen, bevor sie den endgültigen Schritt eines Welpenkaufes wagen.

Es wird, wie sollte es anders sein, viel über Sinn und Zweck der Hundeausstellung diskutiert und, wie in jedem anderen Bereich, gibt es in der kynologischen Welt sowohl Befürworter als auch Gegner der Zuchtschau. Dies trifft ganz besonders für die Jagd- und Gebrauchshunderassen zu, somit natürlich auch für die Retriever-Rassen. Für den Zuchtschaugegner gelten nur die auf Gebrauchshundeprüfungen oder bei der Jagd gezeigten Leistungen und keinesfalls die Schönheit. Er vergißt offenbar hierbei, daß gerade bei dem Gebrauchshund nicht nur eine gute Nase, sondern auch ein sehr guter Körperbau und ein ausgezeichnetes Gangwerk erforderlich sind, wenn der Hund die verlangten Leistungen bringen soll.

Darüber hinaus haben Beobachtungen während der letzten Jahre gezeigt, daß jede Art der Aktivität mit dem Hund – und auch das Ausstellen eines Hundes gehört zum Begriff »Hundesport« – für den Hund und für seinen Besitzer förderlich ist. Es hat sich in diesen Jahren auch erwiesen, daß Eins zum Anderen führt, das Aktivsein mit dem Hund ansteckt. So ist aus manchem »Sieger« auf der Zuchtschau ein erfolgreicher Teilnehmer bei der Leistungsprüfung geworden.

Große Erfolge auf der Zuchtschau nutzen beispielsweise dem deutschen Retrieverzüchter oder Besitzer sowieso nicht viel, denn ohne eine ausreichend gute Bewertung bei einer der vom Deutschen Retriever Club durchgeführten Leistungsprüfung kann der Retriever weder zum nationalen noch zum internationalen Championstitel avancieren. Und noch etwas kommt dazu! Das Letzte, was ein Züchter einer Jagdhundrasse gern hört, ist: »Bei dem geht es nur um die Schönheit«. Schon packt einen der Ehrgeiz zu beweisen, daß auch der »schöne« Hund Leistungen bringen kann.


## 2. Ausstellungstermine

In den Terminkalendern der offiziellen Organe der kynologischen Verbände, beispielsweise in der Zeitschrift »Unser Rassehund«, herausgegeben vom Verband für das Deutsche Hundewesen (VDH), in »Hunde«, herausgegeben von der Schweizerischen Kynologischen Gesellschaft (SKG), in »Golden Nieuws«, herausgegeben vom Golden Retrieverclub der Niederländer oder in »Der Retriever«, herausgegeben vom Deutschen Retriever Club, werden die Daten der von der FCI anerkannten Ausstellungen veröffentlicht. Auf Anfrage erhält man von den darin genannten Schauleitern Meldeformulare, aus denen Meldegebühren, Meldeschluß, Namen der Richter und Zuchtschauordnung zu ersehen sind.
Damit der Erstaussteller sich in dem Labyrinth des Ausstellungswesens etwas besser zurecht findet, hier einige erklärende Worte zu der Klasseneinteilung.


## 3. Die Klasseneinteilung

Bei der Zuchtschau wird nach Geschlecht und Alter des Hundes gerichtet und bei niedrigen Meldezahlen, wenn nur ein Richter für die betreffende Rasse tätig ist, werden die Rüden zuerst gerichtet.

Es beginnt jeweils mit den jüngeren Tieren und zwar mit der **Jüngstenklasse.** Die hier gemeldeten Hunde müssen mindestens sechs und dürfen nicht älter als neun Monate alt sein. Bei diesen »Babies« ist die Entwicklung weit davon entfernt, auch nur halbwegs abgeschlossen zu sein, häufig macht gerade der Golden Retriever in diesem Alter einen recht »unfertigen« Eindruck. Der Besitzer wird sich wohl auch gut überlegen, ob es sinnvoll ist, einen so jungen Hund der sehr anstrengenden, oft recht lauten Atmosphäre einer internationalen Ausstellung auszusetzen. Eine clubinterne Zuchtschau oder auch eine offene oder Pfostenschau ist besser geeignet, dem Junghund das ganze Ausstellungs-Drum-und-Dran vertraut zu machen. In der Jüngstenklasse erhält er keine Formwertnoten, sondern allein die Hinweise »vielversprechend«, »versprechend« oder »guter Nachwuchs«. Placierungen werden in dieser Klasse nicht vorgenommen.

**Jugendklasse:** In dieser Klasse werden Retriever vom neunten bis zum 18. Monat und bei clubinternen Zuchtschauen bis zum 24. Monat gemeldet. Eine für alle Beteiligten etwas schwierige Klasse, denn der noch ganz junge Hund muß mit fast fertigen Exemplaren im Ring konkurrieren. Diese Klasse bietet dem Besitzer eine sehr gute Möglichkeit, seinen Junghund an das Ausstellen zu gewöhnen. Ihm wird manches nachgesehen, der Richter läßt sich im allgemeinen viel Zeit, und wenn der Junghund, trotz Ring-Training, immer noch verspielt umherspringt, darf er

*Abb. 101: Sh. Ch. Rachenco Boomerang. Foto: David Dalton*

*Abb. 102: NL Ch. Westley Floyd. Foto: David Dalton*

*Abb. 103: Ch. Nortonwood Sylvanus. Foto: David Dalton*

*Abb. 104: Sh. Ch. Stirchley Saxon. Foto: David Dalton*

meistens nochmal vorlaufen. Die Klasse ist auch für den Züchter von großem Interesse, denn in der Jugendklasse spiegelt sich die augenblickliche Entwicklung der Rasse. Hier werden die Formwerte »vorzüglich«, »sehr gut«, »gut« und »genügend« zuerkannt.

**Siegerklasse:** Diese Klasse ist den Champions und Gewinnern bestimmter Titel vorbehalten. Die Titel, die zur Meldung in der Siegerklasse berechtigen, sind: Internationaler Champion der FCI, Nationaler Champion (Deutscher, Niederländischer, Französischer, Dänischer Champion usw.), VDH-Champion und die folgenden Tagessieger: Winner Amsterdam, Weltsieger, Europasieger und Bundessieger.

**Gebrauchshundeklasse:** Ab 15. Monat. Die hier gemeldeten Hunde müssen den Nachweis ihrer jagdlichen Eigenschaften durch erfolgreiche Teilnahme an einer Leistungsprüfung oder Field Trial oder bei clubinternen Zuchtschauen durch den Besitz eines anderen Ausbildungskennzeichens vorweisen, beispielsweise Spur-, Lawinen- oder Rettungshund.
Die in dieser Klasse gemeldeten Golden Retriever verdienen unsere ganze Aufmerksamkeit, denn hier bekommen wir das zu sehen, was das hohe Ziel des Züchters ist, den Golden, der sich heute mit Formwert, Haarkleid und Gangwerk stolz auf der Ausstellung präsentieren kann und gleichzeitig schon in Wald, in Flur und Wasser oder bei Zoll-, Polizei- oder Rettungshundestaffel sein Können bewiesen hat.

**Offene Klasse:** Ab 15. Monat. Die offene Klasse weist normalerweise die größten Meldezahlen auf und auch die stärkste Konkurrenz. Alles, was schon aus der Jugendklasse herausgewachsen und auf dem Weg nach oben ist, steht hier im Ring. Hier stehen auch diejenigen Championatsanwärter, die den Sprung in die Siegerklasse vor Augen haben. Hier steht auch der Junghund, dem dies auch alles einmal gelingen wird und hier steht auch der »ewige Zweite«, dem es niemals ganz gelungen ist, über eine Reserve-Anwartschaft hinaus zu kommen, aber dem es eines Tages doch noch vielleicht gelingen wird. Denn wie wir schon gesehen haben, ist der Golden Retriever ein Spätentwickler, und mancher Rüde erreicht erst mit vier oder fünf Jahren seine volle Reife.

**Veteranenklasse:** Bei Spezialzuchtschauen ab dem 7. Lebensjahr. Hier und in der

**Ehrenklasse** werden ältere Hunde, Champions und Sieger vorgestellt, denn auch der Beweis der Altersfrische ist für den züchterischen Wert einer Rasse von großer Bedeutung. Der 12jährige Golden Retriever ist häufig noch in der Lage, eine durchaus spritzige Runde zu drehen. Etwas weiß mag er schon im Gesicht sein, ein bißchen schwerfällig vielleicht auch, aber man sieht es ihm deutlich an, daß er sich freut, einmal wieder dabei zu sein. Hunde in diesen beiden Klassen starten »Außer Konkurrenz«, das heißt, sie beteiligen sich nicht an der Konkurrenz um Sieg und Anwartschaften.

**Vermerk:** Bei Meldungen in Sieger- und Gebrauchshundeklassen muß dem Meldeschein jeweils eine Kopie der Titel- bzw. Prüfungsurkunde beigefügt werden.

**Die Endausscheidung:** Nachdem die Rüdenklassen gerichtet worden sind, konkurrieren die V1-Hunde (Vorzüglich und erster Platz) aus der Siegerklasse, der Gebrauchshundeklasse und der Offenen Klasse um das CACIB, Certificat d'Aptitude au Championat International de Beauté, (Anwartschaft auf das Internationale Schönheits-Championat der FCI), beim Winner Amsterdam, bei Bundessieger-, Europasieger- und Weltsiegerzuchtschauen auch um diese begehrten Titel. Handelt es sich um eine der Internationalen Zuchtschau angegliederten Sonderschau, wird auch das CAC, Certificat d'Aptitude au Championat, das heißt die Anwartschaft auf das nationale Schönheits-Championat, vergeben. Das beim Winner Amsterdam vergebene CAC zählt sogar doppelt!

Hier muß hinzugefügt werden, daß die Vergabe aller Anwartschaften und Titel im Ermessen des Richters liegt. Nur der wirklich hervorragende Hund kommt für diese Auszeichnungen in Frage.

Es wird, wenn es zur Endausscheidung kommt, für die Zuschauer um den Ring aufregend, und die Spannung bei den verbliebenen Ausstellern im Ring wächst zusehends, wenn der Richter – oder die Richterin – sich die dort aufgereihten Hunde nochmals vornimmt. Die Hunde, bei denen es um die Endkonkurrenz geht, sind alle vorzüglich, und oft fällt es dem Richter gar nicht leicht, eine Entscheidung zu treffen. Es geht häufig nur um Nuancen. Der Richter tastet die Hunde nochmals ab, denn bei den langhaarigen Rassen läßt sich manches besser mit den Händen als mit den Augen erfassen. Der Ausdruck wird nochmals verglichen, und sicherlich läßt der Richter die Hunde nochmal laufen. Die Entscheidung ist gefallen. Der Richter zeigt auf den Auserwählten, der dann auf Platz 1 als CACIB-Rüde steht. Um den Zweitbesten zu ermitteln kommen jetzt nicht nur die beiden noch im Ring Verbliebenen in Frage, sondern auch noch der Rüde, der in der Klasse des soeben auserkorenen Hundes, den zweiten Platz belegt, vorausgesetzt natürlich, daß auch ihm der Formwert »vorzüglich« zuerkannt wurde. Aus diesen Dreien wird der zweitbeste Rüde ausgesucht, der das Reserve-CACIB erhält. Zuletzt treten der CACIB-Rüde und der Sieger der Jugendklasse (falls er mit V1 bewertet wurde) gegeneinander an in der Ausscheidung »Bester Rüde«.

Nach Beendigung des Richtens der Hündinnen wiederholt sich das oben beschriebene Verfahren auch für diese und der Höhepunkt ist erreicht, wenn der beste Rüde und die beste Hündin gegeneinander antreten, um den Besten der Rasse zu ermitteln.

Wer einmal das Glück gehabt hat, mit seinem Golden Retriever in diese Auslese zu kommen und am Ende für seinen Hund den schönen Erfolg CACIB, CAC und Bundes- oder Europasieger oder gar Winner Amsterdam zu erreichen, wird wissen, welche innere Spannung und welches Glücksgefühl damit verbunden sind.

*Abb. 105: Junior-Handling. Kinder führen ihre Hunde vor. Foto: H. J. Hahn*

*Abb. 106: Übung macht den Meister.*

**Die Offene- oder Pfostenschau:** Einige Male im Jahr veranstalten Landes- oder Regionalgruppen der verschiedenen Clubs kleine, inoffizielle Schauen, genannt Offene- oder Pfostenschauen. Der Gedanke hierbei ist, dem Neuling und seinem unerfahrenen Retriever die Möglichkeit zu geben, die Zuchtschau-Atmosphäre einmal ganz ohne Zwang zu beschnuppern! Die Termine der Schauen werden in den Clubzeitungen veröffentlicht; Voranmeldungen sind meistens nicht notwendig, Einlaßgebühren werden niedrig gehalten und der Tag der Schau hat für alle Beteiligten etwas Familiäres, eine Atmosphäre, die für den Austausch von Gedanken und Erfahrungen förderlich ist.

### 4. Vorbereitung auf die Zuchtschau

Zu den wichtigsten Punkten der Vorbereitung auf eine Zuchtschau gehören Ring-Training, Fellpflege und die Gewöhnung an eine Umgebung voller Menschen und Hunde anderer Rassen, eine Umgebung, die – gerade bei Hallenausstellungen – oft auch durch viel Lärm und Hektik geprägt ist. Wie schon erwähnt ist der beste Einstieg der Besuch einer offenen oder Pfostenschau oder einer Spezialzuchtschau, wo der Junghund in der Gesellschaft seiner eigenen Rasse diese besondere Atmosphäre erstmals erlebt. Wie oft werden bei den großen internationalen Ausstellungen gerade die Retriever, weil sie so ruhig sind, in den Boxen und im Ring neben anderen recht lauten Rassen untergebracht! Das alles kann für den »Golden Retriever vom Land« ein überwältigender Eindruck werden.

Zum Ring-Training gehört die Leinenführigkeit, die der Golden Retriever hoffentlich schon in der Kinderstube (siehe Seite 139) gelernt hat. Der Hund wird links vom Führer geführt, der die Leine locker in der linken Hand hält, und ab geht es im flüssigen Trab im umgekehrten Uhrzeigersinn um den ganzen Ring. Der Golden Retriever, wahrscheinlich auch fast jede andere Rasse, läuft und zeigt sich am besten, wenn sein Führer nicht streng auf ihn einwirkt, sondern mit Gefühl in der Hand mit leiser, aufmunternder Stimme und schon mit der Belohnung im raschelnden Beutelchen in der Tasche, das Unternehmen fröhlich anpackt. Der Golden reagiert meist mit Schwanzwedeln auf die Stimme seines Herrn und zeigt sich dann von seiner allerbesten Seite. Der geduckte, ängstliche Hund, der nur unter Zwang mitmacht, gibt kein gutes Bild ab.

Zum Ring-Training gehört auch das »Stellen«, denn der Richter überprüft die Anatomie des Hundes nicht allein in der Bewegung, sondern auch im Stand. Dies übt man am besten, genau wie die Leinenführigkeit, schon im frühen Alter, jedoch niemals zu lang. Es genügt, wenn das Stellen zwei bis drei Mal die Woche einige Minuten lang geübt wird. Sobald der Junghund richtig steht, wird er gelobt. Zweckmäßig ist es zur Auflockerung erst zwei- oder dreimal um den Rasen zu laufen und dann den Hund zum Stehen zu bringen. Mit einem Leckerbissen in der Hand steht man vor ihm und häufig nimmt er ganz von allein die richtige Haltung, das korrekte »auf-allen-vier-Beinen-stehen« an. Zu viel Nachhelfen, Beinstellen vor oder Beinstellen zurück sollte man möglichst vermeiden, und niemals sollte der sitzende Hund mit Hand unter dem Bauch oder Ziehen an der Rute (etwas, was man auf Ausstellungen nur allzu oft sehen kann) zum Aufstehen gebracht werden. Setzt sich der Hund, geht man am besten vorwärts, lockt ihn heran und dreht sich, bis man wieder an der gewünschten Stelle zum Stehen kommt. Damit er sich n i c h t wieder hinsetzt, ist es jetzt erlaubt, die Hand ganz leicht an der Flanke zu halten.

Zu diesen Übungen gehört auch der Blick in den Fang. Das korrekte Gebiß des Golden Retrievers ist ein Scherengebiß und Zahnstellung und Vollzähligkeit werden vom Richter auf der Zuchtschau meist sehr genau geprüft. Der Junghund muß, ohne sich zu sträuben, sich von einem Fremden nicht nur die Lefzen hochheben, sondern auch den Fang öffnen lassen. Die Hände des Richters gleiten anschließend über seinen ganzen Körper, befühlen seine Muskulatur, tasten sein ganzes Gebäude ab und zum Schluß überprüfen sie beim Rüden die Hoden.

*Abb. 107: Ch. Brensham Audacity, gew. 16. 3. 1976 (Ch. Stolford Happy Lad – Moonswell Dora of Brensham). Foto: Diane Pearce*

*Abb. 108: Ch. Davern Figaro, gew. 21. 6. 1971 (Ch. Camrose Tallyrand of Anbria – Ch. Camrose Pruella of Davern). Foto: M. Carden*

*Abb. 109: Ch. Styal Scott of Glengilde (Ch. Nortonwood Faunus – Ch. Styal Susila).
Foto: David Dalton*

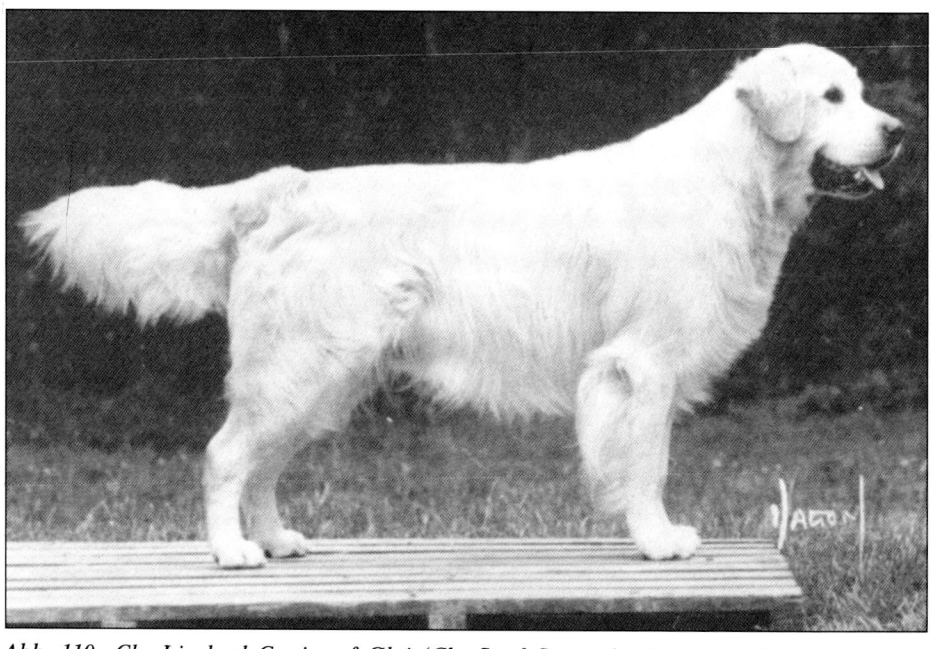

*Abb. 110: Ch. Lincheal Cartier of Gloi (Ch. Styal Scott of Glengilde – Sh. Ch. Linchael
Delmoss). Foto: David Dalton*

*Abb. 111: Sh. Ch. Zach of Dunblair (Raynesgold Right Royal of Fivewinds – Fivewinds Rosie). Foto: David Dalton*

*Abb. 112: Ch. & Ir. Ch. Garbank Special Edition of Lislone (Ch. Chamrose Fabius Tarquin – Sh. Ch. Garbank Charming Cindy). Foto: David Dalton*

*Abb. 113: Sh. Ch. Lorinford Lancelot (Sh. Ch. Nortonwood Checkmate – Lorinford Playgirl). Foto: David Dalton*

*Abb. 114: Sh. Ch. Pitcote Arcadian of Garthfield (Sh. Ch. Teecon Knight Errant – Singapore Ch. Lacons Edelweiss). Foto: David Dalton*

*Abb. 115: Ch. Gaineda Consolidator of Sansue, gew. 28. 9. 1978 (Glennessa Escapade – Sh. Ch. Rachenco Charnez of Gaineda). Foto: David Dalton*

*Abb. 116: Sh. Ch. Amirene King Eider of Davern (Sh. Ch. Nortonwood Checkmate – Stalyhills Miss Avenger of Amirene). Mit freundlicher Erlaubnis von Mrs. Brenda Lowe*

*Abb. 117: Ch. Sansue Pepper of Lovehayne (Ch. Gaineda Consolidator of Sansue – Sh. Ch. Sansue Wrainbow). Foto: David Dalton*

*Abb. 118: Ch. Gwelo Sinbad of Tamsbrook (Shandeen Sportsman of Pinecrest – Gwelo Tarella). Foto: David Dalton*

# Trimmen

Das Laufen, Stellen und Sich-betasten-lassen übt man regelmäßig, bis dies alles allmählich zur Gewohnheit wird und einige Wochen vor der ersten Schau bringt man auch das Fell durch gezieltes Trimmen in Ordnung. »Warum«? wird hier immer wieder gefragt, »Er sieht doch so schön aus mit seinen herrlichen langen Haaren an dem Schwanz!« Dies ist einerseits wahr, denn das Haarkleid des Golden Retrievers ist eines seiner schönsten Merkmale. Andererseits ist das Fell häufig so üppig, daß es die gute Außenlinie des Hundes nicht nur verdeckt, es läßt ihn vielleicht auch noch ungepflegt, etwas »plump« erscheinen. Der nicht getrimmte Golden Retriever sticht von seinen getrimmten Konkurrenten im Ring ab, vergleichbar mit Struwwelpeter auf der Schulbank.

Wie trimmt man? Wie schon gesagt, man geht zirka vier Wochen vor der geplanten Schau mit Kamm, Bürste, mit einer normalen und einer Effilierschere ans Werk. Das Herausschneiden des Felles ist immer eine nervenaufreibende Angelegenheit, und bevor alles falsch gemacht wird, empfiehlt es sich, den Züchter oder einen anderen Kenner um Rat zu fragen. Wenn man einmal beim Trimmen zugesehen hat, geht man mit etwas mehr Sicherheit selber daran.

Fangen wir mit dem Kopf an. Hier werden die Haare an und um die Ohren vorsichtig effiliert, die Schere wird stets von unten nach oben angesetzt und das Ergebnis immer wieder ausgekämmt, damit man beurteilen kann, ob schon genug ausgeschnitten worden ist. Die Befederung der Vorderläufe von der Pfote hinauf bis kurz unterhalb des »falschen Zehs« und an den Hinterläufen von der Pfote bis zum Sprunggelenk wird entfernt. Die Rutenfahne, die schönen Schwanzhaare, vorher gut gebürstet, wird mit der normalen Schere gekürzt. Diesen Schnitt setzt man etwa 2 cm hinter dem letzten Schwanzwirbel an und schneidet rund in Richtung Po. Das Ganze wird nochmal ausgebürstet, die Haarenden effiliert und begradigt und schon vier Wochen später wirkt die Rute nicht mehr »getrimmt«. Bei Rüden – manchmal auch bei Hündinnen – muß die Halskrause ausgelichtet werden, denn sie verdeckt sonst die gute Halslinie und läßt den Hund kurzhalsig oder plump wirken. Anderswo – mit Ausnahme der Pfoten – trimmt man wenig oder gar nicht und erst recht nicht die schönen Höschen oder die Befederung oberhalb des falschen Zehs an den Vorderläufen.

**Die Pfoten:** Die Pfoten trimmt man ebenfalls rund vier Wochen vor der Schau und bringt sie am besten ein bis zwei Tage davor nochmal in Ordnung. Um die korrekten »Katzenpfoten« herauszustellen, werden die langen Haare zwischen den Zehen und die Haare zwischen den Pfotenballen effiliert und die überhängenden Haare um die Pfoten mit der normalen Schere rund geschnitten.

**Fellpflege:** Zur normalen Fellpflege des Golden Retrievers gehört sowieso das tägliche Bürsten, vor der Schau wird er nochmal auf Hochglanz gebracht. Die Zähne untersucht man auch und entfernt eventuell vorhandenen Zahnstein, sorgt für die Sauberkeit der Ohren und untersucht die Krallen. Ein Hund, der täglich auch auf der Straße bewegt wird, kürzt seine Krallen von selber, aber beim Hund, der nur auf Wiesen und im Wald zu Hause ist, müssen die Krallen gelegentlich zurückgeschnitten werden. Dies geschieht sehr vorsichtig mit der Krallenzange. Nur die äußerste Spitze wird entfernt, denn sonst schneidet man in die Blutgefäße hinein. Wer sich dies nicht selbst zutraut, läßt es am besten bei der nächsten Gelegenheit vom Tierarzt machen.

**Baden:** Wenn der Golden viel Gelegenheit zum Schwimmen hat, ist das Baden für ihn kaum erforderlich, es sei denn, daß das Wasser, in dem er schwimmt, sehr verschmutzt ist. Viele Aussteller baden ihre Golden Retriever vor jeder Ausstellung, andere baden ihre Hunde nie. Einige Hunde auf der Ausstellung sehen struppig aus, weil das gewaschene Fell nicht flach anliegend getrocknet ist, andere haben so viel Fett im Fell, daß der Richter sich immer wieder die Hände waschen muß.

Die Notwendigkeit des Bades ist tatsächlich von Hund zu Hund verschieden. Wir haben eine zwölfjährige Hündin, die in ihrem ganzen Leben nie gebadet wurde, doch stets ein schönes, glänzendes Fell und eine saubere Haut aufweist. Andere Tiere scheinen ein etwas fettigeres Fell zu haben, das durch gelegentliches Baden viel schöner aussieht. Wichtig ist es, niemals einfach »Shampoo« zu nehmen, sondern ein Haarwaschmittel – extra für den Hund hergestellt –, ihn vorschriftsmäßig zu baden und das Fell hinterher so gut auszuspülen, daß keine Waschmittelreste zurückbleiben. Der Golden kann dann – nachdem er sich kräftig geschüttelt hat – gut abgerubbelt und mit einem Waschleder bearbeitet werden, um ihn so trocken wie möglich zu reiben. Anschließend wird das Haarkleid wiederholt glattgebürstet, bis es trocken geworden ist.

## Die Ausrüstung für die Schau

Zur Ausrüstung für die Schau gehören für den Golden Retriever Impfpaß, Ahnentafel, Meldebestätigung, Decke, Wassernapf, Leckerbissen und Vorführleine; für seine Begleiter Klappstühle und Verpflegung.

# XI. Der Veteran

Die Lebenserwartung des Golden Retrievers liegt im Durchschnitt bei zwölf Jahren. Mancher Hund lebt natürlich erheblich länger, andere sterben durch Krankheit oder Unfall oft sehr viel früher.
Der Hund, der »gesund« lebt, hat größere Chancen länger aktiv zu bleiben, und der aktive Hund bleibt wiederum normalerweise länger am Leben. Wie beim Menschen ist das Übergewicht beim Hund Killer Numero Eins! Nicht nur werden beim zu dicken Tier Herz und Lunge stark in Anspruch genommen, sondern auch noch die Gelenke und Bänder.
Der Golden Retriever, der niemals zu dick geworden ist und der stets seinen Anteil täglicher Bewegung erhalten hat, hat eine längere Lebenserwartung als der übergewichtige »Sofahocker«.
Es reicht zu keiner Zeit im Leben des alternden Hundes, ihn vor die Haustür in den »ganz großen« Garten hinauszulassen. Ist er über seine Jugendjahre hinaus, läuft und springt er nicht mehr von allein. Er sitzt nur noch in seinem großen Auslauf vor der Haustür und wartet, daß man mit ihm etwas unternimmt. Im fortschreitenden Alter läßt bei ihm vieles nach; er sieht nicht mehr so gut und sein Gehör wird gelegentlich auch schwächer. Oft haben wir jedoch beim alten Hund gemerkt, daß er, genau wie sein menschlicher Partner, manchmal einfach das nicht hören möchte, was ihm nicht paßt. Er zieht es vor, so lange mit dem Kopf im Mäuseloch zu bleiben, wie es ihm gefällt! Die Ohren sind für unsere Rufe zu. Das Klappern der Futterschüssel hört er trotzdem erstaunlich gut!
Seine Knochen werden steif, vielleicht leidet er auch an Rheuma, hat Abnutzungserscheinungen. Es gefallen ihm zwei kleinere Spaziergänge besser als der lang ausgedehnte seiner jüngeren Jahre.
Er genießt die wärmende Sonne, schläft mehr als sonst, möchte genau wie früher Ihre Nähe spüren und versteht es bis zum Schluß, den Zurückkehrenden laut und freudig zu begrüßen.
Viele Menschen bringen lange vor dem Ableben des alternden Hundes wieder einen Welpen ins Haus. Der alte Golden Retriever scheint dies manchmal sogar zu begrüßen, er spielt den Beschützer des Kleinen und läßt erstaunlich viel über sich ergehen. Dies ist jedoch nur der Fall, wenn er noch recht rüstig ist und weder Herzbeschwerden noch sonstige Schmerzen hat. Niemals dürfen im Angesicht des lebhaft kraftstrotzenden Junghundes die Bedürfnisse des Althundes vergessen werden. Er, der Ihnen jahrelang nur Treue und Freundschaft entgegengebracht hat, darf jetzt keinesfalls spüren, daß er zurückgesetzt, daß er abgelöst wird. Ihm gebühren nach wie vor seine Streicheleinheiten, seine eigene Ecke, die besondere Aufmerksamkeit.
Er hat Sie in seinem ganzen Leben niemals im Stich gelassen, halten Sie auch ihm die Treue, wenn es mit ihm zu Ende geht. Ersparen Sie ihm Leiden oder langes Siechtum und begleiten Sie ihn auf seinem letzten Weg zum Tierarzt. Bleiben Sie auch dicht bei ihm, bis alles vorüber ist. Solange Sie anwesend sind, ist für ihn dieser Besuch beim Tierarzt ein ganz normaler, und die Spritze, die er bekommt, kennt er auch schon sehr genau. Wenn Sie ruhig bleiben und nichts von Ihrem Schmerz spüren lassen, schläft er nach der Spritze ganz ruhig ein. Er hat es verdient, daß Sie so viel Mut aufbringen.

*Abb. 119: Selbst im hohen Alter . . . Foto: C. Engelhardt*

*Abb. 120: . . . freundlich und aufmerksam. Foto: David Dalton*

# XII. Die anderen Retriever-Rassen

**Vier Retrieverrassen**

# Der Labrador Retriever

### J. Coulson

Der Labrador Retriever ist ein ausgesprochen vielseitiger Hund. Mit den von Natur aus gegebenen Eigenschaften wie Intelligenz, Lebhaftigkeit und Ausdauer einerseits, sowie Freundlichkeit – gepaart mit dem Willen zum Gehorsam – andererseits, dient er dem Menschen in zahlreichen verschiedenen Bereichen: er ist Familienhund, Ausstellungshund, Jagdhund, Blindenführhund und erfolgreicher Spürhund bei Polizei und Drogensuche. Er wird auch als Spürhund nach Sprengstoffattentaten verwendet.

Über den eigentlichen Ursprung dieser Rasse liegt noch vieles im Dunkeln. Wir wissen aber, daß sogenannte kleine Neufundländer, St. Johns oder Labrador Hunde von den Fischern an der Küste Ostkanadas dazu benutzt wurden, schwere Fische aus den Netzen zu bergen. Das eisig kalte Wasser an diesen Küsten war für diese harten, kleinen Hunde mit ihrem einzigartigen, wasserabstoßenden Fell und ihrem furchtlosen Charakter kein Problem. In der ersten Hälfte des 19. Jahrhunderts erregten Arbeitsweise und Fähigkeiten dieser Hunde die Bewunderung englischer Fischer, die dort an Land gingen. Sie berichteten darüber zu Hause, und es dauerte nicht lange bis englische Jäger und Großgrundbesitzer diese Hunde für ihre eigene Jagd importierten.

Es gibt unzählige Geschichten über den Eindruck, den diese ersten importierten Hunde hinterließen, aber es genügt hier festzustellen, daß um das Jahr 1904 die Labrador Retriever – unter diesem Namen liefen sie jetzt – sowohl als Jagdhunde als auch bei Field Trials große Erfolge zu verzeichnen hatten.

Die ersten Hunde, die nach England gelangten, waren zwar verschiedenen Typs, sie waren jedoch fast alle schwarz; nur in einzelnen Fällen wird von einem herbstlaubfarbenen Hund berichtet. Der erste vom Kennel Club registrierte gelbe Hund war »Hyde Ben«, geworfen 1899, aus zwei schwarzen Eltern. Züchter war Mr. C. Radclyffe, der Gründer der berühmten gelben Zelstone-Linie. Aber der schwarze Labrador blieb viele Jahre lang vorherrschend. Züchter wie Lord Malmesbury, Lord Home und der Herzog von Buccleuch bemühten sich, die Rasse rein zu halten und führten Zwingeraufzeichnungen über alle ihre Hunde. Es gab jedoch viele Probleme. Der Kennel Club erlaubte die Kreuzung der verschiedenen Retrieverarten untereinander, und da der Curly-coated Retriever und der Flat-coated Retriever in England bereits gut bekannt waren, wurden diese vielfach von den Jägern und Wildhütern mit dem Labrador gekreuzt. An den ersten Field Trials nahmen viele derartige »Mischlinge« teil. Zu dieser Zeit rangierte der Flat-coated Retriever bei den Field Trials an erster Stelle, aber 1904 erhielt die Hündin »Munden Single« im Besitz von Lord Knutsford ein »Certificate of Merit«, die erste bei einem Field Trial einem Labrador erteilte Auszeichnung. In den nächsten Jahren folgten weitere, und bald zeigte sich, daß man mit den Labradors rechnen mußte.

Als sich die Rasse immer mehr durchsetzte, erkannten die maßgeblichen Züchter, daß die Mischung der einzelnen Retrieverarten beendet werden mußte. Im Jahre 1916 stimmte der Kennel Club einer gesonderten Registrierung der kreuzgezüchteten Hunde zu, wodurch der Weg für den Labrador als reinrassiger Hund frei wurde. Es dauerte immerhin einige Jahre, bevor der rassereine Labrador sich durchgesetzt hatte. 1912 waren 281 Labrador beim Kennel Club registriert, 1922 war diese Zahl auf 916 gestiegen. Mit der Gründung eines Labrador Retriever Clubs 1916 trat ein Wendepunkt in der Entwicklung des reinrassigen Labrador Retrievers ein. Ein Rasse-Standard wurde ausgearbeitet. 1920 fand der erste Field Trial ausschließlich für reinrassige Labrador Retriever statt. Diese ersten Labrador nahmen fast alle sowohl an Ausstellungen wie auch an Field Trials teil, denn ihre Besitzer, Wildhüter wie auch Großbrundbesitzer, erschienen bei beidem mit ihren Hunden.

Im Verlauf der Jahre ist der Ruf des Labradors derart gestiegen, daß er heute in der jährlichen Registrierliste des Kennel Clubs hinter dem Deutschen Schäferhund an zweiter Stelle steht. Der Labrador Retriever ist als hervorragender Jagdhund anerkannt. Darüber hinaus ist die größte Anzahl der Hunde, die sich Jahr für Jahr für die Retriever Field Trial Meisterschaften qualifizieren, Labrador Retriever (1986 waren es 28 Labrador, 4 Golden und 1 Flatcoat). Auch bei Ausstellungen sind die Meldungen dieser Rasse zahlreich. Jährlich werden 44 Championship Shows abgehalten, bei denen die Meldungen für den Labrador Retriever um 250 liegen, wobei sie bei den Clubschauen bis zu 400 hinaufgehen können.

Der Labrador von heute hat sich gegenüber den ursprünglichen Hunden nur wenig verändert. Es gibt heute noch Hunde, die auch sehr gut in den Zwingern der berühmten Züchter der frühen Tage hätten stehen können. Der Standard hat sich kaum verändert, aber zugegebenermaßen die Mode. Die gelbe Fellfarbe ist sehr beliebt geworden, besonders für den Familienhund. Im Ausstellungsring kann man auch eine Tendenz zu einem größeren, schwereren Hund feststellen.

Einige Zuchtlinien bringen auch einen braunen oder schokoladenfarbenen Labrador hervor, der jedoch in England nicht so beliebt geworden ist wie in manchen anderen Ländern.

Der Rasse-Standard wurde ursprünglich für den Jagdgebrauchshund ausgearbeitet; überprüft man ihn im Einzelnen, so sind die Überlegungen, die zu ihm geführt haben, auch heute noch deutlich erkennbar. Großes Gewicht wird auf Kopf und Augen gelegt, und dies mit Recht, denn mit dem Blick auf den freundlichen, intelligenten Gesichtsausdruck kann der ganze Charakter des Hundes beurteilt werden. Die gut proportionierte Kopfform mit dem breiten Schädel, ausgeprägten Stirnabsatz und kräftigen Fang schaffen Raum für das Gehirn und gleichzeitig die Kraft, bei der Jagd ein schweres Stück Wild zu apportieren. Die Halslänge und gut zurückliegende Schulterpartie ermöglichen dem Hund bei der Nachsuche die Nase zu gebrauchen und dann das Wild aufzunehmen und behutsam zu seinem Herrn zu bringen. Der kräftige, gut gewölbte Rippenkorb sichert ausreichend Raum für Herz und Lunge. Die kräftige gut gewinkelte Hinterhand gibt dem Labrador den Schwung und die Ausdauer, die er für einen langen und ermüdenden Tag an der Seite des Jägers braucht. Ein besonderes Merkmal des Labradors ist sein Fell. Zusammengesetzt aus einem wasserabstoßenden Deckhaar und einer dichten Unterwolle, bietet es einen ausgezeichneten Schutz gegen kalten Regen und eisiges Wasser, Unbilden, unter denen der Labrador oft zu arbeiten hat. Die Rute – häufig auch Otterrute genannt – ist einzigartig. Sie ist dick und kräftig am Ansatz und verjüngt sich allmählich zur stumpfen Spitze. Sie ist mit dem gleichen, oben beschriebenen Fell bedeckt und wird als kräftiges Ruder im Wasser und Gegengewicht zu Kopf- und Nackenbelastung bei schnellem Apportieren eingesetzt. Der typische Labrador ist ein kräftiger, kompakter Hund, der Standard betont aber auch Beweglichkeit und Gewandtheit. Es ist daher sehr wichtig, den Hund fit und gut bemuskelt zu halten. Leider trifft man oft Labradors an, die man viel zu schwer

*Abb. 121: Labrador Retriever Sh. Ch. Croftspa Hazelnut of Foxrush.
Foto: Anne Roslin Williams*

*Abb. 122: Labrador Retriever Ch. Fabracken Comedy Star.
Foto: Anne Roslin-Williams*

hat werden lassen. Ein zu gut gefütterter Hund kann seine ihm gegebenen Möglichkeiten nicht zeigen, weder als Gebrauchshund, noch als langlebender, glücklicher Familienhund.

Charakter und Intelligenz machen den Labrador zum idealen Jagdhund, Blindenführhund und Spürhund. Eine besondere Eigenschaft dieser Rasse ist ihr starker Wille zu gefallen, zusammen mit dem natürlichen Apportiertrieb und der bemerkenswerten Nase. Das alles macht die Ausbildung verhältnismäßig einfach. Ein gut abgeführter Labrador sucht durch jedes noch so undurchlässige Dickicht, arbeitet selbständig über große Entfernungen und durchquert unerschrocken jedes Gewässer. Genau so wie der Labrador instinktiv eine Spur aufnimmt und apportiert, merkt er sich von weitem den Standort erlegten Wildes. Krankgeschossenes Wild spürt er mit hervorragender Ausdauer auf. Verbinden sich in einem Hund diese natürlichen Instinkte mit Gehorsam, so ist das Ergebnis ein idealer Jagdhund.

Kommen hierzu Schnelligkeit und Gewandtheit, ist es ein hervorragender Field Trial Hund. Das ausgeglichene Wesen und seine Zuneigung zum Menschen machen einen gut ausgebildeten Labrador auch zum ausgezeichneten Blindenführhund. Er wird daher in vielen Ländern der Welt in großem Umfang für diese Aufgabe verwendet. In England kauft die »Guide Dogs for the Blind Association« nicht nur geeignete Welpen auf, sondern hält auch ihre eigenen Zuchthündinnen und Deckrüden. In den letzten Jahren haben auch Polizei und Zoll den Labrador Retriever wegen seiner ausgezeichneten Nase mit großen Erfolg in der Drogensuche eingesetzt.

Man hat das Wesen des Labradors immer als etwas Besonderes angesehen. Die große Zuneigung zum Menschen und der starke Drang zu gefallen, machen ihn zum Familienhund. Er hat aber auch einen ausgesprochenen Sinn für Spaß und lernt schnell all die kleinen Tricks, um sich beliebt zu machen, oder das zu erhalten, was er sich wünscht. Teilt sein Besitzer einmal mit ihm die Freude an einem kleinen Kunststück, so merkt er sich das schnell und führt den Trick bei jedem Besuch vor. Labradors lieben es, aufmerksame Zuschauer zu haben. Sie sind ausgezeichnete Schauspieler, und wenn alles nichts hilft, nehmen sie auch Zuflucht zu Pathos: ein schmelzender Blick aus feuchten Augen sichert ihnen unausweichlich den letzten Keks vom Teller. Ihre Zuneigung zum Menschen darf aber niemals mißbraucht werden. Kinder müssen lernen, daß selbst bei dem noch so freundlichen und langmütigen Labrador die Geduld reißen kann, wenn man ihn endlos herumzerrt und wie ein mechanisches Spielzeug behandelt. Wie bei allen Tieren kommt der Augenblick, wo er allein gelassen werden möchte, und die einzige Art und Weise, dies zu zeigen, ist Knurren oder Schnappen. Wird diese erste Warnung nicht beachtet, so kann auch die liebenswürdigste Hündin gereizt und bösartig werden. Es sollte nie vergessen werden, daß jeder Hund mit Respekt behandelt werden muß. Wenn er seine Ruhe haben will, so sollten sein Bett oder seine besondere Ecke ein ungestörter Zufluchtsort für ihn sein.

Labradors sind starke und kräftige Hunde und können, wenn man ihnen nicht rechtzeitig ihre Grenzen zeigt, ausgesprochen lästig werden. Von frühen Tagen an müssen sie unbedingten Gehorsam lernen. Sitz, Bleib, Platz und nicht Hochspringen sind leicht beizubringen. Es mag manchem nett erscheinen, wenn ein junger Hund Personen anspringt, um von ihnen gestreichelt zu werden. Aber ein voll ausgewachsener Labrador mit seinen ca. 35 kg kann hiermit bei Kindern oder älteren Menschen großes Unheil anrichten. Es liegt ganz in der Verantwortung des Besitzers, was er aus seinem neu erworbenen Labrador Welpen macht, einen freundlichen, anhänglichen Gefährten, einen Jagdhund, auf den er stolz sein kann oder einen ungebärdigen Flegel. Man sollte nicht vergessen, gute Manieren lassen sich verhältnismäßig leicht beibringen, aber schlechte Angewohnheiten abzustellen, ist nahezu unmöglich. Sie als Verantwortlicher müssen daher vom allerersten Tag an mit der Formung Ihres Hundes, zu dem was er später sein soll, beginnen.

Labradors sind sehr intelligent. Sobald sie gemerkt haben, daß sie einen schwachen Herrn haben, werden sie das sehr schnell ausnutzen und schwer zu kontrollieren sein.

Aber die Freude, einen gut erzogenen, anhänglichen Labrador zu besitzen, entschädigt reichlich für alle Mühe, die bei der Erziehung aufgewendet wurde.

Dies ist der Grund, warum der Labrador Retriever seinen Platz gegenüber der Opposition hält. Möge er dies noch lange tun!

# Der Flat-coated Retriever

**Amelia Jessel**

Die in der zweiten Hälfte des 18. Jahrhunderts eingetretene beträchtliche technische Verbesserung der Jagdflinte hat die damalige Jägerschaft zu erneuten Überlegungen bezüglich ihrer Jagdhunde veranlaßt. Wurden bis dahin in England hauptsächlich Hunde vom Typ des »springenden« Spaniels, Pointers oder Setters bei der Jagd verwendet, kam jetzt der Wunsch nach einem Hund für das Nachsuchen und Bringen von Wild auf. Man begann versuchsweise verschiedene Hundetypen zu paaren mit dem Ziel, einen für diese besondere Aufgabe brauchbaren Hund zu entwickeln. Der Hütehund wurde wegen seiner Leichtführigkeit genommen, der Spaniel wegen seiner jagdlichen Eigenschaften, der Wasserhund für die Wasserjagd und der Setter wegen seiner guten Nase. Der »Vater« des heutigen Flatcoats jedoch, Mr. S. E. Shirley, geboren 1844 (ebenfalls Gründer des Britischen Kennel Clubs), setzte einige dieser Hunde zusammen mit dem großen Neufundländer und dem großen Labrador oder St. Johns Hund zur Zucht ein.

Seit dieser Zeit scheint sich einerseits der Curly-coated Retriever als eigenständiger Typ fortentwickelt zu haben, andererseits kristallisierte sich der Wavy-coated Retriever als mehr oder weniger reine »Rasse« heraus. Wavy-coated war jedoch eine etwas lockere Bezeichnung, die – wie es scheint – mehrere Typen umfaßte.

Diese Hunde wurden in den Field Trial Katalogen des späten 19. und frühen 20. Jahrhunderts als »rauhhaar«, »glatthaar«, »wellig«, oder »schlicht« und auch als »Labrador« geführt. Alle diese Typen wurden ohne Einschränkungen untereinander gepaart, und von ihren Besitzern nach eigenem Geschmack bezeichnet. Ein Beispiel hierfür ist Ch. Darenth, der stets als einer der berühmtesten Flatcoat Gründerrüden angesehen wird und ebenfalls Vater des bedeutenden Labrador Rüden »Horton Max« war.

Dies »Frei-Untereinander-Paaren« der Retriever-Typen setzte sich bis in die zwanziger Jahre fort als ihm der Kennel Club durch neu eingeführte Bestimmungen ein Ende bereitete. Als ein Grund für die Rückläufigkeit in der Beliebtheit des Flatcoats wird oft angegeben, daß der Labrador-Schlag sich stets stärker vererbte; die Nachkommen einer Flatcoat-Labrador Paarung waren immer mehr vom Labrador-Gepräge. Ein weiterer Grund ist wahrscheinlich die Tatsache, daß die großen Flatcoat Zwinger vom Anfang des 20. Jahrhunderts ihre züchterische Tätigkeit nach dem Ersten Weltkrieg nicht wieder aufnahmen. Viele Zwinger wechselten in dieser Zeit zum Labrador Retriever hinüber.

Die an Ausstellungen interessierten Züchter wollten damals für die Rasse einen längeren Kopf haben, eine Vorstellung, die zwischen den beiden Weltkriegen bei den Züchtern zu Beunruhigung und Kontroverse führte. Diese Köpfe wurden als »fiddle«, dank ihrer Ähnlichkeit zu diesem Instrument, oder »Barzoi« bezeichnet.

Es wurde sogar behauptet, daß Barsoi eingekreuzt worden waren, um einen längeren Kopf zu gewinnen, aber dies, so meine ich, ist unwahrscheinlich.

Zu dieser Zeit war der Flatcoat kaum bei den Field Trials vertreten, denn er hatte seine Beliebtheit verloren. Es gab zwei Dual Champions (Field Trial- und Schönheits-Champion) in den frühen Jahren des Jahrhunderts, nämlich Grouse of Riverside und Toby of Riverside, und in den dreißiger Jahren auch zwei Field Trial Champions Elwy Mary und Windle Popular.

Seit den frühen Tagen von Mr. S. E. Shirley und seinem Ettington Zwinger gab es weitere Liebhaber des Flat-coated Retrievers, beispielsweise Harding Cox, einen Jäger und wahren Freund der Rasse, dessen Zwingername »Black« war; H. Reginald Cooke (Riverside), Großgrundbesitzer aus Mittel England; Colonel Legh vom bekannten »High Legh« Zwinger, dessen Rüde »High Legh Blarney« im Jahre 1906 den Besitz für 206 Guineas wechselte; Ellis Ashton (Leecroft); A. E. Southam, R. E. Birch (Brynasaph) und die Brüder Simms, die Jagdaufseher waren.

H. R. Cooke widmete sich während seines langen Lebens ganz der Rasse und hatte auf sie großen Einfluß. Er kaufte jedoch viele Hunde von anderen Züchtern und hat auf diese Weise über eine längere Periode die Zucht des Flatcoats auf einige wenige Züchter eingeschränkt. Vielleicht war dies für die Rasse weniger vorteilhaft als er geglaubt hat.

Als das Ende des Zweiten Weltkrieges kam, waren die Zahlen der Flatcoats sehr zurückgegangen, jedoch durch die Bemühungen einiger Züchter besserte sich die Lage. Hierbei führend waren Dr. Nancy Laughton (Claverdon), Stanley O'Neill (Pewcroft), Colin Wells (›W‹) und Will Phizacklea (Atherbram). Will Phizacklea und seine Frau widmeten sich der Zucht der leberfarbenen Flatcoats und gründeten einige Linien. Ihnen folgte Margaret Izzard (Ryshot), von deren Zucht viele der heutigen Leberfarbenen abstammen.

In den fünfziger Jahren wurden C.C.s (Championats-Anwartschaften) für den Flatcoat bei zirka zehn Zuchtschauen vergeben, und die Meldungen in den verschiedenen Klassen lagen bei 2 oder 3, manchmal bei 7 oder 8 Hunden. Die Flatcoats von Colin Wells zeigten sich zu dieser Zeit hervorragend, sowohl auf Zuchtschauen als auch bei Field Trials. Er führte seine Hunde jagdlich und verlangte als Jagdaufseher des Herzogs von Rutland stets eine hohe Leistung. So oft er es möglich machen konnte, meldete er sie auch bei Field Trials. Colin Wells scheint stets Hunde von sehr gutem Typ gezüchtet zu haben, denn er erzielte über die Jahre mit verschiedenen Hunden »Bester der Rasse« auf Crufts. Seine Hunde beeinflußten die weitere Zucht der Rasse sowohl was den Typ anbetrifft als auch hinsichtlich der Leistungen.

Stanley O'Neill (Pewcroft) hat ebenfalls viele Sieger gezüchtet. Sein Zuchtprogramm in Verbindung mit dem von Mrs. Laughton (Claverdon) half den Typ des heutigen Flatcoat zu festigen. Der Einfluß der Claverdon Flatcoats war beträchtlich, vor allem in der Zeit, bevor diese Rasse wieder populär zu werden begann. Weitere einflußreiche Züchter aus diesen Jahren waren Mrs. Lock (Halstock), Mr. Wilson Stephens (Hartshorn), Peter und Shirley Johnson (Downstream) und ich selbst (Collyers). Read Flowers (Fenrivers), Mrs. Fletcher und Mr. Davis (Rungles), Air-Commander und Mrs. Hutton (Yarlaw), Mr. und Mrs. Forster (Wizardwood) und Miss Hall (Blakeholme) gehören ebenfalls dazu.

Die hervorragenden Eigenschaften der ›W‹-Flatcoats von Colin Wells wurden in mehreren dieser Zwinger weiter vererbt, so beispielsweise in dem Downstream, dem Fenrivers und Tonggreen wie auch in dem Wizardwood Zwinger. Dieser Einfluß reicht bis in die heutige Zeit, denn der Enkel von Ch. Tonggreen Sparrowboy war der führende Zuchtschau-Sieger aller Zeiten: Ch. Shargleam Blackcap, gezüchtet von Miss P. Chapman. Später noch aus dem Exclyst Zwinger von Mrs. Phillips kam Ch. Exclyst Bernard, ein weiterer Nachkomme Ch. Woodlarks, der einen großen Einfluß auf die Leichtführigkeit der Rasse hatte.

Der Belsud Zwinger von Mrs. Grimes hat die Ch. Claverdon Comet Linie fortgesetzt durch Ch. Belsud Black Buzzard. Mrs. Marsden (Tarncourt) hat unter anderem gute Gebrauchshund-Linien von Ch. Collyers Blakeholme Brewster, Ch. Claverdon Jorrocks of Lilling und Int. Field Trial Ch. Hartshorn Sorrel weitergezüchtet.

Dies sind nur einige Hunde, die die Rasse bis in die heutige Zeit geprägt haben. Die Zahlen sind seit den sechziger Jahren stark gestiegen, und es wurden inzwischen Fachbücher verfaßt, die die Zucht eingehend behandeln. Das Buch von Dr. Nancy Laughton »A Review of the Flatcoated Retriever« ist ein umfassendes Werk, das bei der Flatcoated Retriever Society erhältlich ist. Ein weiteres nützliches Buch »The Complete Flatcoated Retriever«, geschrieben von Paddy Petch, wurde vom Boydell Verlag veröffentlicht.

Bei weitem der stärkste Anstieg der Zahlen ist bei den Zuchtschauen zu verzeichnen. Auf allen Championats-Ausstellungen, bei denen Jagdhunde vertreten sind, sieht man heute häufig bis zu 30 Flatcoat zusammen im Ring. Dies hat zu einer beträchtlichen Verbesserung des Formwertes der Hunde geführt, und der Typ ist gleichmäßiger geworden, denn in den ersten Nachkriegsjahren waren starke Unterschiede in Typ und Größe im Ring festzustellen.

Bei den Field Trials hat andererseits der Flatcoat kaum Fortschritte gemacht. In einigen Teilen Englands ist er zwar häufig bei der Jagd anzutreffen, in anderen Gegenden ist er so gut wie gar nicht bekannt, auch wenn heute die jährlichen Eintragungen beim Kennel Club fast die Tausendmarke erreicht haben.

Beunruhigt durch diesen Zwiespalt – Mangel an Deckrüden aus Jagdgebrauchslinien auf der einen Seite und rapide ansteigende Zahlen nur auf den Zuchtschauen

*Abb. 123: Fiat-coated Retriever*
*Foto: David Dalton*

– hat sich eine Arbeitsgruppe gebildet mit dem Ziel, das Gleichgewicht wieder herzustellen. Es ist verständlich, daß diese Aufgabe viel Zeit in Anspruch nehmen wird, bevor Ergebnisse registriert werden können. Die Arbeitsgruppe ist jedoch bereit, überall das Interesse an den Gebrauchseigenschaften der Rasse zu fördern. Es besteht kein Zweifel daran, daß der Flatcoat die Anlagen zu einem ausgezeichneten Jagdgebrauchshund besitzt; die Schwierigkeit liegt darin, genügend Zuchtmaterial zur Verfügung zu haben, um den Typus eines stilvollen, brauchbaren, leichtführigen Jagdgebrauchshundes zu festigen.

Die sehr aktive Flatcoated Retriever Society veranstaltet sowohl Zuchtschauen, als auch mindestens drei Field Trials pro Jahr. Dazu kommen noch Leistungsprüfungen in verschiedenen Teilen Großbritanniens. Sie bietet Rat in Fragen der Zucht und bringt ein Jahrbuch und ein Nachrichtenblatt heraus.
Um die Zucht besserer Jagdgebrauchs-Flatcoats zu fördern, überprüft sie Hunde bei der Jagd auf ihre jagdlichen Eigenschaften und vergibt Zertifikate an alle Hunde, die die Prüfung bestehen. Damit sollen die Züchter angeregt werden, Hunde zur Zucht zu verwenden, die bei einem normalen Jagdtag sich durch die natürlichen Eigenschaften eines Retrievers auszeichnen.
Genau so wie bei den Bemühungen der oben erwähnten Arbeitsgruppe, wird man auch hier den Erfolg erst nach einigen Jahren feststellen können.

*Abb. 124: Früher Flat-coated Retriever Ch. Darenth nach einem Gemälde von Maud Earl.*

Der Flatcoated Retriever ist in vielen Ländern der Welt anzutreffen. Er ist nicht nur in Europa beliebt, vor allem in Skandinavien und Holland, sondern auch in Nordamerika, Australien, Neuseeland und in einigen Teilen Afrikas.
Durch sein harmonisches äußeres Erscheinungsbild fällt der Flatcoat nicht nur bei der Jagd, sondern auch auf Ausstellungen sofort auf. Das Fell, das nicht so schwer ist, um ihn im Wasser oder Dickicht zu behindern, benötigt wenig Vorbereitung für die Zuchtschau, denn der natürliche Glanz des Haarkleids zieht das Auge an. Sein Gebäude zeigt »Kraft ohne schwerfällig zu wirken, Rasse ohne dabei schmächtig zu sein«, wie es im Rassestandard vorgeschrieben wird.

Eine Rute, die selten ruht, zeugt von einem fröhlichen Wesen. Ein sanfter, freundlicher Ausdruck deutet an, daß er fast allen Streß-Situationen des Lebens gewachsen ist. Der Flatcoat ist glücklich, wenn er so viel wie möglich mit seinem Besitzer und dessen Familie zusammen sein kann, aber sein Bestes zeigt er in einem aktiven, interessanten Leben mit vielen Aufgaben, die seine Intelligenz beanspruchen; besonders aber bei der Arbeit, für die er seit mehr als einem Jahrhundert gezüchtet wurde: das Auffinden und Bringen von Wild.

# Der Curly-coated Retriever

**Audrey Nicholls**

Wie viele Bücher man auch lesen mag, die Frage, wo der Curly seinen Ursprung hat, kann nie völlig beantwortet werden. Es gibt hierüber eine Menge Theorien. Aber da in den früheren Tagen Hunde für bestimmte Zwecke und ein bestimmtes Terrain gezüchtet wurden, möchte ich annehmen, daß der Curly, so wie wir ihn heute kennen, ursprünglich eine »Querbeet-Mischung« war.
Die Curlies wurden vielfach als Wildhüterhunde genutzt und man kann davon ausgehen, daß eine ganze Anzahl anderer »Rassen« hineingekreuzt wurden. Noch in den späten dreißiger Jahren gab es Curlies im Gebiet um Staffordshire herum, die nur auf der einen Seite ihrer Ahnentafel diesen Namen verdienten. Es ist aber sehr wahrscheinlich, daß innerhalb der Retrieverrassen der Curly auf eine längere Geschichte zurückschauen kann, als beispielsweise der Flat-coated Retriever. In vielen der früheren Quellen findet sich die Meinung, daß das harte, krause Fell vom alten Typ des kraushaarigen englischen Wasserhundes stammt, und das krause Fell ist tatsächlich wohl der Hauptanhaltspunkt bei der Suche nach der Herkunft des Curly.

## Der Ursprung der Rasse

Wasserhunde und Wasser-Spaniels hat es seit mehreren Jahrhunderten gegeben. Der »Complete Sportman« (1790) erwähnt Wasserhunde und Linnaeus 1707–78 führt den canis aquaticus major (grand Barbet) und den canis aquatilis oder Barbet auf. Der Barbet wird oft als der Vorfahre des Pudels angesehen. Es handelt sich hier um einen Hund, der schon lange für seine außerordentliche Apportierfähigkeit bekannt war, die in zahlreichen Berichten gepriesen wird, ebenso wie seine Wasserfreudigkeit und seine große Intelligenz. Es stellt sich aber die weit schwierigere Frage, welche »Rassen« wurden hierzu eingekreuzt?
Zu den von vielen Autoren vorgebrachten Vermutungen meine ich persönlich, daß es sich wahrscheinlich um einen Setter-Typ gehandelt hat. Dies erkennt man am ehesten am Kopf des heutigen Hundes, besonders auch an der Kopfhaltung bei der Arbeit. Ich halte es auch für möglich, daß ebenfalls der St. Johns Neufundländer oder der frühe Labrador eingekreuzt wurde, da dieser in kleiner Zahl im ersten Jahrzehnt des 19. Jahrhunderts im Lande vorkam. Sehr wahrscheinlich kamen auch Pudel und Irischer Wasser-Spaniel dazu. Damals war der Pudel ein ausgezeichneter Wasserhund und Apportierer. Wird das Fell kurz gehalten, ist es dicht und kraus, und der Kopf hat eine entfernte Ähnlichkeit mit dem eines Retrievers. Der Curly hat auch gewisse Merkmale gemeinsam mit dem Irischen Wasser-Spaniel. Beide Rassen haben einen Wirbel auf dem Hinterhauptbein und obgleich das Fell des Curly bis zum Hinterhauptbein glatt sein soll, so hat es bei vielen Hunden die Tendenz, sich gerade an dieser Stelle zu wellen oder kräuseln. Ganz wie beim Irischen Wasser-Spaniel, verliert auch der Curly häufig das Haar an der Spitze seiner Rute.

Wer nun zuerst etabliert war, der Pudel, der Irische Wasser-Spaniel oder der Curly-coated Retriever und wer mit wem gekreuzt wurde, ist eine Frage, die nie befriedigend beantwortet werden wird.

## Die ersten Ausstellungen und die Gründung eines Clubs

Der Curly erschien zum ersten Mal auf einer Ausstellung im Jahre 1860 in Birmingham. Den ersten Preis erhielt ein »großer kräftiger Hund« im Besitz von Mr. W. Brailsford, den zweiten Preis eine leberfarbene Hündin von Lord Alfred Page. Dies war damals noch eine gemischte Retriever-Klasse und erst 1863 wurden die verschiedenen Retrievertypen getrennt gerichtet.
Unter den Besten jener Tage war Mr. Gorse's »Jet«. Zu dieser Zeit gab es sehr viele Curly-coated Retriever in Lancashire, darunter Dr. Morris's »True«. Von ihm wurde erzählt, daß er von einem berüchtigten Wilddieb gezüchtet worden war, und mehrmals auf ihn geschossen wurde, bevor Dr. Morris ihn erwarb. »True« wurde dann zu einem großen Erfolg auf Ausstellungen.
Ab 1866 wurden bei Ausstellungen Klassen für andersfarbige Retriever neben schwarz eingeführt, so daß von jetzt ab die gelben Retriever getrennt gezüchtet werden konnten. Ein sehr bekannter Hundebesitzer und Züchter der siebziger Jahre war Mr. Samuel Darby, Eigentümer des berühmten Tiverton Zwingers. 1890 wird zum ersten Mal die Gründung eines Clubs erwähnt mit der »lobenswerten Absicht«, den schwarzen Curly-coated Retriever wieder beliebt zu machen. Es ist interessant festzustellen, daß der damals aufgestellte Standard sich kaum von dem heutigen unterschied.
Von dem Clubsekretär stammt die Äußerung aus dem Jahre 1904: »Hinsichtlich außergewöhnlicher Intelligenz und Treue kann es keine andere Rasse mit dem Curly-coated aufnehmen. Einige der sogenannten Abrichter haben ihn als hart im Maul verdammt, aber ich habe noch nie einen hartmauligen Hund gezüchtet.« Ich erwähne dies hier besonders, weil der gleiche Vorwurf auch heute erhoben wird, aber ich habe noch keinen Kritiker getroffen, der selbst einen Curly geführt oder einen im Maul harten Hund erlebt hat. Der damalige Clubsekretär fügte noch hinzu: »Ich zögere nicht zu behaupten, daß in 9 von 10 Fällen die Schuld beim Hundeführer liegt.«
1933 wurde der Club auf Betreiben des Generals Lance neu organisiert. Sein erster Curly war »Pyecombe Sable« und sein Zwingername »Sarona«. Die Meldungen bei Ausstellungen nahmen von Jahr zu Jahr zu, und 1935 gab es bereits auf fünf Ausstellungen Champion-Anwartschaften für den Curly. Bevor jedoch weitere Verbesserungen vorgenommen werden konnten, brach unglücklicherweise der Zweite Weltkrieg aus und, abgesehen von der Arbeit einiger weniger Züchter, hörte jede Aktivität auf diesem Gebiet auf.

## Die Nachkriegsjahre

1946, als Ausstellungen und Field Trials wieder begannen, waren 90 Curlies beim Club eingetragen. Der Vereinigte Retriever Club war die erste Organisation, die

*Abb. 125: Curly Coated Retriever Ch. Darelyn Natasha mit ihrem Sohn Ch. Darelyn Rifleman. Foto: Sally Anne Thompson*

Klassen für unsere Rasse einrichtete. Die erste Schau fand 1947 in Wolverhampton statt. Es gab acht Klassen. Die ersten nennenswerten Zwingernamen waren »Acrow«, Eigentümer Mrs. Ackerley of Warrington, und »Darelyn«, Eigentümer Mr. und Mrs. F. Till.
1951 wurde der Club erneut umorganisiert. General Lance wurde Präsident und Mr. F. Till erster Vorsitzender. Bis zum Jahre 1956 war die Zahl der Ausstellungen mit Vergabe von Champion-Anwartschaften auf vier gefallen.
Die herausragenden Hunde dieser Zeit waren »Ch. Rungles Shackels« im Besitz von Mr. F. Till, und »Sarona Shuna« im Besitz von General Lance, »Ch. Harkaway Editha« im Besitz von Miss Barbara Stapley und »Ch. Renoops Record« im Besitz unseres Club-Präsidenten Mr. T. Spooner. »Editha« war die Stammhündin des Harkaway Zwingers; aus der Verbindung »Ch. Rungles Shackels« mit Mrs. Easton's »Banworth Artemis« stammte »Ch. Banworth Orenda«. »Shackels« und »Orenda« finden sich heute in der Ahnentafel beinahe jedes in England ausgestellten Curly-coated Retrievers.
»Ch. Darelyn Dellah« (Ch. Rungles Shackels ex Sh. Ch. Sarona Shuna) war der führende Titelträger der Rasse in den fünfziger Jahren, gefolgt von »Sh. Ch. Banworth Siccawer Sunflower« (Banworth Artisan ex Banworth Bella Donna) im

Besitz von Clair Halford. Der Titelhalter heute ist »Sh. Ch. Donnaliza of Darelyn« (Ch. Darelyn Delrick ex Burtoncurl Katrina). 1988 wird ihr Großenkel »Ch. Darelyn Rifleman« die Stelle des Titelhalters von ihr übernehmen. Dieser Rüde hat schon mehrmals in den letzten Jahren die Aufmerksamkeit der Züchterwelt auf sich gelenkt.

Der Curly-coated Retriever ist ein ausgezeichneter Gebrauchshund, jedoch nicht im Stil eines schnellen Field Trial Hundes, sondern eher im Dienst des einzelnen Jägers oder einer kleinen Gruppe. Er ist sehr selbständig und setzt lieber seine hohe Intelligenz ein, als daß er sich dirigieren ließe. Er ist ein großer Individualist, beständig, zielbewußt, kräftig und ausdauernd. Er ist aber auch ein Spätentwickler und wird häufig erst mit drei Jahren richtig erwachsen. Er ist also nichts für jemand, der schnelle Erfolge und einen blind folgsamen Hund haben will.

Vielfach wird behauptet, der Curly sei schwierig auszubilden. Dies fällt meistens auf den Ausbilder zurück, denn ein Curly benötigt Festigkeit, gepaart mit Freundlichkeit und endloser Geduld, soll er ein Erfolg werden. Ist aber die Ausbildung richtig verlaufen, dann haben Sie einen Hund, auf den Sie stolz sein können.

Der Curly ist im Wesentlichen ein Ein-Mann oder Eine-Familie- Hund. Er verträgt sich ausgezeichnet mit Kindern und läßt sich auch als Blindenhund ausbilden, etwas, das in diesen unruhigen Zeiten nicht unterschätzt werden darf. Wenn Sie und Ihr Curly-coated Retriever zueinander gefunden haben, kann kein anderer Hund mithalten und Sie werden niemals eine andere Rasse besitzen wollen.

*Abb. 126: Curly Coated Retriever DORA vor der Jahrhundertwende. Aus BYLANDT HUNDERASSEN 1904.*

# Der Chesapeake Bay Retriever

**Janet P. Horn**

Auf der Landkarte ist die Chesapeake Bucht als großer Einschnitt etwa in der Mitte der Ostküste Nordamerikas zu finden. Die Bucht ist ein versunkenes Tal, in dem mehrere Flüsse in das Meer münden. Hier zwischen Inseln und Landzungen entlang des Marschlandes der Küste fließt das Süßwasser der Flüsse mit dem Salzwasser des Meeres zusammen. Die ersten Siedler entdeckten dort ein von Fischen wimmelndes Gewässer mit ergiebigen Austernbänken, eine Küste reich an Wasservögeln, die dazu im Winter noch von riesigen Scharen von Zugvögeln aufgesucht wurde. Sie entdeckten ebenfalls die amerikanischen Indianer, die dieser Bucht ihren Namen gegeben hatten; in deren Sprache bedeutet Ch groß, Sepi Fluß und Doh viele. Abgeleitet von diesem frühen Namen »Chesepiook«,- oder »Viele-in-Einem«, entstand der Name »Chesapeake«, heute auch noch die Bezeichnung einer einzigartigen Hunderasse, die in dieser Gegend ihren Ursprung hatte.

Der Chesapeake Bay Retriever wurde anfangs gerade für die Arbeit in dieser Gegend, für das Apportieren von Wasservögeln bei kaltem und stürmischem Wetter, oft sogar bei Eis und Schnee, herangezüchtet.

Es begann alles im Jahre 1807, als eine englische Brigg an der Mündung der Chesapeake Bucht Schiffbruch erlitt. Ihre Besatzung und die Ladung wurden durch das Schiff »Canton« aus Baltimore geborgen. Die »Canton« brachte zu ihrem Heimathafen auch zwei Neufundländer Welpen zurück, die mit dem verunglückten Schiff nach England hätten gebracht werden sollen. Diese Welpen wurden anschließend Jägern übergeben, die dort an der Küste ansässig waren. Die Welpen waren vom »St. Johns« Neufundland-Typ, der Hund, der später Vorfahr des Labrador Retrievers in England wurde. Das männliche Tier, schmutzig rot in der Farbe, wurde »Sailor« genannt, die Hündin, die schwarz war, »Canton«. Diese beiden Tiere hatten dichtes, kurzes Fell, waren kräftige Schwimmer und geschickte Apportierer. Sie wurden mit den Wasser- Spaniels, die früher dort zum Apportieren benutzt wurden, gepaart und wahrscheinlich auch mit Settern und anderen Jagdhundtypen. Sailor und Canton haben ihre hervorragenden Eigenschaften ihren Nachkommen vererbt, und aus diesen Nachkommen wurden Tiere selektiert, um einen besonderen Hundetyp zu gewinnen, der in den siebziger Jahren des vorigen Jahrhunderts als »Chesapeake Bay Ducking Dog« bekannt wurde. Diese Hunde wurden von Schützen geführt, die riesige Mengen von Wasservögeln für den Markt erlegten. Letzten Endes waren es jedoch Großgrundbesitzer mit ihrer Jagdpassion und ihren Kenntnissen der Tierzucht, die durch kluge Planung und strenge Auslese eine für ihren Lieblingssport ideal geeignete Hunderasse entwickelten; eine Hunderasse, die gleichzeitig große Intelligenz und Anhänglichkeit für Familie und Heim aufwies. Diese Hunde wurden überall dort, wo Wasservögel gejagt wurden, bekannt, und in den folgenden fünfzig Jahren breiteten sie sich bis in die entlegensten Teile Nordamerikas aus.

Obwohl die Größe des Hundes im Verlauf der Zeit stark variierte, ist der Chesapeake Bay Retriever normalerweise etwas größer als die englischen Retrieverrassen. Er kann eine Schulterhöhe von 65 cm erreichen, das Idealgewicht liegt bei zirka 34 Kilo. Die Hündinnen sollten erheblich kleiner als die Rüden sein.

Das allgemeine äußere Erscheinungsbild des Chesapeake Bay Retrievers sollte eine gut zurückliegende Schulter aufweisen, einen kräftigen, kurzen Rücken mit der gut gewinkelten Hinterhand in gleicher Höhe oder etwas höher als der Widerrist. Der Bauch soll gut nach hinten aufgezogen sein. All diese Merkmale tragen dazu bei, den Hund zu einem kräftigen und unermüdlichen Schwimmer zu machen. Der vordere Mittelfuß ist leicht gewinkelt und elastisch, die Hasenpfoten sind mit Schwimmhaut und derben Ballen versehen. Die Hinterläufe dürfen keine Wolfskrallen aufweisen. Die Brust ist breit, jedoch nicht so breit, daß die Bewegung der Vorderläufe beeinträchtigt wird. Die Vorbrust ist tief und die Rippen gut gewölbt. Der Kopf ist breit mit mittlerem Stirnabsatz, die weit auseinander stehenden Augen sind bernsteinfarben, der Fang lang und breit, sich zur Nase verjüngend, jedoch nicht spitz zulaufend; der Ausdruck sollte ein aufmerksames, freundliches, liebenswürdiges und intelligentes Wesen wiedergeben. Das Haarkleid des Chesapeake Bay Retrievers ist ein mit keiner anderen Hunderasse vergleichbares Rassemerkmal. Es besteht aus einem rauhen Deckhaar mit einer weichen Unterwolle, die so dicht sein sollte, daß sie sich schwer trennen läßt, um die darunterliegende Haut zu finden. Dieses Fell ist reich an natürlichen Fetten/Ölen, was nicht nur das Wasser daran hindert bis auf die Haut einzudringen, sondern auch noch das schnelle Abtrocknen des Haarkleides nach der Wasserarbeit fördert. Das recht kurze Fell ist nirgends länger als 3,5 bis 3,7 cm. Es sollte über dem Rücken, den Lenden und an den Flanken wellig sein und auf Kopf und Läufen sehr kurz und glatt anliegen. Für die Entenjagd benötigten die Jäger einen Hund, der farblich zu der Umgebung paßte. Somit schieden sowohl schwarz wie auch dunkelrot als unerwünscht aus. Die Farben braun, rostbraun, die Herbstlaubfarben und alle Schattierungen von Lohfarbe bis zur hellen Strohfarbe wurden als typisch für die Rasse festgelegt.

Der Charakter des Chesapeakes variiert von Hund zu Hund, so daß bei jedem Tier eine individuelle Behandlung notwendig ist. Dies ist der Grund, weshalb der Chesapeake bei den Berufsausbildern, denen nicht allzu viel Zeit zur Verfügung steht, manchmal als »schwer abzurichten« gilt. Der Chesapeake bringt die beste Leistung für diejenigen Menschen, die er liebt, und der einfühlsame Besitzer hat keine Schwierigkeiten, ihn auszubilden. Chesapeake Bay Retriever haben auch eine große Intelligenz und eine angeborene Eignung als Farm- und Hirtenhunde gezeigt; sie haben sowohl Kinder wie auch Erwachsene vor dem Ertrinken gerettet; sie schützen Familie und Heim, sind ausgezeichnete Wachhunde, die jedoch

*Abb. 127: Chesapeake Bay Retriever Penrose Beverly Hills.*

niemals zu einem aggressiven Benehmen angeregt werden sollten; sie stellen ausgezeichnete Spürhunde dar, sind mit Erfolg als Blindenführhunde ausgebildet worden, und in den letzten Jahren wurden sie vielfach als Drogenspürhunde eingesetzt. Der Chesapeake Bay Retriever bindet sich an sein Zuhause und neigt nicht zum Streunen. Trotzdem ist auch er im heutigen Verkehr gefährdet, man kann nur hoffen, daß niemand in diesen Tagen einen Hund frei herumlaufen läßt. Der Chesapeake zeigt sich anderen Hunden gegenüber nicht aggressiv, aber wenn er angegriffen wird, gibt er nicht nach. Es ist besser, ihn davon abzuhalten, sich in Beißereien zu verwickeln.

Verbunden mit seiner großen Anhänglichkeit für seine »Menschen« ist der Chesapeake Bay sehr empfindsam für Stimmungen und Wünsche seiner Besitzer. Er ist ein Hund von großer Kraft und Intelligenz, der die menschliche Nähe sucht und am besten gedeiht, wenn er als »Familienmitglied« betrachtet wird und seine Familie stets begleiten darf. Derjenige, der einmal einen typischen Chessie als Begleiter erlebt hat, wird niemals wieder ohne einen solchen Hund leben wollen.

*Abb. 128: Der idaele Chesapeake Bay Hund um die Jahrhundertwende.*
*Zeichnung A. Kull.*
*Aus BYLANDT HUNDERASSEN 1904.*

# Der Nova Scotia Duck Tolling Retriever

Der Nova Scotia Duck Tolling Retriever, der »Toller«, wie er liebevoll von seinen Anhängern genannt wird, ist der kleinste der Retriever-Rassen und auch der letzte, der offiziell anerkannt wurde. Der Kanadische Kennel Club registrierte ihn unter den reinrassigen Hunden im Jahr 1945. Erst sechsunddreißig Jahre danach, 1981, übernahm ihn die Fédération Cynologique Internationale. Zu dieser Zeit hatte er jedoch schon eine recht lange Geschichte hinter sich.

Der »Toller« soll vor mehr als hundert Jahren im südwestlichen Teil von Nova Scotia in Ostkanada als »Little River Duck Dog« bekannt gewesen sein. Dort wurde er als »decoy«, als Lockmittel bei der Jagd auf Wasservögel eingesetzt. Der Toller besitzt viele der Eigenschaften des in dieser Gegend einheimischen Fuchses. Diese beiden Tiere ähneln sich nicht allein in der roten Farbe. Wie der Fuchs, spielt auch der Toller am Ufer eines Gewässers entweder mit einem ihm zugeworfenen Stöckchen, mit einem Ball oder sogar mit einem Stein. Er springt herum, wirft das Spielzeug in die Luft, wirbelt wie wild umher. Ein Gehabe, das offensichtlich eine starke Anziehungskraft auf Wasservögel ausübt, denn sie schwimmen oft in großen Scharen auf den »tollenden« Hund zu, oder fallen auch gelegentlich in seiner Nähe ins Wasser ein. Wenn die Enten in Schußweite herangeschwommen sind, ruft der Schütze den Toller zu sich in sein Versteck, tritt selber hinaus und kommt dann, wenn die Enten bei seinem Erscheinen auffliegen, zum Schuß.

Jetzt kann sich der Toller voll entfalten! Kraftvoll apportiert er bei jedem Wetter, bei hohem Seegang oder bei eisiger Kälte. Er, der nur 22 bis 25 kg wiegt, kann sogar die Kanadagans, die größte aller Wildgansarten, an Land bringen. Er vermag sie nicht zu tragen, aber er bringt sie.

Wie sieht der Nova Scotia Duck Tolling Retriever aus? Er ist ein kompakter, kräftiger Hund, geschickt in seinen Bewegungen, mutig und von großer Ausdauer. Er hat eine Schulterhöhe von 48 bis 50 cm, wiegt, wie schon erwähnt, zwischen 22 und 25 kg. Sein mittellanges Fell ist dicht und gut ausgestattet mit einer wasserabstoßenden Unterwolle. Die bevorzugte Farbe ist fuchsrot mit einer weißen Blässe, weiß an den Pfoten, an der Brust und an der Rutenspitze. Der Toller ist leichtführig, außerordentlich gutmütig, freundlich, anhänglich und nebenbei auch wachsam, ohne aggressiv zu sein.

Als Ursprung der Rasse wird eine leberfarbene Wavy-coated Retriever Hündin angegeben, die Mr. James Allen aus Yarmouth in Nova Scotia 1860 von einem englischen Schiffskapitän erwarb. Mr. Allen paarte diese Hündin mit einem Labrador-ähnlichen Rüden und deren Nachkommen mit einem braunen Cocker-Spaniel. Später wurde ein irischer Setter, der wohl für das rote Fell verantwortlich zeichnet, eingekreuzt und die Größe, die schöne Rutenfahne und der gelegentlich auftretende Hüteinstinkt deuten auf die Einkreuzung von Shetland Sheepdogs.

*Abb. 129: Nova Scotia Duck Tolling Retriever Ch. Westerlea's White Engsign.*
*Foto: Alison Strang*


Der Nova Scotia Duck Tolling Retriever, der »Toller«, gilt als rein kanadische Züchtung. Zuerst nur im Osten des Landes bekannt, hat er in den letzten Jahren Anhänger bis an die Westküste gewonnen. Ein noch recht kleiner, aber sehr aktiver Club bringt vierteljährlich eine clubinterne Zeitschrift »Toller Talk« heraus und sorgt für das Bekanntwerden und die Weiterentwicklung dieser Rasse. Der Toller ist heute nicht nur auf Ausstellungen zu sehen, er nimmt auch an Jagd- und Gehorsamsprüfungen mit gutem Erfolg teil. Er ist mittlerweile auch in einigen europäischen Ländern bekannt geworden, vor allem in Dänemark.

# XIII. Gesundheit und Erste Hilfe

Analbeutel
Ansteckende Krankheiten
1. Staupe
2. Hepatitis
3. Leptospirose
4. Parvovirose
5. Zwingerhusten
Augenerkrankungen
   Grauer Star
   Fortschreitender
   Netzhautschwund
   Zentraler fortschreitender
   Netzhautschwund
   Entropium
Aujeszkysche Krankheit
Bindehautentzündung
Durchfall
   Beim erwachsenen Hund
   Bei Welpen
   Durch Kokzidien
Eklampsie
Ekzeme
Epilepsie
Hüftgelenksdysplasie
Gesäuge-Entzündung, -Tumore
Kryptorchismus
Mandelentzündung
Mastitis (siehe Gesäuge)
Ohrenentzündung
Osteochondrose
Ekto-Parasiten (äußere)
   Der Floh
   Der Haarling
   Die Laus
   Die Zecke
   Milben
Endo-Parasiten (innere)
   Spulwürmer
   Hakenwürmer
   Peitschenwürmer
   Bandwürmer

Prostataerkrankung
Pyometra
Scheinträchtigkeit
Tumore des Gesäuges
(siehe Gesäuge)
Vorhautkatarrh
von Willibrand's Krankheit
Zähne und Zahnpflege
Zwingerhusten (siehe ansteckende Krankheiten)
Die kleine Hausapotheke für den Hund
Anwendungsmöglichkeiten homöopathischer Arzneimittel

**Analbeutel - Analbeutelentzündung (Sinusitis paranalis)**

Die Analbeutel sind paarige Schleimhautsäckchen, beiderseits des Enddarmes gelegen. Aus den im Anus endenden Ausführungsgängen wird passiv beim Kotabsatz ein intensiv riechendes Sekret entleert. Es dient als Duftmarke. Dickt sich das Sekret ein, so kommt es zur Überfüllung bzw. Verstopfung der Analbeutel. Eine Analbeutelentzündung, -vereiterung und ein Analbeutelabszeß können sich entwickeln.

Symptome eines überfüllten bzw. entzündeten Analbeutels äußern sich in intensivem Belecken des Anus, plötzliches Stehenbleiben und Hinsetzen (infolge eines stechenden Schmerzes) und dem sog. Schlittenfahren; dabei schleifen die Hunde mit hochgezogenen Hinterextremitäten den After über den Boden.
Hochgradige Analbeutelentzündungen können eine Lahmheit vortäuschen.
Manuelle Analbeutelentleerung beseitigt das Übel. Eine Entzündung bzw. Vereiterung muß behandelt werden.

## Ansteckende Krankheiten

### Staupe
Eine Viruserkrankung. Staupe hat ein vielgestaltiges Bild. Erste Symptome: Fieber mit Lidbindehautentzündung, Mandelentzündung, Durchfall, apathisches Verhalten. Nach dieser ersten Phase erholt sich der Hund meistens für kurze Zeit, bevor das zweite Stadium der Erkrankung erreicht wird: Husten, Niesen mit eitrigem Nasenausfluß, Durchfall, Augenentzündung, Krämpfe.

Eine sehr gefährliche Hundekrankheit, die bei Welpen meist tödlich endet. Junghunde, die die Krankheit überstehen, weisen häufig ein defektes »Staupegebiß« auf.

### Hepatitis
Eine Viruserkrankung, die ebenfalls besonders gefährlich für den Welpen ist.
Symptome: Erbrechen, Appetitlosigkeit und apathisches Verhalten.

### Leptospirose
Von Bakterien übertragen. Leber und Nieren werden angegriffen.
Symptome: Hohes Fieber, Erbrechen, blutiger Durchfall.

### Parvovirose
Eine Viruserkrankung, früher häufig als »Katzenseuche« bezeichnet.
Symptome: Unaufhörlich Durchfall und Erbrechen. Häufig wird Blut ausgeschieden. Führt beim Welpen zum plötzlichen Herztod.

*Hinweis:* Rechtzeitiges Impfen im Welpenalter und eine regelmäßige, jährliche Wiederholung bieten heute einen sicheren Schutz gegen die oben genannten Hundekrankheiten. Nebenwirkungen nach dem Impfen sind selten.

### Zwingerhusten
Ansteckende Erkrankung, die sich in einem Zwinger rapide ausbreitet.
Symptome: Harter, trockener Husten, der sofort behandelt werden sollte.

### Augenerkrankungen
Glossar: Vererbbarer Grauer Star = Hereditary cataract (HC)
Fortschreitender Netzhautschwund = Progressive Retinal Atrophy (PRA)
Zentraler fortschreitender Netzhautschwund = Central Progressive Retinal Atrophy (CPRA)

Vererbbare Augenkrankheiten kommen beim Hund häufig vor und – eine Tatsache, die viele Hundezüchter nicht zu wissen scheinen – nicht nur beim Hund, sondern auch bei einer ganzen Anzahl anderer Wirbeltiere, vor allem beim Menschen.

**Das Auge**

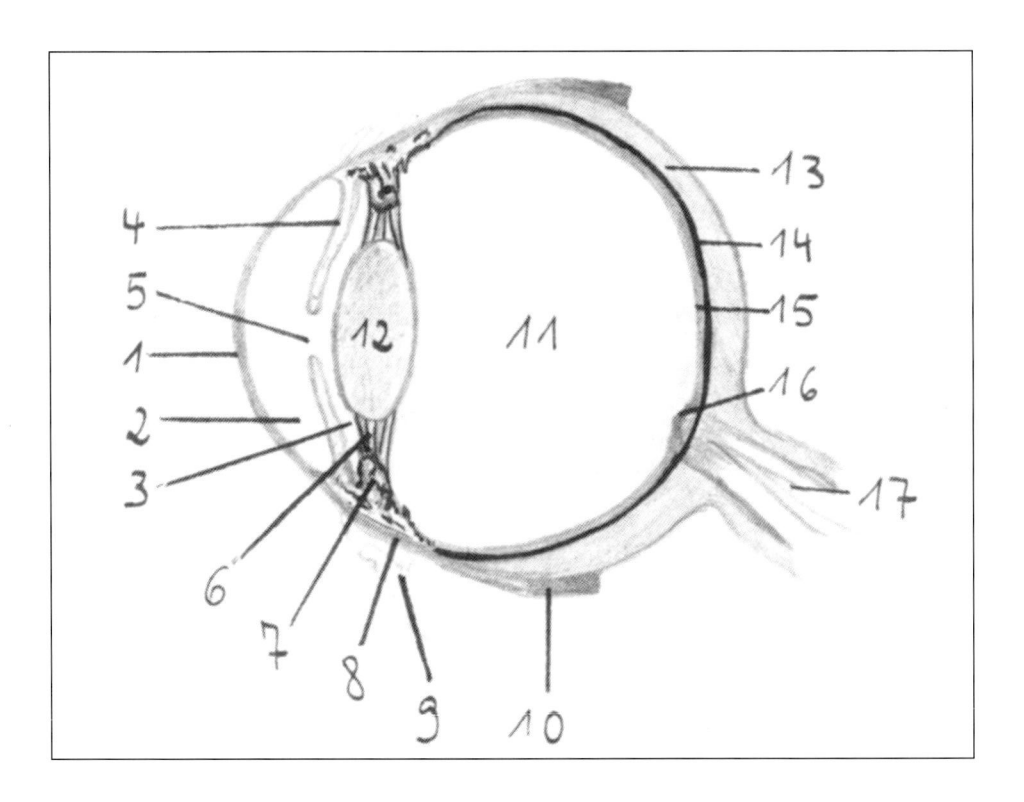

1 Cornea (Hornhaut)
2 Vordere Augenkammer
3 Hintere Augenkammer
4 Iris
5 Pupille (Sehloch)
6 Apparatus suspensorius lentis (Aufhängeapparat der Linse)
7 Processus ciliaris (Strahlenkörper)
8 Skleralwulst
9 Conjunctiva bulbi (Bindehaut)
10 Endsehne Muskel (des Musculus rectus bulbi ventralis)
11 Glaskörper
12 Linse
13 Sklera (Lederhaut)
14 Chorioidea (Aderhaut)
15 Retina (Netzhaut)
16 Papilla optica (Sehstrangeintrittsstelle)
17 Nervus opticus (Sehnerv)

**Der graue Star**
Der Golden Retriever ist eine der Rassen, die von vererbbarem Grauen Star befallen werden kann, einer Augenerkrankung, die in verschiedenen Formen auftritt.

Mit dem Begriff Star wird jede Art der Linsentrübung bezeichnet. Es muß aber hier betont werden, daß nicht jede Form von Star erblich ist. Es gibt eine Anzahl anderer bekannter Ursachen für eine Linsentrübung, aber auch viele, die noch nicht bekannt sind.

Die einzelnen Formen von Star können wie folgt umschrieben werden:

1. Kongenitaler Star, d.h. ein Star, der schon bei der Geburt vorhanden ist. Einige Formen des angeborenen Stars werden als nicht vererbbar angesehen, andere – beispielsweise bei dem Mini-Schnauzer – sind vererbbar.
2. Vererbbarer Grauer Star. Er ist bei den meisten Rassen bei der Geburt nicht vorhanden, kann jedoch häufig in den ersten zwölf Monaten diagnostiziert werden, obgleich dies keinesfalls die Regel ist.
3. Nicht vererbbarer Star, verursacht durch eine Augenverletzung, durch Diabetes oder durch die Nachwirkung einer Anzahl von körpereigenen Giftstoffen.
4. Altersstar. Diese Art wird nicht als vererbbar angesehen.

Der beim Golden Retriever hauptsächlich auftretende vererbbare Graue Star ist vom Typ posterior polar sucapsular (PPS). Er kann als eine örtliche Linsentrübung bezeichnet werden, die sich manchmal in der Form eines Dreiecks oder eines Sterns zeigt. Diese Form von Star tritt gelegentlich einseitig auf, in der Mehrzahl der Fälle jedoch ist er – wenn auch nicht auf beiden Augen identisch – beidseitig zu finden. Bei manchen Hunden ist diese Art des Stars fortschreitend und führt zu Sehkraftminderung und gelegentlich auch zu völliger Erblindung. Bei den Retriever-Rassen jedoch ist die am häufigsten auftretende Form des Stars eine kleine, nicht progressive Trübung auf der Rückseite der Linse, die wenig oder überhaupt keine Einwirkung auf das Sehvermögen des Hundes hat.

Jüngsten Erkenntnissen zufolge wird die vererbbare Form des Grauen Stars beim Golden Retriever durch ein dominantes Gen verursacht, und da der Star in verschiedenen Schweregraden auftritt, bezeichnet man dieses Gen als Gen mit variabler Ausprägung.

*Zusammenfassung*
Der vererbbare Graue Star beim Golden Retriever ist bei der Geburt nicht vorhanden. Er zeigt sich in der Regel während der ersten zwölf Monate, kann aber auch wesentlich später bei einem mehrere Jahre alten Hund auftreten.

Der Umstand, daß ein Hund in seinem Leben einige Male auf Augenerkrankungen untersucht wurde, ohne daß sich etwas feststellen ließ, und er eventuell auch bereits zur Zucht verwendet wurde, erschwert die Kontrolle beträchtlich.

Auch das Spätauftreten dieser Augenerkrankung wird als vererbbarer Faktor angesehen.

KEIN HUND, bei dem Grauer Star diagnostiziert wurde, sollte zur Zucht verwendet werden.

**Fortschreitender Netzhautschwund**
**Zentraler Fortschreitender Netzhautschwund**
Der fortschreitende Netzhautschwund in der zentralen Form ist auch beim Golden Retriever vorgekommen. Diese Augenkrankheit, die glücklicherweise sehr selten auftritt, führt progressiv zu völliger Erblindung. Sie kommt bei Welpen nicht vor.

**Entropium**
Bei dieser Krankheit handelt es sich um ein Eindrehen der Lidränder an einem oder an beiden Augen. Bei dem Golden Retriever tritt dies meistens am unteren Augenlid auf. Die Wimpern, und manchmal auch Haare, die gegen die Hornhaut (cornea) reiben, führen zu Reizungen und oft auch zu Entzündungen. Die Augen tränen, und der Hund leidet unter beträchtlichen Schmerzen. Diese Beschwerde findet sich häufiger bei Welpen als bei älteren Hunden, und bei letzteren kann sie oft eine Folge eines länger anhaltenden Augenleidens sein. Im Allgemeinen kann hier chirurgisch erfolgreich geholfen werden. Der Hund wird von seinen Schmerzen befreit, und äußerlich bleiben kaum oder keine sichtbaren Narben zurück. Diese Abnormität ist jedoch vererbbar, so daß ein von Entropium befallener Hund nicht zur Zucht verwendet werden darf.

**Schlußfolgerung**
Aus dieser kurzen Beschreibung vererbbaren Augenkrankheiten beim Hund, im Besonderen beim Golden Retriever, zeigt sich, daß die Vielfalt der auftretenden Erkrankungsformen eine spezielle ophthalmologische Diagnose erfordert. Der Umstand, daß sowohl in der Art der Erkrankung, dem Alter, in dem der Hund davon befallen wird als auch in dem Modus der Vererbung von Rasse zu Rasse beträchtliche Unterschiede bestehen, weist der Augenuntersuchung eine ganz besondere Bedeutung zu. Ein eingehenderes Studium dieses Spezialgebietes ist daher erforderlich.
Züchter sollten alle ihre Zuchthunde jährlich einmal untersuchen lassen. Keine Hündin sollte jemals mit einem Rüden gepaart werden, bei dem kein amtliches Gesundheitszeugnis jüngsten Datums vorliegt, und das Gleiche gilt natürlich auch umgekehrt.
Wenn alle Züchter ihre Hunde einmal jährlich einer fachmännischen Augenuntersuchung unterziehen lassen, und gewissenhaft jeden Golden Retriever aus ihrem Zuchtprogramm ausschließen, dessen Augen nicht in Ordnung sind, erscheint es möglich, die Augenerkrankungen in naher Zukunft beim Golden Retriever auf ein annehmbares Minimum zurückzuführen.

**Aujeszkysche Krankheit**
Eine Viruserkrankung, die durch rohes Schweinefleisch auf den Hund übertragen wird. Menschen werden nicht angesteckt.
Symptome: Unstillbarer Juckreiz verbunden mit Unruhe und Anzeichen von Angst. Der Hund stirbt innerhalb von 48 Stunden.
*Hinweis:* Schweinefleisch und Innereien oder Knochen vom Schwein nur in gut abgekochtem Zustand verfüttern. Am besten ganz vermeiden.

### Bindehautentzündung (Conjunctivitis)
Die häufigste Erkrankung am Auge ist die Bindehautentzündung. Rötung, Schwellung der Conjunctiven, Lichtscheue, Juckreiz und seröser Ausfluß sind charakteristische Symptome (Conjunctivitis catarrhalis). Durch bakterielle Besiedlung kommt es schließlich zu einem eitrigen Augenausfluß (Conjunctivitis purulenta). Auslösend sind vielfach mechanische Ursachen wie Staub, Pollen, Fremdkörper, physikalische Einwirkungen (Zugluft, z.B. geöffnete Autofenster) oder auch chemische Reize. Im Verlauf einer Allgemeininfektion (Staupe) kann auch eine Conjunctivitis auftreten.
Die Reinigung der Augenumgebung sollte mit einem trockenen Läppchen erfolgen, bei starker Verklebung mit verdünnter Euphrasia-Tinktur (ca. 8–10 Tropfen Euphrasia extern auf einen Eßlöffel Wasser). Lokale Behandlung mit Augensalbe muß erfolgen. Eine Sonderform der Bindehautentzündung stellt die Conjunctivitis follicularis dar. Hierbei befinden sich auf den Bindehäuten und besonders hinter dem dritten Augenlid kleine knötchenförmige, blasige Gebilde (Lymphfollikel). In der Regel müssen diese Lymphfollikel vom Tierarzt chirurgisch entfernt werden (Abrasio mit einem starken Löffel).

### Durchfall
Sowohl beim ausgewachsenen Hund als auch beim Welpen gilt es bei Durchfall einen Fastentag einzulegen. Zu trinken kann man ihm ganz dünnen schwarzen- oder Kamillentee anbieten, und – je nach dem Zustand – jede Stunde oder alle zwei Stunden gibt man eine Tablette Nux vomica D 6 auf die Zunge. Bessert sich der Zustand, so kann am darauffolgenden Tag vorsichtig mit der Fütterung wieder begonnen werden. Hierfür bietet sich Zwieback an und Reis mit Hüttenkäse (⅔ Reis zu ⅓ Hüttenkäse).

### Eklampsie (Graviditätstetanie)
Es handelt sich hierbei um eine Störung im Calcium-Magnesium-Stoffwechsel (erniedrigter Blutcalciumgehalt) während der Säugezeit. Unruhe, Hecheln, Muskelzittern, Lähmungen der Hinterhand, sägebockartige Haltung der Extremitäten, Abbeugen des Kopfes nach hinten sind klinische Symptome für diese Erkrankung. Bei sehr starken Krämpfen kann auch Fieber entstehen. Eine Calciuminjektion in die Vene durch den Tierarzt und eine spezifische Nachbehandlung sind unbedingt notwendig.

### Ekzem
Eine Hauterkrankung beim Hund kann viele Ursachen haben. Sie kann auf Parasitenbefall zurückzuführen sein, sie kann durch einen Pilz verursacht werden, sie kann als Ursache Futterunverträglichkeit oder eine Störung des Hormonhaushaltes haben und auch vieles andere mehr. Läßt sich ein Flohbefall ausschließen, so ist es durchaus ratsam, den Tierarzt aufzusuchen, denn je früher eine Hauterkrankung behandelt wird, desto größer sind die Chancen einer baldigen Heilung.

### Epilepsie
Anfälle epileptischer Art kommen bei Tieren genau so wie beim Menschen vor. Nicht jede Art des Anfalls ist jedoch erblich bedingt. Verschiedene andere

Ursachen können in Frage kommen, beispielsweise die Nachwirkung eines Unfalls, Sauerstoffmangel während der Geburt, Kopfverletzung im Welpenalter u.a. Auf Grund der modernen Futterqualität spielt die Ernährung heute keine Rolle. Vor mehr als fünfzig Jahren jedoch wurde in England die ganze Hundewelt von einer einzigartigen Anfall-Epidemie heimgesucht. Hunde erlitten Anfälle, heulten hysterisch und schienen von Angst geplagt zu sein. In extremen Fällen warfen sie sich gegen geschlossene Türen oder Fenster. Auch bei der Jagd konnte ein Hund einen solchen Anfall erleiden, denn wie Mr. B. B. Riviere in seinem Handbuch »Retrievers« berichtet, wurden eines Tages drei Labrador Retriever hintereinander bei der Jagd hiervon befallen. Da diese Anfälle vermehrt bei Zwinger- und Meutehaltung auftraten, vermutete man damals entweder eine Art Ansteckung oder die bei der Zwingerhaltung vorkommende Langeweile. Später stellte es sich heraus, daß diese »Anfälle« durch ein dem Weizenmehl beigefügtes Bleichmittel, »Agene« genannt, hervorgerufen wurden. Menschen erlitten keine erkennbaren Schäden von dem Genuß des so behandelten Mehles.
Der epileptische Anfall beim Hund tritt nicht im wachen Zustand auf, sondern wenn er ruht oder schläft. Der Anfall kann ganz kurz sein oder auch mehrere Minuten anhalten, und der Hund ist zeitweise ohne Bewußtsein. Darm und Blase entleeren sich gelegentlich in diesem Stadium. Ist der Anfall vorüber, steht der Hund auf. Er scheint manchmal noch verwirrt zu sein, nicht zu wissen wo er ist, aber es kommt auch vor, daß er sich ganz normal verhält, zu einem kommt und sich streicheln läßt.
Nur der Tierarzt kann, wenn er von dem Hundebesitzer ausreichend informiert wird, entscheiden, ob es sich um vererbte epileptische Anfälle oder um die Nachwirkung anderer beispielsweise traumatischer Ursachen handelt.

**Die Hüftgelenksdysplasie (HD)**
Die Hüftgelenksdysplasie (HD) beim Hund ist vermutlich ein sehr altes Problem und wurde 1935 in den Vereinigten Staaten von Amerika erstmals beschrieben. Aber erst seit Beginn der fünfziger Jahre ist diesem Thema weltweit sehr viel wissenschaftliche Arbeit gewidmet worden. Auch beim Golden Retriever kommt die HD vor, so daß es für uns wichtig ist, etwas darüber zu wissen.
Den Untersuchungen zufolge ist die HD eine erbliche Veranlagung, die zu einer postnatalen Fehlentwicklung des Oberschenkelkopfes und/oder der Beckenpfanne führt; d.h. die HD ist bei der Geburt noch nicht vorhanden, sondern sie entwickelt sich erst im Verlaufe des Wachstums.
Die normale Entwicklung des Hüftgelenkes hängt vom festen Sitz des Oberschenkelkopfes (Femurkopf) in der Beckenpfanne (Acetabulum) ab; das ist nur möglich, wenn die Gelenkflächen des Kopfes und der Pfanne optimal zueinander passen – wenn sie »kongruent« sind. Der Kopf bewegt sich dann in der Pfanne wie in einem Kugellager.
Die HD kann nun aus einer Fehlentwicklung verschiedener Teile des Hüftgelenkes entstehen: die Beckenpfanne ist zu flach ausgebildet, der Oberschenkelkopf ist unvollständig ausgebildet und erscheint dreieckig, der Bandapparat des Hüftgelenkes ist zu locker. Diese Erscheinungen können einzeln auftreten, aber auch alle auf

einmal. Es können beide Hüftgelenke betroffen sein, aber häufig auch nur eine Seite. In all diesen Fällen hat der Oberschenkelkopf zu wenig Halt in der Gelenkpfanne. Mangelnde Kongruenz und die damit verbundene abnorme Beweglichkeit des Gelenkes führen dann mehr oder weniger schnell zur Arthrose des Hüftgelenkes.

Das Vorliegen einer HD beim Hund läßt sich, außer in den schwersten Fällen, nur durch röntgenologische Untersuchungen feststellen. Dabei kann man aber feststellen, daß vor allem bei jungen Tieren der Röntgenbefund und der Grad der Beschwerden erhebliche Unterschiede aufweisen können; d.h. die Symptome bei vorliegender HD können von Tier zu Tier stark variieren. Bei dem einen Hund zeigen sich überhaupt keine Beschwerden, er läuft, springt und bewegt sich völlig normal. Bei einem anderen läßt das Schwanken in der Hinterhand nichts Gutes ahnen, und der Dritte hat bereits Schwierigkeiten beim Aufstehen.

Ein Golden Retriever mit mittlerer HD kann in den Fällen, wo keine sichtbaren Beschwerden vorliegen, genauso belastet werden wie ein Hund mit besseren Hüftgelenken; er verträgt viel Bewegung und kann durchaus jagdlich eingesetzt werden. Nur bei Tieren mit deutlichen Beschwerden, d.h. schnelle Ermüdbarkeit, Schwierigkeiten beim Aufstehen und Treppenlaufen, zunehmende Lahmheit bei Belastung, ist mehr Vorsicht geboten. Damit sie eine höhere Lebenserwartung haben und möglichst lange schmerzfrei bleiben, müssen diese Hunde sinnvoll und nach Bedarf bewegt werden. Sie werden täglich über eine kürzere Strecke ausgeführt, dafür aber möglichst häufiger. Das Springen und Erklettern von steilen Böschungen vermeidet man, und falls die Gelegenheit vorhanden ist, läßt man sie so oft wie möglich schwimmen, denn Schwimmen ist eine sehr gute Therapie. Durch Schwimmen – Bewegung ohne Belastung – wie durch maßvolles Spazierengehen kann lange eine kräftige Muskulatur erhalten werden, so daß auch ein schwerbetroffener Hund oft noch lange leben kann.

Der dysplastische Hund arrangiert sich ohnehin erstaunlich gut mit seinem Zustand. Wenn er nicht zu dick wird, regelmäßige Bewegung erhält und wenn keine weiteren Probleme, wie beispielsweise Verletzungen oder Unfälle hinzukommen, kann er häufig ein fast normales, recht glückliches Leben führen.

Langjährige Forschungsergebnisse weisen darauf hin, daß die HD einen polygenen Erbgang hat, d.h. für die Merkmalsbildung sind mehrere Gene verantwortlich. Durch diese komplizierte Vererbung entsteht bei den Nachkommen eine breite Streuung von HD-Befunden, auch aus Elterntieren mit einwandfreien Hüftgelenken. Es resultieren Tiere mit einwandfreien, mit guten, weniger guten, schlechten und gelegentlich auch ganz schlechten Hüftgelenken. Nur durch ständige Selektion, durch die Auswahl von Tieren mit gutem HD-Befund aus Würfen mit über dem Durchschnitt liegenden HD-Befunden, kann über die Jahre bei einer Hunderasse eine prozentuale Besserung erzielt werden.

Die Erfahrung hat jedoch auch gezeigt, daß gelegentlich in der Nachkommenschaft eines HD-freien Hundes gehäuft schlechtere HD-Befunde auftreten können. Es empfiehlt sich, auch solche Tiere aus der Zucht zu nehmen.

Umweltfaktoren können sich ebenfalls auf die Gelenksentwicklung auswirken. Es hat sich beispielsweise gezeigt, daß eine sehr hohe Kalorienaufnahme zu einem schnelleren Wachstum bei Welpen und Junghunden führt, Muskulatur und Bandapparat aber nicht mithalten können. Das wiederum kann zu schlechteren HD-Ergebnissen führen. Umgekehrt führt eine niedrige Kalorienaufnahme zu einer normalen Entwicklung und damit zu weniger Problemen. In beiden Fällen bleibt jedoch der Genotyp – die tatsächlichen Erbanlagen – unverändert.

## Internationale HD – Bewertungstabelle

| D Deutschland | CH Schweiz | NL Niederlande | SF Finland | S Schweden | DK Dänemark bis 1.1.83 | DK Dänemark ab 1.1.83 | Einstufung |
|---|---|---|---|---|---|---|---|
| Kein Hinweis für HD (HD-0) | Frei | Negatief geheel gaaf (1) | Ei dysplasiaa | Ütmark | Fri | 1 — A — 2 | No signs of hip dysplasia |
| | | Negatief nier geheel gaaf (2) | | U.A. | | | |
| Übergangsform (verdächtig f. HD) HD-1 | | Transitional case Tc | Rajatapaus | | | 1 — B — 2 | Transitional case |
| Leichte HD HD-2 | I | Licht positief (3) | I | I | I | 1 — C — 2 | Mild |
| Mittlere HD HD-3 | II | Positief (3 1/2) | II | II | II | 1 — D — 2 | Moderate |
| | | Positief (4) | | | | | |
| Schwere HD HD-4 | III | | III | III | III | 1 — E — 2 | Severe |
| | | Positief optima forma (5) | IV | IV | IV | | |

**Anmerkung zur HD-Bewertungstabelle:**
Die normale Röntgenuntersuchung auf HD beim Hund sollte sinnvollerweise erst dann erfolgen, wenn das Skelettsystem ausgewachsen ist; das ist beim Retriever frühestens mit einem Jahr der Fall.
Je älter ein Hund ist, um so sicherer ist der Röntgenbefund, da die HD eine Erkrankung ist, die im Laufe eines Hundelebens weiter fortschreitet. Man kann also einen klinisch gesunden Hund nicht zu spät röntgen, wohl aber zu früh!

**Gesäugeentzündung (Mastitis)**
Nach der Geburt, nach vorzeitigem Absetzen der Welpen oder im Verlauf einer Scheinträchtigkeit kann sich eine Gesäugeentzündung entwickeln. Rötung, hochgradige Schwellung und Schmerzhaftigkeit eines oder mehrerer Gesäugekomplexe

sind charakteristische Symptome. Fieber und Störung des Allgemeinbefindens komplizieren die Erkrankung.

**Tumore des Gesäuges (Mammatumoren)**
Neubildungen in der Mamma sind häufig bei Hündinnen über 5 Jahre anzutreffen. Durch sorgfältiges Durchtasten des Gesäuges sind auch kleinste Tumoren von Erbsengröße im Frühstadium zu erfassen. Jeder Hundebesitzer sollte deshalb mehrfach im Jahr, besonders nach den Läufigkeiten zum Zeitpunkt einer eventuellen Scheinträchtigkeit das Gesäuge seiner Hündin palpatorisch kontrollieren. Ob ein chirurgisches Entfernen notwendig wird, sollte der Tierarzt entscheiden.

**Kryptorchismus**
Kryptorchismus, das Nichtabsteigen der Hoden in den Hodensack (entweder ein- oder beidseitig), ist eine Abnormalität, die wohl zumindest teilweise auf die Vererbung zurückzuführen ist. Dieser Zustand kann sich zwar nur beim Rüden manifestieren, kann jedoch durch die Mutterhündin vererbt worden sein.
Der Abstieg der Hoden in den Hodensack sollte mit 2 bis 3 Monaten beendet sein. Gelegentlich kann ein schon abgestiegener Hoden zwischen der 6. und 9. Woche wieder hochgezogen werden. In der Bauchhöhle (abdominaler Kryptorchismus) oder im Leistenspalt (inguinaler Kryptorchismus) steckengebliebene Hoden verursachen keine Beschwerden, neigen aber ab dem 7. Lebensjahr zur Tumorbildung
Kryptorchismus: Zurückbleiben beider Hoden
Monorchismus: Zurückbleiben eines Hoden
Anorchismus: Fehlen eines oder beider Hoden

**Mandelentzündung (Tonsillitis)**
Die Tonsillitis tritt vorwiegend bei Junghunden auf. Apathie, Appetitlosigkeit, Fieber, Husten mit Herauswürgen von weißem Schleim, erschwertes Schlucken deuten auf diese Erkrankung hin. Ursache für diese Erkrankung sind Infektionskrankheiten (z.B. Staupe), einfache bakterielle Infekte, Durchnässung und Unterkühlung, Erkältung durch Schneefressen.

**Ohrenentzündung (Otitis externa)**
Auf eine Entzündung des äußeren Gehörgangs deuten übler Geruch, Juckreiz mit Kratzen und Reiben des Kopfes über den Boden, Schütteln und Schiefhalten des Kopfes, Schmerzhaftigkeit beim Anfassen des Kopfes.
Bei Welpen und Junghunden ist die häufigste Ursache die Ohrmilbe (Otodectes cynotis). Als weitere Ursache kommen starke Verschmutzung des äußeren Gehörganges, Fremdkörper (z.B. Grannen; plötzliches Schiefhalten des Kopfes nach einem Spaziergang sind verdächtig), starke Behaarung des Gehörganges, Störung im Hormonhaushalt, Leber-Magen-Darm-Erkrankungen, fehlerhafte Fütterung.
Bei der Otitis parasitaria müssen insektizide Mittel in den Gehörgang verbracht werden, aber auch Paraffin oder Ballistol wirken dadurch, daß sie den Milben die Atmungsgänge verstopfen. Nach Reinigung des Gehörganges, eventuell auch Ohrspülungen, sollten lokal Ohrentropfen eingebracht werden. (Wichtig: Einbrin-

gen der Ohrentropfen bei abgebeugtem Kopf und einmassieren in Richtung Nasenspitze.)

**Osteochondrose**
(Osteochondrosis dissecans capitis humeri = aseptische Humeruskopfnekrose = nicht infektiöse Gewebszerstörung des Oberarmkopfes.)
Die Osteochondrose ist eine Jugenderkrankung, betroffen werden Hunde größerer Rassen im Alter von 6 bis 12 Monaten.
Extrem schnelles Wachstum mit einer verzögerten Kalzifikation oder auch Durchblutungsstörungen werden als Ursache für diese Erkrankung angesehen. Dadurch kommt es zu feinen Rissen im Knorpel, im fortgeschrittenen Stadium zu Absprengungen von Knorpel- und Knochenstückchen des Oberarmkopfes.
Diese Erkrankung äußert sich in einer Lahmheit und großer Schmerzhaftigkeit beim passiven Strecken und Beugen des Schultergelenkes. Therapeutisch kommt nur ein chirurgisches Entfernen der abgesprengten Knorpel- und Knochenstücke in Betracht.

**Ekto-Parasitenbefall (äußere)**

**Der Floh**
Der Floh gehört zu den unangenehmsten dieser Plagegeister, denn er verursacht nicht nur Juckreiz bei unseren Hunden, er dient auch als Zwischenwirt des Bandwurms. Auch beim gepflegtesten Hund kann Flohbefall vorkommen. Er braucht nur seine Nase in den Lagerplatz des Igels zu stecken oder unterwegs einem Streuner, einem vierbeinigen Landstreicher, zu nahe zu kommen, schon juckt ihm das Fell. Der Floh sitzt mit Vorliebe in den Ohrmuscheln, auf den Innenflächen der Hinterläufe und zwischen Ellenbogen und Brustkorb.
Der Flohbefall sollte unbedingt ernst genommen werden. Ein einmaliges Einpudern des Hundes reicht zur Behebung des Problems keinesfalls aus, denn der Floh verbringt höchstens 20% der Zeit auf dem Hund. In der übrigen Zeit hält er sich im Teppichboden, Möbelpolster, im Lager des Hundes und in für ihn geeigneten Ritzen auf, und dort legt er auch seine Eier und nicht auf den Hund selbst.
Der Hundefloh ist heute vielfach zu einem Familienproblem geworden, denn – anders als häufig vermutet – beißt er auch den Menschen und verursacht bei ihm unangenehme juckende Stellen. Geeignete Gegenmittel sind erstens die Flohhalsbänder, die ihre Wirksamkeit mehrere Monate behalten, die jedoch vor dem Schwimmen unbedingt vom Hund abgenommen werden sollten. Dann Flohpuder, mit dem der Hund wiederholt behandelt werden muß. Der Puder ist aber auch überall dort, wo der Hund liegt und besonders auf seinem Lager auszustreuen. Letztlich muß auch neuerdings ein umweltfreundliches Mittel erwähnt werden, das das Heranwachsen von Flohpopulationen durch die Unterbrechung ihres Entwicklungszyklus stoppt. Und bei ganz schwerem Befall kann auch der Hund mit einem speziellen Hunde-Shampoo gebadet werden.

**Läuse und Haarlinge**
Sie kommen wohl seltener vor, jedoch jede Haut- oder Haarveränderung, jeder

Juckreiz hat seine Ursache. Insektenhalsbänder helfen auch, sind aber ziemlich teuer, und ich habe den Eindruck, die Zecke hat in den letzten Jahren schon eine beträchtliche Resistenz dagegen entwickelt. Sprays, Puder und Insektenhalsbänder enthalten gewisse Giftstoffe, daher Vorsicht bei Kindern und jungen Hunden.

**Die Zecke**
Die Zecke lauert irgendwo im Gebüsch, bis der erwünschte Wirt vorbeikommt, in diesem Fall der Golden Retriever, der diesem Parasiten mit seinem dichten, mittellangen Fell reichlich Platz und Schutz bietet. Hinter den Ohren, am Hals, dicht rund um die Augen, am Nacken, auf der Brust auch hinten an der Innenseite der Schenkel setzt sich die Zecke fest und bohrt sich mit ihrem Beißwerkzeug in die Haut, um sich mit Blut vollzusaugen. Schon bei den ersten warmen Sonnenstrahlen im Frühjahr beginnt diese Plage, vor allem überall dort, wo es viel Wald gibt, und sie hält während des ganzen Sommers an. Tag für Tag müssen die Hunde sehr genau abgesucht werden. Oft kann man die Zecken noch im Krabbeln finden und entfernen, meist sitzen sie jedoch schon fest. Alkohol oder Öl können helfen, die einzelnen Zecken zu lösen. Die Zecke wird mit einigen Tropfen eingedeckt und nach einigen Minuten läßt sie sich durch leichtes Drehen aus der Haut herausziehen.
Die Zecke ist in den letzten Jahren als Überträger von verschiedenen Krankheiten, auch beim Menschen, bekannt geworden.
In Gegenden, in denen der Befall besonders stark ist, sollte stets der Versuch gemacht werden, den Hund so frei wie möglich vom Zeckenbefall zu halten. Es werden in dieser Richtung viele Tips gegeben, beispielsweise das Insektenhalsband einerseits, andererseits eine tägliche Dosis Knoblauch in das Futter gegeben und vieles mehr. Eine recht wirksame Hilfe ist es, einige Tropfen Eukalyptusöl vor dem Spaziergang aufs Fell zu träufeln, aber welchen Weg man auch immer wählt, sollte das tägliche Absuchen des Hundes nicht ausbleiben.

**Sarcoptes-Räude (Sarcoptes canis)**
Es erkranken überwiegend junge Tiere und Hunde aus Tierheimen. Die Sarcoptesräude beginnt immer am Ohrrand. Sie breitet sich über den Unterbauch, Achselgegend, Gliedmaßen bis auf den Rückenbereich aus. Anfangs sieht man kleine rötliche Verdickungen der Haut, im fortgeschrittenen Stadium gleichen die Hautveränderungen einem allergischen Ekzem.
Es herrscht immer hochgradiger Juckreiz, der sich in warmen Räumen noch verschlimmert.
Behandelt werden sollte nicht nur der Patient, sondern auch das Lager des Tieres, da die Sarcoptes-Milbe drei Wochen außerhalb des Wirtes überleben kann.
(Der Mensch kann auch vorübergehend von der Sarcoptes-Milbe des Hundes befallen werden. Kleine stark juckende Papeln sind die Folge. Die Milbe stirbt jedoch nach 6 Tagen ab.)

**Demodex-Räude (Demodex canis)**
Die zigarrenförmigen Demodexmilben leben in den Haarfollikeln und verursachen keinen Juckreiz!

Die Erkrankung kann lokal begrenzt sein, sie kann aber auch den gesamten Körper betreffen (generalisierte Form).
Für die generalisierte Form ist Haarlosigkeit mit einer starken Faltenbildung der Haut und einem widerlich stinkendem, schmierigen Sekret charakteristisch.
Die Erkrankung ist schwer ausheilbar, in den meisten Fällen nur unter Kontrolle zu bringen.

### Raubmilben (Cheyletiella)
Raubmilben befallen hauptsächlich Kopf- und Rückenbereich. Sie leben oberflächlich von Schuppen. Juckreiz, besonders am Kopf, ist vorhanden. Auffällig ist ein fettiges Haarkleid (Seborrhoe).

### Herbstgrasmilben (Neotrombicula automnalis)
Herbstgrasmilben leben im Erdboden, ihre Larven benötigen jedoch eine »Gewebesaftmahlzeit«. Im Sommer und Herbst befallen sie Hunde und auch andere Tiere (einschließlich Mensch!).
Betroffen ist vor allen Dingen die Haut zwischen den Zehen und Bereiche im Gesicht des Hundes. Sie verursachen starken Juckreiz, Quaddeln und Pusteln, nässende Ekzeme, die auch bestehen bleiben, wenn die Herbstgrasmilbenlarven bereits abgefallen sind.
Die orangefarbenen-rötlichen Herbstgrasmilben sind mit bloßem Auge zu sehen.

### Endo-Parasiten, Parasitenbefall (innere)

### Spulwürmer (Ascariden)
Die Infektion erfolgt durch Aufnahme embryonierter Eier. Welpen infizieren sich pränatal über die Plazenta, da bei der Hündin ruhende Spulwurmlarven im letzten Drittel der Trächtigkeit aktiviert werden. Die Welpen scheiden dann ihrerseits bereits ab dem 22. Lebenstag Spulwurmeier aus.
Geringer Spulwurmbefall verläuft symptomlos. Auf starken Spulwurmbefall deuten hin: struppiges, stumpfes Haarkleid, extrem starkes Haaren, blasse Schleimhäute, Durchfall und Erbrechen, schnelle Ermüdbarkeit und apathisches Verhalten. Sogar Lungenentzündung (Wurmpneumonie) und neurologische Störungen wie Krämpfe und Lähmungen der Hinterhand durch toxische Stoffwechselprodukte der Ascariden sind möglich. Hochgradiger Spulwurmbefall kann beim Welpen das Darmlumen verstopfen (Wurmknäuel).
Regelmäßige Entwurmungen bei Welpen und Junghunden sollten selbstverständlich sein.

### Hakenwürmer (Ancylostomidae)
Hakenwürmer leben im Dünndarm der Hunde. Schleimhautverletzungen und Blutentzug sind die Folge. Chronische Durchfälle, Abmagerung und Anämie sind klinische Symptome bei starkem Befall.
Auch bei den Hakenwürmern werden die Welpen bereits über die Muttermilch infiziert, da Hakenwurmlarven kurz vor der Geburt in die Milchdrüse gelangen.

Die Larvenausscheidung mit der Milch kann bis zu drei Wochen erfolgen.
Auch hier sollten regelmäßige Entwurmungen Pflicht sein.

**Peitschenwürmer (Trichuridae)**
Peitschenwürmer schmarotzen im Blinddarm der Hunde. Chronische Durchfälle mit Schleim- und Blutbeimischungen, Apathie, Anämie oder einfach nur Appetitlosigkeit können auf Peitschenwurmbefall hindeuten.
Eine mikroskopische Kotuntersuchung durch den Tierarzt sichert die Diagnose.

**Bandwürmer (Cestoden)**
Der Hund kann Endwirt für verschiedene Bandwürmer sein. Stellvertretend für die Bandwürmer soll der beim Hund am häufigsten vorkommende Bandwurm genannt werden: Dipylidium caninum – kürbiskernförmiger Bandwurm. Er wird bis zu 45 cm lang, seine einzelnen Glieder sind rötlich und kürbiskernförmig. Die Finne befindet sich im Hunde- und Katzenfloh, auch in Haarlingen. Deshalb sollte man bei Flohbefall immer an einen eventuellen Bandwurmbefall denken!

Etwa drei Wochen nach Aufnahme der Finne (Verschlucken eines Flohs!) werden die ersten Proglottiden (einzelne Wurmstücke) ausgeschieden. Gebilde, eingetrockneten Reiskörnern ähnlich, am Fell und am After klebend, oder auf dem Lager, sind Beweis für Dipylidium-Befall.
Heißhunger mit gleichzeitiger Abmagerung ist ein wichtiges klinisches Symptom.

**Prostataerkrankungen**
Erkrankungen der Vorsteherdrüse werden beim älteren Rüden häufig angetroffen. Es kann einmal zu einer Entzündung der Prostata (Prostatitis) oder auch zu Prostataabszessen kommen. Die häufigste Erkrankungsform ist die nicht entzündliche Form der Prostatavergrößerung (Prostatahypertrophie). Die Erkrankung bleibt meist unentdeckt. Erst Kotabsatzschwierigkeiten, viel seltener Harnabsatzschwierigkeiten bzw. Blut im Urin deuten auf eine Prostatahyperplasie hin.

**Pyometra (Gebärmuttervereiterung)**
Eine recht häufige Erkrankung älterer Hündinnen ab dem 7. Lebensjahr ist die Pyometra. Sie tritt in der Regel 4 bis 8 Wochen nach einer Läufigkeit auf. Sicherer Beweis ist eine ödematös angeschwollene Vulva mit schleimigem, gelblichem oder schokoladenfarbenem eitrigem Ausfluß. Viel häufiger sind jedoch weniger auffällige Symptome: Apathisches Verhalten, Appetitmangel, Erbrechen, vermehrter Durst, struppiges Haarkleid, Umfangsvermehrung des Leibes bei mangelhaftem Appetit. Treten diese krankhaften Veränderungen einige Wochen nach der Läufigkeit auf, sollte immer an eine Pyometra gedacht werden.

Eine medikamentöse Therapie sollte lediglich bei sehr jungen oder sehr alten Hündinnen in Betracht gezogen werden. In der Regel muß eine Operation (Entfernung von Eierstöcken und Gebärmutter) erfolgen, da nach der nächsten Läufigkeit erneut eine Pyometra zu erwarten ist.

### Scheinträchtigkeit (Pseudogravidität, Lactatio falsa)
Eine Scheinträchtigkeit entwickelt sich ca. 4 bis 8 Wochen nach der Läufigkeit, unabhängig davon, ob die Hündin gedeckt wurde oder nicht. Leichte Schwellung des Gesäuges mit milchigem Sekret sind physiologisch. Als krankhafte Scheinträchtigkeit sind jedoch übermäßige Mammazubildung, Zitzenvergrößerung und starker Milchfluß anzusehen.
Gleichzeitig verändert die Hündin in diesem Stadium auch ihr gewohntes Wesen: sie wird auffallend ruhig, eventuell sogar apathisch, will nicht spazierengehen, versteckt und verkriecht sich, ist appetitlos. Andere Hündinnen entwickeln Heißhunger, werden auffallend unruhig, gar aggressiv, oder sie jammern und fiepen nächtelang, tragen Gegenstände als Welpenersatz umher und haben einen ausgeprägten Nestbautrieb. Leichte Formen der Scheinträchtigkeit bleiben unbehandelt, Ablenken ist hier das Mittel der Wahl.
Ist das Gesäuge sehr stark ausgebildet, muß unbedingt das Milchabsaugen verhindert werden. Feuchte Umschläge mit essigsaurer Tonerde etc. sind zu empfehlen. Sehr gut bewährt haben sich auch homöopathische Arzneimittel: ist das Gesäuge weich und nicht schmerzhaft, hilft Pulsatilla D4 2× täglich 1 Tablette. Phytolacca D1 3× täglich 1 Tablette unterstützt die schnelle Rückbildung des Gesäuges.
Schwere Fälle der Scheinträchtigkeit oder gar eine Gesäugeentzündung sind vom Tierarzt zu behandeln.

### Vorhautkatarrh (Präputialkatarrh, Posthitis)
Durch bakterielle Besiedlung des Präputialsackes kommt es zu einer eitrigen Entzündung der Vorhaut. Gelbliches bzw. gelblich-grünliches eitriges Sekret tropft passiv aus dem Präputium. Die Schleimhaut des Präputiums kann gerötet und entzündet sein. Die Haare am Präputium können die Präputialöffnung verkleben, und die kutane Haut entzündet sich ebenfalls. Bei hochgradiger und längerer Entzündung kann es zur Ausbildung einer Entzündung der Penisspitze (Balanoposthitis) kommen.
Leichte Präputalkatarrhe werden bei den meisten Rüden angetroffen. Sie können unbehandelt bleiben. In schweren Fällen sind Spülungen des Präputiums mit Rivanollösung oder 5%iger Milchsäurelösung anzuraten. Eine Balanoposthitis sollte vom Tierarzt behandelt werden.

### Von Willebrand's Krankheit
Diese Blutkrankheit wirkt sich ähnlich wie die Hämophilie aus. Die fehlenden Gerinnungsfaktoren im Blut führen nach Verletzungen oder chirurgischen Eingriffen zu schweren Blutverlusten oder auch zum Tod.
Die Krankheit soll erblich sein und ist beim Golden Retriever bislang weltweit in ganz wenigen Fällen aufgetreten. In den Vereinigten Staaten von Amerika werden zur Zeit Forschungen zur Blutzusammensetzung bei Hunden durchgeführt, um Näheres über diese Krankheit zu erfahren.

### Die Zähne
Das vollständige, permanente Gebiß des Hundes besteht aus 42 Zähnen (siehe Abbildung). Die Zahl der Milchzähne beim Welpen beträgt dagegen nur 28.

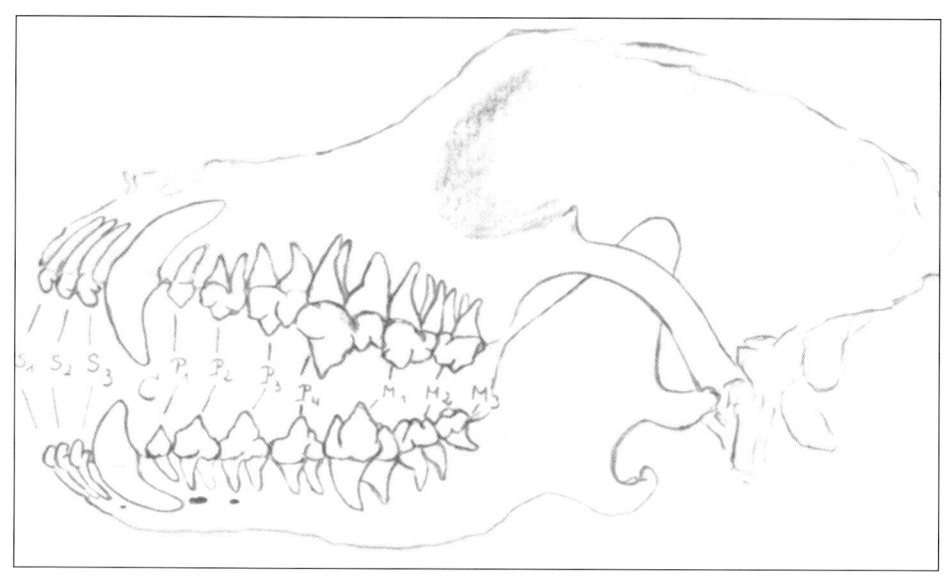

*Das Gebiß des Hundes*

Zeichnung: S. Winter-Hlubek

Die folgende Tabelle soll dazu dienen, Aufschluß über die Zahnentwicklung beim Hund und insbesondere beim Golden Retriever zu geben.

| Zahn | | Durchbruch in Wochen (Milchzähne) | Zahnwechsel in Monaten (Permanente Zähne) | |
| --- | --- | --- | --- | --- |
| Schneide 1 | (S1) | 4 – 6 | | 3 – 5 |
| Schneide 2 | (S2) | | | |
| Schneide 3 | (S3) | | | |
| Fangzahn | (C) | 3 – 5 | | 5 – 7 |
| Prämolar 1 | (P1) | – | | 5 – 9 |
| Prämolar 2 | (P2) | 5 – 6 | | 5 – 6 |
| Prämolar 3 | (P3) | | | |
| Prämolar 4 | (P4) | | | |
| Molar 1 | (M1) | | | 4 – 5 |
| Molar 2 | (M2) | | oben | 5 – 6 |
| | | | unten | 4 – 5 |
| Molar 3 | (M3) | | Nur unten | 6 – 7 |

Die scharfen, kleinen Milchzähne brechen in der dritten bis sechsten Lebenswoche durch, sind aber nur von kurzer Dauer, denn durch den Zahnwechsel zwischen dem vierten und fünften Monat, werden sie locker und fallen heraus. Der Junghund hat in diesem Stadium ein großes Bedürfnis zum Nagen und Kauen. Damit er sein Kaubedürfnis nicht an Möbeln und Teppichen auslebt, gibt man ihm täglich einen harten Hundekuchen, harte Brotkanten und hin und wieder einen großen Sandknochen vom Rind.

Manchmal brechen die neuen, permanenten Fangzähne durch, noch bevor die Milch-Fangzähne ausgefallen sind. Ganz selten wird es notwendig, diese vom Tierarzt entfernen zu lassen. Meist genügt es, wenn der Junghund ausreichende Kaugelegenheit bekommt.

Der Zahnwechsel ist normalerweise mit sechs Monaten abgeschlossen, aber der P1 läßt beim Golden Retriever häufig viel länger auf sich warten. Ich habe es erlebt, daß dieser Zahn – längst aufgegeben – mit dem neunten Monat endlich erschien. Gelegentlich fehlt dieser Zahn ganz, und häufig kommt er auch doppelt vor. Manchmal fehlen beim Golden Retriever andere Zähne, beispielsweise P3 oder P4, meistens unten. Dann und wann findet man beim Golden ein Zangengebiß oder auch einen Vorbiß. Ein Vorbiß schließt von der Zucht aus (*Hinweis*: Zahnfehler sind vererbbar).

Es ist jedoch keineswegs übertrieben, zu behaupten, daß die meisten Golden Retriever ein tadelloses, gut geformtes Scherengebiß besitzen und, daß sie ihre kräftigen Zähne bis in ein hohes Alter behalten. Allerdings muß man dafür Sorge tragen, den Zahnstein durch regelmäßiges Füttern von harten Hundekuchen und die wöchentliche Zugabe eines großen Sandknochens auf ein Minimum zu reduzieren. Dann gibt es selten Schwierigkeiten.
Trotzdem ist es ratsam, wenn notwendig, den schädlichen Zahnstein vom Tierarzt entfernen zu lassen. Dies vor allem bei älteren Tieren.

**Die Kleine Hausapotheke für den Hund**
Eine kleine Hausapotheke für den Hund ist notwendig, weil viele der für den Menschen bestimmten Medikamente und Salben für den Hund nicht geeignet sind. Bei ihm können sie sogar Anzeichen von Unverträglichkeit oder Vergiftung hervorrufen. Für den Hund deshalb nur vom Tierarzt verschriebene Medikamente oder Salben verwenden.
Folgende Einzelteile gehören in diese Apotheke: Verbandmull, Binden, Heftpflaster, Thermometer, Vaseline, Wundsalbe oder Pulver, Augensalbe, Ohrreiniger (flüssig), Schere, Pinzette für das Entfernen von Dornen, Krallenzange.

**Wichtig!** Medikamente und Salben müssen stets so aufbewahrt werden, daß weder Kinder noch Hunde sie erreichen können.

## Anwendungsmöglichkeiten homöopathischer Arzneimittel

Ursprung und Prinzip der homöopathischen Therapie kann man nicht in einem Satz erklären. Dies würde auch den Rahmen des Buches sprengen. In diesem Buch sollen nur einige, gut bewährte homöopathische Arzneimittel in Kürze genannt werden, um dem Wunsch zahlreicher Hundebesitzer nach Medikamenten ohne Nebenwirkung gerecht zu werden.

Homöopathische Arzneimittel können in verschieden Zubereitungsformen – alle haben die gleiche Wirkung – verabreicht werden: Die Dilution (= Tropfen) ist die alkoholische Zubereitung. Sie werden einfach in die Lefzentasche getropft. Homöopathische Arzneimittel mit Milchpulver zubereitet, werden als Tabletten, Pulver (Trituration) oder Globuli (kleine Kügelchen) angeboten. Jeweils eine Tablette, eine Messerspitze Pulver, 5 Tropfen Dilution oder 5 Globuli entsprechen einer Dosis Medikament.

### Wundheilungsmittel

Das bekannteste Wundheilungsmittel ist **Arnica Montana** (Bergwohlverleih). Es hat sich bewährt bei frischen Wunden mit hellroten Blutungen, schmerzhaften Schwellungen, Quetschungen der Haut und Muskulatur, Prellungen, Verstauchungen, frischen Blutergüssen mit hellroter Verfärbung.

Die Tiere sind sehr schmerzempfindlich, lassen sich ungern oder gar nicht berühren, sind apathisch und ängstlich. **Arnica** wirkt schmerzlindernd, abschwellend und heilungsfördernd. Im akuten Fall gibt man **Arnica D4** stündlich eine Tablette – nach Besserung 3× täglich 1 Tablette.

Vor und nach Operationen, nach Zahnbehandlungen entfaltet **Arnica** seine heilende und schmerzlindernde Wirkung (3× täglich 1 Tablette Arnica D4).

**Arnica** hat sich auch bei schockähnlichen Zuständen mit Blutverlusten und blassen Schleimhäuten bewährt. 5 Tropfen in die Lefzentasche im Abstand von zehn Minuten (bis ein Tierarzt erreicht ist!).

**Arnica-Extern** – 20 Tropfen auf einen Eßlöffel Wasser – eignet sich zur Wundreinigung.

Alte und verschmutzte, rissige und schlecht heilende Wunden werden mit **Calendula-Salbe** (Ringelblume) behandelt. Gleichzeitig fördert **Calendula D2** (3× täglich 1 Tablette) die Abstoßung abgestorbenen Gewebes und fördert die Wundheilung.

Sind Verletzungen und Wunden oder auch Ekzeme sehr schmerzempfindlich, so lindert **Hypericum** (Johanniskraut), örtlich aufgetragen als **Hypericum-Öl,** innerlich **Hypericum D4** (2–5× täglich 1 Tablette).

Handelt es sich um alte, eitrige, sehr berührungsempfindliche Wunden, so kann man einige Tage **Hepar Sulfuris D8** (Kalkschwefelleber), 2–3× täglich eine Tablette, versuchen. Eiterungen werden gestoppt, die Tiere lassen sich wieder anfassen. Bewährt hat es sich auch zur Abszeßreifung. Nach 3 Tagen muß es zur Abkapselung und Eröffnung des Abszesses nach außen gekommen sein.

Ein weiteres Mittel zur Ausreifung und Abszeßeröffnung ist **Myristica Sebifera D3** (3× täglich 1 Tablette für eine Woche). Es wirkt bei Eiterungen, die nicht so schmerzhaft sind. Der Vorteil beider Medikamente liegt darin, daß Abszesse nicht chirurgisch eröffnet werden müssen.

Zur vollständigen, narbenfreien Ausheilung eröffneter Abszesse, alter, eventuell fistelnder Wunden hat sich **Silicea** (Kieselsäure) zur Nachbehandlung bewährt. Man gibt **Silicea D4/D6** 2× täglich 1 Tablette oder **Silicea D12** 1 Tablette pro Tag.

### Fiebermittel

Bei trockenem, kalten und sehr windigem Wetter entwickelt sich oft eine stürmisch verlaufende Erkrankung: verhielten sich die Hunde eben noch normal, so fällt jetzt ihre starke Unruhe auf. Sie haben hohes Fieber über 41° C, sind äußerst ängstlich und schreckhaft und berührungsempfindlich. Die Schleimhäute sind knallrot, sie haben Durst und trinken häufig. Welche Krankheit sich dahinter verbirgt, läßt sich noch nicht absehen.

Dieser Zustand währt nur wenige Stunden. Gibt man in dieser »stürmischen Phase« dem Patient **Aconitum D4** (blauer Eisenhut), stündlich 1 Tablette, so kann man einen schweren Krankheitsverlauf verhindern.

**Belladonna D4** (Tollkirsche) ist ein weiteres Fiebermittel. Auch hier haben die Tiere Fieber über 40° C und knallrote Schleimhäute. Sie sind teils unruhig und überempfindlich, teils auch apathisch und somnolent. Der Durst ist nicht so ausgeprägt. In diesem Stadium ist die eigentliche Krankheit schon zu erkennen: es kann sich um eine Mandelentzündung oder auch um eine Gelenkentzündung mit heißen, schmerzhaften angeschwollenen Gelenken, etc. handeln. **Belladonna D4,** 2stündlich 1 Tablette, muß innerhalb von 24 Stunden eine Besserung erzielen, sonst muß der Tierarzt zu Rate gezogen werden.

### Bindehautentzündung

Frische Bindehautentzündungen mit starkem, wäßrigem, wundmachendem Sekretfluß (nicht eitrig!) heilen mit **Euphrasia D2** (Augentrost) 3–5× täglich eine Tablette ab. Zusätzlich kann lokal **Euphrasia-Augensalbe** angewendet werden.

Sind die Bindehäute eher blaßrosa, aber sehr stark angeschwollen, so daß man das Auge kaum sieht, und lassen sich die Tiere am Auge kaum berühren, dulden aber kühle Auflagen, dann hilft **Apis D4** (Honigbiene), 2–5× täglich 1 Tablette.

**Apis** hat sich auch bei akuten, schmerzhaften, ödematösen Schwellungen bewährt, bei denen kühle Umschläge lindern (z.B. Gelenkschwellungen, Insektenstiche).

**Magen-Darm-Erkrankungen**
Das wichtigste Mittel bei Verdauungsstörungen ist **Nux Vomica** (Brechnuß). Es wirkt bei Verstopfungen, Durchfällen, Blähungen und Erbrechen gleichermaßen gut, soweit diese Symptome durch einen Fütterungsfehler hervorgerufen wurden. Die Verdauungsstörungen entstehen nach Aufnahme von zuviel, zu fettem, verdorbenem, unverdaulichem oder ungeeignetem Futter (Kekse, Schokolade, Gewürztes, etc.). Die Tiere haben »Bauchschmerzen«; sie laufen mit aufgekrümmtem Rücken, der Bauch ist hart aufgebläht und äußerst berührungsempfindlich. Haben sie Durchfall, so wird sehr oft eine kleine Menge stinkender, breiiger Kot abgesetzt.

Hier hilft **Nux Vomica D6,** 3–5× täglich 1 Tablette. Bei starken krampfartigen Schmerzen kann **Nux Vomica D6** auch stündlich eingegeben werden.

Bei mehr wässrigem Durchfall, bei dem der helle-grünliche Kot mit viel Getöse wie Wasser aus dem After schießt (Hydrantenstuhl) hilft **Podophyllum D6** (Maiapfel), 3–4× täglich 1 Tablette.

Ist der After schon rot entzündet, haben die Hunde häufigen Kotdrang, wobei aber immer nur wenig wundmachender wässriger, mit Schleim und Blut versetzter Stuhl abgesetzt wird, so ist **Mercurius Solubilis D6,** 2–3× täglich 1 Tablette, das Mittel der Wahl.

Schwere, hartnäckige Durchfälle, bei denen die Hunde sehr geschwächt erscheinen, die Schleimhäute blaß-bläulich-verwaschen und polternde Darmgeräusche laut zu hören sind und der Kot passiv aus dem After fließt, verlangen **Carbo Vegetabilis D8** (Holzkohle), 3–4× täglich 1 Tablette.

Hartnäckige Welpendurchfälle, die immer wiederkehren, schaumige Konsistenz haben und **säuerlich** riechen, werden mit **Magnesium-Phosphoricum D8,** 2–3× täglich 1 Tablette, behandelt.

Erbrechen – ähnlich einer Magenschleimhautentzündung beim Menschen – wird mit **Ipecacuanha D6** (Brechwurzel), 3–4× täglich 1 Tablette behandelt. Die Symptome müssen innerhalb von 24 Stunden verschwunden sein, andernfalls sollte ein Tierarzt zu Rate gezogen werden, da sich hinter einem Erbrechen ernste Erkrankungen verbergen können (Darmverschluß durch Fremdkörper, beginnendes Nierenversagen, etc.).

Bei Magen-Darm-Katarrhen sollte aber immer zusätzlich ein Fastentag und diätetische Maßnahmen mit zu Hilfe genommen werden. Ausreichende Flüssigkeitszufuhr mit einer Prise Kochsalz ist notwendig.

Übelkeit mit Speicheln und Erbrechen während der Autofahrt kann mit **Cocculus D6** (Kockelskörner) behandelt werden. Es wird einige Tage vor der Fahrt (2× täglich 1 Tablette), einige Stunden vor und bei längerer Dauer auch während der Fahrt verabreicht.

**Weibliche Geschlechtsorgane**

Das bekannteste Arzneimittel bei Erkrankungen der weiblichen Geschlechtsorgane ist **Pulsatilla Pratensis** (Küchenschelle). Hündinnen mit einer verlängerten Läufigkeit (= verlängerte proöstrische Blutung) und hellem, milchigem Scheidenausfluß nach der Läufigkeit benötigen zur Regulierung **Pulsatilla D4,** 2× täglich 1 Tablette für 2–3 Wochen.

Hündinnen, die zur Scheinträchtigkeit neigen, sollten nach der Läufigkeit 4 Wochen **Pulsatilla D4,** 2× täglich 1 Tablette bekommen. Bei trächtigen Hündinnen greift **Pulsatilla** regulierend in den Geburtsvorgang ein. 1–2× täglich 1 Tablette **Pulsatilla D4** – zwei Wochen vor dem Geburtstermin beginnend – bewirkt optimale Erweiterung des weichen Geburtsweges. Die Hündin wirft schneller und erholt sich besser nach der Geburt.

Hündinnen, die zu Schwergeburten neigen, kann **Caulophyllum D4** (Frauenwurzel), 2× täglich 1 Tablette zwei Tage vor dem errechneten Geburtstermin, helfen. **Caulophyllum** hat sich auch bei Wehenschwäche bewährt. **Caulophyllum D6** und

**Secale Cornutum D6** (Mutterkorn) (¼stündlich im Wechsel Tropfen in die Lefzentasche) regt die Wehentätigkeit sanft an.

Einen Tag nach der Geburt bekommen die Welpen **Calcium Carbonicum Hahnemanni D12** oder **D30** (1 Globuli oder 2 Tropfen auf die Zunge). Es greift positiv regulierend in den Stoffwechsel ein, die Welpen sind vitaler, widerstandsfähiger, neigen weniger zu Verdauungsstörungen.

Erkrankt die Hündin nach der Geburt oder im Verlauf einer Scheinträchtigkeit an einer Gesäugeentzündung, so ist in den meisten Fällen **Phytolacca D6** (Kermesbeere) das Heilmittel. Sind mehrere oder einzelne Mammakomplexe angeschwollen, verhärtet, warm und schmerzhaft, hilft **Phytolacca D6,** 3–5× täglich 1 Tablette.

Für die Rückbildung des Gesäuges hat sich **Phytolacca D1** (!) bewährt, es stoppt die Milchsekretion in dieser Potenz (D1).

Sollten sich nach einer Gesäugeentzündung oder nach einer Scheinträchtigkeit knotige Verhärtungen in der Mamma gebildet haben, so erreicht man mit **Conium D6** (gefleckter Schierling) deren Rückbildung, 2× täglich 1 Tablette für drei Wochen.

*Abb. 130: Das Beste vom Kroonkennel! Foto: R. Huybrechts.*

*Abb. 131: AUF WIEDERSEHEN! Foto: M. Becher*

# XIV. Zum Geleit 1993

In den fünf Jahren seit Veröffentlichung dieses Buches hat es selbstverständlich weder in Deutschland noch anderswo einen Stillstand bei den Golden Retrievern gegeben. Dank seines liebenswürdigen Charakters und seiner Schönheit gehört der Golden Retriever in vielen Ländern der Welt schon lange zu den beliebtesten Hunderassen. Die Entwicklung in Deutschland in den letzten Jahren zeigt sogar, daß er wohl zu einem Modehund geworden ist.

In der Werbung flimmert er über den Bildschirm, nicht nur zusammen mit Hundefutter, sondern auch mit Artikeln jeder Art, und in manchem Film begleitet der Golden Retriever auch die Schauspieler. In den gängigen Büchern wird er stets als leichtführiger, kinderfreundlicher, friedlicher Hund angepriesen. So stark geht die Entwicklung in diese Richtung, daß man sich heute bedauerlicherweise fragen muß, ob es nicht gerade die wirklich positiven Eigenschaften des echten Golden Retrievers sind, die sich als Verhängnis für die ganze Rasse auszuwirken drohen?

Der Modehund, der schön, leicht zu führen und kinderlieb ist, wer will in der heutigen Zeit nicht einen solchen Hund besitzen? Die Nachfrage nach Welpen übersteigt um ein Vielfaches das Angebot der in den betreuenden Clubs gezüchteten Tiere. Der Hundehändler – auch er nennt sich »Züchter« – hat es hier leicht, billig erworbene Tiere von Hundefarmen aus dem Ausland in diese Marktlücke zu werfen. Wie vorprogrammiert entstehen dann nicht nur Gesundheits-, sondern noch viel schwerwiegendere Wesensprobleme. Untypische Hunde, im Welpenalter gar nicht sozialisiert und häufig krank, werden über die Tageszeitungen angeboten. Diese »Hundeware« ist »sofort lieferbar« und findet nicht nur bei Nichtinformierten, sondern auch bei Menschen, die keine Geduld haben, auf einen Welpen zu warten, ihre Abnehmer. Es wäre wirklich Zeit für die Rassehundeclubs, deren Aufgabe es ist, die Rassen zu schützen, etwas mehr Aufklärung zu betreiben.

Die Wesensprobleme jedoch beschränken sich bedauerlicherweise nicht alleine auf die von »wilden« Züchtern und Hundefarmen stammenden Welpen. Auch bei eingetragener Zucht kommen dann und wann Golden Retriever, in der Mehrzahl Rüden, mit fragwürdigem Wesen vor. Auf Ausstellungen, auf dem Übungsplatz, bei gemeinsamen Spaziergängen und sogar bei Prüfungen hört man allzu oft Knurren, und gelegentlich artet dies auch in eine für die Rasse untypische Beißerei aus.

In seinem im Jahr 1991 erschienenen Buch »Hunde auf der Couch« (Kynos Verlag) weist Dr. Roger Mugford, der englische Tiertherapeut, auf die immanente Charakter-Veränderung, die in der Rasse steckt, hin. Dr. Mugford bemüht sich, die Clubs und Züchter »gefährdeter« Rassen zu warnen. Den Golden Retriever bezeichnet er als eine faszinierende Hunderasse, die wegen ihrer Freundlichkeit und Zuverlässigkeit einen guten Ruf genießt. Er weist jedoch auch auf die traurige Wahrheit hin, daß der Golden Retriever zu den Rassen gehört, die am häufigsten von ihm behandelt werden, und daß eine Reihe der schlimmsten Attacken gegen Menschen auf Golden Retriever zurückgehen. Das Opfer ist in der Regel ein Mitglied der eigenen Familie des Hundes. Er schreibt: »Es kommt bei diesen Hunden zu geradezu dramatischen Stimmungsveränderungen, ihrem Opfer bleibt wenig Gelegenheit zum Ausweichen oder der Selbstverteidigung . . .«

Hier sind die Züchter gefragt, hier an der Basis muß gehandelt werden! Der Züchter, der ein Gefühl der Verantwortung für die Rasse empfindet, sollte viel mehr auf das Wesen der von ihm eingesetzten Zuchttiere achten. Hiermit ist jedoch keinesfalls das Bestehen einer Wesensprüfung gemeint! Ein Rüde, der noch vor der Geschlechtsreife einen Test dieser Art ablegt, kann sich durchaus ein Jahr später zu einem unberechenbaren Raufer entwickelt haben. Noch dürfen Golden Retriever bedauerlicherweise in einem der Retriever betreuenden Clubs die vorgeschriebene Wesensprüfung vor der Geschlechtsreife ablegen. Dies bedarf entweder einer Veränderung oder einer Ergänzung. Ein Welpentest, um Angeborenes festzustellen, und nach der Geschlechtsreife ein Charaktertest, bei dem der Hund auch Artgenossen gegenüber geprüft wird, wären wohl angebracht.

Dennoch ist jede Prüfung dieser Art wenig aussagekräftig, denn sie ist von dem wirklichen Können des Richters und von der Tagesstimmung des Hundes wie des Führers abhängig. Ein guter Führer bringt seinen noch so schwachen Hund leicht durch die Prüfung, und umgekehrt scheitert ein schlechter Führer mit seinem wirklich guten Hund.

Der Verantwortliche ist letztendlich der Hundebesitzer selbst, der täglich beobachten kann, wie sich sein Hund benimmt, wie er auf seine Umwelt reagiert. Eine scheue, etwas ängstliche Hündin, gepaart mit einem Alpharüden, bringt wirklich nicht die erwünschten wesensmäßig ausgeglichenen Welpen. Rüden, die Streit suchen, setzt man nicht ein. Bevor man einen Rüden zur Zucht auswählt, fährt man hin, um ihn zu Hause in seiner Umgebung zu beobachten.

Manchmal entstammt einer sonst vielversprechenden Kombination ein unerwünschtes Wesen. Solche Paarungen meidet man in Zukunft. Wer diese Rasse schätzt und ihre hervorragend guten Qualitäten an die nächste Generation weitergeben will, züchtet sehr vorsichtig und überlegt, trägt für seine Entscheidungen, für sein Tun die volle Verantwortung.

Bisher bin ich nur auf die Schattenseiten der gegenwärtigen Entwicklung eingegangen. Es gibt jedoch eine ganze Anzahl positiver Aspekte. Züchterisch gesehen ist in den letzten Jahren eine erhebliche Verbesserung in der Qualität zu verzeichnen. Die Anzahl der auf Zuchtschauen gemeldeten Golden Retriever steigt stetig, und obwohl, verglichen mit dem europäischen Ausland, die deutsche Zucht noch immer einen weiten Weg vor sich hat, sind doch gute Fortschritte erkennbar.

Im Ausstellungswesen hat es vor allem bei der Vergabe von Titeln einige Veränderungen gegeben. Neu hinzu gekommen ist der Titel »Jugend-Champion«. Im Jahr 1990 wurden die Verleihungsbestimmungen für diesen attraktiven Titel erstmals bekannt gegeben, und in den letzten drei Jahren wurde der Titel mehrmals verliehen. Die erforderlichen Anwartscharten für den Jugend-Champion Titel sind dreimal der erste Platz in der Jugendklasse mit der Mindestklassifizierung »sehr gut«. Der Titel wird auf Spezialschauen bis zu einem Alter von 24 Monaten in Anwartschaft gestellt. Auf Internationalen Zuchtschauen und auf Allgemeinen Rassehund-Zuchtschauen bis zu einem Alter von 18 Monaten – vorausgesetzt, daß eine Sonderschau den beiden letzten Schauarten angeschlossen ist. Wie immer liegt die Vergabe der Anwartschaft stets im Ermessen des zuständigen Richters.

Bei der Vergabe der CAC-Anwartschaften (nationaler Champion) ist ebenfalls eine Veränderung eingetreten, die man jedoch wohl mit Recht als negativ bezeichnen darf. Früher wurden diese sehr begehrten Titelanwartschaften ähnlich wie beim CACIB je an den besten Rüden und die beste Hündin vergeben. Heute können die CAC-Anwartschaften sowohl in der Offenen-, Champion-, Gebrauchshund- und Veteranenklasse vergeben werden. Nach wie vor liegt die Vergabe im Ermessen des Richters und erfolgt nur an Hunde, die mit »vorzüglich« bewertet werden. Um den Titel »Nationaler Champion« zu erlangen, benötigt man vier CAC-Anwartschaften unter drei verschiedenen Richtern, und es muß bei Rüden und Hündinnen zwischen der ersten und der letzten Anwartschaft eine Zeitspanne von mindestens zwölf Monaten liegen.

Zu den positiven Aspekten der Entwicklung gehört eine Zwingererstbesichtigung für Neulinge in der Welt des Züchtens, bei der gute Maßstäbe für die Unterbringung eines Wurfes festgelegt werden. Nie wieder, so hoffen wir, wird es eine Welpenaufzucht im dunklen Keller geben!

Die erfreulichste Entwicklung der letzten Jahre überhaupt ist bei der Ausbildung zu verzeichnen. Es gibt zwar immer noch eine große Anzahl Menschen, die mit gutem Willen Gruppen leiten und mit den althergebrachten Methoden Unterordnung vermitteln. Es wird aber noch viel mit Leinenruck und Zwang gearbeitet, das Zughalsband ist weitverbreitet, das Stachelhalsband keinesfalls verschwunden. Mancher Junghund verliert dabei seine Spontanität und seine Fröhlichkeit, während »Herrchen« oder auch »Frauchen« nicht abwarten können, die Begleithundeprüfung möglichst früh zu bestehen. Hier möchte ich Wing-Commander Jimmy Iles, ehemaliger Erster Vorsitzender des englischen Golden Retriever Clubs, zitieren. Bei einer Clubschau in Deutschland sagte er: „Ich glaube, Eure Hunde lernen sehr viel Unterordnung. Es bewegt sich kein einziger Hund (es handelte sich hier um Rüden) richtig frei im Ring." Dr. Doris Feddersen-Petersen hat es in ihren Untersuchungen an zwei Retriever-Rassen wohl perfekt erfaßt. Sie schreibt: »Die Golden Retriever reagieren differenzierter und in subtileren Bereichen auf ihre Sozialpartner, binden sich sehr an diese und sind wohl insgesamt sozial abhängiger von ihren Menschen, damit auch in größerem Maße auf einfühlsame menschliche Behandlung angewiesen.«

Unter diesem Gesichtspunkt gesehen leidet der Golden Retriever in besonderem Maße an einer harten Art der Ausbildung, für ihn passen Leinenruck und Zwangsapport nicht. Er braucht eine einfühlsame Art, die ihn durch Motivation dahin bringt, sein Können auf so vielen Gebieten zu entfalten. Es ist daher zum besonderem Wohl des Golden Retrievers, daß auf verschiedenen Gebieten ganz neue Wege der Ausbildung eingeschlagen werden. Es sind Wege, die bisher nur wenige Menschen zu gehen gewagt haben. Über Jahrhunderte war stets der Gedanke vorherrschend, der Hund müsse durch Härte gefügig gemacht und auf diese Weise seinem Herrn untergeordnet werden.

Der neue Weg in der Ausbildung fängt schon beim Welpen an und besteht darin, die natürlichen, angeborenen, rassetypischen Eigenschaften im Spiel zu fördern. Motivation und Lob sind die Grundlagen dieser Art der Ausbildung, und allem vorweg steht der Grundgedanke »Verstehe Deinen Hund«.

Viel schwieriger als die Ausbildung der Hunde gestaltet sich meist die Ausbildung der Hundebesitzer. Der Vorbelastete, der schon Hunde gehabt hat, lernt manchmal schwer um, und wer noch nie einen Hund hatte, muß von Grund auf beginnen. Um dieses besser zu bewältigen, haben manche Züchter angefangen, schon lange vor Abgabe der Welpen Vorbereitungskurse für die Welpenkäufer abzuhalten. Geleitet durch »gelernte« Ausbilder sind diese Stunden außerordentlich produktiv. Jetzt sollten aber die gleichen Ausbilder die Einweisung in der Form von Welpenspieltagen fortsetzen. Auf diese Weise wird die Grundlage für ein glückbringendes und erfolgreiches Zusammenleben mit dem neuen Familienmitglied gelegt.

Diese Welle des neuen Denkens geht hier in Deutschland von Frau Gudrun Feltmann-v. Schröder in Bayreuth aus. Sie hat seit Jahren nicht nur ihr Wissen an andere Ausbilder weitergegeben, sondern hält auch Kurse für Hunde aller Rassen ab und in den letzten Jahren auch Kurse für viele Golden Retriever-Besitzer mit ihren Hunden.

Frau Feltmann hat ein sehr zu empfehlendes Buch mit dem Titel »Hund und Mensch im Zwiegespräch« kürzlich herausgegeben (Kosmos Verlag). Ich zitiere die Autorin: »Hunde können sich in unserer Umwelt nur zurechtfinden, wenn wir Menschen ihnen deutlichmachen, was wir von ihnen wollen. Wir müssen deshalb lernen, uns hundegerecht auszudrücken.« Frau Feltmann beschreibt die Beziehungen der Hunde untereinander und folgert daraus, wie wir Menschen diese Kenntnisse auf den Umgang mit Hunden übertragen können, um sie partnerschaftlich und gewaltlos zu erziehen.

Von der Autorin werden die Ausbildungstips im Kapitel V. bzgl. Korrektur des Hundes mit Leinenruck nicht mehr befürwortet.

Auch die in diesem Kapitel empfohlene Halsung sollte durch ein flaches, mindestens 2,5 cm breites Halsband aus Textilfaser mit Schnallen- oder Klippverschluß ohne Zuzug ersetzt werden – oder Klippverschluß ohne Zuzug – oder noch besser: durch ein Geschirr, wie man es gelegentlich für Katzen verwendet.

Zukünftige Generationen werden vielleicht nicht nur ihre Golden Retriever, sondern Hunde aller Rassen erfreulicherweise partnerschaftlich und gewaltlos ihr Können entfalten lassen.

Wenn ihm die Gelegenheit geboten wird, zeigt der Golden Retriever nach wie vor seine angeborenen jagdlichen Eigenschaften bei Leistungsprüfungen. Für all diejenigen, die mit ihrem Golden etwas unternehmen wollen und zum »Jagdlichen« entweder keine Möglichkeit oder keine Beziehung haben, sind Dummy-Prüfungsordnungen ausgearbeitet worden. Hund und Besitzer macht auch diese Art der Betätigung große Freude. Mehrere Golden Retriever sind als Rettungshund ausgegbildet worden und andere arbeiten mit Erfolg als Drogenspürhund.

Die Agility macht nur sehr langsam Fortschritte, was sehr schade ist, denn jede Art der sportlichen Aktivität kann die Golden Retriever in Begeisterung versetzen. Jeder kann jedoch einen Sprung und ein paar sonstige Hindernisse in seinem Garten aufstellen.

Die meisten Golden Retriever sind ohne Zweifel Familienhunde, die weder auf Ausstellungen noch zu Prüfungen gehen. Einige haben jedoch die wunderschöne Aufgabe, Rollstuhlfahrer ständig zu begleiten oder bei behinderten Kindern für Wärme und Verbundenheit zu sorgen.

Ich möchte diese Ergänzung mit dem aufrichtigen Wunsch abschließen, daß die Züchter in Deutschland und anderswo ihre Verantwortung für den charakterlichen Erhalt dieser wunderbaren Rasse sehr, sehr ernstnehmen. Bei dieser Sorgfalt und bei wachsendem Mensch-Hund-Verständnis hoffe ich auf eine glückliche Zukunft für den Golden Retriever.

Fuldabrück-Dittershausen, im Oktober 1993

Patricia Busch

# XV. Literaturverzeichnis

Aldington, Eric H.W.: Von der Seele des Hundes
Brunner, Ferdinand: Der unverstandene Hund
Bylandt, H. von: Hunderassen. Wien, Leipzig (ca. 1904)
Charlesworth Mrs. W. M.: Book of the Golden Retriever. Fletcher & Con. Ltd, Norwich, 1947
Charlesworth Mrs. W. M: Golden Retrievers. Williams & Norgate Ltd., 1952
Croxton-Smith, Arthur: Dogs Since 1900. Andrew Dakers, 1950
Dalziel, Hugh: British Dogs. London 1888/89
Feddersen-Petersen, Dr. Dorit: Hundepsychologie, Wesen und Sozialverhalten, 1987
Fischer Gertrude: The Complete Golden Retriever. Howell Book House Inc. New York. 4. Auflage 1987
Fleig, Dr. Dieter: Die Technik der Hundezucht. Kynos Verlag, 1987
W. Frevert/K. Bergien: Die gerechte Führung des Schweißhundes. 5. Aufl. 1987. Paul Parey Verlag
Gill, Joan: Golden Retrievers. W. & G. Foyle Ltd., London 1962
Harmer, Hilary: Hundezüchten mit Erfolg. Müller Rüschlikon, Zürich
Harmer, Hilary: Dogs – How to Train and Show Them. David & Charles, Newton Abbot, 1984
Hegendorf, L.: Der Gebrauchshund
Hutchinson, Colonel W. N.: Dog Breaking. John Murray, London 1856
Kersley, J. A.: Training the Retriever. Popular Dogs Publishing Co. Ltd., London
Klinkenberg, Tillmann: Hundeerziehung ohne Zwang
Lawrence, Richard: The Complete Farrier and British Sportsman. W. Lewis, 1816
Lorenz, Konrad: Das sogenannte Böse, u.w.
März, Rene: Der Hundeführer-Lehrgang
Most, K.: Die Abrichtung des Hundes, Mürlenbach 1987
Most, K.: Abrichten und Führen des Jagdhundes, Mürlenbach 1988
Moxon, P.R.A.: Die Führung von Jagdhunden nach englischer Methode. Paul Parey, Neuaufl. 1986
New Skete Monastery: Wer kennt schon seinen Hund?
Ochsenbein, Urs.: Der neue Weg der Hundeausbildung
Pepper, Jeffrey: The Golden Retriever. T.F.H. Publications Ltd., U.S.A. 1984
Räber, Dr. h.c. H.: Brevier neuzeitlicher Hundezucht. Müller Rüschlikon, Zürich 1984
Riviere, B. B.: Retrievers – Some Hints on Breaking and Handling for Amateurs. Faber & Faber Ltd., London 1947
Sawtell, Lucille: All About the Golden Retriever. Pelham Books, London 1978
Scales, Susan: Retriever Training the Modern Way. David & Charles, Newton Abbot, 1985
Seiferle, Prof. Dr. Dr. h.c. E.: Wesensgrundlagen und Wesensprüfungen des Hundes. Buchdruckerei Stäfa AG
Shaw, Vero: The Illustrated Book of the Dog. Cassel, Petter & Galpin, 1882
Stonehenge: The Dogs of the British Isles. 2. Aufl. London 1872
Stonehenge: British Rural Sports. 7. Aufl. London 1867
Stonehenge: The Dog in Health and Disease. 1. Aufl. London 1859
Stonex, Elma: The Golden Retriever. Nicholson & Watson, 1953. Neuauflage 1987, The Golden Retriever Club (England)
Trumler, E.: Mit dem Hund auf Du, 1971; Hunde ernstgenommen, 1977
Tudor, Joan: The Golden Retriever. Popular Books, London 1966, 9. Aufl. 1984
Tudor, Joan: The Golden Retriever its Care and Training. K. & R. Books, 1979
Tudor, Joan: The Golden Retriever Puppy Book. Medea Publishing Co. U.S.A. 1986
Vogel, H./Busch, P.: Golden und Labrador Retriever, 1984

Wolff, Dr. med. vet. H.G.: Unsere Hunde gesund durch Homöopathie. Johannes Sonntag, Regensburg, 1985
Wolters, Richard A.: Water Dog. E.P. Dutton Inc. New York, 1984
Zimen, E.: Wölfe und Königspudel, u.a.
Dazu:
Artikel von Lord Ilchester »Origins of the Yellow Retrievers« aus der Zeitschrift »Country Life« vom 25. Juli 1952
Hutchinson's Dog Encyclopaedia, Vol. II. Hutchinson & Co. Ltd., London, 1936
The Kennel Encyclopaedia Vol. III. The Exhibitors Supply Association Ltd., London, 1910.
Pedigree Dogs – as recognised by the Kennel Club, London, 1927
Golden Retriever Club (England) Jahrbücher
Akten des Deutschen Retriever Clubs
The Golden Retriever Book of Champions 1946–1985. Valerie Foss, 1986.

# XVI. Wichtige Adressen

**Wichtige Anschriften**

Fédération Cynologique Internationale (FCI)
Place Albert 1, 13
B-6530 Thuin
Belgien

Jagdgebrauchshundverband e. V.
Dr. Lutz Frank
Neue Siedlung 6
D-15938 Drahnsdorf

**Belgien**
Union Royale Cynologique Saint Hubert
Avenue A. Giraud, 98
B-1030 Bruxelles

Belgian Retriever Club
Steenovenstraat, 34
B-2340 Beers

**Dänemark**
Dansk Kennel Klub
Parkvej 1
DK-2680 Solrod Strand

Dansk Retriever Klub
Fraugdegards Alle 4
DK-Fraugde 5220 Odense SO

**Deutschland**
Verband für das Deutsche Hundewesen e.V.
Westfalendamm 174
D-44041 Dortmund

Deutscher Retriever Club e.V.
Margitta Becker-Tiggemann
Dörnhagener Str. 13
D-34302 Guxhagen

Golden Retriever Club e.V.
Jürgen Rüter
Dietrichsweg 68
D-26127 Oldenburg

**England**
The Kennel Club
1, Clarges Street
GB-London WIJ 9AB

The Golden Retriever Club
Group Captain R.B. Bridges
Durridge House / Kerswell Green
Kempsey Worcs WR5 3PE

**Frankreich**
Société Centrale Canine pour l'Amélioration
des Races de Chiens en France
155, avenue Jean Jaurès
F-93535 Aubervilliers Cedex

Retriever Club de France
9, Rue Jean Mermoz
F-75008 Paris

**Luxemburg**
Union Cynologique St. Hubert du
Grand-Duché de Luxembourg
Boite Postale 69
L-4901 Bascharage

Retriever Club Luxembourg
Raymond Trominie
56, Rue de Mertert
L-6636 Wasserbillig

**Niederlande**
Raad van Beheer op Kynologisch
Gebied in Nederland
Postbus 75901
NL-1070 AX Amsterdam

Golden Retriever Club Nederland
Sekretariat
M.M.G. te Riele-Telling
Lijster 6
NL-1713 SH Obdam

**Österreich**
Österreichischer Kynologenverband
Johann-Teufel-Gasse 8
A-1230 Wien

Österreichischer Retriever Club
Geschäftsstelle Monika Milota
Wahlberggasse 9
A-1140 Wien

**Schweiz**
Schweizerische Kynologische
Gesellschaft
Postfach 8276/Länggassstr. 8
CH-3012 Bern

Retriever Club Schweiz
Sekretariat Monique Rimensberger
Sorenbühlweg 11
CH-5610 Wohlen AG

**Vereinigte Staaten von Amerika**
American Kennel Club
260 Madison Avenue
New York, N.Y. 100 16

Golden Retriever Club of America
c/o Jolene Carey
Administrative Assistant
P.O. Box 20434
Oklahoma City, OK 73156

# XVII. Verzeichnis Farbabbildungen

Abb. I          Warten auf die nächste Aufgabe (Foto: H. Rudolph)
Abb. II         Field Trial Golden Retriever (Foto: David Dalton)
Abb. III        »I love you!« (Foto: H. Splittgerber)
Abb. IV         Amanda Gold von Stolpe (Int. Ch. Lacons Honey Lover – Bustle of Mill Lane) (Foto: H. Splittgerber)
Abb. V          Ausstellungs-Präsentation Nordamerika (Foto: Linda Lindt)
Abb. VI         Golden Retriever Präsentation Europa (Foto: H. Splittgerber)
Abb. VII        Bei der Gartenarbeit! (Foto: U. Klatt)
Abb. VIII       Ch. Nortonwood Faunus (Ch. Camrose Cabus Christopher – Nortonwood Fantasy of Milo) (Foto: Keith Young)
Abb. IX         Welpenspiele I
Abb. X          Welpenspiele II
Abb. XI         Ein attraktiver Welpe (Foto: Birgit Simon)
Abb. XII        Früh krümmt sich . . . (Foto: Birgit Simon)
Abb. XIII       Da war doch was? (Foto: A. Rogers)
Abb. XIV        Deutsche Jugendchampions »Amy v. d. Räuberburg«, »Glenailsa Crackerjack«, »Pat a cake Polly of Mill Lane« (Foto: Birgit Simon)
Abb. XV         Weltsieger Dortmund 1991 »Ch. Standfast Angus«, »Ritzilyn Maid to Measure« (Foto: Birgit Simon)
Abb. XVI        Arbeit mit dem Dummy (Foto: Gaby Zilch)
Abb. XVII       »Pathfinder of Mill Lane«, Weltjugendsieger 1991 (Foto: Birgit Simon)
Abb. XVIII      Zusammen haben wir 40 Menschenjahre! Int. Ch. Biscuit of Mill Lane, ihre Mutter VDH-Ch. Camrose Mellowmist und Afra of Mill Lane (von links nach rechts) (Foto: Birgit Simon)
Abb. XIX        Welche attraktive Farbskala der Golden Retriever-Rassestandard erlaubt, zeigen diese beiden Halbschwestern (Foto: Birgit Simon)
Abb. XX         Wer hat was gewonnen? Ritzilyn Top Gun, BOB Hannover 1990 (Foto: A. Meyer)

# Alison Hornsby

# HUNDE HELFEN MENSCHEN

Hunde als Therapie, Hunde als Helfer - die meisten Blinden, Körperbehinderten, Hörgeschädigten oder auch alten Menschen ahnen gar nicht, wie sehr ein Hund ihr Leben verändern könnte. Speziell ausgebildete Behindertenbegleithunde apportieren Telefonhörer, knipsen Lichtschalter an, öffnen Türen, holen die Post, schlagen im Notfall Alarm und sind - das nicht zuletzt - rund um die Uhr für ihren Menschen da. Dieses Buch dokumentiert in zahlreichen Fallbeispielen eindrucksvoll, was diese Hunde leisten können.
96 Seiten, zahlreiche Farbfotos
ISBN 3-933228-21-2 / ¤ 17,50

**Dr. med. vet. Axel Bogitzky**
## REISERATGEBER FÜR HUNDEHALTER

Zusammen mit dem Hund in Urlaub fahren? Kein Problem - mit der richtigen Vorbereitung! Neben Informationen zu hundefreundlichen Urlaubszielen und Unterkünften, Einreisebestimmungen, Checklisten für die Reiseplanung, Tipps zur Anreise mit Auto, Bahn oder Flugzeug gibt der Autor auch kompetent Auskunft zu Fragen rund um die Hundegesundheit: Wie schützt man den Hund vor besonderen Krankheitsrisiken auf Reisen? Wie kann man sich bei leichteren Verletzungen oder Erkrankungen erst einmal selbst helfen? Mit einem Sprachführer für Hundefreunde und vielen nützlichen Adressen im Anhang. 120 Seiten, 77 Farbfotos, fester Einband.
ISBN 3-933228-45-X, ¤ 15,--

**Viviane Theby/Michaela Hares**
## ... DARF ICH BITTEN?
### Dogdancing, die faszinierende neue Sportart mit dem Hund

Tanzen Sie gern? Ja? Und Ihr Hund...? Fragen Sie ihn doch einfach mal! Wir sind sicher: er ist begeistert. »Dogdancing« ist mehr als nur eine Modewelle. Es bietet eine faszinierende Möglichkeit, Freizeit sinnvoll zu gestalten – für Mensch UND Hund! Viele Verhaltensauffälligkeiten bei Hunden haben ein und dieselbe Ursache: Langeweile und Unterforderung! Wie Sie aus einem »Sofarutscher« einen begeisterten Tänzer machen, zeigen Ihnen die Autorinnen Schritt für Schritt und mit ansteckend guter Laune in diesem Band. 120 Seiten, 60 Farbfotos, fester Einband.
ISBN 3-933228-40-9 / ¤ 15,--

**Susanne Preuß**
## DER ZUGHUND
### - EINST UND JETZT

Haben Sie einen großen Hund? Haben Sie schon je daran gedacht, ihn einmal anzuspannen? Dass dieser Gedanke keineswegs abwegig ist, zeigen neben den historischen Darstellungen eindrucksvoll auch die zahlreichen positiven Erfahrungen moderner »Zughundeführer«. Die Autorin beschreibt aus langjähriger Praxiserfahrung, welche Wagen und Geschirre geeignet sind, wie man einen Zughund ausbildet und wie man die Leistungsgrenzen seines Hundes erkennt, damit nicht nur der Mensch Spaß hat.
120 Seiten, 60 Farbfotos, fester Einband.
ISBN 3-933228-42-5 / ¤ 15,--

**Gisela Rau**
## DER REITBEGLEITHUND

Die Beziehung zwischen Hund und Pferd besteht aus viel mehr als »Jäger« und »Gejagtem«. Wie Sie als Chef Ihres kleinen Dreierteams es schaffen, harmonische Ausritte zu verleben und Ihren Hund dabei mitnehmen zu können, zeigt dieser Band. Welche Hunde geeignet sind, welche Grundschule Ihr Hund schon absolviert haben sollte und was Sie beachten müssen, um Pferd und Hund aneinander zu gewöhnen, wird anschaulich vermittelt. Mit einem Anhang über das Reit- und Waldrecht in den einzelnen Bundesländern.
120 Seiten, 60 Farbfotos, fester Einband.
ISBN 3-933228-43-3, ¤ 15,--

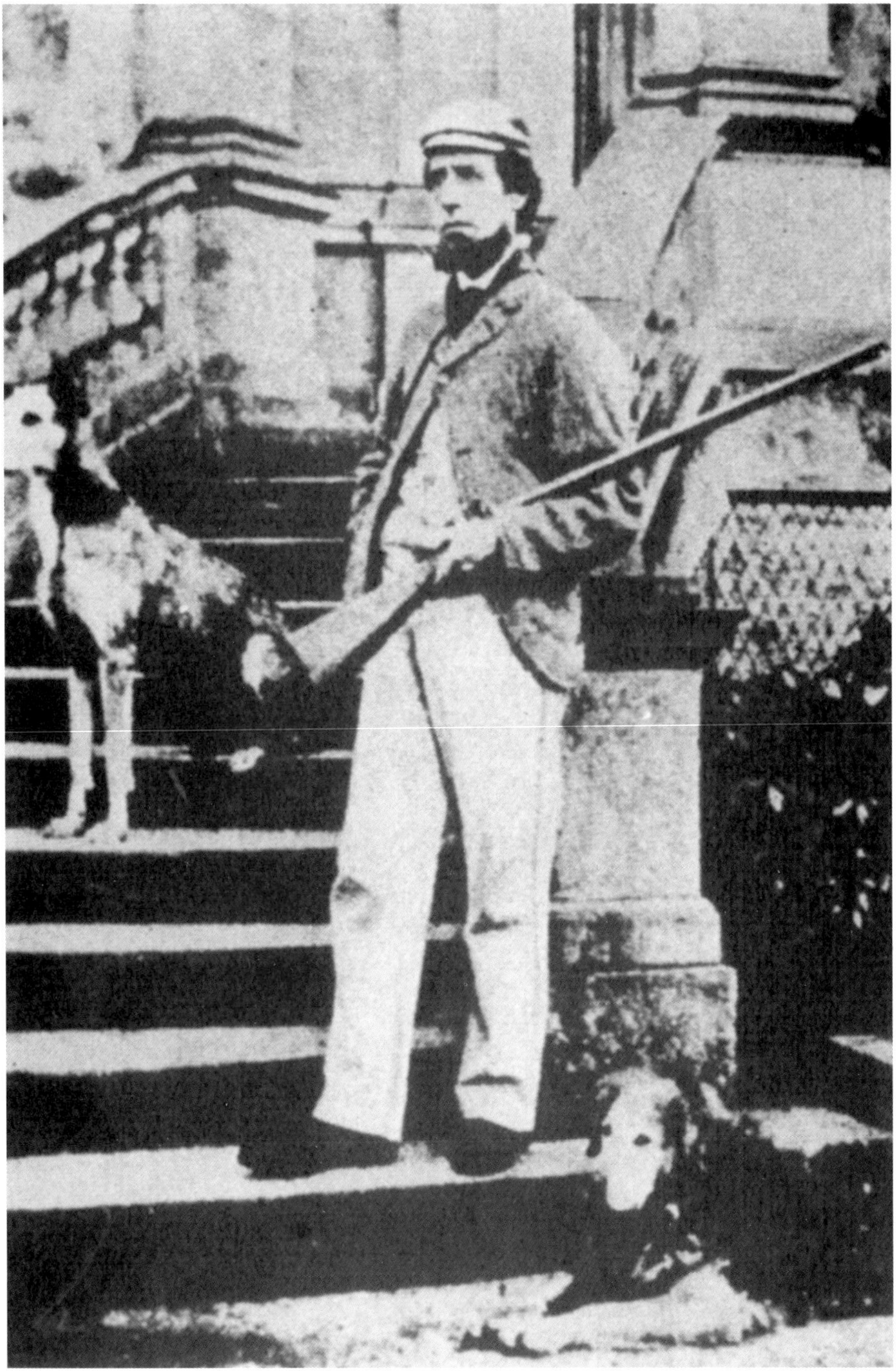